當代中國政府與政治

景躍進 陳明明 肖濱 ★ 主編

蔡文軒 ★ 審閱

五南圖書出版公司 印行

序 言

　　在統稿工作完成之際，大家覺得有必要對寫作過程做一個簡要的說明。這既是對所做工作的一個交代，也希望有助於讀者從一個特定角度來理解本書。

　　當三位主編決定以集體合作的方式編寫這本教材時，最初做的事情是蒐集和梳理國內外有關中國政治的教科書，腦子裡想的問題是，能否以及如何創作出一個有點特色的版本？從一開始大家就清楚，這不是一個輕易能達成的目標。不過，我們就這樣啓程了。

　　若將本書的編撰視爲一個「項目」，則其啓動的時間是可以確定的：2012年12月15日。那天上午在清華大學舉行了《理解中國政治》新書發布會，當晚三位主編和兩位副主編聚會於明齋老樓的政治學系會議室，就教材的指導思想、基本原則和寫作方案交流看法，互換意見。漫聊從7點多開始，一直延續到深夜12點多，既有海闊天空的務虛，也有九九歸一的聚焦。諸多的共識在不經意間就那麼形成了：教材要立足於中國政治的現實經驗、要體現歷史感、要以中國共產黨作爲統領和貫穿全書的紅線、要揭示中國政治的結構性特徵、要說明正式文本與實際政治之間關係的複雜性、要考察改革開放以來中國政治所發生的變化等等。在這些共識的基礎上，大家又擬出了最初的寫作大綱。

　　回過頭來看，這次清華務虛會相當關鍵，它爲教材工程鋪設了一塊石頭，設定了一個基本標準。此後，我們又舉行了三次內部討論會來細化寫作大綱：2013年早春在清華大學、2013年深秋在復旦大學、2013年初冬在清華大學。每一次討論，總是有新的發現，既發現不足之處，也發現創新之點。在反覆的打磨中，寫作提綱得以成型。與此同時，隨著各章執筆人員的落實，討論會的規模也逐漸擴展。

　　這種看似馬拉松式的醞釀和準備工作，營造了一個良好的寫作氛圍。從提綱擬定到寫作之間並無一個明顯的分界點，實際上有的作者在大綱討論階段就開始

動筆了。寫作是一個高度個體化的過程，其中的酸甜苦辣只有作者自品。由於各章所面臨的問題不盡相同，書寫進度亦參差不齊。儘管如此，總體上大家都按照規定的時間進入了集體統稿的階段。

2014年，在櫻花盛開的時節，寫作小組在武漢華中師範大學舉行了第一次統稿會。這也是我們內部的第一次「批評」會。之所以用「批評」一詞，是因為我們發現了不少的問題。即使彼此對教材提綱有了統一的認識，但是在實際寫作過程中仍會出現諸多意想不到的事情。若干作者提交的初稿，邏輯自洽，自成體系，但與全書的主軸缺乏對接，變成了一個獨立的「土圍子」。如何使自成一體的諸章成為整體中的一個部分，這是第一次統稿會著力解決的問題。由此聯想到國家的改革事業，看來「頂層設計」與「摸著石頭過河」並不矛盾，而是相輔相成。再「高大上」的「頂層設計」也需要落地，而落地便是一個「摸著石頭過河」的過程，「頂層設計」的作用只是規定了「摸石頭」的方向和大致路線。

武漢會議之後，作者們根據新的要求進行了修改。當年暑假，大家在復旦大學再次相聚，進行第二次統稿。為了提高會議品質和效率，我們改進了操作程序。在會議之前，將作者組成對子，彼此校讀。作者與讀者身分的互換以及專章負責，使更多的問題浮出水面，也發現了可以進一步完善的空間。經由復旦會議的操練，全書各章之間的結構關係明顯協調起來，但是局部細節需要調整和充實之處依然不少，由此進入了新一輪的修改。

第三次統稿會於2014年12月中旬舉行，教材的編寫者回到了當初的出發點——清華園明齋政治學系會議室。我們請來了教材策劃編輯、人大出版社的朱海燕老師，在政治上和技術上對書稿進行雙重把關。從第一次大綱討論至此，剛好是兩輪春夏秋冬。經過兩年的努力，我們有了一部可以拿到桌面上討論的成稿。與之前會議不同的是，此次會議更多考慮了出版方面的議題（包括技術標準），並接受策劃編輯的建議對書稿結構作出相應的修正。

在全書大致定型之際，2015年2月我們來到了花紅葉綠、冬季如春的中山大學，進行書稿的終審會。原本計畫一天完成統稿工作，半天開學術討論會，就教材寫作過程中遇到的問題和思考，尤其是目前不方便寫入教材的內容進行研討。但會議的布幕一旦拉開，便超越預定程序，沿著自身的邏輯走了。在眾人的發言中很難區分哪些是書稿意見，哪些是學術討論，它們在時空兩個維度交織在一起，難分難解。好在開了那麼多次會，大家已經習慣了。

　　一如以往，只要開會討論總會發現層出不窮的問題，即使已經臨近書稿的提交時間。不過，相比於存在的問題，我們擁有了更多的共識。在這次會議上，大家就教材的定版取得了一致的意見，這就是目前呈現在讀者面前的成書。

　　絮叨了那麼多的過程和環節，並不是說，這是一部我們感到滿意的教材。我們唯一能肯定的是，這是一部以認眞的態度製成的作品。本書的十餘位作者分別來自清華大學、復旦大學、中山大學、中國人民大學、中央民族大學、華中師範大學、中共中央編譯局等單位。雖然有著不同的學術背景和研究旨趣，但大家都懷有一個共同的目標：盡己之力去理解中國政治的邏輯。在某種意義上，這部教材可以視爲集體努力的一個試驗產品。

　　作爲一個出版項目，教材的寫作工作已經畫上了句號，但關於中國政治的研究依然「路漫漫兮」，許多問題需要深入思考。圍繞諸多議題的溝通、辨析、愼思乃至爭論還會持續下去，也歡迎讀者介入這一過程，就書中的問題和缺陷提出寶貴的意見。

　　兩年多的合作經歷對於每一位參與者來說，都是一次非常愉快的學術之旅。儘管大家一直在中國政治領域內從事研究，但如此有針對性、系統地小範圍內進行密集的面對面交流，還是第一次。我們分享了一種因相互溝通而生的共鳴、靈悟和愉悅之感，這種感覺始終連貫於每一次討論會，成爲教材寫作的精神動力，並最終轉化爲作者筆下的文字。

　　在這個意義上，本書的分工應當理解爲「分工不分家」，每一章的寫作都程度不同地凝聚著集體的智慧（這不是一句場面話）。具體的操作分工說明如下（按章節次序）：導言：景躍進（清華大學社會科學學院政治學系）；第一章：陳明明／李錦峰（復旦大學國際關係與公共事務學院政治學系）；第二章：陳明明；第三章：談火生（清華大學社會科學學院政治學系）；第四章：談火生；第五章：劉鵬（中國人民大學公共管理學院行政學系）；第六章：于曉虹（清華大學社會科學學院政治學系）；第七章：唐海華（中國人民大學國際關係學院政治學系）；第八章：李月軍（中共中央編譯局戰略部）；第九章：于曉虹；第十章：黃冬婭（中山大學政治與公共事務管理學院政治學系）、于曉虹；第十一章：關凱（中央民族大學民族學與社會學學院民族學系）；第十二章：項繼權／袁方成（華中師範大學政治學研究院政治學研究所）；第十三章：肖濱（中山大學政治與公共事務管理學院政治學系）。在提交出版社之前，本書主編／副主編

對各章文字做了一些必要的技術處理，但維持了各位作者的寫作風格。在專業術語方面，盡力標準化，但仍有一些表述由於諸多原因，難以一致，只要不影響基本的理解，我們不做強求。

在教材付印出版之際，有太多的感謝需要表達。中國人民大學出版社的劉晶老師在四年前提出了編撰此書的建議，沒有她的推動很難想像這一教材的誕生；本書策劃編輯朱海燕老師不但介入了統稿過程，而且以極其耐心和負責任的態度完成本職工作；本書責編徐小玲老師認真把關，將一些瑕疵終結於印刷之前。在寫作過程中，我們前後舉行了八次會議，許多老師和同學做了許多默默無聞的會務工作。當然，還有來自各位作者家屬和親人的理解與支持。在此，我們表示由衷的感謝和敬意！

編者
2015年春

目　錄

序言　　　　　　　　　　　　　　　　　　　　　　　　　　　i

導　論　　　　　　　　　　　　　　　　　　　　　　　　　　1

第一章　中國共產黨領導的政治體制　　　　　　　　　　　17

　　1.1　中國黨政體制源起的歷史邏輯　　　　　　　　　　17

　　1.2　中國黨政體制的基本特徵和運作機制　　　　　　　24

　　1.3　中國黨政體制的基本關係　　　　　　　　　　　　36

第二章　中國共產黨　　　　　　　　　　　　　　　　　　49

　　2.1　中國共產黨的歷史發展　　　　　　　　　　　　　49

　　2.2　中國共產黨的意識形態及其變遷　　　　　　　　　54

　　2.3　中國共產黨的組織特性、組織原則與政治功能　　　64

　　2.4　中國共產黨的組織體系　　　　　　　　　　　　　74

第三章　人民代表大會制度　　　　　　　　　　　　　　　89

　　3.1　人民代表大會制度概述　　　　　　　　　　　　　89

　　3.2　人民代表大會制度的組織體制與運行　　　　　　　94

　　3.3　改革開放以來人民代表大會制度的變遷　　　　　　108

第四章　**政治協商制度**　　　**119**

4.1　統一戰線與中國共產黨領導的多黨合作和
　　　政治協商制度　　119

4.2　人民政協制度的產生和運行　　126

4.3　人民政協制度的創新和未來　　135

第五章　**中央人民政府**　　　**147**

5.1　中央人民政府的成立與發展：從政務院到國務院　147

5.2　國務院系統的組織結構體系及特徵　　154

5.3　國務院系統的運行與決策過程　　159

5.4　黨政體制下的現代行政國家建設　　167

第六章　**政法系統**　　　**171**

6.1　政法系統的組織構成與歷史發展　　171

6.2　政法機關的組織結構體系與實際運作　　180

6.3　黨管政法與司法改革　　195

第七章　**宣傳系統**　　　**207**

7.1　宣傳系統概述　　207

7.2　黨與新聞媒體　　210

7.3　新聞媒體制度的歷史沿革　　214

7.4　當代的大眾媒體管理　　223

7.5　當代的互聯網媒體管理　　231

第八章　軍事系統　241

8.1　當代中國軍事系統的歷史起源與功能　241

8.2　軍事領導制度與結構　247

8.3　軍事體系的組織指揮、國防動員和兵役體制　255

第九章　中央與地方關係　261

9.1　黨政體制下的中央與地方關係　261

9.2　中央與地方關係的重要維度　267

9.3　中央與地方關係的變與常　279

第十章　地方政府　289

10.1　地方政府的沿革與行政管理的多樣化　289

10.2　地方政府的結構、功能與運行　293

10.3　地方政府創新　303

第十一章　民族區域自治制度　315

11.1　民族區域自治制度的起源與發展　315

11.2　民族區域自治制度的內容與特點　326

11.3　民族區域自治面臨的挑戰與前景　331

第十二章　基層治理　339

12.1　中國基層治理的現代化變革　339

12.2　當代基層治理的重建及特徵　344

12.3　基層治理的創新與未來　351

第十三章 社會與公民　　361

13.1　社會階層結構及其變遷　　361

13.2　發展中的社會組織　　367

13.3　公民權利的擴展　　377

參考文獻　　387

導　論

　　這是一本關於當代中國政治的教科書。

　　與規範敘述和文本闡釋不同，本書致力於從經驗層面分析中國政治，以回答一個基本但不那麼簡單的問題：中國政治是什麼？

　　在改革開放三十多年後的今天，在一個中國已發生並還在經歷深刻變化的全球化時代，撰寫這樣一本教科書顯然是一項智慧的挑戰。

　　本書作者甘於承受這一壓力，並不是因為對於中國政治的研究胸有成竹，而是願意將寫作看作一個學習和反思中國政治的機會。在某種意義上，我們與讀者站在同一條起跑線上。我們希望讀者以理性審視的眼光閱讀和使用這本教材，並參與到「重新認識中國政治」的事業中來。

　　作為「導論」，本篇的任務是向讀者簡要交代本書在擬訂大綱時的一些設計理念。它們可以表述為以下幾項：第一，歷史脈絡對於理解中國政治具有非常重要的意義；第二，中國共產黨是理解當代中國政治的鑰匙；第三，「黨政體制」是理解中國政治的關鍵字；第四，認識中國政治應當處理好憲法與黨章、法律與黨規、國家機構與黨的組織、正式制度與政治慣例之間的互補關係；第五，用內生發展和演化的眼光來看待中國政治。

　　本「導論」的最後部分對本書的結構設計與內容安排做了簡要的說明。

一、歷史維度的重要性

　　下面所引之言分別出自兩位著名的人物：一位是以他個人姓氏命名的學說創始人之一、第一國際的組織者和領導者、被尊為全世界無產階級和勞動人民的偉大導師的馬克思；另一位是美國的開國元勳、憲法起草人之一、第一任財政部長漢密爾頓。他們的思想和實踐在人類歷史上都留下了深刻的烙印。

　　人們自己創造自己的歷史，但是他們並不是隨心所欲地創造，也
不是在他們自己選定的條件下創造，而是在直接碰到的、既定的、從
過去承繼下來的條件下創造[1]。

　　人類社會是否真正能夠通過深思熟慮和自由選擇來建立一個良好
的政府，還是他們永遠註定要靠機遇和強力來決定他們的政治組織[2]。

　　如何看待這兩段著名的引言？顯而易見的是，它們都擺脫了宿命論的立場，
承認人的主動性和能動性，強調歷史是可以選擇和創造的；所不同的是，人的這
種主動性和能動性是否受到制約、是否存在邊界，以及如何認識和表達兩者之間
的辯證關係。在某種意義上，馬克思和漢密爾頓以張力的方式揭示了人類社會發
展的複雜性。

　　現代政治學用更為抽象的術語來表達這種張力，諸如「結構與能動」、「制
度與行為」、「理性選擇與路徑依賴」，以及「設計與演化」等。這些範疇以對
子的方式呈現，其中彼此關聯的二元要素分別強調不同的側面。時至今日，這種
分野依然存在於不同的學派或研究取向之中，成為學術爭論的基本來源。

　　必須承認，在方法論層面產生的分歧是很難通過邏輯分析和經驗證據來解決
的，因為它們各有道理，並能從經驗世界找到相關的證據。打個比方，太陽為地
球送來了光明，同時以黑暗作為贈品，光明和黑暗如影隨形。研究者強調的是光
明還是黑暗，取決於看問題的角度和立場。

　　這種道理也適用於如何看待人的創造性和歷史制約性之間的關係，處置兩
者之間的張力並不存在某種普遍有效的方法，但是，承認這一點並不意味著我們
只能在兩者之間搖擺，「公說公有理，婆說婆有理」。一個實用的解決問題的辦
法是從抽象的方法論思考沉降到經驗世界，在具體的歷史語境和問題脈絡中尋找
出路。一個顯而易見的事實是，一個社會所擁有的歷史越長，文明越悠久，傳統
越深厚，那麼「路徑依賴」的作用就越大，人們創造歷史所受到的環境制約也越
大。也許這正是馬克思生活的「舊歐洲」與漢密爾頓所處的「新大陸」之間的一
個重要區別。

1　《馬克思恩格斯選集》，3版，第1卷，669頁，北京，人民出版社，2012。
2　〔美〕漢密爾頓等：《聯邦黨人文集》，3頁，北京，商務印書館，1980。

　　用這種眼光來看待中國，想必讀者已經有了自己的答案。中國是一個具有悠久傳統的文明國家，撇開遠古傳說和不斷更新的考古發現不說，就政治制度而言，西元前221年秦始皇統一中國，奠定了中央集權和大一統的基本格局。這一戰略性選擇影響了此後兩千多年的中華文明。在漫長的歷史中，中國雖經歷磨難，內憂外患，分合數度，但終究得以保留和延續至今。與人類歷史上先後出現但最終消散的其他文明大國相比，中國的命運是獨特的。這種歷史延綿的意義超越了時間的維度，體現了中華文明的廣博與深邃。即使近代以來中國經歷了翻天覆地的變化，中華文明的連續性依然明顯地體現於日常生活之中，並為人們所感知。這種特定的發展方式，意味著傳統的因素常常在新形式的包裹下得以存續，顯示出頗為強勁的路徑依賴效應。

　　對於當代中國政治來說，歷史的重要性更是顯而易見。近代以來，西學東漸，引發了千古未有之大變局。清朝皇權被推翻之後，中央權威衰落，地方割據，軍閥混戰，民不聊生，中國社會呈現出一種總體性危機的格局。在應對內部崩潰和外部威脅的雙重危機中，組織起來、克服一盤散沙，成為最有力的政治邏輯。在這一歷史競爭和選擇中，用馬克思主義武裝起來、實行民主集中制原則的中國共產黨最終戰勝了國民黨，統一了中國，重建了中央權威。只有在這一歷史脈絡內，我們才能理解，為什麼「沒有共產黨，就沒有新中國」。

　　新中國成立之後，以毛澤東為核心的黨的第一代中央領導集體積極探索符合中國國情的社會主義建設道路，留下了豐富的遺產，其中既包括成功的經驗，也包括失敗的慘痛教訓。正是在認真和系統總結經驗和教訓的基礎上，以鄧小平為核心的黨的第二代中央領導集體走上了改革開放的道路。在這個意義上，新中國成立以來的前後三十年既體現了某種重要的轉折，但又不是完全斷裂的兩個階段。

　　儘管人們將改革比喻為一場革命，但改革畢竟不是革命。改革以接受及利用當下的基本秩序為前提，在此基礎上進行改良。就此而言，改革是對國情制約的一種承認。人們無法摧毀舊的世界，然後在一張白紙上描繪美麗的圖畫，因為人們無法擺脫歷史，一如無法抓著頭髮使自己脫離地面。改革實踐是這樣，認識活動亦是如此。理解中國現實政治，必須理解中國的文明史，理解近代以來中華民族的抗爭史和革命鬥爭史，理解新中國成立以來，中國共產黨人對於中國特色社會主義道路的探索史，以及中國作為其中一部分的世界文明的發展史。

二、中國共產黨是理解當代中國政治的鑰匙

一旦我們將研究的立足點放在經驗世界，那麼關於中國政治的第一個事實，也是最為顯著的事實就是，中國共產黨是中華人民共和國的領導核心，是當代中國政治體制的中軸。

中國共產黨的這種政治地位是在歷史中形成的。在革命戰爭年代，黨以軍事鬥爭的方式，發展和鞏固根據地，建立人民政權，並通過各種周邊組織滲透和動員社會力量。統一戰線、武裝鬥爭和黨的建設成為取得中國革命勝利的「三大法寶」。1949年中華人民共和國成立之後，根據地時期政權建設的歷史經驗被嵌入建國實踐之中。已故的著名政治學者鄒讜先生曾將中國政治結構比喻為一個由不同層級的同心圓組成的金字塔，中國共產黨居於這個同心圓的中央，在縱向維度，自上而下一以貫之；在橫向維度，具有強大的向心控制力[3]。這種結構的雛形便形成於抗戰時期的延安政權。

新中國成立六十多年來，在探索具有中國特色社會主義的道路上，中國共產黨不斷地汲取歷史教訓，豐富執政經驗。從鄧小平時期的「堅持四項基本原則」、江澤民時期的「三個代表」、胡錦濤時期的「加強黨的執政能力建設」，到習近平的「全面從嚴治黨」；從當年的「黨的一元化領導」，經由「黨政分開」，到現在的「黨總攬全域」；詞彙表達雖有變化，但中國共產黨的自我定位始終未變。一如《中國共產黨章程》開篇第一句話所示：「中國共產黨是中國工人階級的先鋒隊，同時是中國人民和中華民族的先鋒隊，是中國特色社會主義事業的領導核心。」自誕生以來，中國共產黨一直是貫穿中國政治的一條紅線。離開了黨，我們就無法理解近百年的中國政治，無論是歷史，還是現實；無論是革命，還是建設；無論是改革，還是開放。

隨著中國改革開放的成功和對外影響的擴大，中國共產黨人也開始自覺地向全世界傳達這一資訊。2014年6月11日，中共中央政治局常委、中央書記處書記劉雲山在丹麥出席了「歐洲學者眼中的中國共產黨」國際研討會，發表了題為《認識中國共產黨的幾個維度》的講話。劉雲山指出：「中國的崛起是當今世界

3　參見〔美〕鄒讜：《中國革命再闡釋》，10-11頁，香港，牛津大學出版社，2002。雖然鄒讜先生沒有採用「金字塔」的比喻，但這是他所表達的意思。

的大事件，中國的快速發展和展現出的生機活力吸引了全世界的目光，也吸引了越來越多的學者投入對中國的研究中。還有的學者談到，要研究好中國，就應該研究好中國共產黨。爲什麼？答案很簡單。因爲中國共產黨是中國的執政黨，是中國革命、建設、改革事業的領導核心。當今中國的發展成就是在中國共產黨領導下取得的，中國特色社會主義最本質的特徵就是中國共產黨的領導。沒有中國共產黨，就沒有新中國，也沒有中國特色社會主義。研究中國，當然要研究中國共產黨；研究中國特色社會主義，當然也要研究中國共產黨。研究好中國共產黨，實際上就抓住了研究中國的核心，就找到了解答當代中國從哪裡來、向哪裡去的『鑰匙』。[4]」

三、「黨政體制」是理解中國政治的關鍵字

作爲一本致力於從經驗層面描述中國政治的教材，我們需要尋找一個關鍵字，它的功能是以最簡練的方式突顯中國政治的基本特徵，說明人們認識和理解中國現實政治。

由於諸種原因，我們認爲，比較政治學用來描述中國政治的既有術語不能令人滿意，無論是「極權主義」、「威權主義」，還是「黨國體制」，都被賦予了過多的負面色彩[5]，而國內政治學中的「國體」和「政體」範疇（同一層次的類似概念）基本上屬於規範層面的敘事，無法滿足經驗描述的需求。

當既有概念或術語無法滿足本書設定的目標時，我們有必要回歸現實本身，從經驗現象中來觀察和思考，從而形成恰當的概念。一個好的術語應當既能充分反映中國政治的經驗事實，又具有最大程度的簡潔性。在目前的情況下，能夠同時滿足這兩個條件的概念，只能來自對中國政治經驗的提煉和概括，而且在方法上必定是歸納的。因此，我們邀請讀者一起來做這樣的嘗試。

下面三句話分別引自官方媒體的報導和重要領導人的文選，是我們耳熟能詳

4　劉雲山：《認識中國共產黨的幾個維度》，見http://cpc.people.com.cn/n/2014/0710/c64094-25263821.html，2014/7/10。

5　我們曾考慮對「黨國體制」（Party-State System）一詞進行改造，使其「脫敏」，一如馬克斯‧韋伯對「官僚制」一詞所作的處理。但考慮到各種條件的制約，這是一個很難完成的任務，至少眼下如此，因而改變思路，決定另選他詞。

的案例。（1）2015年春節前夕，中共中央總書記、國家主席、中央軍委主席習近平等黨和國家領導人分別看望或委託有關方面負責同志看望了江澤民、胡錦濤等老同志；（2）2014年12月13日，我國迎來首個國家公祭日，在南京舉行國家公祭儀式，黨和國家領導人出席活動；（3）1980年8月18日，鄧小平在中共中央政治局擴大會議上作題為《黨和國家領導制度的改革》的講話。

　　上述三例，有的術語表達是「黨和國家領導人」[6]，有的採用「黨和國家領導制度」，其共同特點是「黨和國家」的並列搭配，且詞的組合次序是「黨」字在前。

　　我們所要枚舉的第二類案例相對程序化一些，它們與官方文件聯繫在一起。（1）中共中央、國務院發出《關於進一步加強和改進大學生思想政治教育的意見》；（2）中共中央辦公廳、國務院辦公廳印發《關於加強中國特色新型智庫建設的意見》；（3）中共中央宣傳部、教育部發布《關於進一步加強和改進高等學校思想政治理論課的意見》。

　　上述三個文件的印發單位雖有名稱和地位的區別，但這三個文件都是黨和政府機構的聯合發文[7]，體現的是「黨和政府」的搭配，學界則用「黨政關係」來描述這一現象。在中國政治生活中，這種搭配的出現頻率甚或高於「黨和國家」。

　　從上述兩類案例中，能得出哪些有啟發意義的結論呢？在我們看來，「黨和國家」、「黨和政府」的表述在中國政治生活中的出現頻率如此之高，既不是隨意的，也不是偶然的，它折射出了術語指稱物件——中國政治體制——的某種結構性特徵。

　　一個簡單的對照，可以幫助我們理解這一點。在西方政治生活中，類似的現象並不存在。多黨制和輪流執政意味著執政黨是一個變數，而不是常數。執政黨

6　「黨和國家領導人」是中國政治中的一個特有術語，一般為中央層面的高級領導人的統稱，常見於媒體報導和政府公文。其指涉範圍包括中共中央、國家機構、全國政協的領導人，一般以中共中央總書記為首，至全國政協副主席為止（參見百度百科）。

7　按發文主體的標準，中國的官方文件可以分為三類：（1）黨的文件；（2）政府文件；（3）黨和政府聯合發布的文件。一般而言，黨中央的文件具有高度的政治性和統領性，涉及戰略、路線、方針和基本政策；政府文件更具操作性，與執行層面聯繫更緊；黨和政府聯合發布的文件介於兩者之間。

的作用主要體現在將黨的綱領和競選許諾轉化爲法律和政策，以及爲政府機構輸送人才，而黨組織本身只是一個選舉工具。顯然，中國共產黨不是一般意義上的西方執政黨，甚至不是一般意義上的政黨。中國共產黨是以馬克思主義爲指導思想，承擔著某種歷史使命的無產階級先鋒隊。在中國政治的結構中，它是一個常數，而不是變數。所謂常數有兩個含義：第一，在當代中國的政治制度設置中，它是一個長期執政的黨，其他民主黨派是參政黨，不存在輪流執政的問題；第二，與長期執政相聯繫，中國共產黨本身已成爲一個嵌入政治結構的等級組織，具有與國家機構相對應的科層制結構。

在這個意義上，「黨和國家」或「黨和政府」的表述乃是中國現實政治經驗的反映。在這種並列表達中，將「黨」置於前面的構造方式，承載了這個國家所經歷的歷史。對此，《憲法》有著明確的表述：「一九四九年，以毛澤東主席爲領袖的中國共產黨領導中國各族人民，在經歷了長期的艱難曲折的武裝鬥爭和其他形式的鬥爭以後，終於推翻了帝國主義、封建主義和官僚資本主義的統治，取得了新民主主義革命的偉大勝利，建立了中華人民共和國。」按照同樣的邏輯，經由1949～1954年的摸索，中國共產黨確立了中國的基本政治制度（政府形式）。

中國共產黨領導人民建立了中華人民共和國，確立了中國的基本政治制度，並在這一過程中，將自身嵌入政權結構之中。因此，作爲描述中國政治的關鍵字，其基本要素既離不開黨，也離不開黨所建立的政治制度（國家和政府是其最高表現形式）。

在想到的諸多可能選項中——「中國共產黨領導的政治體制」、「黨和國家領導制度」、「黨的一元化領導體制」、「政黨國家」、「黨政體制」等，本書傾向於「黨政體制」。之所以做出這一選擇，是因爲「黨政體制」一詞兼具以下五個優點：（1）包含了「黨」與「政」的要素，滿足了作爲核心概念的基本要求；（2）反映了中國政治的結構性特徵，也映襯了特定的歷史脈絡；（3）四字組合符合漢語使用的習慣，易於交流和溝通；（4）可以理解爲是「中國共產黨領導的政治體制」的簡稱，具有較大的包容性；（5）比較客觀和中立，沒有既有詞彙的價值負載，有利於發揮描述功能。

四、「黨政體制」概念的認識（論）意義

作為一個關鍵字，「黨政體制」源於對中國政治經驗現實的歸納和概括。一旦形成，它便獲得了自身的生命，對於研究中國政治具有很強的認識意義。正所謂源於生活，又高於生活。

顧名思義，「黨政體制」意味著一種複合結構。按馬克斯·韋伯的官僚制概念，黨政體制中存在著雙重層級組織。除了政府官僚制之外，執政黨本身也是一個巨大的等級體系。從中央到地方，不同層級的黨組織與政府組織相依並存，與此匹配的是兩套官員隊伍（國家公務員與參照公務員管理的黨務幹部）。

黨政體制中存在的雙重官僚制是否意味著某種二元性？答案是否定的。就組織屬性而言，政黨組織的邏輯與政府組織的邏輯是不同的。黨政體制的奧秘在於，作為一個複合體，它既超越了政黨組織的邏輯，也超越了政府組織的邏輯。它以一種特有的方式將兩者整合在一起，自我生成了一種新的邏輯。理解這一奧秘的一個實用方法，就是觀察一下作為官僚制的政黨結構是如何「嵌入」及「重組」國家／政府結構的。大致而言，我們可以區分出以下六種主要的方式：

（1）在非黨組織的領導機關中設置黨組。《中國共產黨章程》第46條規定：「在中央和地方國家機關、人民團體、經濟組織、文化組織和其他非黨組織的領導機關中，可以成立黨組。」2015年1月16日，中共中央政治局常務委員會召開會議，專門聽取全國人大常委會、國務院、全國政協、最高人民法院、最高人民檢察院黨組彙報工作。習近平在會議上指出，黨中央對全國人大常委會、國務院、全國政協、最高人民法院、最高人民檢察院的統一領導，很重要的一個制度就是在這些機構成立黨組。黨組是黨中央和地方各級黨委，在非中共黨組織的領導機關中設立的組織機構，是實現黨對非中共黨組織領導的重要組織形式和制度保證[8]。

（2）以黨中央的某個直屬部門為主導，整合部分政府機構，建構一個局部性的複合體，通常稱為「口」（亦稱「系統」），故有「歸口管理」之說。例如，中宣部是黨中央的直屬機構，通過「宣傳文教系統」的方式領導著相關的政

8　參見《政治局常委會全天聽取全國人大常委會等黨組工作彙報》，見http://www.guancha.cn/politics/2015_01_16_306572.shtml,2015/1/16。

府機構，包括文化部、教育部、國家新聞出版廣電總局、國務院新聞辦公室、新華通訊社、人民日報社、中國社會科學院等。中央政法委也是如此，它是黨中央領導和管理全國政法機關工作的職能部門，由它牽頭的政法系統包括法院、檢察院、公安部門、國家安全部門、司法行政部門等機構。在結構維度上，歸口管理的要害是對政府官僚制的重組，將黨政體制下的雙重官僚制形成一個整體，它是中國政治中實際運行的官僚體系。

（3）設置高規格的常設性或臨時性的領導小組。這些小組直接隸屬於黨中央，其領導人通常是政治局常委或委員，小組成員來自黨政工作部門，所承擔的職能與政府管理緊密相關。學界一般將領導小組視為議事協調機構，擁有跨部門的協調權力，但實際上這些領導小組享有更大的權力。如中央宣傳思想工作領導小組是黨中央負責宣傳思想工作的領導和決策機構，制定宣傳思想和輿論工作的總方針，協調相關的黨政部門的統一行動，它是「宣傳文教系統」的神經中樞。中央財經領導小組是黨中央負責財經工作的領導機構，自1987年以來，中央財經領導小組的歷任組長一直由時任黨中央總書記擔任，時任總理則任副組長。在參與制定國民經濟與社會發展五年規劃綱要、年度經濟計畫制定、經濟形勢調研和分析，以及宏觀政策研究等方面發揮著重要作用[9]。在農村工作方面，中央農村工作領導小組也扮演著類似的角色。黨的十八屆三中全會之後，中央成立了全面深化改革領導小組，負責改革的總體設計、統籌協調、整體推進、督促落實，可以說是當今中國最有權力的領導小組。值得注意的是，這些領導小組的地位和人員構成賦予其一定的超脫性，具有政治控制和駕馭黨政官僚制的意義（有的領導小組直接與歸口管理制度聯繫在一起）。

（4）黨的中央領導人在國家機構中任職。例如黨中央總書記和中央軍委主席兼任國家主席與中央軍委主席，政治局常委任國務院總理、全國人大常委會委員長、全國政協主席等。

（5）「一個機構、兩塊牌子」，俗稱「一套人馬、兩塊牌子」[10]。由於黨

9　參見李微敖：《中央財經領導小組掀開面紗》，載《南方週末》，2014/6/19。

10　中央編辦針對事業單位的情況做出過政策解釋。所謂「一個機構」，是指一個法人代表、一個財務帳號、一套領導班子和一個隊伍。所謂「兩塊牌子」，是指機構有兩個名稱，根據工作需要，以不同的名義對外使用相應的名稱。「一個機構、兩塊牌子」不是兩個機構，如果將兩塊牌子變成兩個機構，則屬於違規行為。

的組織和機構承擔著國家和政府的實際職能，但又沒有進入或完全進入政府系列，因而在這種情況下，黨的機構就需要以國家和政府的名義來做事，「兩塊牌子」剛好滿足了這種需要。目前，在中央層面存在著不少這樣的機構套牌，例如，中國共產黨中央軍事委員會與中華人民共和國中央軍事委員會、中共中央對外宣傳辦公室與國務院新聞辦公室、中共中央臺灣工作辦公室與國務院臺灣事務辦公室、中央檔案館與國家檔案局、中共中央保密委員會辦公室與國家保密局、中共中央網路安全和資訊化領導小組辦公室與國家互聯網資訊辦公室等。稍微複雜一點的情況是「一套人馬、一塊牌子、兩個機構」，如中央機構編制委員會辦公室既是黨中央的機構，也是國務院的機構。「一套人馬、兩塊牌子」的現象意味著，黨政體制中的政府系統的職能是不完整的。憲法和法律所規定的政府職權與實際得到行使的政府職權之間存在差距，而黨的組織和機構是解釋這一差距的關鍵變數。

（6）黨政合署辦公。如中共中央紀律檢查委員會與中華人民共和國監察部。在合署辦公的情況下，黨的組織或機構是當然的主角。

經由這些方式，中國共產黨建構了一個以自身為核心和中軸的國家政權結構。這一結構具有兩個特點：一方面，執政黨全面進入了國家系統，占據了核心位置，履行著重要的政治和行政功能。可以說，無論是結構方面，還是運作機制，黨與政兩者已經緊密地結合在一起了。黨的十三大提出的「黨政分開」主張在隨後的政治改革實踐中被擱置，除了環境變化的因素之外，確實存在著體制方面的原因。另一方面，政黨在進入國家結構的同時，又保留了自身的相對獨立性。中國共產黨的重要政治決策機構（中共中央政治局及其常委會以及中央書記處）並沒有進入國家系統，中共中央也擁有獨立設置的職能機構（包括直屬機構和事業單位）。

黨政體制的這種雙重性意味著國家法律體系無法對其進行全方位的覆蓋。在《憲法》以及相關組織法如《中華人民共和國全國人民代表大會組織法》、《中華人民共和國國務院組織法》、《中華人民共和國人民法院組織法》、《中華人民共和國人民檢察院組織法》、《中華人民共和國地方各級人民代表大會和地方各級人民政府組織法》中，既找不到「口」，也發現不了「黨組」或「領導小組」。因此，認識中國政治不但要讀憲法，也要看黨章；不但要瞭解國家法律和行政法規，也要瞭解黨內法規和黨委文件；不但要考察國家機構和政府系統，

也要認識黨的組織機構及其運行。如果我們不瞭解五年一度的黨代會報告，不瞭解中央全會的重要決定，何以理解中國政府的政策走向？如果我們不瞭解黨中央設置的各種領導小組，以及黨委部門領導的「口」，何以理解政府機構的實際運作？只有將兩者結合在一起，我們才能得到一幅關於當代中國政治的比較完整的認識圖景。

在這個意義上，「黨政體制」這一關鍵字爲我們建構了一個認識中國政治的整體性分析框架。它提醒我們，在分析中國政治時，要將黨與政、文本與實踐、前台與後台綜合考慮進來。這一方法論立場同時也意味著，對於比較政治學的一般術語和理論應當採取一種反思的立場，並根據中國的國情做出一些必要的調整。例如，本書用「政法系統」而不是一般教科書中的「司法系統」作爲本書第六章的名稱。在我們看來，西方意義上的司法概念無法反映中國黨政體制的特徵。相反，只有在政法系統中，才能理解中國的司法及目前正在進行的司法改革。

五、中國政治的內在演化

改革開放以來，中國完成了從計畫經濟向市場經濟的轉型，在短短三十多年的時間裡實現了經濟發展的騰飛，成爲世界第二大經濟實體。與經濟領域的巨變相比，中國的政治體制維持了自身結構的穩定性。這意味著，改革開放帶來的巨變是在既有政治體制的框架內發生的。在人類現代化的歷史上，共產黨政權與市場經濟結合，而且取得了成功，這種現象還是第一次發生。無論是中外的專家學者，還是媒體記者和官員，都沒有預料到。原蘇聯和東歐國家的政局巨變以及世界範圍內發生的第三波民主化浪潮，使得這一成功顯得更加令人矚目。

這一現象引發了學術界的激烈爭論，其中一種觀點認爲，中國在政治體制改革方面基本上沒有任何進展，並因此推論，中國的成功是暫時的。這一看起來頗爲明瞭的觀點涉及了非常重要的方法論問題。簡單地說，在如何看待中國政治的問題上，存在著兩種不同的認識方法。第一種方法設定了一個明確目標甚或結構，然後以此作爲衡量標準，審視歷史，拷問現實。在這種方法中，對未來的想像是一個核心的變數，它不但影響人們對歷史的看法，而且影響人們對現實的評價，以及基於這種評價而提出的諸種政策主張。與之形成對比，第二種方法偏向

於從歷史出發，基於現實矛盾的分析來預期未來。這種方法對未來的想像只框定了一個大致的方向，強調具體脈絡和路徑的多元性與開放性。

上述兩種方法的區分雖有過分簡單之嫌，但抓住了關鍵的差異。本書的撰寫傾向於第二種方法，即在承認和堅持基本方向的前提下，注重考察過程的內生性和複雜性。因此，對中國政治結構進行詳細的經驗分析，並在此基礎上考察其演化趨勢是本書強調的一個重點。

由此，我們關注的是經驗維度的問題：在過去的三十多年裡，中國政治有沒有發生變化？這些變化是否具有重要的價值和意義？它們是否值得我們進行認真的考察？對於這些問題，本書的答案是肯定的。「如果純粹按照西方的政治標準，如一黨制還是多黨制，三權分立還是三權合一等，可以說中國的政治體制基本上沒有變化。但政治評價的標準不應當只有這一種，如果從中國的政治分析標準來看，如政治的內容、領導體制、黨和國家的關係等，這種看法就是不正確的。[11]」

事實上，中國共產黨人對這個問題已經給出了自己的解答。在慶祝全國人民代表大會成立六十週年大會上，總書記習近平指出：「評價一個國家政治制度是不是民主的、有效的，主要看國家領導層能否依法有序更替，全體人民能否依法管理國家事務和社會事務、管理經濟和文化事業，人民群眾能否暢通表達利益要求，社會各方面能否有效參與國家政治生活，國家決策能否實現科學化、民主化，各方面人才能否通過公平競爭進入國家領導和管理體系，執政黨能否依照憲法法律規定實現對國家事務的領導，權力運用能否得到有效制約和監督。[12]」從中國改革進程的內在邏輯來看，這「八個能否」體現了中國共產黨人對於政治體制改革目標的認識，以及判斷自身改革是否取得成功的標準。在中國政治的語境下，「八個能否」的命題與當年鄧小平提出的「三個有利於」標準是等值的。區別在於，鄧小平提出的標準針對的是經濟改革的舉措，而習近平提出的標準適用於政治改革領域。

據此標準，習近平得出了如下結論：「經過長期努力，我們在解決這些重

11　俞可平：《增量民主與善治》，153頁，北京，社會科學文獻出版社，2003。

12　習近平：《在慶祝全國人民代表大會成立60週年大會上的講話》，載《人民日報》，2014/9/6。

點問題上都取得了決定性進展。我們廢除了實際上存在的領導幹部職務終身制，普遍實行領導幹部任期制度，實現了國家機關和領導層的有序更替。我們不斷擴大人民有序政治參與，人民實現了內容廣泛、層次豐富的當家作主。我們堅持發展最廣泛的愛國統一戰線，發展獨具特色的社會主義協商民主，有效凝聚了各黨派、各團體、各民族、各階層、各界人士的智慧和力量。我們努力建設瞭解民情、反映民意、集中民智、珍惜民力的決策機制，增強決策透明度和公眾參與度，保證了決策符合人民利益和願望。我們積極發展廣納群賢、充滿活力的選人用人機制，廣泛把各方面優秀人才集聚到黨和國家各項事業中來。我們堅持依法治國、依法執政、依法行政共同推進，堅持法治國家、法治政府、法治社會一體建設，全社會法治水準不斷提高。我們建立健全多層次監督體系，完善各類公開辦事制度，保證黨和國家領導機關和人員按照法定許可權和程序列使權力。[13]」

可見，從不同的價值立場出發，基於不同的標準，人們對於相同的經驗現象可以得出相距甚遠的結論。每一種立場都像一盞探照燈，在照亮和突顯某些現象的同時，也遮蔽了其他的方面（前文運用了光和影的比喻）。在判斷中國政治是否變化以及變化多少的問題上，本書採取一種內在的視角，將改革開放前的黨政體制作爲衡量中國政治變化的原始參照。在這種視角下，我們看到的是三十多年來黨政體制的「內在演化」過程：從實際問題出發，根據環境和資源的約束，選擇解決問題的方法；當舊辦法不再適用時，勇於借鑑和創造新的手段；只要問題存在或不斷產生，這一演化過程就將持續下去，改革的動力就始終存在。這一演化過程的一個特點是，體制邏輯制約著改革邏輯。這意味著，在改革策略的選擇中，某些選項在事先就被排除了[14]。因此，中國政治一方面是穩中有變，另一方面是變中有常。認識政治演化的這種「變」與「常」既是學術研究的一大挑戰，也是研究中國政治的樂趣之所在。

一如本書開篇所述，在這樣一個迅速變化的時代，認識中國政治不是一件容易之事。中國有句成語叫作「盲人摸象」，中國現在就是這頭大象，而且還在

13　習近平：《在慶祝全國人民代表大會成立60週年大會上的講話》，載《人民日報》，2014/9/6。

14　例如，胡錦濤在黨的十八大報告中指出，「積極借鑑人類政治文明有益成果，絕不照搬西方政治制度模式」。

奔走，學者一如盲人，跌跌撞撞，趕著追著去摸這一頭大象，有時還不一定跟得上。如何將摸到的片段整合起來？其難度可想而知。在這種情況下，考察中國政治的內在演化或許有助於我們把不可避免的「偏見」降到最低的程度，且有助於對中國政治的發展趨勢做出比較客觀的判斷。

六、本書的結構設計與內容安排

上述關於教材編寫原則和方法的思考，體現在教材大綱和章節結構的設計之中。教材的架構可以用「橫、縱、內、外」四個字來表達。所謂「橫」，是指圍繞中國共產黨這一軸心在國家層面建立起來的政治制度；所謂「縱」，是指這一制度自上而下的貫穿。無論是「橫」還是「縱」，講述的都是黨政體制的政治結構，基本屬於「內」的維度，而「外」指的是黨／國家／政府與社會的關係。「橫、縱、內、外」四個維度的交織，基本覆蓋了中國政治的經驗世界。需要指出的是，這一編排結構只是一個方便寫作的搭手架，並不表示中國政治的實際邏輯。「黨政體制」的一個基本特徵是，黨不但存在於政府裡，而且存在於社會中。因此，對於執政黨而言，「內、外」的區分只具有相對的意義。

據此全書安排了十三章。第一章從黨政體制的歷史起源說起，因為只有在20世紀中國政治的歷史脈絡中，我們才能理解這個國家所面臨的問題和挑戰、必須解決的時代任務，以及為什麼只有中國共產黨人完成了這項歷史使命。該章以簡練的文筆說明黨的「一元化領導」的基本特徵以及七大運作機制：（1）作為權力軸心機制的「黨委（黨組）領導」；（2）作為全面控制機制的「歸口管理」；（3）作為精英管理機制的「黨管幹部」；（4）作為思想統一機制的「意識形態鬥爭」；（5）作為溝通吸納機制的「政治協商」；（6）作為社會整合機制的「統一戰線」；（7）作為政治動員機制的「群眾路線」。在此基礎上，勾勒了黨政體制內的若干基本關係，涉及黨與人大、黨與政府、黨與司法、黨與軍隊、黨與他黨、黨與社會、黨與媒體等不同維度。經由這樣的敘述，我們希望讀者對於中國政治結構有一個初步而大致的認知，理解為什麼說共產黨是中國政治體制的中軸以及「黨政體制」是描述和分析中國政治的關鍵字。因此，第一章可謂全書樞紐之所在，起著提綱挈領的作用。在某種程度上，本書的隨後各章可以看作它的邏輯展現和經驗豐富。用一個形象的說法來比喻，黨之於中國政治，一

如軸轂之於雨傘。

　　在敘述了黨政體制的一般框架之後，第二章以中國共產黨爲主題，從四個方面進行系統的闡釋，分別涉及中國共產黨的歷史發展、意識形態及其變遷、組織特性、組織原則與政治功能，以及組織體系。讀者不難發現，中國共產黨的組織原則和層級結構在奪取全國政權後，被作爲基因移植到其他組織。在這一意義上，可以說黨政體制的模本存在於中國共產黨的組織之中。

　　第三至十三章，敘述了黨政體制的不同維度及其相關內容。其中，前六章（第三至八章）從橫向維度進行敘述，其內容分別涉及作爲權力機關和立法機關的人民代表大會、作爲統一戰線重要內容的多黨合作和政治協商制度、作爲最高國家行政機關的中央人民政府（國務院）、作爲「刀把子」的政法系統（亦稱「政法口」）、作爲「筆桿子」的宣傳系統，以及作爲「槍桿子」的軍事系統。這種安排方式有別於其他的同類教科書，尤其是關於三個「系統」的表述，在本書編者看來，這種寫法或許更能體現中國黨政體制的結構與功能特徵。

　　縱向維度的描述分爲四章（第九至十二章），包括中央與地方關係、地方政府、民族區域自治制度以及基層治理。前三個主題是中國政治教材的共同話題，此處不復贅言。之所以設置「基層治理」一章是考慮到這個問題對於當代中國政治的重要性，以及正在中國大陸發生的、史無前例的城市化進程。在古代中國，王權止於縣，縣以下是鄉紳和宗族的勢力範圍。現代化的一個重要任務就是打通政治交通的「最後一公里」，使國家與公民在市場經濟和民主法治的基礎上發生直接的聯繫。這一過程至今依然在艱難地進行。當前，街道、鄉、鎮，尤其是城市與農村的社區是中國政治的神經末梢，政府與社會治理的大量問題都集中在這一領域。基層穩，政權就穩；基層亂，則秩序失。

　　與上面十二章不同，作爲全書收尾的第十三章在結構上屬於「外」的維度。在計畫經濟時期，國家掌控了全部資源，透過城市的單位制與街居制以及農村的人民公社制度，將所有人員納入計畫體系和相應的行政——政治等級之中。在這種高度集權的結構中，國家與社會的邊界消失了。1978年以來，隨著家庭承包責任制的推行、外資的進入、民企的發展、產權結構的變化、收入來源的多樣化，中國社會結構在兩個維度同時發生了巨大的變化：一是新社會階層的出現，二是新社會組織的興起。與這些變化同時發生的是大規模的人員流動、「單位人」變成「社會人」，以及個體化趨勢和公民意識的興起。基於市場經濟轉型而發生的

這種變化，在全球化背景下對黨政體制提出了嚴峻的治理挑戰。如何應對這種挑戰，以及能否成功應對這種挑戰，關係到中國政治的未來走向，可謂茲事體大。

　　總體而言，本教材的重心放在黨政體制的結構分析方面，而在過程維度分析方面有所缺失。原計畫增設專章「政策過程」，因篇幅和字數的考慮而沒有實施。作為一種補償，每一章的寫作儘量兼顧歷史背景和改革開放以來所經歷的變化。當然這種補償無法代替過程分析本身，希望今後有機會能夠真正彌補這一缺憾。

　　除了教材結構方面的考慮之外，本書作者對於寫作背景也有著相當的關切。在互聯網時代，各種傳統的或既有的合法性敘事需要在新環境和新挑戰中不斷重構自身，封閉的自我迴圈將無法應對來自外部世界的全方位衝擊。故理解中國，必須理解世界；建構中國話語，必須瞭解對應的話語體系。在這種語境下，我們必須考慮教材寫作方式的多樣性，並嘗試以一種開放的心態和比較的視角來編撰本書，用相對客觀的學術語言，理性地表達我們對中國政治的看法。對於中國政治教科書寫作來說，這是一個來自技術層面的不小挑戰，但我們認為這一努力值得嘗試，因為很大程度上這項工作是講好中國故事的知識基礎和邏輯前提。就此而言，本書的使用對象範圍有可能超越中國學生，對於那些關心中國政治的外國學生而言，我們也希望他們能從中獲得有價值的資訊。

　　在眾多關於中國政治的教科書中，本書是一個小小的但略有不同的嘗試。我們希望透過這樣的安排，為讀者提供一個觀察和理解中國政治的不同視角。透過這一視角，能夠領略一幅關於中國政治的新圖景。這一目標能否實現以及在多大程度上實現，依賴讀者的選擇與教學實踐的檢驗。

第一章 中國共產黨領導的政治體制

中國共產黨是中國政治體制的中軸，黨的領導權既是全方位的，也是獨一無二的。黨從中央到地方及至基層建有嚴密的組織體系，對國家機關、軍隊和社會團體實行統一而有分工的領導，在國家和社會政治生活中擁有不容挑戰的政治權威，由此形成一個完整而獨特的黨政體制。在這個體制中，黨的領導原則被表述為「總攬全域、協調各方」，正如江澤民在慶祝中國共產黨成立八十週年大會上的講話中指出的：「要按照總攬全域、協調各方的原則，進一步加強和完善黨的領導體制，改進黨的領導方式和執政方式，既保證黨委的領導核心作用，又充分發揮人大、政府、政協以及人民團體和其他方面的職能作用。」[1]黨的「領導核心作用」和國家機關社會政治團體各方的「職能作用」，是這個黨政體制運行的關鍵所在。

本章簡要分析中國黨政體制源起的歷史邏輯、這一體制的基本特徵和運行機制，以及它所包含的若干基本關係。

1.1 中國黨政體制源起的歷史邏輯

在歐美工業化國家，現代意義的政黨是伴隨著代議民主制而出現的，是為了適應階級和階層利益的表達與綜合，最大限度進行選票動員，進而獲得組織政

---

[1] 江澤民：《論「三個代表」》，171頁，北京，中央文獻出版社，2001。

府的權力而存在的[2]。政黨由此被視爲介於國家和市民社會之間的政治組織[3]，政黨的權利不過是憲法規定的公民權利的組織化的延伸，政黨只有進入國家，並通過既定的程序和方式以國家的名義說話和行事，才能成爲政治生活中與國家機關具有某種同等分量的因素。但在中國現代政治史上，政黨的存在及其與國家的關係同歐美國家不可等量齊觀，最明顯的區別是，政黨無法在體制內依靠既存的機制從事政治動員並由此獲得國家權力，這迫使它不得不從體制外謀求社會改造和推動政治發展。20世紀的中國政治進程表明，政黨最初是舊國家的敵人，經過規模、性質和暴烈程度不等的革命取得國家權力，進而變成新國家的支柱。孫中山的以黨建國、以黨治國是如此，共產黨的社會革命、開國建政亦是如此。經由這種方式立國主政，政黨就成爲國家特殊的支配性的組織和力量，因而可以把政黨的組織、制度和價值輸入國家，從而決定國家的命脈、形構、方向、進程和特徵。這樣一種融政黨於國家並與國家權力高度結合的政治型態，構成了當代中國黨政體制的內在規定和根本特徵。

中國的黨政體制的政治特徵有三重面相：首先，作爲一種動員型政治，政黨是國家和社會政治運行與變革的發動機，政黨的意識形態充當了「啓蒙」和「喚醒」國民、推動現代政治進程的工具，並由此獲得了統攝、規劃和引領人們的觀念與行爲規範的地位。其次，作爲一種整合型政治，政黨的各級組織機構遍布全國，按照中央制定的路線、方針、政策，自上而下地將地方機構、社會團體和政治人口「整編」納入既定的政治框架中，形成行政性的、組織化的政治社會。最後，作爲一種全控型政治，通過壟斷全部暴力資源和大部分人力、組織資源，主導國家的政治方向，規定國家的政治過程，決定政治價值的配置，政黨成爲國家和社會政治體制的核心結構，使整個社會政治生活具有濃厚的政黨、國家與社會三者邊界彼此重合、功能高度重疊的總體化色彩。當然，不是所有的政黨都具有建構這種黨政體制的意願和能力，也不是所有掌控了執政權力的政黨都意味著必然走向黨政一體化的形式。建構這種黨政體制的政黨至少需要具備幾個條件或特

---

[2]　John Kennety White, "What is a Political Party?" in Richards Katz & William Crotty (eds.), Handbook of Party Politics, London, Sage Publications, 2006, pp. 5-7.

[3]　如薩托利認爲：「政黨是社會和政府之間的核心仲介組織。」〔意〕薩托利：《政黨與政黨體制》，2頁，北京，商務印書館，2006。

質：（1）有一套精緻而系統的理論學說作爲思想基礎；（2）有一個關於未來社會遠景的構想作爲奮鬥目標；（3）有精心設計並獲得理論支持的戰略和策略作爲實現目標的手段；（4）有統一嚴密的中央、地方和基層組織網絡作爲行動支撐；（5）有成熟而富有經驗和激情的職業化政治精英集團作爲協調行動的「總參謀部」；（6）有宣導爲主義不惜獻身的精神教育作爲黨員的道德律令。這樣一種政黨又被稱爲「使命型政黨」、「動員型政黨」或「意識形態型政黨」[4]。在中國現代政治史上，具備這些特質的政黨屈指可數——孫中山仿蘇俄方式改組後的國民黨可算一個，它曾試圖按此方向建設和提升黨的品質，但最終只是在一定形式上獲得其中的某幾項特徵；相比之下，完全符合以上條件或特質並且一直堅持將其作爲黨建任務和目標的政黨則是中國共產黨。

　　理解當代中國黨政體制的發生和發展，需要注意兩點：其一，要把中國共產主義革命置於20世紀中國現代化的世界歷史場景之中。一方面，要看到中國與外部世界接觸後出現的結構性的總體危機，這種總體危機集中表現在政治領域，但其根源在於社會和經濟，在於內部結構受到國際環境的強烈影響——包括中國在國際權力結構中地位的變化，發達國家提出的挑戰與提供的模式，資本主義世界經濟和政治的輸入與入侵。這是一個基本的結構約束。另一方面，要看到結構的約束不是機械的、靜止的、線性的，結構本身不過是人們集體行動的產物，因此行爲主體在結構中仍然擁有選擇的自由，在一定條件下能夠隨著宏觀歷史與行爲主體的交互作用而改變這種結構。其二，要有一個能把中國共產主義革命和中國現代國家建設聯繫起來的中觀視角（「中層理論」），通過這樣的中觀視角來使宏觀歷史場景成爲一個有理論假設和經驗事實支持的「具體的宏觀和具體的抽象」。這一視角並不排斥關於中國可以和西方社會分享現代性因素的論證，所需要的只是將此置於邏輯和證據有機關聯的基礎上，通過比較中國國家建設和西歐國家建設的異同來揭示革命與現代化在中國的特殊歷程。例如，精英如何對大眾動員，建立一個強有力的政黨，用它的政治力量、組織方法，深入和控制每一個

---

[4]　「使命型政黨」參見劉建軍、周建勇、嚴海兵：《創新與修復：政治發展的中國邏輯》，208頁，北京，中國大百科全書出版社，2011。「動員型政黨」、「意識形態型政黨」參見金觀濤、劉青峰：《開放中的變遷》，香港，香港中文大學出版社，1993；Franz Schurmann, Ideology and Organization in Communist China, Berkeley and Los Angeles: University of California Press, 1971.

階層與每一個領域，達到改造或重建社會、國家和各領域的組織制度，以最終克服結構性的總體危機。這種中觀視角的旨趣之一就是20世紀初中國社會的組織化狀態與中國黨政體制興起的歷史關聯。

　　一般認為，起源於西歐的現代化在政治上就是民族國家建立的過程[5]。民族國家的建立伴隨著三個現象：（1）原來屬於封建貴族和地方精英集團的權力（立法、司法、行政、稅收、鑄幣等）逐漸收歸國家，國家的法律、政令通過政治統一、功能分化的官僚體制和官僚隊伍貫徹到基層，中央權威在封建貴族和地方精英被剪滅或被收編的過程中確立起來；（2）國家在對內統治和對外戰爭中組建起受控於中央政府的常備武裝力量和用以維持日常統治秩序的員警體制，國家對這種軍事性和警備性設施的獨占，是國家法律和政令統一貫徹的強制性的基礎，是國家區別於「領地」、「城邦」、「帝國」，以及常備軍區別於僱傭軍、地方軍閥的根本所在；（3）中央集權的建立除了設計新的政府形式來有效管理人口及其事務以外，還創造出新的機制來獲取人口對政治共同體的效忠和認同，這就是以自由、人權、法治為內核的公民文化及其社會化的機構和制度，它們成為打破舊的地域共同體、建構新的政治身分和形成集體歸屬感的國家意識形態。

　　西歐民族國家的建立實際上是現代化對傳統國家的重新組織。按照古典現代化理論，傳統國家重新組織的動力來自市民社會的資本及相關組織的擴張要求，如城市自治組織，契約觀念塑造的市民團體與制度，與財產、能力、才智及職業活動緊密相關的「中產階級」，採用資本主義原則經營投資與放貸的商人集團、銀行、企業、運輸系統等私人機構等，正是這些初步自我組織的資本的力量（「現代性的因素」）逐步構成了布萊克所說的「現代化的領導」，從而開啓了「經濟和社會的轉型」——從鄉村和農業的生活方式轉變為城市和工業的生活方式，表現在政治上，其標誌性事件就是法國大革命，最終達成「社會的一體化」——社會結構的根本性改組[6]。換句話說，在西歐民族國家的成長過程中，中世紀後期出現的市民社會組織，為經濟和社會的轉型以及現代國家的到來提供

5　參見錢乘旦總主編：《世界現代化歷程·總論卷》，174頁，南京，江蘇人民出版社，2010。

6　參見〔美〕伯納德·布朗：《法國的現代化經歷》，見〔美〕布萊克編：《比較現代化》，238-269頁，上海，上海譯文出版社，1996，〔美〕布萊克：《現代化的動力》，成都，四川人民出版社，1988。

了不可或缺的組織資源。傳統國家的重新組織，本質上是資本主義性質的市民社會動用自己在封建專制母腹中日趨壯大的組織力量對國家進行揚棄和重建的過程。沒有市民社會的自組織，很難想像有民族國家的再組織。

西歐的國家建設經驗表明，社會自組織的存在是傳統國家向現代國家轉型的動力和基礎。在這方面，中國的民族國家建設是不同的。19世紀中葉以後，中國在外強入侵和內部危機頻發的環境下開始了自己的現代國家建設，但它可資利用的組織資源是相當匱乏的，主要表現在三個方面：第一，在（州）縣以下不設職能性官員和機構的鄉村地區，中央集權政府辦理治安、賦役、訴訟等地方事務主要依靠里甲、里社等鄉里組織。清朝末年，這種組織弊端叢生、腐敗不堪，早已成為「新政」革除的目標之一，因此基層社會的治理很大程度上只能靠地方士紳集團[7]。但是，1905年科舉制廢除後，作為「鄉村組織基石」的士紳集團急速分化解體，科舉時代對於收攏農民起過重大社會作用的士紳向城市不斷單向遷移，滯留於鄉村的士紳日益淪為「土豪劣紳」，地方精英集團的品質迅速惡化，導致了地方社會秩序的紊亂[8]。第二，在社會團體相對集中的通商口岸，各種商業組織既缺乏嚴密的專業分工，也缺乏市場競爭性的自主交往性質，業緣性的城市組織（如行會）被地緣性和血緣性的同鄉組織覆蓋，憑藉於宗族和鄉籍關係，這些組織成功地在異地環境中保住了自己的利益，也保持了與整個城市社區的距離[9]。在某些民用工業領域，由於一開始就採取了「官督商辦」的辦法，結果導致了「商人」、「紳士」、「買辦」和「官吏」之間身分角色的模糊不清[10]，對行業幫會的依賴和對官府的依賴限制了這些組織的正常發育。第三，晚清官僚機構在開創治局和維繫社會秩序方面，更多的是依靠倫理綱常而不是正規組織，更多的是專注於基層政治安全而不是地方、區域和全國性整合的統治目標，由於其治理方式是倫理性的而非行政性的，官僚錄用是詩文性的而非技術性的，統治取

7　參見魏光奇：《官治與自治——20世紀上半期的中國縣制》，7-55頁，北京，商務印書館，2004。

8　參見王先明：《近代紳士》，343-346頁，天津，天津人民出版社，1997。

9　參見〔美〕吉伯特·羅茲曼主編：《中國的現代化》，220-224頁，南京，江蘇人民出版社，1988。

10　參見張玉法：《中國現代化的動向》，見羅榮渠、牛大勇編：《中國現代化歷程的探索》，89頁，北京，北京大學出版社，1992。

向是維持性的而非變革性的，主導社會的組織原則是分散化的而不是動員化的，因此極大地抑制了統治者創造各種有效組織手段的動力，也極大地限制了統治者開發各種組織資源的能力。羅茲曼在把中國同日本、俄國的現代化做比較後說：「概言之，中國的組織狀況看上去大不同於日本和俄國……中國人有時能在重大問題上成功地動員起來，但國家卻從未認眞地建立起組織構架，以便持久地積聚資源。組織的延續性是與緩慢演進的（甚至在地方上是繁榮而自由發展的）前現代社會相適應的，但這個社會並非廣泛動員起來的社會，因而無法對現代變革作出進一步的有力反應，更談不上能應付現代化勢力的挑戰了[11]。」

　　中國社會的這種組織狀態，一言以蔽之，即低組織化狀態，是中國現代化失敗的主要原因，這在當時已爲大多數先進的中國人所認識。例如孫中山的「宗族團體論」、梁啓超的「新民團體論」、梁漱溟的「集團生活論」、毛澤東的「民眾大聯合論」等等，都是針對這種低組織化狀態開出的「組織革命」的藥方。他們都認識到「團體」、「組織」這些社會政治要件對於中國現代國家建設的決定性作用，中國人唯有通過組織，才能啓動民族的「機能」，振奮民族的精神。而在一個缺乏「組織」的國度，「組織起來」便具有一種「根本解決」[12]、「急進革命」[13]、「刻不容緩」[14]的性質──這是來自西方的個人主義在20世紀的中國迅速屈從於同樣來自西方的團體主義、社會主義的根本原因。總之，中國如果不發動一場組織運動，就不能擺脫後發現代化國家面臨的內外困境。

　　組織的途徑曾有不同的構想（如合宗族爲民族、聯職業團體爲國家），但是比較而言，最直接、最有效、最能代表中國人學習西方民族國家建設經驗的努力，因而也最「現代化」的方式就是組織政黨。當時的輿論認爲：「歐西各國政治，皆操之於政黨。政黨者，聚全國愛國之士，以參與一國之政；聚全國舌辯之士，以議論一國之政者也。凡設立內閣，則內閣之大臣，皆政黨之魁首。召集會

11　〔美〕吉伯特·羅茲曼主編：《中國的現代化》，228頁。
12　李大釗：《再論問題與主義》，見《李大釗文集》，第3卷，6頁，北京，人民出版社，1999。
13　陳獨秀：《復東蓀先生的信》，載《新青年》，1920，第8卷第4期。
14　毛澤東：《民眾的大聯合（一）》、《民眾的大聯合（三）》，見中共中央文獻研究室、中共湖南省委《毛澤東早期文稿》編輯組編：《毛澤東早期文稿》，338、390頁，長沙，湖南出版社，1990。

議，則議會之議員，皆政黨之名士。用以抵抗暴政，則暴政絕跡而不行；用以代表民情，則民情無微而弗達……故吾國國民而坐視吾國之亡則亡，苟不忍吾國之亡，則必大聲疾呼，號召國之志士，聯為大群，不論為士為農為工為商，苟痛心疾首以四萬萬之水深火熱為己憂者，皆聽其入會，立一中國三千年來所未有之大黨，其而後中國之元氣，乃聚而不散，一而不紛，風霜不能侮，刀火不能侵，暴君民賊不能制，異國異族不能滅，非中國歷史上一大盛事乎？」[15]這種主張採行西方議會政治、政黨政治，以政黨形式把中國人「聯為大群」、「合為大黨」的呼聲表明——中國的政黨時代到來了。雖然「毀黨」、「造黨」的爭議時有起伏，但隨著西方政治觀念的不斷傳入，政黨對於民族國家建設的重要作用逐漸成為共識。

民國初期是政黨組織紛呈迭出，即多黨政治的黃金時代，幾乎所有的西方政黨類型都可以在中國找到。孫中山這樣的革命黨人也一度認可多黨競爭的必要性與合理性。不過人們很快發現，多黨競爭的必要性與合理性只能停留在西方政治的理論層面，而在中國政治土壤中卻發生了橘枳之變。隨著袁世凱稱帝運動的表面化，議會政治、政黨政治的樂觀情緒很快便被冷峻的利益較量和嚴酷的武力政治所湮沒。政黨的引入本來是為了組織社會進而組織國家，但在一個民族資本發展緩慢、專制勢力強大、缺乏自主參政和政治妥協傳統、內外危機日益深重的國家，其結果卻是加劇了社會和國家的非組織化。人們注意到，民國初期的政黨政治敗於政治強人，但政治強人不是憑空而出的，政治強人之所以能夠運用非法律、非程序的強力左右政治的進程，恰恰說明這個社會在性質上存在著一種集權政治的邏輯：分散的社會只有強有力的政治才能整合，強大的專制只有更強大的力量才能制服，在政黨來臨的時代，要形成更強大的力量，只能組織更強大的政黨。適合這樣一個強大政黨的活動及其訴求的政治條件，必定是一個更有效的政黨體制，它不能是原來的多黨體制，因為「在任何進行現代化的國家裡，多黨體制都是軟弱無力的政黨體制」，更不能回到無黨體制的時代，因為作為無黨體制基礎的傳統君主政體已經被打破[16]。事實表明，多黨體制和無黨體制都不能改變

15 《政黨說》，見《清議報》，第78冊，4908-4909頁，北京，中華書局，1991。

16 參見〔美〕亨廷頓：《變動社會的政治秩序》，456、434-435頁，上海，上海譯文出版社，1989。

中國低組織化和非組織化的狀態，都不能完成現代民族國家建設的使命。於是，組織化的話語便轉化爲社會革命的話語，政黨政治的話語便轉化爲黨建國家、黨治國家的話語。

1921年，在共產國際的扶持下，中國出現了馬克思列寧主義的共產黨。三年以後，在多黨政治的失敗中飽經創痛的國民黨，在蘇俄和中國共產黨的幫助下，開始了「以俄爲師」的黨務革新。國民黨的改組，奠定了「黨治國家」的思想和組織基礎，在成功北伐之後，形成了「黨國體制」的政治型態；共產黨在其後與國民黨的戰爭中摧毀了國民黨的黨國結構，並依託在革命動員過程中積聚起來的強大的政治權威，以一種更爲有力的方式，刷新和重建了「黨治國家」賴以存在的社會組織網絡。正如鄒讜所言：「在20世紀初極度無組織的中國社會，傳統秩序已經崩潰，對取而代之的基本原則並未達成共識，政治權力不得不以一種明確的意識形態爲基礎，並以新的組織結構爲中心建立起來……馬列主義和列寧式政黨結構被一群激進的異化知識分子接受。然後他們根據這種意識形態尋求中國社會的全面改造……隨著1949年內戰的最後勝利，它成爲列寧式政黨國家的執政黨。黨外不存在任何抗衡力量對其權力進行制衡。在實施改造社會分層制度和建立社會主義的綱領中，政黨國家對市民社會的滲透更加深入，對各種社會團體和個人的控制日益嚴厲……」[17]無論是國民黨還是共產黨，按照列寧式而非西方式政黨結構，實行黨治國家戰略，建構一個融政黨於國家並與國家權力高度結合的黨政體制，本質上都是20世紀的中國在現代化壓力之下，欲採取革命動員方式擺脫中國社會「低組織化狀態」約束、進行現代國家建設的一種選擇。

1.2 中國黨政體制的基本特徵和運作機制

1.2.1 基本特徵：一元化領導

如前所述，中國共產黨是20世紀的中國在世界資本主義全面擴張的條件下，採用共產主義革命方式解決現代化危機和建設現代民族國家的產物。在嚴酷的戰爭和革命環境中，中國共產黨逐步形成了權力集中、職責分明、思想統一的領導體制。支撐這個領導體制的是黨內自上而下的一體化組織結構，以及黨同外部環

17　〔美〕鄒讜：《中國革命再闡釋》，69-70頁。

境互動而形成的一體化動員結構，通常被稱爲「一元化領導」。

新中國成立以後，一元化領導主要作爲處理黨政關係的一項原則繼續得到加強。一元化領導的主要特徵是：（1）權力中心的唯一性。黨中央是最高的決策中心，只有一個「政治設計院」，不允許有兩個「政治設計院」；（2）權力結構的集中性。政府所有主要和重要事項均須請示中央，並經過中央討論批准後才能執行；（3）權力型態的統合性。政府內黨組有權參與政府具體政策的制定，與政府共同履行政府功能，政府不僅受其內部黨組領導，而且受其外部同級黨委領導，政府完全成爲黨的組織體系的組成部分[18]。在計畫體制時期，一元化領導逐漸發展成爲覆蓋社會、政治、生活方方面面的普遍規範，導致黨在國家和社會領域的高度集權和全面集權：其一是以黨的組織網絡整合社會，黨的組織觸角滲透到社會各個領域和各個層面，由此使整個社會形成一個有機整體，從而爲實現黨的領導意志提供了強有力的組織保證；其二是以黨的領導代行國家管理社會的功能，政黨和國家的界限日益模糊，黨的領導權力和領導範圍逐步膨脹，使革命年代延續下來的以黨代政的局面日趨強化；其三是黨的權力超越了國家法律，黨的決定和政策甚至代替了國家法律，直接成爲國家制度和社會管理的決定力量[19]。

一元化領導的要義是黨權至上，其典型表現是黨政合一。黨在國家和社會領域的高度集權和全面集權在計畫經濟與趕超戰略的推動下日益加強，在「文化大革命」中發展到極致狀態。鄧小平對此有過尖銳的批評：「權力過分集中的現象，就是在加強黨的一元化領導的口號下，不適當地、不加分析地把一切權力集中於黨委，黨委的權力又往往集中於幾個書記，特別是集中於第一書記，什麼事

---

[18] 一元化領導的加強和毛澤東對政府工作「存在脫離中央領導的傾向」的兩個批評意見及一個批示直接相關。一個是1953年1月毛澤東針對政務院未經中央同意而批准財政部的稅制修正案寫信提出的批評，另一個是1958年1月南寧會議上毛澤東對國務院和經濟工作部門的「分散主義」的批評，以及同年6月毛澤東關於中共中央決定成立財經、政法、外事、科學和文教小組以具體領導政府職能機構的批示。參見《建國以來重要文獻選編》，第4冊，67-71頁，北京，中央文獻出版社，1992；《建國以來毛澤東文稿》，第7冊，268頁，北京，中央文獻出版社，1992；薄一波：《若干重大決策與事件的回顧》，上卷，231-234頁，北京，中共中央黨校出版社，1991。

[19] 參見林尚立：《中國共產黨與國家建設》，35頁，天津，天津人民出版社，2009。

都要第一書記掛帥、拍板。黨的一元化領導，往往因此而變成了個人領導。」[20] 改革開放以後，「一元化領導」被視為一個帶有計畫集權色彩的名詞而退出官方文獻。但是，作為黨和國家一體化內在要求的一元化領導，其所包含的政黨集權、政黨主導的取向實際上並沒有改變，無論是實施趕超型現代化的戰略目標，解決超大國家規模和人均資源貧乏的尖銳矛盾，還是打破市場條件下的地方主義壁壘，排除利益集團對深化改革的阻礙，都在客觀上存在著對於中央集權即「黨中央集中統一領導」的強烈需求[21]。事實上，鄧小平的批評重點只是指出權力「不適當」、「不加分析」地全面和高度集中於黨委幾個人乃至集中於個人而導致個人專斷的後果，並不是簡單地否定一元化領導本身。當然，在國家和社會關係出現分離、中央向地方放權讓利、市場和社會逐漸發育成長的趨勢下，一元化領導的範圍、形式和強度也在發生變化，這種變化主要表現為：其一，權力的集中不再是專斷性地集中於少數個人，而是明確要求在民主的基礎上集中於領導集體，集體領導與個人負責取得了某種平衡；其二，權力的型態不再是粗放式的、強制般的功能重疊與結構統合，而是按照現代政府原理科學地劃分結構與功能，因而黨政不分、以黨代政的局面有了程度不同的改觀；其三，權力的作用範圍不再是不加區分地覆蓋整個社會領域，而是主要地以合乎程序的方式施加於國家公權系統，即使是涉及社會政治性事務，也並非訴諸直接的、命令的方式，而是採取間接的、引導的方式；其四，最重要的是，權力的行使開始納入憲法和法律的軌道，依法治國、依法執政、依法行政作為新的領導方式被明確提出，表明了一元化領導受到法治國家建設目標的約束，因而在一定程度上開始了一元化權力的法律化和制度化進程。

中國共產黨在探索社會主義現代化發展道路的同時，努力探索如何發展和改

20　《鄧小平文選》，2版，第2卷，328-329頁，北京，人民出版社，1994。

21　黨的十八屆三中全會以來，黨中央的集中統一領導越來越被提到事關全面深化改革成敗的高度來認識。2015年1月16日，習近平主持召開中共中央政治局常務委員會會議，聽取全國人大常委會、國務院、全國政協、最高人民法院、最高人民檢察院黨組彙報工作，會議指出：「中國共產黨是執政黨，黨的領導是中國特色社會主義最本質的特徵，是做好黨和國家各項工作的根本保證。堅持黨的領導，首先是要堅持黨中央的集中統一領導，這是一條根本的政治規矩。」（《堅持黨中央集中統一領導是根本政治規矩》，見http://news.xinhuanet.com/mrdx/2015-01/17/c_133925756.htm,2015/1/17）

善黨的領導體制和領導方式，而這始終是中國共產黨治國理政所要解決的重大課題。黨的領導體制和領導方式最核心的問題是處理黨和國家、社會的關係。黨和國家的關係涉及黨的執政方式，即黨權如何與政權發生關聯，如何在國家活動中貫徹黨的路線、方針和政策。黨和社會的關係則集中表現爲黨如何動員、組織和整合社會，如何鞏固和擴大黨的社會群眾基礎。隨著市場化改革的啓動和演進，中國的社會、經濟、政治生活逐步擺脫了計畫體制的束縛，出現了許多深刻的變化，其中在國家與社會關係領域，一方面是國家與社會發生了一定程度的分離，不再是過去國家高度覆蓋社會的狀態；另一方面是社會組織在迅速發育成長，社會自主性的發展對國家建設的推動作用越來越明顯。在此過程中，如何依據現實社會的發展邏輯，平衡和調適國家與社會的關係，引導和保持政治與經濟的良性互動，建立黨領導國家和組織社會的有效體制，是中國共產黨在新時期面臨的深刻挑戰。

　　1980年8月18日，鄧小平在中共中央政治局擴大會議上發表了題爲《黨和國家領導制度的改革》的重要講話，這個講話通常被視爲中國政治體制改革的綱領性宣言。這個講話把基於計畫經濟體制的制度缺陷歸結爲「權力過分集中」，提出必須解決高度集權所導致的黨政不分、以黨代政的問題，以及提出建立退休制度，實現幹部隊伍革命化、年輕化、知識化和專業化的戰略措施，其主旨是改善黨的領導，發揚人民民主，使民主制度化和法律化[22]。1987年10月召開的黨的十三大，是貫徹鄧小平關於政治體制改革思想的里程碑。黨的十三大報告對黨的領導作了一個重要界定：「黨的領導是政治領導，即政治原則、政治方向、重大決策的領導和向國家政權機關推薦重要幹部。黨對國家事務實行政治領導的主要方式是：使黨的主張經過法定程序變成國家意志，通過黨組織的活動和黨員的模範作用帶動廣大人民群眾，實現黨的路線、方針、政策。」值得注意的是，在黨的十三大通過的黨章修正案中，黨的領導仍然沿用過去的提法，即「政治領導、思想領導和組織領導」的三位一體，而黨的十三大報告只提「政治領導」，並沒有把「思想領導」和「組織領導」納入其中。人們當時傾向於認爲，要改變黨政不分、以黨代政的局面，黨就需要從行政和社會事務中超脫出來，黨的領導應主要體現爲掌控大政方針及向國家機關推薦黨的重要幹部（由此擺脫以往黨權直接

22　參見《鄧小平文選》，2版，第2卷，321頁。

運作或指揮政權的權力模式），以及在公共生活中訴諸黨員的模範作用和感召力
（由此代替過去意識形態思想動員的灌輸模式）。

毋庸諱言，改革開放以來，以中國共產黨為軸心的領導體制所延續的仍然是
具有強大傳統的黨和國家一體化的政治型態。無論是立法機關、行政機關、司法
機關、軍事機關，還是人民團體、群眾組織，國家一切政治組織的活動都圍繞著
堅持黨的領導來進行，都必須同黨的全國性目標相一致。中國共產黨的領導在國
家政治生活中起主導作用，國家的實際權力核心是政黨而不是政府。這樣一種政
治體制彌補了傳統中國「治國」資源的匱乏（尤其是組織資源嚴重不足），實現
了在落後的、分散的、低組織化的社會裡開始現代國家建設的可能性。完成這一
過程包含兩個重要的方面：一是中國共產黨自身具有高度的組織性和紀律性，是
一個嚴格實行民主集中制的政黨；二是中國共產黨將自身的組織方法通過黨和國
家體制拓展到整個社會，形成黨治國家的格局。就黨的十三大報告所提的「政治
領導」的內涵而言，「政治原則、政治方向、重大決策的領導和向國家政權機關
推薦重要幹部」雖然沒有改變市場經濟條件下黨和國家關係的基本特徵，而「使
黨的主張經過法定程序變成國家意志，通過黨組織的活動和黨員的模範作用帶動
廣大人民群眾，實現黨的路線、方針、政策」的法治化和制度化的途徑，與現代
政府原理相契合，但在中國現代化對黨和國家一體化仍存有極大需求的情況下，
設想讓黨從實際控制的政府部門和社會基層退出來（如十三大報告中關於取消政
府內部的黨組設置、把基層黨組織的作用由「領導核心」轉為「保證監督」等提
法），在政治實踐中很可能導致「政治領導」失去組織和意識形態的依託。

1989年政治風波發生後，中國共產黨中央領導集體對政治體制改革中黨的領
導、黨政分開及其在基層的實踐等問題進行了反思。在當年8月召開的全國組織
部長會議上，中共中央總書記江澤民指出：「黨的領導作用只提政治領導不夠，
還應該有思想領導和組織領導。」「黨組織還是要管幹部。黨是政治領導核心，
離開了組織領導、思想領導，那個核心就是空的！這一點在思想上要明確。」[23]
在同年12月中央舉辦的黨建理論研究班上，江澤民又提出：「按照我國憲法的
規定，各級政權組織，包括人大、政府和司法機關，都必須接受共產黨的領導。

---

23 中共中央文獻研究室編：《毛澤東 鄧小平 江澤民論黨的建設》，523-524頁，北京，中央
文獻出版社、中共中央黨校出版社，1998。

凡屬方針政策的重大問題，都要經過黨委討論，然後分頭執行。這些政權機構中的黨組，應該對同級黨委負責；在這些政權機構中任職的黨員，應該執行黨的決議，接受黨的監督。」[24]他再次重申黨的領導不僅僅是政治領導，而是全面領導：「政治領導與思想領導、組織領導又是統一的、不可分的。思想領導是政治領導、組織領導的重要前提和基礎，組織領導是政治領導、思想領導的重要保證。我們要善於把三者很好地統一起來，在政治、經濟、文化等各個領域中，更好地堅持社會主義方向，充分發揮黨對各項改革和建設的領導作用。」[25]對於政治體制改革，江澤民認為：「應該明確，這種改革不是要削弱、更不是要取消黨的領導，而是要加強和改善黨的領導。首先，必須處理好黨政職能分開和發揮黨的領導作用的關係，在黨的統一領導下，根據各級黨組織和政權機關、企事業單位行政組織的不同職能，進一步明確各自的職權和責任。其次，要在堅持黨自上而下統一領導的前提下，體現不同層次、不同領域黨組織的具體職能，充分發揮基層黨組織的政治核心作用與戰鬥堡壘作用。第三，要堅持黨管幹部的原則，同時注意改進管理幹部的方法，繼續推進幹部制度改革。黨管幹部，是實現黨的領導的組織保證。」[26]

　　需要指出的是，中央領導集體並不反對「政治領導」這個提法的內涵，同樣也認識到現代民主政治中政黨與國家的區別、黨權運作和政權運作的差異。事實上，江澤民不止一次主張，「黨與政權機關性質不同，職能不同，組織形式和工作方式也不同，黨不能代替人大行使國家權力。[27]」「建設社會主義民主政治，最重要的是堅持和完善人民代表大會制度。[28]」「黨中央關於國家事務的重大決策，凡是應該由全國人大決定的事項，都要提交全國人大經過法定程序成為國家意志。地方也應該如此。我們要堅持黨管幹部的原則，同時支持人大及其常委會依法履行人事任免權。各級黨組織推薦需經人大選舉、任免的幹部時，要重視人大的意見。推薦的人選確定之後，人大黨組應該努力做好工作，使黨的決定得到

24　《江澤民文選》，第1卷，92頁，北京，人民出版社，2006。
25　《江澤民文選》，第1卷，92頁，北京，人民出版社，2006。
26　《江澤民文選》，第1卷，92-93頁，北京，人民出版社，2006。
27　《江澤民文選》，第1卷，112頁，北京，人民出版社，2006。
28　《江澤民文選》，第1卷，111頁，北京，人民出版社，2006。

實現，並嚴格按照法律程序辦事。[29]」他在表達這種「政治領導」的同時，是充分意識到政黨與國家關係的內在法則的，因而強調黨對國家政權的統一領導（政治、思想和組織的領導），以避免黨治的削弱；強調黨管幹部和黨管思想的原則，以避免黨權的虛化；強調黨的基層組織的領導核心作用而不僅僅是保證監督作用，以避免黨力的衰頹。

在這種認識基礎上，從1990年代開始，中國共產黨關於政治體制改革的思路發生了重大調整。在改革的方向上，明確重申政治體制改革是「中國社會主義政治制度的自我發展和完善」，而不是推倒重來，其中最重要的內容是發展和完善包括人民代表大會制度、中國共產黨領導的多黨合作和政治協商制度、民族區域自治制度和基層群眾自治制度在內的中國特色社會主義政治制度。在改革的目標上，明確指出政治體制改革「必須有利於增強黨和國家的活力，保持和發揮社會主義制度的特點和優勢，維護國家統一、民族團結和社會穩定，充分發揮人民群眾的積極性，促進生產力發展和社會進步。[30]」在改革的指導原則上，明確要求政治體制改革必須「把堅持黨的領導、人民當家作主和依法治國有機統一起來」，三者的有機統一被視爲中國特色社會主義政治發展道路的特色和優勢所在。其中，由於中國一切問題的關鍵都「在於黨的領導」[31]，探索黨的領導和執政的新方式，創造和積累黨在新時期執政的合法性資源，實現執政黨的現代化轉型，成爲世紀之交前後十餘年政治改革的重要內容。2002年11月，中共的十六大報告對黨的領導方式和執政方式作了新的概括：「黨的領導主要是政治、思想和組織的領導，通過制定大政方針，提出立法建議，推薦重要幹部，進行思想宣傳，發揮黨組織和黨員的作用，堅持依法執政，實施黨對國家和社會的領導。黨委在同級各種組織中發揮領導核心作用，集中精力抓好大事，支持各方獨立負責、步調一致地開展工作。進一步改革和完善黨的工作機構和工作機制。按照黨總攬全域、協調各方的原則，規範黨委與人大、政府、政協以及人民團體的關

29　《江澤民文選》，第1卷，113頁，北京，人民出版社，2006。

30　《江澤民文選》，第2卷，29頁，北京，人民出版社，2006。

31　《鄧小平文選》，2版，第1卷，264頁，北京，人民出版社，1994。這個思想，鄧小平在他的不同講話中多次表達過，如1975年關於各方面都要整頓的講話、1989年對第三代領導集體的講話、1992年視察南方期間的講話。同樣的思想也見於江澤民、胡錦濤在黨的全國代表大會上的政治報告。

係，支持人大依法履行國家權力機關的職能，經過法定程序，使黨的主張成爲國家意志，使黨組織推薦的人選成爲國家政權機關的領導人員，並對他們進行監督；支持政府履行法定職能，依法行政；支援政協圍繞團結和民主兩大主題履行職能。加強對工會、共青團和婦聯等人民團體的領導，支援他們依照法律和各自章程開展工作，更好地成爲黨聯繫廣大人民群眾的橋樑和紐帶。[32]」顯然，這個表述較之黨的十三大報告關於黨的領導的界定更爲完整和系統，也更能體現黨和國家在新的歷史條件下發展改革的內在要求和精髓。

總而言之，中國共產黨對國家和社會的領導是政治、思想和組織的全面領導，在同級各種國家機關和社會組織中，黨委居於軸心地位，「總攬全域、協調各方」。這是中國共產黨領導的黨政體制的基本框架和要求。

1.2.2　運作機制

當然，黨的領導不是直接用黨的命令來指揮政府、軍隊和群眾團體，也不是用黨自身的組織來替代它們，黨的領導是在憲法和法律的範圍內，通過運用一系列政治的、組織的制度和機制來實現的。這一系列制度、機制並非改革開放的產物，其形成歷史可追溯至革命的年代，但改革開放無疑爲這些制度、機制提供了新的物質、通信、技術以及思想資源，使其發展得更爲成熟和有力。它們主要可以歸結爲如下幾項：

1. 作為權力軸心機制的「黨委（黨組）領導」

黨委（黨組）制度是中國共產黨領導國家政治生活的基本制度形式，黨在國家機關、軍隊、人民團體和企事業單位內部普遍建立的組織通稱爲黨委（支部），黨委的根本職能是發揮「領導核心」作用，即「總攬全域、協調各方」。新中國成立以後，黨委（黨組）制度的確立一般以1949年11月中共中央政治局通過的《關於在中央人民政府內組織中國共產黨黨委會的決定》和《關於在中央人民政府內建立中國共產黨黨組的決定》兩個文件爲標誌。這兩個文件規定了黨在國家機關內設立黨委或黨組，在這些單位的下屬單位設立分黨委或黨小組，在最基層設立黨總支或黨支部。凡是在這些單位工作的黨員，都要參加黨的支部組

---

[32]　《江澤民文選》，第3卷，555-556頁，北京，人民出版社，2006。

織，過組織生活，從而使包括政務院總理在內的全體黨員在行使行政職權時都要
受到黨內民主集中制的約束，並通過黨的組織對他們的領導來實現黨對這些部門
工作的領導。就職能而言，黨委與黨組並無多少區別，都是所在部門或組織的領
導機構，其差異僅在於黨委由所在單位的全體黨員選舉產生，而黨組是黨的各級
委員會在非黨組織中的派出機關，黨組的組成不需要經過相應單位內部的黨員選
舉。

2. 作為全面控制機制的「歸口管理」

　　歸口管理之「口」是指按照工作性質所劃分的國家政治生活中的特定領域和
各個組成部分。歸口管理和前文提到的中共中央的兩個決定有關。新中國成立初
期，在中央人民政府黨委領導下，按照黨員人數和工作部門性質設立的分黨委，
即政法委員會分黨委、財經委員會分黨委、文教委員會分黨委、中央人民政府委
員會直屬機關最高人民法院和最高人民檢察署分黨委、政務院直屬機關及人民監
察委員會分黨委、中國人民大學分黨委，是歸口管理制度的一個雛形。1958年6
月，中共中央發布《關於成立財經、政法、外事、科學、文教小組的通知》，這
些具有專業性質的「領導小組」權高位重，不僅管理各「口」的幹部，也管理各
「口」的具體行政事務，歸口管理遂發展成為一種極具中國特色的黨通過黨內職
能部門對國家和社會事務實行有效控制和管理的制度。「文化大革命」時期，歸
口管理制度受到嚴重破壞。改革開放以來，歸口管理制度得到恢復和發展。通過
黨的歸口管理制度的具體運行，中共中央政治局及其常委會的決策部署和中央書
記處的執行得以落實，因此在一般情況下，政治局常委是各個口或重要口的主要
負責人，政治局委員或書記處書記也可擔任其他口的負責人。

3. 作為精英管理機制的「黨管幹部」

　　廣義的幹部包括國家機關、軍隊、人民團體和企事業單位等各種組織的工
作人員，狹義的幹部則是指在這些組織不同層級中居於支配地位、負有特定職權
並被納入法定人事職務體系的政治的、行政的、技術的管理精英。黨管幹部的含
義是，凡涉及幹部管理及其相關事務必須由黨的各級委員會及其職能部門管理和
處置，任何其他組織均無管理幹部的權力。幹部管理及其相關事務包括幹部的考
察、推薦、任免、調配和使用等，在這些方面，黨管幹部的核心在於管理主體的

排他性，即察人、選人、用人之權專屬於黨。這是爲了保證向國家機關和社會部門輸送的管理精英符合黨的要求、服從黨的意志、執行黨的決定，從而通過他們的工作實現黨對國家和社會的領導權[33]。黨管幹部有一系列內容、程序和體制予以支援。首先，黨管幹部是制定和執行黨的幹部路線及政策，黨的幹部路線是黨的組織路線的體現，而組織路線是政治路線得以貫徹的保證。其次，黨管幹部要求各級黨委按照幹部管理許可權和範圍開展具體工作，包括按級管理一定層次的領導幹部，分類管理黨和非黨幹部；監督和控制幹部工作的貫徹落實情況；執行幹部考察、審批、任命的一般程序；按此程序在黨內經黨委討論決定任免黨的幹部，在黨外向國家機關推薦重要幹部人選並使其進入人大或政府的任免程序；等等。

4. 作為思想統一機制的「意識形態鬥爭」

意識形態在哲學上是指關於客觀世界與行動主體間關係的知識、觀念體系，在政治學上是指統治階級關於政治統治合法性（正當性）的一套有機論證，通常以學說、理論和戰略闡釋爲表現形式。中國共產黨是一個使命型政黨，爲完成其宏大的改造社會與國家結構的使命，對歷史與未來、階級與政治、國家與革命、領袖與群眾、執政與治理、戰略目標與行動策略等都有相對完整而精緻的理論建構，這種理論建構對於形成高度的思想統一以達成高度的一致行動是不可或缺的，因而中國共產黨也是一個具有強烈意識形態色彩的政黨。這種強烈的意識形態色彩主要體現爲三個方面：第一，意識形態構成了黨的路線、方針、政策的依據，黨在不同歷史時期工作重心的轉換首先是通過意識形態的再闡釋來開道的，無論是發動「文化大革命」還是結束「文化大革命」以開啓改革開放，都經

---

[33] 劉少奇在中國共產黨第一次全國組織工作會議上就對規範幹部組織生活做過較爲全面的描述。他說：「從原則上說，擔負最重要職務的幹部，應集中由中央管理，地方組織加以協助。擔負次要職務的幹部，由各中央局、分局和省委、區黨委分別管理，下級組織加以協助。擔負初級組織職務的幹部（鄉村和基層組織的幹部），則由縣委和市委管理。總之，從最初級到最高級的每一個幹部，都要有一定的機關來管理，不應有任何一個幹部而沒有地方管理他的。我們黨除開管理我們黨的幹部外，對於非黨幹部的任免調配及其他問題，也必須發表肯定的意見，因此，對於非黨幹部也需要間接地或直接地予以管理。」劉少奇：《在中國共產黨第一次全國組織工作會議上的報告》，見中共中央文獻研究室編：《建國以來重要文獻選編》，第2冊，166頁，北京，中央文獻出版社，1992。

歷了意識形態的鬥爭（前者表現爲「以階級鬥爭爲綱」，後者表現爲「思想解放運動」），形成了不同的理論闡釋系統（如「無產階級專政下繼續革命」理論和「社會主義初級階段」理論）。第二，意識形態和黨的政治紀律緊密聯繫在一起，黨內允許不同意見的存在和爭論，但不允許逾越意識形態的底線，尤其是在黨的大政方針確定之後，不允許黨員公開發表有違於此的言論，全體黨員特別是黨的高層的思想統一是黨追求的目標，黨的政治紀律則是維持思想統一的重要保證之一。第三，黨的意識形態擴展和滲透到社會生活的各個方面，成爲約束和規範社會思想與行爲的「主流意識形態」，爲了實現意識形態的這一主導功能，「社會主義核心價值觀」的提出與傳播、新聞出版網路的監控、思想文化輿論的引導，以及關於意識形態「陣地意識」的強化、對異端意識形態的批判抵制、意識形態主管部門工作的持續加強等，都發揮著極爲重要的作用。

5. 作為溝通吸納機制的「政治協商」

政治協商是指中國共產黨同各民主黨派、各界愛國人士就國家大政方針和重要事務、執政黨與參政黨的合作共事關係以及統一戰線內部關係等重要問題進行討論協商，以達成共識，從而推動黨和國家重大決策貫徹執行的政治過程。政治協商主要有兩種方式：一是中共中央主要領導人或有關方面負責人邀請民主黨派主要領導人和無黨派代表人士，舉行民主協商會或座談會，共商國是；二是利用人民政協，在國家層面召開政協全國委員會的各種會議，或在地方層面由地方各級政協召開各種會議，進行政治協商。作爲一種溝通機制，政治協商的制度化組織是人民政協，人民政協的功能有三種：一是政治協商，即各黨派、各人民團體、各界愛國人士對國家和地方大政方針及政治、經濟、文化和社會生活中的重要問題在決策前進行商議，在決策執行過程中進行協調，以反映民情，集中民智，凝聚民意。二是民主監督，即對國家憲法、法律和法規的實施、重大方針政策的貫徹、國家機關及其工作人員的工作，提出建議和批評。民主監督的形式有：政協全國委員會的全體會議、全國政協常委會會議或主席會議向中共中央、全國人大常委會、國務院提出建議案，各專門委員會提出建議或報告，以委員視察、委員提案、委員舉報或其他形式提出批評和建議，參加中共中央、國務院有關部門組織的調查和檢查活動。三是參政議政，如各級人民政協委員參加國家政權，並在各級國家機關、人民政協擔任領導職務；參與大政方針的協商和決策；

參與國家事務的管理；參與對國家方針、政策、法律、法規執行情況的檢查和監督。政治協商機制的存在使中國共產黨保持了執政的活力、彈性和韌性。

6. 作為社會整合機制的「統一戰線」

統一戰線在歷史上是中國共產黨克敵制勝的重要戰略之一，通過這個戰略，共產黨擴大了自己的社會基礎，解決了革命的同盟軍問題，革命的成功使得黨把這個原來用於對敵鬥爭的戰略轉化為堅持和發展領導權的一項重要制度。「文化大革命」時期，這項制度遭受嚴重破壞。在新的歷史條件下，由於市場化改革帶來社會結構的分化和利益格局的重組，統一戰線制度的重建，不僅在於制度形式的恢復，而且在於工作機制的形成，即統一戰線成為執政黨謀求長期執政的內在需求和執政黨政治行為的重要規範之一。統一戰線的工作面向，從制度方面說，主要有政黨制度、民族區域自治制度、宗教制度、海外華人統戰工作制度，統一戰線的運用在前兩者中較為成熟和完善，在後兩者中仍有重要的創新空間。從社會結構方面說，統一戰線的工作近些年來越來越重視社會結構分化和由市場體制催發產生的新的社會階層與新的社會團體。一方面，整合社會組織資源，發揮這些團體在聚集精英、聯繫群眾、參與社會、服務社會方面的特殊作用，做好聯合和團結的工作，是統一戰線工作的重要內容；另一方面，統一戰線工作也已經不像以往那樣單純侷限於對少數旗幟性人物的團結，而是把重心下移到基層，體現出更具包容性的特點。建立更廣泛的聯盟，從而把各種力量容納進「中國特色社會主義」體制中，正是中國共產黨新時期為擴大和鞏固執政基礎題中應有之義。

7. 作為政治動員機制的「群眾路線」

和統一戰線一樣，群眾路線也形成於中國共產黨領導新民主主義革命時期的實踐，是中國共產黨作為一個動員型「群眾黨」[34]的必然要求。1934年1月，毛澤東指出：「革命戰爭是群眾的戰爭，只有動員群眾才能進行戰爭，只有依靠群眾才能進行戰爭。[35]」1945年黨的七大的召開標誌著黨的群眾路線的確立。黨的七大報告和劉少奇的修改黨章的報告都把堅持群眾路線提到了戰略高度：「應該使每一個同志懂得，只要我們依靠人民，堅決地相信人民群眾的創造力是無窮

---

[34]　《中共中央文件選集》，第1冊，90頁，北京，中共中央黨校出版社，1989。

[35]　《毛澤東選集》，2版，第1卷，136頁，北京，人民出版社，1991。

無盡的，因而信任人民，和人民打成一片，那就任何困難也能克服，任何敵人也不能壓倒我們，而只會被我們所壓倒。[36]」群眾路線有三種含義：其一是政治含義，即「黨的群眾路線，是我們黨的根本的政治路線，也是我們黨的根本的組織路線」[37]。其二是方法論含義，「從群眾中集中起來又到群眾中堅持下去，以形成正確的領導意見，這是基本的領導方法」[38]。其三是作風含義，即密切聯繫群眾是黨的優良作風。這三者都深刻反映了政黨成功與群眾動員的相互依賴關係。無論是政治路線、領導方法還是工作作風，就黨的行動所欲達到的目標而言，其要義在於要求黨「不是高踞於群眾之上，而是深入於群眾之中；根據群眾的覺悟程度，去啓發和提高群眾的覺悟，在群眾出於內心自願的原則之下，說明群眾逐步地組織起來，逐步地展開爲當時當地內外環境所許可的一切必要的鬥爭」[39]。在新的歷史時期，尤其在黨的十八大以來，中國共產黨對群眾路線的重申和強調，反映了執政黨通過啓動群眾路線機制，鞏固黨的執政地位的強烈需求。貫徹群眾路線被認爲是修復黨和群眾的信任基礎，維護黨的路線、方針、政策的公信力，加強群眾對黨的領導的政治認同，提高黨的科學決策、民主決策能力的重要步驟。

1.3　中國黨政體制的基本關係

　　中國共產黨與國家政權及社會結構的關係並不是一成不變的，它同經濟、政治和社會的變革聯繫在一起。在鄧小平和江澤民時代，中國共產黨已經開始了如何從革命黨轉型到執政黨，從以革命方法管理國家轉變爲用法治方法治理國家的探索。進入21世紀以來，中國共產黨把提高黨的執政能力確定爲新時期黨建工作的核心議題，形成了黨關於國家治理體系和治理能力現代化的總體思路。這是黨和國家現代化的一個根本性轉變。就黨和國家的關係而言，一元化領導仍然是黨主導國家和社會政治進程的基本形式，仍然是黨執掌國家政權和調控社會關係的基本法則，但是，黨的一元化領導必須通過「科學執政、民主執政、依法執政」

36　《毛澤東選集》，2版，第3卷，1096頁，北京，人民出版社，1991。

37　《劉少奇選集》，上卷，342頁，北京，人民出版社，1981。

38　《毛澤東選集》，2版，第3卷，900頁。

39　《毛澤東選集》，2版，第3卷，1095頁。

來實現。這意味著執政黨對國家政權和社會生活的領導將逐步過渡到以制定和實施法律進行領導的階段，組織和領導國家的立法與執法活動將成為或者已經成為當前中國共產黨實施領導國家政權和社會生活的重要內容。這既是國家治理體系現代化的必然要求，也是政黨與國家關係調整和發展的必然選擇。總而言之，中國共產黨的一元化領導仍然是政黨和國家關係的基本規定和中國政治的基本現實（黨掌控國家領導權的獨一無二性和排他性），然而中國共產黨已經認識到，只有通過遵循和運作立法、行政、司法等一系列國家制度（即黨作為建基於國家體制內的一個結構性和制度性的力量），才能保障和維繫自己的領導權。這是理解新時期中國共產黨與國家政權及社會結構關係的關鍵所在。

1.3.1　依法治國：中國共產黨與國家政權機關

1. 人民代表大會

人民代表大會制度是當代中國的根本政治制度，國家機關的組成、權力的分配和政府的組織運作都是在人民代表大會制度的框架內依照憲法和法律進行的。在國家制度和政府組織層面，中國共產黨和國家機關的關係，首先是黨與人大的關係，黨執掌國家政權，依法治國、依法執政，是通過對人大工作的領導實現的。其中，最重要的途徑有兩個。第一個途徑是通過人大的立法程序把黨的路線、方針、政策轉變為國家的法律。人民代表大會是國家的權力機關，同時也是國家的立法機關。中國共產黨領導國家政權和社會生活，有賴於將黨的路線、方針、政策上升為對整個國家和社會具有普遍約束力的行為規範，在這個意義上，人大是黨的意志轉換的制度平臺。第二個途徑是通過人大的制度安排，按照法定程序使黨推薦的重要幹部成為國家政權的領導人。這個過程包括人大的選舉、決定、罷免和其他方式，實際上體現了黨對出任國家公職的合適人選的考慮及薦舉權，同人大及其常委會的人事任免權的相互結合。當然，黨組織作出的決策、推薦的幹部，對同級人大及其常委會來說只是一種建議。人大按照法定程序經過審議獲得通過後，黨的建議和主張才能轉變為國家的法律；經過人大選舉或決定後，黨所推薦的重要幹部才能成為國家政權的領導人。

2. 政府

自1949年新中國成立以來，中國共產黨就一直致力於在黨政體制的框架內

建設一個理性化的現代官僚體系。雖然在改革開放以前，由於長期的以黨代政、黨政不分導致官僚體系的發展在一定程度上出現過於政治化、形式主義以及效率低下等問題，進而引發政治領袖通過發動群眾政治運動的方式來打破官僚體系，但由於這種策略的破壞作用遠高於其建設作用，致使官僚機構處於瓦解和癱瘓狀態，最後反過來削弱了黨的執政基礎，因此又不得不重建官僚體系。改革開放以來，執政黨開始強調黨政分開，開展國務院機構改革、建立現代公務員制度、樹立依法行政原則、構建服務型政府、開展行政監督和反腐敗等多方面行政改革舉措，進入21世紀之後則更加強調如何使黨政關係有利於黨的有效執政，試圖在堅持黨的領導的前提下恢復和重建一套兼顧政治性與專業性的現代官僚體系。從現實的黨與中央政府的關係特徵來分析，中國特色的黨政體制是包括政治領導、功能協調、人事管理、內部控制以及外部監督的「五位一體」的綜合體系，而從黨與地方政府的關係特徵來看，則主要表現為執政黨通過對社會、經濟事務的管理以及其自身的組織制度，以期實現地方政府的權力在橫向上，集中於政黨；在縱向上，向上負責。由此可見，黨政體制下的現代行政國家在本質上，是有效實現了執政黨的政治領導權與政府機構的行政權平衡的一種現代政體，一方面能夠避免以黨代政、黨政不分的弊端，另一方面也能夠避免行政脫離政治、技術官僚占據統治地位等問題的發生，其建構是一個充滿政治智慧與行政技巧的歷史過程。

3. 司法

中國共產黨對司法的領導主要表現在黨為司法工作原則和司法制度改革確定方向、制定方針與提出實施方案。實際上，黨通過領導國家的立法過程已經決定和影響了司法活動的基本方向，只要黨通過人大立法形成了基本的法律規範，檢察權和審判權就具有了一切行為的依據和準則，司法活動行使的範圍就被確定了下來。

在組織制度上，黨對司法機關和司法工作的領導有一個從中央到地方的重要職能機構，即黨委政法委員會（政法委）。這個機構是按照中國共產黨的歸口管理制度設置的。在1980年代黨政關係改革的背景下，中央政法委一度被撤銷（1988年5月），代之以中央政法領導小組。1990年3月，中共中央決定恢復中央政法委，各級政法委被賦予較多的職能和任務，其中包括：協助落實黨委對政法工作作出的重大決策和部署；負責對「政法口」各組成部門的工作實施全面監

督（監督的重心主要是各組成部門的執法工作）；研究、協調「政法口」各組成部門有爭議的重大疑難案件；協助黨委管理「政法口」各組成部門的領導幹部；領導和推動司法體制改革的工作；組織、協調、指導社會治安綜合治理工作[40]；組織、協調、指導維護社會穩定工作。黨的十八屆四中全會通過的《中共中央關於全面推進依法治國若干重大問題的決定》提出，政法委員會是黨委領導政法工作的組織形式，必須長期堅持。各級黨委政法委員會要把工作著力點放在把握政治方向、協調各方職能、統籌政法工作、建設政法隊伍、督促依法履職、創造公正司法環境上，帶頭依法辦事，保障憲法法律正確統一實施。根據憲法規定，人民法院、人民檢察院作爲獨立行使審判權和檢察權的國家機關，不受其他行政機關、社會團體和個人的干涉。因此，黨委政法委員會對司法機關進行直接領導，以及介入案件審查批准過程的傳統做法正在逐漸調整和變革。當前，中國共產黨對司法機關的領導主要是方針、政策和政治思想的領導，黨委越來越不介入具體案件的審查批准過程。

1.3.2　絕對領導：中國共產黨與軍隊

黨對軍隊實行絕對領導，這是中國共產黨軍事領導體制的鮮明特色和根本原則。長期以來，在軍事領導體制上，中共中央軍委是領導全國武裝力量的最高軍事領導機關。改革開放後，1982年根據新憲法，中華人民共和國成立中央軍事委員會，簡稱國家中央軍委，這是中國共產黨在新的歷史條件下把黨的軍事機關納入國家政權體系、把軍隊建設納入國防現代化建設的重大戰略舉措。國家中央軍委成立後，中共中央軍委仍然作爲黨的最高軍事領導機關直接領導全國武裝力量。中共中央軍委和國家中央軍委雖爲兩塊牌子實爲一個機構，中共中央軍委的組成人員和國家中央軍委的組成人員重合，領導職能完全一致。

黨對軍隊的絕對領導首先表現爲軍隊的最高領導權和指揮權集中在中共中央、中央軍委，國防建設、軍隊建設和軍事鬥爭的大政方針由中共中央和中央軍

40　中共中央已決定將中央社會管理綜合治理委員會恢復爲中央社會治安綜合治理委員會，「以集中精力抓好平安建設」。中央社會治安綜合治理委員會是1991年3月21日成立的，2011年9月改名爲中央社會管理綜合治理委員會。參見《「社會管理綜治委」復名「社會治安綜治委」》，見http://politics.people.com.cn/BIG5/n/2014/1011/c70731-25808412.html,2014/10/11。

委制定。未經中共中央、中央軍委授權，任何組織或個人不得插手、過問或處理軍隊問題，更不允許擅自調動和指揮軍隊。在國家軍事制度上，國家中央軍委組成人選按法律程序由全國人大選舉和決定：中央軍委主席由全國人大選舉產生，副主席和委員由全國人大根據中央軍委主席提名決定；在全國人大閉會期間，全國人大常委會可根據中央軍委主席的提名，決定中央軍委其他組成人員的人選。但在實際上，國家中央軍委的組成人選是由中國共產黨中央委員會決定的。只有擔任中共中央軍委的領導職務，才可能經由法律程序出任國家中央軍委的領導職務。

其次，中國共產黨在軍隊中全面、系統地建立了各級組織，是黨對武裝力量實行絕對領導的組織保證。按照《中國人民解放軍政治工作條例》，軍隊各級黨委對所屬部隊的一切組織、部門、人員和工作實行統一領導，部隊的一切重大問題都必須先由黨委討論決定，緊急情況下可以由首長臨機處理，但事後必須及時向黨委報告，並接受檢查。實行黨委統一的集體領導下的首長分工負責制，是黨領導軍隊的根本制度。軍政首長必須服從黨的委員會的領導，執行黨的委員會的決議，積極主動履行職責，密切配合，互相支持。黨的委員會設置在團級以上軍事單位，在營和相當於營的單位設立黨的基層委員會，連隊一級單位設立黨的支部委員會，班排則設有黨小組。中國共產黨禁止除共青團之外的其他任何黨派、政治團體、政治組織在軍隊中建立組織和發展成員；其他組織和團體的成員如果參加軍隊，必須與原來的組織脫離關係；未經黨組織的批准，軍隊中不允許建立任何性質和形式的小團體、小組織；只有中國共產黨才能委派軍隊中的各級領導幹部，其他任何組織和個人都不允許向軍隊委派幹部。

除了各級黨委、黨支部、黨小組之外，中國共產黨還在軍隊團級以上單位設立了政治工作的領導機關，即政治機關，在上級政治機關、同級黨委和政治委員的領導下，負責管理所屬部隊與單位黨的工作和政治思想工作。中央軍委的政治機關是中國人民解放軍總政治部，總政治部在各大軍區、省軍區、軍分區及師以上單位（包括軍隊院校和醫院等）設立政治部，團級單位設政治處。政治機關通常下設組織、幹部、宣傳、保衛、文化、群眾工作、聯絡工作、秘書等業務部門或相應的工作人員。總之，政治機關在上級政治機關、同級黨委和政治委員的領導下，管理所屬部隊與單位黨的工作和政治思想工作，以及在上級政治機關、軍隊與地方同級黨委的領導下開展民兵政治工作、兵役政治工作。

　　涉及軍隊人事安排方面的黨的領導體制主要表現爲政治委員制度。通常，在軍隊團級以上單位，以及根據需要在獨立執行任務的營級單位設立政治委員，在普通營級單位設立政治教導員，在連級單位設立政治指導員。政治委員在軍內行政職務上與同級軍事主官同爲所在部隊首長，通常在上級首長、上級政治機關和同級黨委領導下，作爲黨委書記主持所在部隊的黨的日常工作和政治工作。

　　此外，中國共產黨對駐地方一級軍事組織（省軍區、警備區、軍分區、人民武裝部）實行中央統一領導下的軍事系統和地方黨委的雙重領導制度。這些地方軍事組織隸屬於上一級軍事系統建制，同時是所在地方黨委的軍事工作部門和地方政府的兵役工作機構，受上一級軍事系統和地方黨委的雙重領導。

1.3.3　多黨合作與政治協商：中國共產黨與民主黨派

　　中國共產黨領導的多黨合作和政治協商制度是我國基本政治制度之一。從歷史上看，這一制度是共產黨建立革命統一戰線、共同反對國民黨一黨專政的結果。按照毛澤東的解釋：「國事是國家的公事，不是一黨一派的私事。因此，共產黨員只有對黨外人士實行民主合作的義務，而無排斥別人、壟斷一切的權利。」[41]因此，中國共產黨執政後允許各民主黨派繼續活動，各民主黨派也自願接受共產黨的領導，積極參與國家的政治生活，成爲中國共產黨的「親密友黨」。

　　中國政黨制度的實行基於兩個根本的政治前提：一個是中國共產黨採取與各民主黨派長期合作的方針，承認各民主黨派參與政治的權利；另一個是各民主黨派認同和接受中國共產黨的領導，把中國共產黨作爲執政黨，自身作爲參政黨。八個民主黨派各自在自己的政治綱領當中明確表示接受中國共產黨的領導，不爭奪國家的政治領導權，這是中國民主黨派區別於一般政黨組織的顯著特徵。中國共產黨負責領導民主黨派的主管部門是統一戰線工作部，這一部門設置於從中央到縣級的各級黨委中。通過統戰部，中國共產黨可以把各種社會力量和成員組織起來管理，一方面使他們成爲中國共產黨實現自身目標的同盟者，另一方面也爲他們提供了適當的參政管道。

　　中國人民政治協商會議是中國共產黨領導的多黨合作的重要制度平臺，是

---

[41]　《毛澤東選集》，2版，第3卷，809頁。

中國共產黨領導的統一戰線的組織形式。它不是國家機關，不能行使任何政府權力；它的章程也不具備法律性，對社會成員沒有普遍的約束力。但憲法在「序言」部分明確了中國人民政治協商會議的法律地位和政治地位。

　　中國共產黨與民主黨派進行政治協商有多種途徑和形式。「民主協商會」是中共中央就國家大政方針與各民主黨派中央主要領導人和無黨派代表進行協商的一種形式。「談心會」是中共中央主要領導人根據形勢需要，不定期邀請民主黨派主要領導人和無黨派人士參加的會議。「座談會」是中國共產黨向各民主黨派通報或交流重要情況的會議，同時中國共產黨也需要在座談會上聽取民主黨派、無黨派人士提出的政策性建議。「書面建議」是各民主黨派除了直接面對面交換意見外的另一種有效的民主協商形式。各民主黨派和無黨派人士可就國家大政方針和現代化建設中的重大問題靈活地向中共中央提出書面的政策性建議，也可與中共中央負責人交談。

　　各民主黨派參政議政還主要通過他們在全國和地方各級人大、各級政府中的合作來實現。《中共中央關於堅持和完善中國共產黨領導的多黨合作和政治協商制度的意見》提出：要保證民主黨派成員、無黨派人士在全國人大代表、人大常委會委員和人大常設專門委員會委員中占有適當比例，並可聘請有相應專長的民主黨派成員、無黨派人士擔任專門委員會顧問。在省、自治區、直轄市的人大中應保證民主黨派成員、無黨派人士占適當比例。在有民主黨派組織的市、州、縣應保證民主黨派成員在人大中占適當比例。人大、人大常委會在組織關於特定問題的調查委員會，人大各專門委員會在組織有關問題的調查研究時，吸收人大代表中的民主黨派成員和無黨派人士參加。當然，無論是中國共產黨還是民主黨派、無黨派人士都是以人民代表、以個人的身分參加區域代表團的活動，依照《中華人民共和國憲法》、《中華人民共和國全國人民代表大會組織法》、《中華人民共和國全國人民代表大會議事規則》等法律進行活動，而不是由黨派委任，因此不代表黨派利益。

　　發揚民主黨派的監督作用是社會主義民主的一種途徑和手段。民主監督的主要內容包括國家憲法和法律的執行情況，中共中央與國家機關制定的方針、政策的實施情況，國民經濟和社會發展計畫與財政預算執行情況，國家機關及其工作人員遵守法律履行職責和廉潔奉公的情況，參加政協的各單位和個人遵守政協章程和執行政協決議的有關情況等。各民主黨派通過各種管道參觀、視察，進行調

查研究，然後寫出調查報告，使中共中央與國家機關獲知有關資訊，以便有針對性地制定國家政策和措施。

改革開放以來，中國共產黨領導的多黨合作和政治協商制度在整合社會利益、消除社會衝突方面起了重要作用。市場經濟在打破過去結構的同時，也釋放了體制長期束縛的社會力量，催生了大量新生的社會群體，形成了利益多元的格局。各民主黨派作爲各自所聯繫的一部分社會主義勞動者、一部分社會主義事業建設者和一部分擁護社會主義的愛國者的政治聯盟，代表著不同利益群體的要求，反映著不同利益群體的意見。這個利益要求和利益表達的過程首先要依賴於執政黨對這些群體的整合和統一，其次意味著民主黨派通過參政議政、民主監督，將社情民意和政治訴求傳遞到國家的政治體制。與此同時，各民主黨派又積極協助執政黨和政府對其組織內部成員、對其所聯繫的群眾展開工作，處理和解決後者的內部衝突和矛盾。

1.3.4　發動機與輸送帶：中國共產黨與社會團體及群眾

中國共產黨擁有眾多的基層組織和廣大黨員，基本上做到了「哪裡有群眾，哪裡就有黨員；哪裡有黨員，哪裡就有黨支部」的組織格局。通過這些基層組織和廣大黨員，黨得以實現聯繫群眾、組織群眾和動員群眾的政治目標。黨與社會團體及群眾的關係主要表現爲兩個方面的相互結合：一方面是黨通過黨的組織體系對廣大黨員的直接領導，主要依靠黨的紀律約束，要求個人服從組織，全黨服從中央；另一方面是通過建立在社會團體中的黨組織來領導群眾進而領導整個社會，主要方式是在社會團體中鞏固和健全黨的核心組織、物色和培養黨的幹部、抓好黨的思想作風建設、發揮黨員的模範作用以及密切黨和群眾的關係。

黨在社會團體內部建立組織，使符合黨員標準的社會成員自願入黨，是中國共產黨組織社會和領導群眾的重要方式。在社會交往和活動的過程中，不同職業身分、階層屬性和利益訴求的群眾被吸納進不同的社會團體，成爲某個特定社會團體的成員，黨正是借由社會團體的組織平臺，以團體自主活動的形式，把自己的政治意圖傳輸給每個社會團體成員，規範他們的行爲，影響他們的態度和情感。這是一個社會組織化的過程，這些組織起來的群眾是社會團體中的有機個體，而不是與國家缺乏組織關聯的離散個人。

在這些社會團體當中，歷史來源、組織規模、擔負的政治功能、與黨和國家

的特殊聯繫，以及成員的特殊身分決定了它們彼此間政治地位的差異。其中，中華全國總工會及其屬下的各級工會組織、中國共產主義青年團及其屬下的地方基層團組織和中華婦女聯合會及其屬下的各級婦聯組織（通稱「工青婦」）作為中國共產黨聯絡人民群眾的「輸送帶」，是中國社會中三個高度政治化和組織化的社會團體（亦稱「人民團體」）。這三個人民團體和其他社會團體的不同之處，在於它們具有鮮明的國家和社團的「雙重屬性」，即既要代表國家整合社會、聯繫群眾，又要代表群眾利益、反映群眾需求。它們的根本任務是接受和服從中國共產黨的領導，服務於中國共產黨社會整合和政治動員的國家目標。

此外，國家通過統一由各級民政部門登記管理的方法，將各社會團體納入國家管理的組織結構當中，使其存在的合法性建立於政治法律的基礎之上。在這種集中組織與管理體制下，在一個特定區域只能有一個相同性質的社團；在全國範圍內，相同性質的社團聯合組成一個全國性社團的各個分支或地方社團。由此形成的各社會團體在一定程度上構成了國家政權機構的延伸，充當了黨和政府的助手，履行了一定的社會管理職能。通過工會、共青團、婦聯及其他社會團體內黨組織的活動和共產黨員的模範作用，黨的主張經過社會團體的民主程序，變成各自組織的決議和廣大職工、青年、婦女的自覺行動，從而得到貫徹落實。

「工青婦」之外的社會團體源於改革開放以來的社會變化，反映了傳統體制之外的全新社會成分和社會問題。中國共產黨通過同上述類似的群眾工作將這些社會團體納入自身的管理體系當中，使之彌補了原有體制包容性的不足。這些新形成的社會團體（包括個體經營者協會、私營企業協會、各行業協會等）將大量脫離於原有工作單位、沒有行政隸屬部門的組織和個人納入了國家一體化管理的軌道。它們或者完全由官方主導，或者具有半官半民的色彩，或者偏重民間主導，其中半官半民型社團所占比重最大。這些社團同樣都要接受掛靠和主管單位的指導，區別更多表現在經費的籌集方面。正是這些新興社會團體和過去的「工青婦」承擔起了協調、管理多元利益和多元利益群體的重要責任，幫助中國共產黨實現統一領導社會、全面推進現代化建設的歷史任務。

1.3.5　喉舌與公共輿論：中國共產黨與傳播媒體

「喉舌」是黨和政府對於新聞媒體的一個比喻，相當準確而又形象地描述出黨和政府對新聞媒體角色和作用的期待——新聞媒體必須把「忠實地」替黨和政

府發聲當成自己的第一本職，新聞媒體必須成爲黨和國家實現其預定政治目標不可或缺的工具。堅持黨對新聞工作的領導，重視媒體宣傳的黨性原則，是長期以來中國共產黨宣傳戰線工作的基本要求。媒體行業的活動要體現黨的思想意志、政治要求和組織原則，這不但要求報刊、廣播、電視等媒體無條件地宣傳黨的方針、政策，還要求從事媒體宣傳行業的工作人員無條件地執行黨的紀律。這是因爲，新聞、出版、廣播、電視既有一般行業的屬性，又有意識形態的屬性；既是大眾媒體，又是黨的思想宣傳陣地。從這個意義上說，媒體宣傳行業事關國家安全和政治穩定，具有自身的特殊性和重要性。媒體宣傳工作必須要考慮其對國內外的影響，注意其產生的社會效應。

　　基於上述原因，中國共產黨對新聞媒體的管理實行黨政雙重管理體制，即由政府領導的新聞出版廣電局與中國共產黨內部宣傳部門一起領導媒體宣傳工作[42]。在二者的許可權上，黨的宣傳部門大於政府的新聞出版部門，因此實際操作上表現爲以黨爲核心的一元主體結構。從具體分工來看，中國共產黨的各級黨委宣傳部對新聞媒體實行思想政治上的領導，引導新聞媒體對國家方針、政策的宣傳，並對新聞媒體進行跟蹤管理與監察；政府部門的行政管理機構、國家新聞出版廣電總局和各省新聞出版廣電局則負責傳媒行業的行政管理工作（諸如審批等業務管理）。在某種意義上，中國新聞媒體管理的基本制度安排是「准入制度」，基本指導思想是「政治家辦報」。它們從「外」（制度）到「內」（觀念）安排著新聞生產的基本要素，設置了新聞活動的基本前提。這種制度安排的最終目的在於，確保新聞媒體被體制化爲黨和政府的宣傳機構。

　　黨和政府領導與控制媒體的方法主要有四種：一是建立對媒體的批准登記制度；二是建立對媒體報導的跟蹤審查制度；三是由政府宣傳部門適時確定媒體報導的重要內容，並隨時對媒體報導進行規範；四是將媒體行業納入國家政治等級序列，賦予媒體負責人與政府官員同等政治待遇的措施。黨和政府通過業務授權、組織人事、財政控制、思想準則等安排，形成一套控制機制以保證對言論傳播的絕對權威。

---

[42]　國務院新聞出版署成立於1987年，是國務院直屬機構。2001年更名爲國家新聞出版總署，升格爲正部級機構。2013年國家新聞出版總署與廣電總局合併，組建國家新聞出版廣電總局。

　　1990年代以來，為了進一步確保媒體、宣傳部門在工作中貫徹黨的方針、政策，中共中央宣傳部與原國家新聞出版總署制定了審讀（審聽、審看）的規章制度。從中央、省（自治區）直至辦有媒體的市、縣等各級宣傳部門，都成立了專職「審讀小組」，按照級別負責審查其轄區內的媒體。由中共中央宣傳部傳達的各種成文或不成文的規定，不是「法律」、「法規」，而是傳媒工作的「新聞政策」或「宣傳紀律」。由於媒體行業往往會引導社會輿論，是各種思潮的彙集之地，因此，黨對其領導的宗旨是「言論有自由，宣傳有紀律」。除正式發文之外，中宣部和原國家新聞出版總署還經常通過電話、小範圍會議等「內部傳達」的形式來管理媒體。出版社有時為了讓編輯記住這些規定，也會將這些上級精神印成內部文件進行傳達。一般來說，新聞出版部門定期會有例行的「總編辦公擴大會議」，各業務主管都必須參加。這種會議的重要內容之一是傳達中宣部（包括省與市一級宣傳部）的最新精神，通報犯錯的媒體與人士，以及發布各種禁載規定等。

　　「社會效益」是中國共產黨對境內的新聞出版機構傳媒活動的基本要求。對黨和國家而言，社會效益真正的內容是安定團結所表達的政治秩序、政治權力和政治價值的穩定性，為此必須排除一切和黨的大政方針相違的思想干擾，欲達此目的則必須掌握公共輿論和思想傳播的主導權。鄧小平指出：「思想文化教育衛生部門，都要以社會效益為一切活動的唯一準則，它們所屬的企業也要以社會效益為最高準則。思想文化界要多出好的精神產品，要堅決制止壞產品的生產、進口和流傳。資產階級自由化的宣傳，也就是走資本主義道路的宣傳，一定要堅決反對。」[43]「宣傳」是媒體的主要功能，同時媒體也需要顧及「傳播資訊」和「輿論監督」的功能。例如《報紙管理暫行規定》（已廢止）指出：「我國的報紙事業是中國共產黨領導的社會主義新聞事業的重要組成部分，必須堅持為社會主義服務、為人民服務的基本方針，堅持以社會效益為最高準則，宣傳馬克思列寧主義、毛澤東思想，宣傳中國共產黨和中華人民共和國政府的方針和政策；傳播資訊和科學技術、文化知識，為人民群眾提供健康的娛樂；反映人民群眾的意見和建議，發揮新聞輿論的監督作用。」[44]

---

[43]　《鄧小平文選》，2版，第3卷，145頁，北京，人民出版社，1993。

[44]　新聞出版總署教育培訓中心編：《報紙出版工作法律法規選編》，130頁，北京，中國大百科全書出版社，2003。

　　21世紀以來，隨著資訊技術的進一步深入發展，媒體的種類已經從報刊、廣播、電視等傳統媒體發展到了網路等新型媒體（即「新媒體」），媒體的影響範圍已經由一個國家、地區擴展到全球幾乎每一個角落，媒體的功能也從單向的一元化──即傳統的資訊製作者和發布者，轉變爲互動式的多元化──即受眾與政府社會資訊傳播的互動者和溝通者。資料表明，截至2009年，中國有99.3%的鄉鎮和91.5%的行政村接通了互聯網，96%的鄉鎮接通了寬頻，3G網路基本覆蓋全國，使用人數達到4.04億，全國網站達到323萬個，使用寬頻上網的民眾達到3.46億人，使用手機上網的民眾達到2.33億人[45]。這些龐大的網路使用者，從根本上改變了人們對媒體的認識，顛覆了往日「記者」、「編輯」和「讀者」的身分印象。

　　在手機等掌上媒體日益普及，並且功能逐漸完善的今天，這種「來自業餘新聞工作者的第一手新聞報導」更爲常見。特別是在突發新聞事件中，現場群眾可以方便地利用個人通信工具，向社會發布最具時效性、最樸素的資訊，形成「群眾書寫」和「大眾自我傳播」的趨勢。互聯網等新媒體的出現，使得黨原有的對新聞媒體的管理模式面臨著新的挑戰。隨著媒體日益走向市場化、開放化、全球化，如何有效地管理和調控媒體、引導話語、整合社會和進行思想教育，處理好「喉舌」和公共輿論的關係，是目前中國共產黨執政能力建設所面臨的重要課題之一。

45　參見王晨：《關於我國互聯網發展和管理》，見中華人民共和國國務院新聞辦公室官方網站，2010/5/5。

本章小結

理解當代中國政治有兩個切入點，一是中國近現代歷史的發展邏輯，二是中國共產黨的政治角色，黨政體制可以說是兩者結合的歷史產物。本章第一節基於歷史脈絡，簡要敘述了中國當代黨政體制的邏輯起源；第二節從特徵和機制的角度解析了黨政體制的「一元化領導」及七大運作機制，在此基礎上，第三節考察了黨政體制的五種基本關係。通過本章的描述，我們希望讀者對於當代中國政治制度有一個總體性的把握和瞭解。

關鍵術語

國家建設、黨政體制、一元化領導、運作機制、群眾路線

複習思考題

1. 如何理解融政黨於國家，並與國家權力高度結合的中國黨政體制，本質上是20世紀中國在現代化壓力之下，採取革命動員方式擺脫中國社會「低組織化狀態」約束、進行現代國家建設的一種選擇？
2. 中國共產黨對國家和社會的全面領導是通過運用一系列政治的、組織的、思想的制度和機制來實現的，這些制度和機制的基本邏輯、彼此聯繫及主要特徵是什麼？
3. 在推進國家治理體系和治理能力現代化的總體思路下，中國黨政體制的基本關係面臨著新的挑戰和機遇。請從政黨、國家與社會關係的視角出發，試述中國黨政體制改革在國家治理現代化中的意義、問題和方向。

第二章　中國共產黨

　　2011年7月1日，在紀念中國共產黨成立九十週年的大會上，胡錦濤發表重要講話，把中國共產黨在不同歷史時期所完成和繼續推進的工作概括為「三件大事」：其一是推翻了帝國主義、封建主義、官僚資本主義，實現了民族獨立和人民解放，建立了人民民主的新中國；其二是確立了社會主義基本制度，在一窮二白的基礎上建成了獨立的、比較完整的工業體系和國民經濟體系；其三是開創了中國特色社會主義道路，堅持以經濟建設為中心、堅持四項基本原則、堅持改革開放，初步建立起社會主義市場經濟體制，大幅度提高了中國的綜合國力和人民生活水準，為全面建設小康社會、基本實現社會主義現代化開闢了廣闊的前景[1]。這「三件大事」——也可以概括為「革命」、「建設」和「改革」——是中國共產黨改造中國社會和推動中國現代國家建設的歷史寫照。

　　本章分別從歷史發展、意識形態和組織三個維度來分析中國共產黨。

2.1　中國共產黨的歷史發展

　　中國共產黨誕生之初，正值世界資本主義體系經歷第一次世界大戰重創後，列強重新劃分勢力範圍、加緊資本向全球輸出的歷史時刻。中國的國家和社會狀況不僅沒有任何實質性的改善，反而延續和加劇了19世紀中葉以來列強環伺、中央空虛、地方割據的局面。此前十年發生的辛亥革命是中國人試圖克服危局走

---

[1]　參見《胡錦濤在慶祝中國共產黨成立90週年大會上的講話》，載《人民日報》，2011/7/2。2006年6月30日，在慶祝中國共產黨成立85週年暨總結保持共產黨員先進性教育活動大會上的講話中，胡錦濤已經表達過「三件大事」的說法。參見《胡錦濤在慶祝中國共產黨成立85週年大會上的講話》，見http://news.xinhuanet.com/politics/2006-06-30/content_4772820.htm,2006/6/30。

向現代國家的第一個嘗試，但隨後的軍閥混戰、外交失敗、社會動盪，使國運衰頹、民生凋敝的情況更加嚴重。中國醞釀著新的社會變革，探尋新的救亡之道。面對日趨深重的主權危機、權威危機和文化危機，自下而上的尋求總體解決的激進革命便成為中國共產主義者的選擇。由於中國的人口絕大多數是農民和城市小資產階級，產業工人占人口總數不足1%，即使加上城鄉各種非產業工人，其總數也只有全國人口的10%左右[2]，因此，中國的共產主義革命實質上是以農民為主體的革命，這是中國革命與西歐及俄國的工人革命的重大區別。

　　從1920年代初到1940年代末，是「新民主主義革命」時期，這個時期中國共產黨先後經歷了四個階段：國共兩黨合作推動的國民革命與北伐戰爭階段（1924-1927年）、共產黨在南方數省創建反國民黨政府的蘇維埃政權的土地革命戰爭階段（1927-1937年）、國共兩黨第二次合作的全民族抗日戰爭階段（1937-1945年）和國共兩黨圍繞中國命運展開全面決戰的解放戰爭階段（1945-1949年）。其間，中國共產黨經受過1927年和1934年兩次最為嚴重的失敗考驗。第一次失敗主要源於它尚處幼年時期，缺乏經驗和過於依賴國民黨，未能真正認識到在中國這樣嚴酷的環境下獨立掌控武裝力量對於推進革命的極端重要性；第二次失敗則主要和黨內占主導地位的教條主義在實力懸殊的條件下，仍堅持「禦敵於國門之外」的拼消耗的軍事戰略有關[3]。以毛澤東為主要代表的中國共產黨人，經過艱苦探索，終於找到了適合中國特點的革命道路，在長期的武裝鬥爭和其他各種形式的鬥爭中創造性地形成了一套指導中國革命的理論、戰略與政策。這些理論、戰略和政策主要包括：（1）「中國革命兩重任務論」。中國革命的兩重任務包含資產階級民主革命性質的革命和無產階級社會主義性質的革命。民主主義革命是社會主義革命的必要準備，社會主義革命是民主主義革命的必然趨勢。中國共產黨只有在完成資產階級民主革命（新民主主義革命）之後，才能在一切必要條件具備的時候把它轉變到社會主義革命的階段上去[4]。（2）「槍桿子出政權」的武裝革命。民主革命的主要對象是侵略中國的帝國主義和壓迫農民

2　參見劉明達、唐玉良：《中國工人運動史》，第1卷，134頁，廣州，廣東人民出版社，1998。

3　參見金沖及：《二十世紀中國史綱》，第1卷、第2卷，北京，社會科學文獻出版社，2009。

4　參見《毛澤東選集》，2版，第2卷，651頁，北京，人民出版社，1991。

的封建地主階級，這兩個「中國革命的敵人是異常強大的」[5]，故「中國革命的主要形式，不能是和平的，而必須是武裝的」[6]，「是武裝的革命反對武裝的反革命」[7]。（3）「農村包圍城市」的奪權道路。中國是以農業人口爲主的國家，經濟發展不平衡，農村幅員廣大，統治集團因內部矛盾尖銳等因素，導致統治階級在農村地區的統治是薄弱的，「中國革命有在農村區域首先勝利的可能」[8]，因此中國共產黨必須走「農村包圍城市」的奪權道路，把工作重心由城市轉移到農村。（4）「創造模範黨軍」[9]的新型軍隊。由於中國革命的基本形式是武裝革命，黨的組織必須建在軍隊基層單位（「支部建在連上」），只有這樣才能保證黨對武裝力量的控制與對暴力資源的壟斷，又由於「中國的紅軍是一個執行革命的政治任務的武裝集團」，黨必須用「無產階級思想」反對和改造軍隊的「非無產階級思想」，使軍隊絕對服從黨的領導。（5）推行「三大作風」的黨建方針。中國共產黨的主要活動區域在農村，絕大多數黨員出身於農民和小資產階級，爲凝聚力量、統一思想、純潔組織，黨必須注意增加黨的工人成分，同時特別注意在思想上對黨員進行教育，爲此提出了著重從思想上建設黨的原則。這套原則在長期的思想、組織和政治路線鬥爭與教育中，被概括爲「理論與實踐相結合、密切聯繫群眾、開展批評與自我批評」的三大作風，並成爲指導黨的建設的指標。（6）形成團結一切積極力量的統一戰線。中國無產階級要取得勝利，必須團結一切可能的革命階級和階層，建立最廣泛的統一戰線。統一戰線以工農聯盟爲基礎，以「發展進步勢力、爭取中間勢力、反對頑固勢力」爲策略，中共在統一戰線中必須堅持自己的綱領、路線和戰略目標，堅持獨立自主的原則，採取又聯合又鬥爭、以鬥爭求團結的政策，率領同盟者前進並取得勝利，同時也要照顧同盟者的利益和要求。

　　中國共產黨領導的新民主主義革命經過二十八年的奮鬥，以1949年的開國建政爲標誌而告結束。新民主主義革命的勝利，是一個使命型政黨通過黨內思想、

---

[5]　同上書，634頁。

[6]　同上書，634-635頁。

[7]　同上書，604頁。

[8]　同上書，635頁。

[9]　「創造模範黨軍」是八路軍120師在黨的七大召開時獻給大會的一面錦旗上的賀詞文字，這面錦旗至今仍懸掛在延安黨的七大會址的牆壁上。

組織建設高度一體化，黨外成功爭取最大民意支持，正確順應和利用國際局勢，積極實踐新民主主義理論、戰略與政策的結果。毛澤東在總結新民主主義革命的經驗時指出：「一個有紀律的、有馬克思列寧主義理論武裝的、採取自我批評方法的、聯絡人民群眾的黨；一個由這樣的黨領導的軍隊；一個由這樣的黨領導的各革命階級各革命派別的統一戰線。這三件是我們戰勝敵人的主要武器。[10]」

　　中華人民共和國的成立，揭開了中國歷史新的一頁，領導和組織這場革命取得勝利的中國共產黨成為在全國範圍執掌政權的政黨。經過短暫的過渡時期[11]，以1956年完成三大改造為標誌，中國建立起社會主義基本制度，隨後開始了大規模的社會主義工業化建設。從1956年到1966年「文化大革命」爆發時止，在經濟發展的主要指標上，社會主義建設取得了重要的成就。然而，在此期間，在關於中國社會主義工業化、現代化發展的路線方針上，中共高層出現了分歧，這些分歧與國際局勢的變化、對國內社會矛盾性質與形勢的判斷，以及黨內多年形成的理論思維和政策思想有關。1956年，黨的八大通過的《關於政治報告的決議》認為，國內的主要矛盾是「人民對於建立先進的工業國的要求同落後的農業國的現實之間的矛盾」和「人民對於經濟文化迅速發展的需要同當前經濟文化不能滿足人民需要的狀況之間的矛盾」，矛盾的實質是「先進的社會主義制度同落後的社會生產力之間的矛盾」[12]。但是不久，1958年黨的八屆二中全會接受了黨的最高領導人在反右運動期間和在黨的八屆三中全會擴大會議上關於「社會主義和資本主義之間誰勝誰負的問題還沒有真正解決」觀點，提出「在整個過渡時期，也就是說，在社會主義社會建成以前，無產階級同資產階級的鬥爭，社會主義道路同資本主義道路的鬥爭，始終是我國內部的主要矛盾」[13]的論斷，從而正式改變了黨的八大關於中國社會主要矛盾的決議。激進「左」傾思想在黨內逐漸形成主

10　《毛澤東選集》，2版，第4卷，1480頁，北京，人民出版社，1991。

11　過渡時期即「從中華人民共和國成立，到社會主義改造基本完成」的時期，「黨在這個過渡時期的總路線和總任務，是要在一個相當長的時期內，逐步實現國家的社會主義工業化，並逐步實現國家對農業、對手工業和對資本主義工商業的社會主義改造」（《建國以來重要文獻選編》，第4冊，700-701頁）。所謂「一個相當長的時期內」，當時的估計是10～15年。事實上只用了6年。

12　《建國以來重要文獻選編》，第9冊，341頁，北京，中央文獻出版社，1994。

13　《建國以來重要文獻選編》，第11冊，288頁，北京，中央文獻出版社，1995。

流。在經濟建設上，黨內關於經濟工作的理性穩健的意見被上升爲政治問題而受到批判，結果使得以追求高指標爲特徵的「大躍進」給國民經濟造成巨大損失；在生產關係變革上，以追求組織規模大和公有化程度高（「一大二公」）爲目標的人民公社化運動完全排斥社會分工和商品經濟，給農村生產力帶來嚴重破壞；在政治上，爲糾正「大躍進」和人民公社化運動的偏差而召開的盧山會議，不期然變成了對黨內持不同意見者的嚴厲整肅，從此階級鬥爭的話語和手段從社會延伸至黨內，個人專斷和個人崇拜的現象在黨內日益加劇，從中央到基層的「民主生活」名存實亡。1966-1976年發生的「文化大革命」則是這一趨勢發展的極端形式。雖然十年建設時期和「文化大革命」時期國家的重大建設專案仍然取得進展，但社會進步的過程相當艱難曲折。

「文化大革命」結束以後，1978年黨的十一屆三中全會把黨的工作重心撥回經濟建設軌道，不僅提出了「實現四個現代化」的新時期的總任務，而且開始了被視爲中國共產黨人領導的「第二次革命」的改革開放進程。以鄧小平爲主要代表的中國共產黨人重新確立了「解放思想、實事求是」的思想路線，根據馬克思主義原理同中國具體實際相結合的原則，在總結歷史和實踐經驗的基礎上，作出了中國仍然處於社會主義初級階段的論斷，形成了以經濟建設爲中心、堅持四項基本原則、堅持改革開放的基本路線，以及一系列相關的方針、政策。從黨的十一屆三中全會起，迄今爲止，中國共產黨一共召開七次全國代表大會，除黨的十二大，後面六次全國代表大會的報告均以「中國特色社會主義」爲主題並寫入報告標題[14]。強調社會主義的「中國特色」，堅持中國特色的「社會主義」，是中國共產黨改革開放以來的基本理論實踐。中國特色社會主義，其實是關於全球化背景下中國目前社會型態的歷史定位、中國發展道路的現實邏輯和中國經驗的

---

[14] 黨的十二大報告的標題是：《全面開創社會主義現代化建設的新局面》（1982年9月1日）；從黨的十三大開始，各次全國代表大會報告的標題依次是：《沿著有中國特色的社會主義道路前進》（黨的十三大，1987年10月25日）、《加快改革開放和現代化建設步伐 奪取有中國特色社會主義事業的更大勝利》（黨的十四大，1992年10月12日）、《高舉鄧小平理論偉大旗幟 把建設有中國特色社會主義事業全面推向二十一世紀》（黨的十五大，1997年9月12日）、《全面建設小康社會，開創中國特色社會主義事業新局面》（黨的十六大，2002年11月8日）、《高舉中國特色社會主義偉大旗幟 爲奪取全面建設小康社會新勝利而奮鬥》（黨的十七大，2007年10月15日）、《堅定不移沿著中國特色社會主義道路前進 爲全面建成小康社會而奮鬥》（黨的十八大，2012年11月8日）。

時代意義的總結,其核心是闡明作為不發達國家的中國走向現代化進程中出現的社會主義的特殊性。黨的十七大報告中關於中國特色社會主義道路及其理論的表述是:「中國特色社會主義道路,就是在中國共產黨領導下,立足基本國情,以經濟建設為中心,堅持四項基本原則,堅持改革開放,解放和發展社會生產力,鞏固和完善社會主義制度,建設社會主義市場經濟、社會主義民主政治、社會主義先進文化、社會主義和諧社會[15],建設富強民主文明和諧的社會主義現代化國家。」作為中國特色社會主義道路的理論支撐,中國特色社會主義形成了自己的理論體系,即「包括鄧小平理論、『三個代表』重要思想以及科學發展觀等重大戰略思想在內的科學理論體系」。中國共產黨認為,「這個理論體系,堅持和發展了馬克思列寧主義、毛澤東思想,凝結了幾代中國共產黨人帶領人民不懈探索實踐的智慧和心血,是馬克思主義中國化最新成果,是黨最可貴的政治和精神財富,是全國各族人民團結奮鬥的共同思想基礎。[16]」

黨的十八大以來,中國共產黨在新的歷史條件下,作出全面深化改革的戰略部署,積極推進各項改革事業,不斷拓展中國特色社會主義理論、制度和道路的內涵,朝著「兩個百年」目標,即建黨一百年時,建成惠及全國人民的更高水準的小康社會,和建國一百年時建成中等發達現代化國家、基本實現現代化的目標繼續前行。

2.2 中國共產黨的意識形態及其變遷

中國共產黨是按照馬克思列寧主義原理組建的政黨,馬克思列寧主義原理由一整套理論學說構成,通常被稱為共產黨人的意識形態。意識形態被認為是由體現一定社會階級利益的各種具體的意識形式,構成的有機的思想理論體系。在現代社會分裂為資產階級和無產階級以後,則形成了資產階級的意識形態和無產階級的意識形態。對無產階級政黨來說,意識形態是關於歷史與未來、國家與革

---

[15] 此後在黨的十八大報告中首次提出「把生態文明建設放在突出地位」,和社會主義「建設、政治建設、文化建設、社會建設」並論,形成「五位一體」的中國特色社會主義建設的總布局。

[16] 胡錦濤:《高舉中國特色社會主義偉大旗幟 為奪取全面建設小康社會新勝利而奮鬥》,11-12頁,北京,人民出版社,2007。

命、階級與黨派及其利益訴求和行動方略的世界觀與方法論，它以解釋、分析和評價現存秩序的方式來動員、組織與指導社會政治世界的改造和重建，並在解決社會衝突和維護新的統治秩序過程中具有重要的功能。中國共產黨是一個意識形態特徵鮮明的政黨，不僅因為它向來高度重視和強調意識形態領域無產階級和資產階級的鬥爭，而且因為意識形態以上這些特質和功能深刻主導與影響了它的組織建設、行動綱領和行為規範。

弗朗茲・舒爾曼在《共產主義中國的意識形態與組織》中把中國共產黨的意識形態區分為「純粹的意識形態」（pure ideology）和「實踐的意識形態」（practical ideology），前者旨在賦予成員統一和自覺的世界觀，表現為一個理論（theory）體系；後者為成員的行動（方法）提供合理性的論證，表現為一種思想（thought）形式[17]。其實，理論和思想並無實質差異，世界觀和方法論也緊密相連，但從結構上把意識形態做一個區分，對於認識和理解中國共產黨的意識形態是有一定啟發意義的。我們可以在結構上把意識形態分為三個相互關聯和彼此支援的部分：（1）價值—信仰部分，即關於生存意義和終極價值的關懷與主張。在意識形態的運動過程中，意識形態通常傾向於以直接的、必然的方式，把自己和世界歷史的「本質」等同起來，並因「本質」與「價值」的內在關聯而建立起公義良善的「意義世界」，從而能夠喚起人們為之執著奮鬥的宗教般的使命感和激情。（2）認知—闡釋部分，表現為世界觀和方法論，以及在此基礎上形成的關於「必然規律」的理論學說。它們提供了對於現實世界和現實社會的基本知識、基本判斷與基本觀點，使思想的邏輯轉變為科學的邏輯，科學的邏輯支撐統治的邏輯。（3）行動—策略部分，即建立在特定價值—信仰基礎上的意識形態，可經由對歷史與現實進行認知—闡釋的方法，來形成動員、指導和組織一定行為模式的過程。

2.2.1　改革開放前黨的意識形態的主要取向

1949年，中國共產黨摧毀了舊國家的社會政治結構，建立起相對完備的國家政治與行政體系，改變了過去國家無力深入滲透社會、中央政府政令無法貫徹到

---

[17] Franz Schurmann, Ideology and Organization in Communist China, Berkeley and Los Angeles: University of California Press, 1971, pp. 21-22.

基層的局面，為中國的現代化和現代國家建設奠定了堅實的政治基礎。在這個過程中，中國共產黨的組織及其所掌控的巨大的政治權力成為重組中國社會、推進工業化和現代化的決定性因素。黨的意識形態成為國家的主流意識形態。這種意識形態本質上是關於中國國家建設的現代化方案的闡釋，這個現代化方案是建立在馬克思列寧主義對資本主義現代性的批判的基礎上的，因此，對西方資本主義現代性的批評和抵制貫穿了新中國主流意識形態的三個部分[18]。

　　首先，在價值—信仰上，中國共產黨的意識形態強調共產主義的平等、自由和互助的社會理想，堅信這一理想必將隨著共產主義革命的社會運動而實現。它的基本取向來自馬克思對以往剝削制度，尤其是作為這一剝削制度的最終發展形式——資本主義制度——的批判立場。在馬克思看來，資本主義和失業、貧困化及社會對抗是聯繫在一起的，資本主義造成了強烈的社會不平等狀態，縱容私人消費及私人欲望的滿足，卻忽視了公共物品和真正的人類需求，鼓勵物質生產中不顧一切地追逐利潤，卻破壞了生產過程中人的主體地位和勞動樂趣，導致人的異化和社會的兩極化。和單純從道德上譴責資本主義不同，馬克思從政治經濟學上看到勞動者和生產資料相分離的制度是社會不平等問題的真正根源，因而提出必須從根本上改變生產社會化和生產資料私人占有的基本矛盾的口號。中國共產黨人不完全是從馬克思的共產主義理論中接受共產主義的自由、平等理想的，中國傳統文化的「均貧富」、「等貴賤」、「大同世界」等觀念一直有深厚的土壤，中國也不是一個資本主義經濟有相當發展的國家，但19世紀以來世界資本主義向中國的輸入及其與中國落後經濟關係的畸形結合所造成的社會衰敗，都使馬克思對資本主義的批判和對未來理想社會的揭示，在中國共產主義革命中產生了強烈的反響。在中國共產黨的意識形態中，反對私有財產制度、階級剝削和社會壓迫、作為「資產階級法權」基礎的個人主義、脫離群眾的官僚主義、專家治國論，乃至反對市場主義和利潤掛帥的思想路線，以及鼓勵旨在縮小與消滅三大差別的共產主義「新公社」運動、作為道德規範的集體主義精神和「社會主義新人」風尚，強調群眾路線、群眾首創性、群眾政治參與和革命無私奉獻精神的思想取向，一起構成了意識形態的價值—信仰部分的正反兩個方面。

　　其次，在認知—闡釋上，中國共產黨堅持辯證唯物論與歷史唯物論的世界

18　參見汪暉：《去政治化的政治》，68頁，北京，生活‧讀書‧新知三聯書店，2008。

觀和方法論，運用階級分析的觀點闡述中國革命的性質、主體、目標和任務，以及中國社會發展前後階段（新民主主義和社會主義）的邏輯關係，提出社會主義型態相對於資本主義型態的體系對立論、歷史方位論、借鑑吸收論、辯證超越論和制度優越論等一系列觀點，並據此闡明黨的領導和無產階級專政對於完成向共產主義社會過渡的必要性與必然性。中國共產黨意識形態的認知—闡釋部分是意識形態的內核，它通常被稱為「理論」或「學說」，是意識形態中承接價值—信仰部分和行動—策略部分的極為重要的部分。它的重要性表現在，藉由理論和學說的支持，價值和信仰才不至於淪為「虛幻」的觀念，意識形態才擺脫了馬克思所批評過的只是對現存秩序本質的掩飾和辯護的語義。此外，理論和學說又為行動—策略提供了合法性和合理性的論證，使得中國共產黨領導的革命、建設成為科學和自覺的過程。在中國共產黨的意識形態工作中，堅持馬克思主義在意識形態領域的指導地位，堅持馬克思主義的批判性思維，堅持馬克思主義對世界、時代和現實的認知—闡釋，以此來認識中國、理解中國和改造中國，是一項長期的基本要求。

最後，在行動—策略上，中國共產黨通過國家宣傳、黨團組織和其他社會機構，在相當長一個時期廣泛傳播和灌輸階級鬥爭、群眾運動、思想革命化等政治資訊與象徵符號，以配合中央集權、趕超戰略、社會重建、國民訓練、理想過渡等國家政治目標的施行。其中，階級鬥爭和群眾運動是這個時期意識形態的行動—策略層面的最鮮明的特徵，它們通過排除一般的公民權所隱含的抽象的法律權利平等觀念，以階級身分的歸屬和由此承載的具體的經濟社會權利的享有，實現了國家與社會的聯繫，形成了一種不同於西方國家建設的政治、社會和經濟發展模式及國家重構模式[19]。在這個時期，意識形態的行動策略既滿足了新中國政治統一、民族整合、邊疆穩定、社會動員、國家經濟起飛和大規模群眾政治參與的需要，又滿足了黨和國家一體化條件下通過社會主義改造建立公有制經濟、建立獨立的工業化和國民經濟體系，進而建立社會主義基本制度的需要。

但是，意識形態在規劃、解釋和干預中國國家建設的過程中，也顯示了它對西方現代性批評與抵制所具有的某些悖論性特點：一方面以高度集權的方式建立起相對完備的國家制度體系，改變了傳統中國國家無力深入社會的局面；另一

---

[19] 參見〔美〕鄒謹：《中國革命再闡釋》，14-15頁。

方面又以「文化大革命」的方式對這個制度體系進行破壞，削弱了中央集權國家法律與行政管治能力的有效性。一方面以公有化的方式把社會生活納入國家工業化目標和計畫體制之中，擱置了公民個人的政治自主權；另一方面又對官僚制國家機器壓抑人民主權的現實展開頻繁的攻擊。一方面以政治動員的方式推動中國經濟的發展，力圖避免資本主義現代化導致的社會不平等；另一方面又以革命的名義限制個人財產權利和身分變換的自由權利，導致了經濟發展的低效與困頓。在建國前三十年，意識形態領域的頻繁鬥爭沿著這樣一條主線展開：改造舊時代的思想文化遺產（1950年代初的思想教育批判運動），為重建社會政治秩序清理地基；剪除舊時代的思想文化精英（1950年代中期的反右運動），為確立全能政治體制奠定基礎；整肅黨內外的「黑暗風」、「單幹風」、「翻案風」[20]（1960年代前期的「社會主義教育運動」），為推行民粹式的社會主義掃除障礙；批判黨內的「反革命修正主義路線」（1960年代中期至1970年代中期的「文化大革命」），為「無產階級專政下繼續革命」開闢道路。到「文化大革命」行將結束之時，主流意識形態的行動─策略已經發生嚴重問題，反過來又影響到它的認知─闡釋，表現為理論與現實邏輯的脫節、表達結構與客觀結構的衝突，結果導致「虛無主義」、「信仰危機」、懷疑論盛行，從而使價值─信仰日益陷入困境。

2.2.2　改革開放後黨的意識形態的調適性變遷

改革開放後，中國共產黨的意識形態在國家的工作重心由階級鬥爭轉向經濟建設的背景下開始發生變化。最明顯的變化是在行動─策略層面，其次是在價值─信仰層面，認知─闡釋層面則相對穩定，但在與時俱進的口號下也有所調整。例如，在行動─策略層面，「以階級鬥爭為綱」和「大搞群眾運動」的行動邏輯被徹底放棄，代之以發展經濟、解放生產力和科教興國的發展戰略。調動一

20　「黑暗風」是指劉少奇、周恩來、陳雲等人對經濟形勢嚴重困難的估計，包括陳雲提出的「爭取快，準備慢」的應對之策；「單幹風」是指陳雲、鄧子恢、田家英對農村一些地區實行「包產到戶」或「分田到戶」做法的鼓勵和支持；「翻案風」則是指彭德懷等一些被打成「右傾機會主義分子」的人要求中央對自己的歷史進行重新審查，去掉不實之詞的申訴。這「三風」都和當時主流意識形態對中國社會主義建設規律的表述、對1960年代中國所處形勢的判斷以及毛澤東由來已久的治國理念形成尖銳的衝突。

切積極因素，緩和各種社會矛盾，團結各種社會力量以服務經濟建設大局，成爲意識形態行動－策略的中心內容。在價值－信仰層面，把「建設有中國特色的社會主義」、建設「高度民主、高度文明的社會主義現代化國家」、「實現中華民族的偉大復興」作爲人民的共同理想，把以法律和制度爲支撐的人民民主、以共產主義思想道德爲基礎的精神文明和以避免兩極分化爲前提的共同富裕作爲中國社會發展的奮鬥目標。在肯定這些理想價值的同時，也強調「物質鼓勵」的不可或缺；在重提「人是要有一點精神的」[21]的同時，也承認市場經濟的邏輯，主張把生產者和經營者的物質利益與他們的經濟活動績效聯繫起來。意識形態的價值取向顯示出某種世俗化的特徵。在認知－闡釋層面，辯證唯物主義與歷史唯物主義的世界觀和方法論仍然得以堅持，階級分析的觀點仍然受到尊重，但是關於當代中國社會的性質和主體、所處階段和時代、目標任務的表達已經納入了「社會主義初級階段論」的闡釋典範。社會主義初級階段，即不發達的社會主義階段，其主要矛盾是日益增長的物質文化需要同落後的社會生產力之間的矛盾，這被視爲事關全域的基本國情。「爲了擺脫貧窮和落後，尤其要把發展生產力作爲全部工作的中心。是否有利於發展生產力，應當成爲我們考慮一切問題的出發點和檢驗一切工作的根本標準。[22]」

　　隨著市場經濟體制的逐步構建、社會組織與公共領域的逐步成長，政治調控戰略由一元統治轉向多中心治理，政黨行爲從革命方式轉向執政方式，意識形態的三個部分出現了一些新的特點。在價值－信仰方面，中共的十六屆三中全會提出「以人爲本」是一個意義深遠的突破，雖然關於「人」的界定仍然存在一些爭議，但是，「以每個人的全面而自由的發展爲基本原則的社會形式」則越來越爲大多數人所認同。「以人爲本」觀念既接續了作爲執政黨指導思想的馬克思主義的傳統，也反映了西方文化中具有人類文明價值的優秀成果，同時還可以看作對中國傳統政治思想精華的批判性繼承[23]，正是在這一點上，主流意識形態和非主流意識形態（社會其他思想意識）取得了價值上的某種共識。在認知－闡釋方

21　《鄧小平文選》，2版，第2卷，367頁。

22　《十三大以來重要文獻選編》（上），13頁，北京，中央文獻出版社，1991。

23　參見林尚立等：《政治建設與國家成長》，255頁，北京，中國大百科全書出版社，2008。

面，「科學發展觀」和「和諧社會」的提出是另一個具有重大意義的命題。「科學發展觀」是根據「以人爲本」的價值觀念對中國國家建設的發展內涵、發展本質、發展方式、發展難題的重新認識，謀求和落實全面的、協調的和可持續的發展已經成爲主流意識形態在新時期的認知─闡釋系統的重要維度。同樣，「和諧社會」也標誌著執政黨對「中國特色社會主義規律」認識發生的新發展，把中國國家建設的總體布局由經濟建設（市場經濟）、政治建設（民主政治）、文化建設（「先進文化」）的三位一體，擴展爲包括社會建設（「和諧社會」）和生態文明建設在內的五位一體，體現了當代社會不同群體與成員追求平等和幸福生活的共同要求，也反映了改革開放以來主流意識形態關於治國理念和施政方略的深刻轉折。作爲行動─策略部分的主流意識形態也開始逐步轉變自己的灌輸、傳播方式。由於中國的改革開放是從鬆動國家對社會的控制、促成中國社會自主性成長開始的，所以主流意識形態不能不力圖保持自己與社會領域的有效互動，既要努力從社會實踐與行動領域檢驗、修正和發展自己的義理、話語和論證機制，也要從價值─信仰、認知─闡釋出發對社會實踐，與行動領域保持其指導、規範和引領作用。在這些方面，人們可以看到主流意識形態對公民政治參與、基層和社區自治、協商民主、民意表達、民間維權行動、地方治理、民生幸福乃至以「突發事件」出現的社會抗議等，所表現出來的某種包容性、調適性、對話性、吸納性等特點。

可以說，改革開放三十餘年，從話語特徵來看，中國共產黨的意識形態大致顯現了從超越性（脫離生產力發展的生產關係革命）到世俗性（以經濟建設和社會建設爲中心，重視民生發展和共同富裕目標）、從排斥性（「以階級鬥爭爲綱」的非此即彼的思想鬥爭）到包容性（人類優秀文化的「相容並蓄」和社會主義價值觀的「共建共用」）的變遷軌跡。美國學者沈大偉以「收縮與調適」爲主題對中國共產黨的意識形態的變遷過程作了比較完整的描述[24]。所謂「收縮」主要就是揚棄原來的超越性目標中的烏托邦成分，撤出或減弱對一些領域的控制，放下身段以適應世俗化的要求和品味；「調適」則是有意識地利用市場、商業資源，與傳統媒體和新媒體合作，通過話語與意義的創造性轉換來重建中國共產黨的使命性基礎。

24　參見〔美〕沈大偉：《中國共產黨：收縮與調適》，北京，中央編譯出版社，2011。

2.2.3　中國共產黨在意識形態建設上的創新與堅持

中國共產黨在意識形態上的創新，最顯著的特徵表現在三個方面。

1. 意識形態具備了新的世界視野

　　1978年啓動的改革開放結束了中國的封閉狀態，開始了中國全面而有選擇地加入全球化的進程。全球化最大的特徵是資訊技術革命帶來的貿易、投資和金融的大規模跨國流動，以及資訊傳播、網路社會和公共領域的超常規發展，這對大眾政治參與和國家治理模式的現代化產生了巨大影響。中國共產黨深刻感受到了這個變化世界的壓力和挑戰，認識到「社會主義要贏得與資本主義相比較的優勢，就必須大膽吸收和借鑑人類社會創造的一切文明成果，吸收和借鑑當今世界各國包括資本主義發達國家的一切，反映現代社會化生產規律的先進經營方式、管理方法。」[25]從黨的十一屆三中全會以來，主流意識形態逐步形成了一種放眼世界、海納百川、與時俱進的品質，正如鄧小平所指出的：「現在我們幹的是中國幾千年來從未幹過的事。這場改革不僅影響中國，而且會影響世界。」[26]「我們的改革不僅在中國，而且在國際範圍內也是一種試驗，我們相信會成功。如果成功了，可以對世界上的社會主義事業和不發達國家的發展提供某些經驗。」[27]或如有的學者所表述的，這是一種新的全球主義的心態，因此領導人把中國有選擇地融入全球體系看作中國成爲強大民族國家的必經之路，調整了中國的政治秩序以適應正在興起的以利益爲基礎的經濟秩序，重建了國家官僚系統和經濟制度以推動經濟發展和培育新生的市場經濟[28]。這種具備世界視野的意識形態越來越重視理論的創新，並把理論創新作爲制度創新、科技創新、文化創新以及其他各方面創新的前提和關鍵，由此創造性地形成了鄧小平理論、「三個代表」重要思想和科學發展觀。其中，作爲中國共產黨意識形態創新範例的「三個代表」重要思想具有里程碑式的意義，它是中國共產黨對全球化條件下資訊技術革命、市場化改革、社會組織結構分層化以及社會思想和生活方式多元化趨勢的重大回應。

---

[25]　《鄧小平文選》，2版，第3卷，373頁。

[26]　《鄧小平文選》，2版，第3卷，118頁。

[27]　《鄧小平文選》，2版，第3卷，135頁。

[28]　參見鄭永年：《全球化與中國國家轉型》，187頁，杭州，浙江人民出版社，2009。

2. 意識形態融入了新的時代內涵

　　每個時代都有特定的主題，特定的主題則構成特定的時代特徵和時代背景。鄧小平在1980年代指出：「現在世界上眞正大的問題，帶全球性的戰略問題，一個是和平問題，一個是經濟問題或者說發展問題。」[29]中共在十三大以後，「和平與發展」被概括爲新的時代主題，構成了意識形態變革的新的時代背景。面對社會主義與資本主義兩種制度長期並存競爭，與世界科技革命不斷深入的歷史大勢，中國共產黨站在時代的高度，全面、正確把握時代特徵和時代主題，合理制定正確的路線、方針、政策，抓住機遇謀求發展，形成了新時期中國共產黨的意識形態，即中國特色社會主義理論體系。中國特色社會主義理論體系具有的鮮明時代性，既是指它對傳統的社會主義模式的革故鼎新，也是指它對當代國外發展經驗的借鑑昇華。「中國模式」、「北京共識」等概念的提出表明，中國特色社會主義理論體系與中國道路、中國經驗已經引起了整個世界的關注。中國特色社會主義理論體系之所以具有這種時代性的普遍意義，究其根本，不僅是因爲它所回答和解決的問題，是當前發展中國家尤其是各個社會主義國家所普遍面臨的問題，而且是因爲它反映了以人爲本、注重自主創新和追求公平正義的時代發展潮流。這種問題的普遍性以及對時代發展趨勢的反映，決定了它本身所具有的價值和意義必然具有時代的普遍性。

3. 意識形態形成了新的中國特色

　　堅持馬克思主義的基本原則，從中國國情出發推動馬克思主義的中國化，這在改革開放前就是中國共產黨意識形態建設的指導方針，但就社會主義建設而言，它基本沒有突破蘇聯式社會主義的範疇。它的「特色」是在傳統體制內有限修補所形成的一些特點。改革開放後，在全球化資訊技術革命和世界歷史變化的條件下，它遇到的問題是當代中國發展進程中的時代性和結構性問題，這些問題的解決有賴於經濟、政治體制的「第二次革命」。爲解決這些問題，它必須積極吸收工業文明國家的現代理論成果，如現代化理論、比較優勢發展理論、市場經濟理論、國家建設理論、社會建設理論、民主法治理論等理論資源，同時著眼於中國的實際，經由理論和實際的結合，並通過實踐的檢驗，形成一系列不同

29　《鄧小平文選》，2版，第3卷，105頁。

於以往時代的、旨在回答「什麼是社會主義」、「如何建設社會主義」的理論觀點，這些理論觀點充滿「中國意義」、「中國意識」、「中國元素」、「中國風格」。一言以蔽之，即具有新的「中國特色」，其內容包括中國特色社會主義本質論、中國特色社會主義改革開放論、中國特色社會主義市場經濟論、中國特色社會主義民主政治論、中國特色社會主義先進文化論、中國特色社會主義和諧社會論、中國特色社會主義生態文明建設論、中國特色社會主義國家統一論、中國特色社會主義和平外交論、中國特色社會主義政黨建設論等等。當然，中國特色社會主義理論體系是不斷發展的、開放的理論體系，它是在當代中國改革開放和現代化建設的實踐中逐步形成與發展起來的，也必將隨著中國改革開放和現代化建設實踐的不斷推進而日益深化與完善。

　　總而言之，中國共產黨的意識形態發生了很大的變化，就中國改革開放本質上是社會主義的自我更新和自我完善而言，這些變化應被理解為意識形態在堅持馬克思主義前提下的發展和創新的過程。換言之，意識形態的內核並沒有改變，改變的只是邊層，內核是由基本原理和基本符號構成的，邊層則由原理及符號的具體化和靈活化的敘事表達構成。邊層的變化當然會對內核構成某種壓力，從而使內核發生變化，但因後者涉及意識形態的基本規定，其變化是相對緩慢的。從根本上說，意識形態有兩條底線是不能逾越的，這就是馬克思列寧主義語境中的社會主義道路與共產黨領導，它們構成意識形態的核心符號，前者指涉國家走向（方向）問題，後者指涉國家性質問題。顯然，這是意識形態的「重大問題」。雖然社會主義道路不再是簡單地作為資本主義的對立面，但是，在中國這樣一個發展中國家，既要充分吸納資本主義的文明成果，又要避免資本主義的兩極分化，既要「集中力量辦大事」，快速地發展綜合國力，又要達致平等、和諧、共同富裕的目標，社會主義的方向是不可偏離的。同理，雖然共產黨領導這樣一個極具政治本質的「根本問題」，不再是從「階級」、「階級鬥爭」、「國家與革命」的總體性決戰的對抗性思維來理解它對歷史、現實和未來的意義，黨的領導也不再像以往所表達的那樣具有以黨代政、凌駕於憲法和法律之上的特殊含義，而是強調它同人民民主與依法治國的「有機結合」，但在一個規模超大、人均資源貧弱而正處於現代化轉型的國家，黨的領導對於確保國家的社會主義方向、對於現代化的平穩過渡、對於公共政策的合理制定、對於人力資源的供給、對於國家政權建設的推動、對於社會和人心的維繫等，仍然是不可擺脫、不容顛覆的。

意識形態的這些本質規定對國家的政治生態構成了內在的制約，給政黨的組織結構和特性提供了深層的文化支援。

2.3　中國共產黨的組織特性、組織原則與政治功能

2.3.1　中國共產黨的組織特性

政黨的組織特性是政黨建構方式、內部權力配置、行動邏輯、行為規範和行事風格的集中表現。政黨依其組織特性大體可分為三種類型：第一種是組織特性極度鬆散的政黨，既缺乏清晰可辨的政治綱領，也缺乏規範穩定的組織結構，政黨只是作為選舉的工具而存在，大選期間顯形，大選過後休眠；第二種是組織特性極為嚴整的政黨，黨的政治綱領明確、有力，黨的中央、地方和基層組織健全，黨的內部資訊傳遞暢通無阻，黨的整體行動步調一致，黨不允許黨員的行為背離既定路線、方針和政策，並對違紀者施以制裁；第三種則介於前兩種之間，有組織未必有嚴屬約束，有上層未必有堅實基礎，有戰略卻疏於堅決貫徹，有動員卻常常訓練不力。在政黨世界的光譜中，共產黨無疑屬於組織特性最為嚴整的政黨類型，其中，中國共產黨的組織嚴整性尤為突出，無論是最初作為共產國際的一個支部，還是後來作為獨立自主發展的一個力量，在長期領導中國革命的歲月裡，都鮮明地顯現出區別於其他政黨的組織特性。中國共產黨的組織特性主要表現在如下幾個方面：

1. 嚴明的組織邊界

中國共產黨是按照馬克思列寧主義原理組建起來的政黨。在關於共產黨的組織性質方面，馬克思、恩格斯表達過兩個文字上似乎矛盾但精神實質完全一致的重要觀點：其一，「共產黨人不是同其他工人政黨相對立的特殊政黨」，這是因為「他們沒有任何同整個無產階級的利益不同的利益」[30]；其二，「無產階級要在決定關頭強大到足以取得勝利，就必須（馬克思和恩格斯從1847年以來就堅持這種立場）組成一個不同於其他所有政黨並與它們對立的特殊政黨」[31]，這是因

30　《馬克思恩格斯選集》，3版，第1卷，413頁。

31　《馬克思恩格斯選集》，3版，第4卷，592頁，北京，人民出版社，2012。

爲，只有共產黨才代表整個無產階級運動的根本利益。顯然，共產黨的非特殊性是就黨從屬於無產階級的整體利益而言的，這也是中國共產黨強調「黨除了工人階級和最廣大人民群眾的利益，沒有自己特殊的利益」[32]的思想來源。而共產黨的特殊性則是指相對於所有的階級政黨而言，「過去的一切運動都是少數人的，或者爲少數人謀利益的運動」，而它所領導的「無產階級的運動是絕大多數人的，爲絕大多數人謀利益的獨立的運動」[33]；相對於無產階級運動內部其他工人政黨而言，它是一個眞正的具有階級自覺的政黨，它的學說和綱領、目標和政策被認爲始終體現著無產階級爭取解放的方向，是工人政黨中最堅決的、始終推動運動前進的部分。因此，在馬克思列寧主義建黨學說中，是否承認並履行黨的綱領、加入黨的一個組織，即維持黨的嚴明的組織邊界，便成爲重大的原則問題。這和西方政黨尤其是選舉型政黨的政黨俱樂部化、黨員可跨黨或進出自由的邊界模糊狀況是不同的。中國共產黨的章程對黨員的權利、義務、入黨程序等作了詳盡規定，努力保持黨員對黨的強烈的組織意識和身分認同，維護黨作爲一個組織的凝聚力和存在價值，這也是馬克思主義政黨性質的要求所在。

2. 嚴密的組織體系

在革命和建設中，黨的組織既是社會政治改造運動的策源中心，其本身也隨著社會政治改造過程而不斷擴張。中國共產黨現今在全國範圍內，無論是立法、行政、司法、軍事等國家系統，還是工廠、農村、學校、街道、社團等社會單位，都已建有相應層級的發達的組織網絡，其特徵可以概括爲「縱向到底，橫向到邊」[34]，這是「使我們黨的組織基礎放在社會組織的細胞中」[35]的建制要求。組織的嚴密性使得組織的滲透無遠弗屆，組織的力量無所不在，從根本上說是爲了確保黨對國家和社會的全面領導，以實現黨的歷史使命和現實責任。在中國共

---

[32] 從黨的十二大起，歷次黨章的「總綱」中均保留這個宣示。參見《中國共產黨歷次黨章彙編（1921-2012）》，297、341、378、408、452頁，北京，中國方正出版社，2012。

[33] 《馬克思恩格斯選集》，3版，第1卷，411頁。

[34] 這是近年來各地關於新時期「兩新」組織（新經濟組織、新社會組織）黨建工作的方針，其重點在於實現黨組織在社會領域的「全覆蓋」。事實上，就精神而言，這不是一個新的方針，區別只在於組織擴張的強弱和程度的不同。

[35] 劉少奇：《關於修改黨章的報告》，見《中國共產黨歷次黨章彙編（1921-2012）》，193頁。

產黨內部，組織的嚴密性表現爲結構與功能的高度體系化：中央組織、地方組織和基層組織相當完備，組織間的職能分工有明確規定。中央組織多由久經考驗、享有崇高權威的職業政治家和領袖人物組成，主持和主導黨的全面工作。中央組織是全黨的最高決策機關，按照黨的綱領和任務，對形勢和階級力量的對比進行戰略性分析與預測，確立黨的長期和近期目標。地方組織根據黨中央的路線、方針和政策，制定實施方案，動員和組織社會政治資源，完成黨的工作任務，並在此過程中對下級組織進行領導和監督。基層組織則從實際出發，向黨員和群眾宣傳黨的決定，貫徹執行黨的主張，同時反映群眾要求，管理教育黨員，成爲黨和群眾、黨員和上級黨組織的紐帶。

3. 嚴肅的組織生活

中國共產黨把自己的宗旨規定爲「爲人民服務」，黨的十五大以後又提出「立黨爲公、執政爲民」，這其實是「先鋒隊」型政黨的基本要求。「先鋒隊」的要義有三：其一，代表了所屬階級和人民的最高利益；其二，把握了歷史運動和潮流的根本方向；其三，構成了所有從事社會進步事業的主體中最具有遠見卓識和獻身精神的精英力量。「先鋒隊」在政治上的領導地位，勢必要求在知識、戰略、經驗、倫理、道德上提供證明，在這個意義上，共產黨比任何政黨都承受著更沉重的壓力、更嚴苛的責任，這是共產黨內對思想建設、理論建設、作風建設和民主生活極其強調的主要原因。這種嚴肅的組織生活在政黨世界是罕見的，它對這個組織的要求是「黨要管黨，從嚴治黨」，即黨不能僅僅作爲對國家和社會實行治理的主體，本身也要成爲被治理的物件，按照黨的宗旨自我約束，以更好地服務於人民。爲了達到這個目的，它對黨員的要求是：抱持解放思想、實事求是的態度，善於理論聯繫實際，研究新情況，總結新經驗，解決新問題；尊重群眾的首創精神，踐行群眾路線，一切爲了群眾，一切依靠群眾，從群眾中來，到群眾中去，建立黨和群眾的密切聯繫；勇於批評與自我批評，堅持真理，修正錯誤，摒棄私心雜念，戒除浮華驕奢之風。中國共產黨的嚴肅的組織生活，是其保持理性、節制、務實、親民的重要機制。

4. 嚴格的組織紀律

一般而言，任何政黨都有紀律，只是嚴格程度不同而已。西方議會制中的

某些自由主義政黨雖然總體上內部約束鬆弛，但在內閣決策和議會關於議案表決上對違反黨內決定者仍有紀律制裁，這種制裁是政治性的，包括黨在下次選舉中撤回對該違紀者的政治支持。與此不同，作為組織特性最為嚴整的政黨，中國共產黨的組織紀律是極其嚴格的。黨的七大通過的黨章規定：中國共產黨「是以自覺要履行的紀律連結起來的統一的戰鬥組織。中國共產黨的力量，在於自己的堅強團結、意志統一、行動一致。在黨內不容許有離開黨的綱領和黨章的行為，不能容許有破壞黨紀、向黨鬧獨立性、小組活動及陽奉陰違的兩面行為。中國共產黨必須經常注意清除自己隊伍中破壞黨的綱領和黨章、黨紀而不能改正的人出黨。[36]」革命時期黨對黨紀的強調一直延續到建設時期和改革時期。在黨的十八大通過的黨章中，關於黨的紀律有更為具體的規定，如明確重申「黨的紀律是黨的各級組織和全體黨員必須遵守的行為規則……黨組織必須嚴格執行和維護黨的紀律，共產黨員必須自覺接受黨的紀律的約束」，甚至提出「黨組織如果在維護黨的紀律方面失職，必須受到追究」，將紀律制裁的鋒芒指向違紀的任何一個組織而不僅僅是黨員個人。為保證組織紀律的嚴格執行，黨章規定了針對各種違紀行為性質和程度不同的處分標準和程序，同時黨設立了各級紀律檢查委員會，作為強有力的組織手段來維護黨綱黨章的嚴肅性和黨組織的整體性。

2.3.2　中國共產黨的組織原則

中國共產黨的組織特性從根本上說是由民主集中制的組織原則決定的。民主集中制是馬克思列寧主義政黨區別於其他政黨的標誌性特徵，是中國共產黨內部政治生活包括組建、議事、決策、行動以及解決內部權力關係的最高法則。

在共產主義運動史中，民主集中制是在無產階級政黨對組織公共政治生活的兩種方式——民主制和集中制——的批判性吸收與整合的基礎上發展起來的，是無產階級政黨的使命與不同政治環境特質相互作用的結果。從馬克思與恩格斯領導第一國際、第二國際的活動看，他們是主張無產階級建黨的民主制原則的，黨的「組織本身是完全民主的，它的各委員會由選舉產生並隨時可以罷免，僅這一點就已堵塞了任何要求獨裁的密謀狂的道路」[37]。他們反對在黨內實行集中制，

36　《中國共產黨歷次黨章彙編（1921-2012）》，98頁。
37　《馬克思恩格斯選集》，3版，第4卷，207頁。

「集中制的組織不管對秘密團體和宗派運動多麼有用」[38]，但對於一個以消滅階級差別從而建立「自由人共同體」為使命的無產階級政黨來說，「它們完全有權把『民主』一詞寫在自己的旗幟上」[39]。他們也強調過集中和權威，但主要侷限在政權的層面，如「實行最嚴格的中央集權制是真正革命黨的任務」[40]，針對的是聯邦制國家的構想。在馬克思與恩格斯看來，民主制不是集中制，但民主制包含集中和權威，也需要集中和權威，只不過這種集中和權威是建立在黨員授權的基礎上並受黨員的監督而已。在這裡，民主制是一個包容性結構──集中或集權是民主制的題中應有之義。馬克思與恩格斯對民主制的強調和西歐議會民主政治的相對發達是分不開的。

在列寧的著述中，集中制有突出的地位和作用。在1899年的《我們的當前任務》中，列寧指出，「社會民主黨地方性活動必須完全自由，同時又必須成立統一的因而也是集中制的黨」[41]。集中制的黨本質上是以那些完全獻身於革命、在理論和實際活動方面最有修養、對革命最忠誠、同無產階級保持密切聯繫的職業革命家為中央領導核心組織起來的「職業革命家組織」，「給我們一個革命家組織，我們就能把俄國翻轉過來」[42]。集中制其實是所有革命黨的個性特徵，革命黨以顛覆（「翻轉」）現存秩序為己任，就把自己推到了現存秩序的對立面；革命黨運用暴力手段改造社會政治結構，就使自己與現存秩序之間的關係具有極度緊張與不妥協的性質，這兩點決定了革命黨生存環境的壓迫性與嚴酷性。所以列寧說，一個處在專制高壓統治下的革命黨，試圖像德國社會民主黨那樣按照「廣泛民主原則」來建設自己的組織結構是幼稚可笑的，因為「廣泛民主原則」[43]所依賴的兩個條件，即「完全的公開性」與「一切職務經選舉產生」，在俄國如此惡劣的政治環境中根本無法實行。只有到1905年之後，由於沙皇政府被迫承認人民的集會結社自由，社會民主工黨的活動條件有所改善，列寧才把民主製作為平衡集中制的因素引入黨內，第一次提出「在黨組織中真正實現民主集中制的原

38　《馬克思恩格斯選集》，3版，第4卷，477頁。

39　《馬克思恩格斯全集》，中文初版，第2卷，664頁，北京，人民出版社，1957。

40　《馬克思恩格斯全集》，中文初版，第7卷，298頁，北京，人民出版社，1959。

41　《列寧全集》，中文2版，第4卷，167頁，北京，人民出版社，1984。

42　《列寧選集》，3版，第1卷，406頁，北京，人民出版社，1995。

43　《列寧選集》，3版，第1卷，417頁，北京，人民出版社，1995。

則」[44]，創造了「民主集中制」這個概念。

民主集中制的內容包括：（1）少數服從多數；（2）黨的最高機關應當是代表大會，即一切享有全權的組織的代表的會議，這些代表作出的決定應當是最後的決定；（3）黨的中央機關（或黨的各個中央機關）的選舉必須是直接選舉，必須在代表大會上進行。不在代表大會上進行的選舉、二級選舉等等都是不許可的；（4）黨的一切出版物，不論是地方的或中央的，都必須絕對服從黨代表大會，絕對服從相應的中央或地方黨組織。不同黨保持組織關係的黨的出版物不得存在；（5）對黨員資格的概念必須作出極其明確的規定；（6）對黨內任何少數人的權利同樣應在黨章中作出明確的規定[45]。這些寫於1905年7月的文字是列寧對民主集中制不同側面的表述。然而，在行動邏輯上，民主集中制給人印象至深的不是它的民主方面，而是它的集中方面。事實上，列寧在表述民主集中制時，「集中」用的是黑體字，意在強調；「民主」則作為形容詞，表示限制，民主集中制即「民主的集中制」，以區別於專制的或官僚的集中制。顯然，列寧並沒有否定集中制，也承認民主制的功能和最終價值，但更多是把民主作為對集中性質的說明和規定，即按多數人意志決定的集中制。「集中」實際上代表了一個革命政黨的組織生命的基本要求和常態。

中國共產黨是在俄國革命的召喚和共產國際的幫助下成立的。共產國際的「二十一條」（「加入共產國際的條件」的簡稱）深刻影響了各國共產黨的組織建制。「二十一條」認為，共產國際「是一個全世界統一的共產黨」，是「一個高度集中的組織」，因而各國「共產黨只有按照高度集中的方式組織起來，在黨內實行鐵的紀律，黨的中央機關得到全體黨員的信任並擁有充分的權力、權威和廣泛的職權，才能履行自己的義務」[46]。中國共產黨的組織結構在以後的發展中雖然有所變化，但以俄國共產黨和共產國際組織結構為其摹本的基本特徵則是一貫的。1945年4月，毛澤東在黨的七大報告中，將民主集中制的精神概括為「在民主基礎上的集中，在集中指導下的民主」，民主集中制的基本原則在黨的七大

44　《列寧全集》，中文2版，第13卷，59頁，北京，人民出版社，1987。

45　參見《列寧專題文集——論無產階級政黨》，345頁，北京，人民出版社，2009。

46　參見〔奧〕尤利烏斯‧布勞恩塔爾：《國際史》，第2卷，631-641頁，上海，上海譯文出版社，1986。

黨章中被表述爲「黨員個人服從所屬黨的組織，少數服從多數，下級組織服從上級組織，部分組織統一服從中央」（即著名的「四個服從」）。值得注意的是，黨章將黨的七大報告中「集中指導下的民主」修改爲「集中領導下的民主」。「指導」與「領導」，一字之差，其實是「四個服從」的邏輯必然。從根本上說，共產黨旨在徹底改造社會政治、經濟結構的使命，及其遭遇的來自傳統勢力的頑強抵抗，是其組織建制最重要的約束條件，傳統勢力越是強大，黨的組織結構就越是趨向集權，以便積聚起更加強大的力量來制服這個強大的傳統勢力。

中國共產黨成爲執政黨以後，黨的政治環境發生了很大變化，民主集中制的民主一面逐漸受到重視，黨內民主的建設有了較爲寬鬆的條件。1956年，黨的八大通過的黨章把「集中領導下的民主」又重新改爲「集中指導下的民主」，顯示了對發展黨內民主的某種期待，只是由於複雜的國內外形勢和領袖集權的擴張，這一過程被迫中斷。改革開放後，中國共產黨對個人專斷主義和黨內民主生活不正常的制度原因進行了反思，在健全和落實民主集中制方面做了新的努力。從1992年黨的十四大以來，黨章關於民主集中制原則的表述有了一些值得注意的變化。黨的十二大通過的黨章把民主集中制概括爲「在民主的基礎上實行高度的集中」，黨的十四大通過的黨章則回到了黨的八大黨章的提法，把民主集中制表述爲「民主基礎上的集中和集中指導下的民主相結合」，僅比黨的八大黨章多了「相結合」三個字，但強調了民主和集中的內在聯繫及相互支持。2002年，黨的十六大通過的黨章對民主集中制的表述又進行了局部修改：一是在「總綱」中增加了「加強對黨的領導機關和黨員領導幹部的監督，不斷完善黨內監督制度」一句；二是在「黨的組織制度」一章中，在「凡屬重大問題」與「由黨的委員會集體討論，作出決定」之間增加了「都要按照集體領導、民主集中、個別醞釀、會議決定的原則」，以強調黨委決策的民主性。當然，這個提法在黨的八大通過的黨章中也有，但在市場經濟迅速成長的新時期，舊文重新植入黨章，別有一番重要意義。

按照黨的十八大通過的黨章，民主集中制的基本原則是：（1）黨員個人服從黨的組織，少數服從多數，下級組織服從上級組織，全黨各個組織和全體黨員服從黨的全國代表大會和中央委員會。（2）黨的各級領導機關，除它們派出的代表機關和在非黨組織中的黨組外，都由選舉產生。（3）黨的最高領導機關，是黨的全國代表大會和它所產生的中央委員會。黨的地方各級領導機關，是黨的

地方各級代表大會和它們所產生的委員會。黨的各級委員會向同級的代表大會負責並報告工作。（4）黨的上級組織要經常聽取下級組織和黨員群眾的意見，及時解決他們提出的問題。黨的下級組織既要向上級組織請示和報告工作，又要獨立負責地解決自己職責範圍內的問題。上下級組織之間要互通情報、互相支持和互相監督。黨的各級組織要按規定實行黨務公開，使黨員對黨內事務有更多的瞭解和參與。（5）黨的各級委員會實行集體領導和個人分工負責相結合的制度。凡屬重大問題都要按照集體領導、民主集中、個別醞釀、會議決定的原則，由黨的委員會集體討論，作出決定；委員會成員要根據集體的決定和分工，切實履行自己的職責。（6）黨禁止任何形式的個人崇拜。要保證黨的領導人的活動處於黨和人民的監督之下，同時維護一切代表黨和人民利益的領導人的威信。

2.3.3　中國共產黨的政治功能

政黨以獲取公共權力為目的，現代民主條件下政黨最顯著的政治功能不外乎集中在這樣幾個方面：選舉動員、控制議會、組織政府、施行政綱，借此維護和實現政黨以及政黨所代表的階級的利益。馬克思列寧主義政黨同樣具備一般意義的政黨的政治功能，如參加選舉、爭奪議席、組織和控制政府、推動社會改革等，但由於意識形態的規定（兩個「徹底決裂」），它在「進入國家」的道路上面臨著既存體制的天然拒斥，這迫使它不得不在體制外發動群眾，訴諸暴力手段摧毀橫亙在通往權力之路的障礙。如前所述，在這個過程中，它對宏觀理論戰略、微觀大眾動員機制、超凡政治權威、超強組織力量、全面系統控制的高度依賴和運用，最終克服了舊國家的結構性障礙，在社會重組的基礎上建立起一個強有力的黨政體制。中國共產黨的革命建政就是如此。因此，作為馬克思列寧主義政黨的中國共產黨，在革命後的國家，具有西方類型的政黨沒有或難以擁有的許多功能。這些功能最深刻的含義是，黨的所有「執政」行為本質上都是一種「領導」行為，黨對整個社會和國家實行的組織、管理、控制和引導，實際上體現了黨在公共生活空間的全面的領導權。

「領導」與「執政」是兩個重複率和互換使用率極高的概念，從權力的意義上看，或者從支配的意義上看，兩者是相通的，都是指主體所具有的對客體施加影響、控制以達到自己目的的能力和過程，但兩者不能簡單地等量齊觀。「領導」偏重政治性質，是指主體基於其道義、價值和理論上的正當性與公信力去說

服、勸導、引領物件的過程；「執政」則偏重法理性質，是指主體基於法律、制度和程序上的「合法性」去要求、規範、支配物件的過程。前者主要發生在社會和公民之中，所針對的是全部社會政治生活；後者主要發生在與公共權力相聯繫的正式領域，如國家領域中，所針對的是國家政權的運作過程，是取得執政地位的政黨以公共權力的強制力為後盾，並以公共權力的名義所採取的行動。正因為是一種強制力，所以公共權力的使用有嚴格限制，表現為執政活動受到憲法和法律的規範與制約。對西方多數政黨而言，擁有執政權未必擁有領導權，因為在多元自由主義社會，承認和服從某個政黨的執政權，並不意味著其他社會政治集團必然接受其領導權。對中國共產黨而言，它在革命中已經以它卓有成效的宣傳、動員和組織在社會政治領域建立起統攝一切的領導權，擁有領導權必然要求執政權，從革命到建國、在政治與法統之間的邏輯就是如此，反過來，擁有執政權亦絕不放棄領導權，只有落實了領導權才有鞏固的執政權，這就是黨重視意識形態工作和在社會各個層面擴展它的組織網絡的原因，也是中國共產黨區別於西方政黨最重要的特徵。

　　在《中國共產黨章程》中，黨的全面領導主要規定為六個方面：中國共產黨領導人民發展社會主義市場經濟；中國共產黨領導人民發展社會主義民主政治；中國共產黨領導人民發展社會主義先進文化；中國共產黨領導人民構建社會主義和諧社會；中國共產黨領導人民建設社會主義生態文明；中國共產黨堅持對人民解放軍和其他人民武裝力量的領導。中國共產黨在經濟、政治、文化、社會、生態和軍事方面的全面領導，集中而言，又可概括為政治領導、組織領導和思想領導，它們事實上是中國共產黨的三大政治功能。

　　政治領導是指規定國家性質和發展方向，制定國家大政方針、路線和政策，協調政治主體間關係，確立其在權力結構中的核心地位。中國是社會主義國家，是工人階級領導的、以工農聯盟為基礎的人民民主專政國家，這是中國共產黨執掌政權後對國家性質的根本界定。黨的政治領導功能表現為，它擁有足夠的權威和能力制定與實行中國特色社會主義的大政方針、路線和政策，即以經濟建設為中心，堅持四項基本原則，堅持改革開放，解放和發展生產力，把中國建設成為富強民主文明和諧的現代化國家。在現階段，就是按照中國特色社會主義事業的總體布局，全面推進經濟建設、政治建設、文化建設、社會建設和生態文明建設，到2020年建成惠及全體人民的更高水準的小康社會，到2050年使人均國內生

產總值達到中等發達國家水準。為確保國家的社會主義性質和發展方向、黨在國家政治生活中不可動搖的領導地位以及現代化的平穩發展，中國共產黨提出「總攬全域、協調各方」的原則。總攬全域，就是要求黨的各級組織擔負起領導責任，抓方向、議大事、謀大局，集中精力解決好具有全域性、戰略性、前瞻性的重大問題。協調各方，就是要求黨的各級組織從推動全域工作出發，處理好自己與同級各種組織的關係以及各種組織間的關係，使之各司其職，各負其責，相互配合，達致行動一致。

組織領導是指在國家層面通過建立黨的各級組織以及向政權機關推薦黨的重要幹部，以掌控國家權力；在社會層面通過建立黨的各級組織和發揮黨組織的領導核心作用，以整合社會力量。作為執政黨，中國共產黨明確承諾黨必須在憲法和法律的範圍內活動，堅持科學執政、民主執政、依法執政。黨的組織領導功能的基本要求是，黨要善於使自己的主張經過法定程序變成國家意志，使黨組織推薦的人選經過法定程序成為國家機關的領導人員，從而在制度、法律與人事上保證黨的路線、方針和政策得以貫徹執行。在組織領導功能的約束下，中國共產黨一方面要支持人大、政府、政協和審判機關、檢察機關依照法律與章程獨立負責、協調一致地開展工作，研究和統籌解決這些機關工作的重大問題；另一方面要通過這些機關中的黨組與黨員幹部貫徹黨的決策、決定和工作部署。在國家政權之外，作為黨聯繫群眾和社會的橋樑紐帶，工會、共青團、婦聯等人民團體也是實現黨的組織領導的重要依託。總之，通過遍布國家和社會領域各個方面的組織網絡與黨員的工作，中國共產黨有效地把自己的政治意圖落實到國家、地方、基層和民眾中。

思想領導是指堅持馬克思主義在意識形態領域的指導地位，通過黨的意識形態部門和黨的理論創新工作，使馬克思主義成為國家和社會的主流思想，使共產黨的主張為人民所接受並變成人民的自覺行動。人類政治經驗表明，任何一個階級若不能掌握意識形態的領導權，就不能掌握或不能長期掌握國家政權。中國共產黨對國家和社會的領導權，除了政治和組織方面的要件保障之外，還需要在思想上建立廣泛的社會心理認同，沒有這樣一個社會心理認同，黨的政治領導和組織領導是不鞏固的，這就是思想領導功能的意義所在。改革開放以來，人們思想活動的獨立性、選擇性、多變性和差異性不斷增強，在價值日趨多元甚至彼此衝突的情況下，形成和擁有共同的思想基礎越來越成為中國共產黨面臨的重大問

題。這個共同的思想基礎就是社會主義核心價值體系。中共的十七大報告指出，「社會主義核心價值體系是社會主義意識形態的本質體現」。堅持和發展馬克思主義的意識形態，建構和維護社會主義核心價值體系，使馬克思主義意識形態和社會主義核心價值在多元文化的衝突之中發揮主導作用，以達到引導公共輿論、凝聚社會共識、提升公民文化品質、鞏固和發展中國特色社會主義，這是中國共產黨堅持思想領導權的根本內容和具體體現。

2.4　中國共產黨的組織體系

中國共產黨的組織體系在不同的歷史時期有過變動，但基本結構不變，均由黨的中央組織、地方組織、基層組織以及相應的職能機構組成。按黨章規定，目前的組織體制如下所述。

2.4.1　黨的中央組織

1. 黨的全國代表大會

中國共產黨全國代表大會及其產生的中央委員會是黨的最高領導機關。黨的全國代表大會每五年舉行一次，由中央委員會召集。中央委員會認為有必要，或者有三分之一以上的省一級組織提出要求，全國代表大會可以提前舉行。在兩次全國代表大會期間，根據需要，可以召開黨的全國代表會議。全國代表大會的代表名額和選舉辦法，由中央委員會決定。一般而言，全國代表大會的代表先由各基層單位初步選舉，匯總到各系統和各地方黨委，再經各系統和各地方黨委根據一定程序進行協商平衡，最後由各系統和各地方的黨的代表大會決定。代表名額在中央及其直屬單位系統、軍隊系統和地方中按照要求分配。

中國共產黨全國代表大會的職權是：（1）聽取和審查中央委員會的報告；（2）聽取和審查中央紀律檢查委員會的報告；（3）討論並決定黨的重大問題；（4）修改黨的章程；（5）選舉中央委員會；（6）選舉中央紀律檢查委員會。

由於黨的全國代表大會每五年舉行一次，在此期間若遇重大問題而中央委員會不能解決時，可以召開黨的全國代表會議。中國共產黨全國代表會議的職權是：（1）討論和決定重大問題；（2）調整和增選中央委員會、中央紀律檢查委員會的部分成員。黨章規定，調整和增選中央委員及候補中央委員的數額，不得

超過黨的全國代表大會選出的中央委員及候補中央委員各自總數的五分之一。

2. 黨的中央委員會、中央政治局及其常務委員會、中央委員會總書記

中國共產黨中央委員會每屆任期五年。全國代表大會如提前或延期舉行，中央委員會的任期隨之相應改變。中央委員會委員或候補委員的名額由全國代表大會決定。中央委員會委員出缺，由中央委員會候補委員按照得票多少依次遞補。中央委員會全體會議（即中央全會）由中央政治局召集，每年至少舉行一次。在全國代表大會閉會期間，中央委員會執行全國代表大會的決議，領導黨的全部工作，對外代表中國共產黨。

中央政治局、中央政治局常務委員會和中央委員會總書記，是中國共產黨最高決策中樞，悉由中央委員會全體會議選舉產生。其中，中央委員會總書記必須從中央政治局常務委員會委員中產生。中央政治局及其常務委員會在中央委員會全體會議閉會期間，行使中央委員會職權。新中國成立初期，中共中央領導體制延續延安時期的體制，中央政治局無常委會之設，政治局實行主席和中央書記處負責制，中央政治局主席（同爲中央委員會主席和中央書記處主席）和中央書記處主持中央大政與日常工作，中央書記處的性質和功能相當於後來的中央政治局常委會。其後，在中央書記處下設立由秘書長和副秘書長組成的中央秘書長會議，負責協助政治局和書記處的工作以及政治局和書記處交議與交辦的事項，以減輕書記處的負擔。1956年，黨的八大決定設立中央政治局常委會和成立新的中央書記處，中央書記處遂取代中央秘書長會議，成爲政治局及其常委會領導下處理中央日常工作的機構。1982年，黨的十二大取消了中央委員會主席、副主席制度，只設中央委員會總書記，並規定總書記是中央政治局常委會成員之一，負責召集中央政治局會議和中央政治局常務委員會會議，實行集體領導和集體決策。總書記同時主持中央書記處的工作。

由於黨的全國代表大會每五年召開一次，中央全會一般一年召開一次，因此中央政治局及其常委會在政治過程中處於極爲重要的地位。實際上，中央委員會總書記是中央政治局及其常委會的核心，常委會又是政治局的核心，政治局及其常委會領導中央委員會的工作。中央政治局及其常委會和中央委員會總書記事實上構成中國共產黨的最高領導機構，這集中表現在中央政治局及其常委會和中央委員會總書記是當代中國最重要的政策制定者。對於一般性決策，中央政治局及

其常委會即可作出，對於帶有路線方針性的或戰略性的重大決策，通常要召開中央全會加以討論和通過。中央全會所作出的決策，一般都是經過中央政治局常委會、中央政治局會議、中央政治局擴大會議或中央工作會議事先討論和審議的。改革開放以來，特別是近些年來，中央政治局及其常委會的成員多從「封疆大吏」中擢拔，他們獨特的地方任職經歷和豐富的地方經驗使得中央決策更具前瞻性、靈活性和務實性。

　　中央書記處是中央政治局及其常委會的辦事機構，其成員由中央政治局常委會提名，中央全會通過。

　　每屆中央委員會產生的中央領導機構和中央領導人，在下屆全國代表大會開會期間，繼續主持黨的經常工作，直到下屆中央委員會產生新的中央領導機構和中央領導人為止。具體示例可參見表2-1和表2-2。

表2-1　新中國成立後歷屆中央委員會和中央政治局組成人數

職別 ＼ 屆別	八屆	九屆	十屆	十一屆	十二屆	十三屆	十四屆	十五屆	十六屆	十七屆	十八屆
中央委員	193	279	319	333	348	285	319	344	366	371	376
中央正式委員	97	170	195	201	210	175	189	193	198	204	205
中央候補委員	96	109	124	132	138	110	130	151	158	167	171
政治局委員	23	25	25	26	28	18	22	24	25	25	25
政治局正式委員	17	21	21	23	25	17	20	22	24	25	25
政治局候補委員	6	4	4	3	3	1	2	2	1	0	0
政治局常委	6	5	9	5	6	5	7	7	9	9	7

注：本表採用的資料為新中國成立後歷屆黨的一中全會選舉產生的領導人數字，沒有包括兩次代表大會期間出現的人事變化。

表2-2　黨的十六屆至十八屆中央政治局常委地方任職*經歷

胡錦濤	貴州省委書記，西藏自治區黨委書記
吳邦國	上海市委副書記、書記
溫家寶	無地方任職經歷
賈慶林	福建省委書記，北京市委副書記、市長
曾慶紅	上海市委書記
黃菊	上海市委副書記、書記、市長
吳官正	江西省委書記，山東省委書記
李長春	遼寧省委副書記，河南省委書記，廣東省委書記
羅幹	河南省委書記
習近平	福建省委副書記，浙江省委書記，上海市委書記
李克強	河南省委副書記、書記，遼寧省委書記
賀國強	福建省委副書記，重慶市委書記
周永康	四川省委書記
張德江	吉林、浙江、廣東省委書記，重慶市委書記
俞正聲	湖北省委書記，上海市委書記
劉雲山	內蒙古自治區黨委副書記
王岐山	廣東省副省長，海南省委書記，北京市委副書記、市長
張高麗	廣東省副省長、副書記，山東省委書記，天津市委書記

*本表中的「地方任職」專指擔任省級（自治區／直轄市）黨政正副領導職務。

3. 黨的中央紀律檢查委員會

　　中央紀律檢查委員會是中國共產黨最高紀律檢查機關，由黨的全國代表大會選舉產生，在黨的中央委員會領導下進行工作，任期與黨的中央委員會相同。中央紀律檢查委員會全體會議，選舉產生其常務委員會和書記、副書記，並報黨的中央委員會批准。中央紀律檢查委員會根據工作需要，可以向中央一級黨和國家機關派駐紀律檢查組或紀律檢查員，紀律檢查組或紀律檢查員可以列席該機關黨的領導組織的有關會議，其工作必須受到該機關黨的領導組織的支援。

　　從中央到地方，黨的各級紀律檢查委員會的主要任務是：維護黨的章程和其

他黨內法規，檢查黨的路線、方針、政策和決議的執行情況，協助黨的委員會加強黨風建設和組織、協調反腐敗工作。具體包括：經常對黨員進行遵守紀律的教育、作出關於維護黨紀的決定；對黨員領導幹部行使權力進行監督；檢查和處理黨的組織和黨員違反黨的章程和其他黨內法規的比較重要或複雜的案件，決定或取消對這些案件中的黨員的處分；受理黨員的控告和申訴；保障黨員的權利。

4. 黨的中央軍事委員會

中國共產黨對武裝力量的擁有和領導是中國革命和中國政治的特質之一。在長期的武裝革命鬥爭中，中國共產黨直接指揮武裝力量，形成了特殊的軍事領導體制和黨內的軍事領導機關。在不同時期，中國共產黨的軍事領導機關先後有不同的名稱，如中共中央軍事部（1925年）、中共中央軍事委員會（1930年）、中華蘇維埃共和國中央革命軍事委員會（1931年）、中共中央革命軍事委員會（1937年）、中共中央軍事委員會（1945年）。1949年新中國成立，中共中央軍事委員會改稱中國人民革命軍事委員會。根據《共同綱領》和《中央人民政府組織法》，中央人民政府人民革命軍事委員會成立，負責統一管轄和指揮全國的人民解放軍和其他武裝力量。中央人民政府人民革命軍事委員會成立後，中國人民革命軍事委員會停止工作，其組織、管理和指揮系統納入中央人民政府委員會的國家政權體系。事實上，中國共產黨並未放棄對軍隊的領導，這種領導主要體現為：一是直接由中共中央政治局和書記處決定有關軍事工作的大政方針；二是通過中共黨員在國家軍委構成中占絕對多數來實現黨對軍隊的控制和指揮。1954年，新中國頒布第一部憲法，規定國家主席統率全國武裝力量，並擔任具有軍事諮詢性質的國防委員會主席。同年，中共中央重新成立中央軍事委員會。作為中國人民解放軍和其他武裝力量的最高領導機關，中共中央軍事委員會的名稱和體制從此穩定下來並延續至今。毛澤東、華國鋒、鄧小平、江澤民、胡錦濤先後擔任黨的中央軍委主席，中央軍委現任主席是習近平。按照黨章，中央軍委組成人員由黨的中央委員會決定。中國人民解放軍的黨組織，根據中央委員會的指示進行工作。中央軍委的政治機關是中國人民解放軍總政治部，總政治部負責管理軍隊中黨的工作和政治工作。軍隊中黨的組織體制和機構，由中央軍委作出規定。中共中央組織結構具體如圖2-1所示。

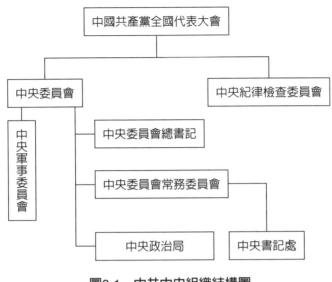

圖2-1 中共中央組織結構圖

2.4.2 黨的地方組織

中國共產黨的地方組織按地方行政區域設置,即按照省、自治區、直轄市,設區的市和自治州,縣(旗)、自治縣、不設區的市和市轄區等不同層級地方行政區劃建立與之相應的黨組織。黨的地方組織包括黨的地方各級代表大會、黨的地方各級委員會及其常務委員會、黨的地方各級紀律檢查委員會。

1.黨的地方各級代表大會

黨的地方各級代表大會每五年舉行一次,由同級黨的委員會召集,在特殊情況下,經上一級委員會批准,可以提前或延期舉行。黨的地方各級代表大會是黨的地方各級領導機關。黨的地方各級代表大會由選舉產生的代表組成,代表的選舉名額和選舉辦法由同級黨的委員會決定,並報上一級黨的委員會批准。黨的地方各級代表大會的職權是:(1)聽取和審查同級委員會的報告;(2)聽取和審查同級紀律檢查委員會的報告;(3)討論本地區範圍內的重大問題並作出決議;(4)選舉同級黨的委員會,選舉同級黨的紀律檢查委員會。

2. 黨的地方各級委員會及其常務委員會

黨的地方各級委員會由同級黨的代表大會選舉產生，是同級黨的代表大會閉會期間黨的地方領導機關。黨的地方各級委員會每屆任期五年。黨的地方各級代表大會如提前或延期舉行，由其選舉的委員會的任期亦隨之相應改變。根據黨章，黨的地方各級委員會的委員和候補委員的名額，分別由上一級委員會決定。黨的地方各級委員會委員出缺，由候補委員按照得票多少依次遞補。在黨的地方各級代表大會閉會期間，黨的地方各級委員會的主要職責是：執行上級黨組織的指示和同級黨的代表大會的決議，領導本地方的工作，負責在本地方貫徹執行黨的路線、方針、政策和國家的法律法規，定期向上級黨的委員會報告工作。黨的地方各級委員會全體會議每年至少召開兩次。

黨的地方各級委員會的常務委員會和書記、副書記由同級委員會全體會議選舉產生，並報上級黨的委員會批准。黨的地方各級委員會的常務委員會，定期向委員會全體會議報告工作，接受監督，在委員會全體會議閉會期間，行使委員會職權，執行上級黨組織的指示和委員會全體會議的決議，處理日常黨務政務，包括負責召集委員會全體會議，對委員會全體會議將討論的事項進行審議和提出意見；負責實施委員會全體會議通過的決議以及上級黨委的指示；對本地方政治、經濟、文化等公共事務的重要問題作出決策；對同級地方國家機關、人民團體、經濟組織、文化組織和其他非黨組織的領導機關中的黨組提請決定的重大問題作出決策；負責審批許可權範圍內的幹部的提名、任免、獎懲；以黨委的名義向上級黨組織請示報告工作；向所轄黨組織發布指示、通知、通報，以及其他必須由常委會決定的重要事項。

3. 黨的地方各級紀律檢查委員會

黨的地方各級紀律檢查委員會，由同級黨的代表大會選舉產生，每屆任期和同級黨的委員會相同。地方各級紀律檢查委員會在同級黨的委員會和上級紀律檢查委員會雙重領導下進行工作，既是同級黨委領導下的一個機關，也是黨的紀律檢查系統中的一個組成部分。地方各級紀律檢查委員會的常務委員會和書記、副書記由地方各級紀律檢查委員會全體會議選舉產生，並由同級黨的委員會通過，報上級黨的委員會批准。

黨章規定，各級紀律檢查委員會對於處理特別重要或複雜的案件中的問題和

處理的結果，須向同級黨的委員會報告。黨的地方各級紀律檢查委員會和基層紀律檢查委員會要同時向上級紀律檢查委員會報告。各級紀律檢查委員會如發現同級黨的委員會委員有違犯黨紀行為，可以先進行初步核實，如需立案檢查的，應報同級黨的委員會批准，涉及常務委員的，經報告同級黨的委員會後報上一級紀律檢查委員會批准。為保證紀律檢查機關充分行使紀律檢查的監督權和執行權，黨章還規定，上級紀律檢查委員會有權檢查下級紀律檢查委員會的工作，有權批准和改變下級紀律檢查委員會對於案件所作的決定。如果所要改變的該下級紀律檢查委員會的決定，已經得到其同級黨的委員會的批准，則這種改變還須經過它的上一級黨的委員會批准。黨的地方各級紀律檢查委員會和基層紀律檢查委員會如果對同級黨的委員會處理案件的決定有不同意見，可以請求上一級紀律檢查委員會予以複查；如果發現同級黨的委員會或它的成員有違犯黨的紀律的情況，在同級黨的委員會不給予解決或不給予正確解決的時候，有權向上級紀律檢查委員會提出申訴，請求協助處理。

2.4.3　黨的基層組織

按照黨章規定，企業、農村、機關、學校、科研院所、街道社區、社會組織、人民解放軍連隊和其他基層單位，凡是有正式黨員三人以上的，都應當成立黨的基層組織。黨的基層組織，根據工作需要和黨員人數，經上級黨組織批准，分別設立黨的基層委員會、總支部委員會、支部委員會。基層委員會由黨員大會或代表大會選舉產生，總支部委員會和支部委員會由黨員大會選舉產生。黨的基層委員會每屆任期三年至五年，總支部委員會、支部委員會每屆任期二年或三年。基層委員會、總支部委員會、支部委員會的書記、副書記選舉產生後，應報上級黨組織批准。

黨的基層組織的基本任務是：（1）宣傳和執行黨的路線、方針、政策，宣傳和執行黨中央、上級組織和本組織的決議，發揮黨員的先鋒模範作用，積極創先爭優團結、組織黨內外的幹部和群眾，努力完成本單位所擔負的任務。（2）組織黨員認真學習馬克思列寧主義、毛澤東思想、鄧小平理論和「三個代表」重要思想和科學發展觀，學習黨的路線、方針、政策和決議，學習黨的基本知識，學習科學、文化、法律和業務知識。（3）對黨員進行教育、管理、監督和服務，提高黨員素質，增強黨性，嚴格黨的組織生活，開展批評和自我批評，維護

和執行黨的紀律，監督黨員切實履行義務，保障黨員權利不受侵犯，加強和改進流動黨員管理。（4）密切聯繫群眾，經常瞭解群眾對黨員、黨的工作的批評和意見，維護群眾的正當權利和利益，做好群眾的思想政治工作。（5）充分發揮黨員和群眾的積極性創造性，發現、培養和推薦他們中間的優秀人才，鼓勵和支持他們在改革開放和社會主義現代化建設中貢獻自己的聰明才智。（6）對要求入黨的積極分子進行教育和培養，做好經常性的發展黨員工作，重視在生產、工作第一線和青年中發展黨員。（7）監督黨員幹部和其他任何工作人員嚴格遵守國法政紀，嚴格遵守國家的財政經濟法規和人事制度，不得侵占國家、集體和群眾的利益。（8）教育黨員和群眾自覺抵制不良傾向，堅決同各種違法犯罪行為作鬥爭。

　　由於黨的基層組織設置在不同類型的基層單位，黨章專門對這些基層組織的基本任務和工作重點作了規定：（1）街道、鄉、鎮黨的基層委員會和村、社區黨組織，領導本地區的工作，支援和保證行政組織、經濟組織和群眾自治組織充分行使職權。（2）國有企業和集體企業中黨的基層組織，發揮政治核心作用，圍繞企業生產經營開展工作。保證監督黨和國家的方針、政策在本企業的貫徹執行；支持股東會、董事會、監事會和經理（廠長）依法行使職權；全心全意依靠職工群眾，支持職工代表大會開展工作；參與企業重大問題的決策；加強黨組織的自身建設，領導思想政治工作、精神文明建設和工會、共青團等群眾組織。（3）非公有制經濟組織中黨的基層組織，貫徹黨的方針政策，引導和監督企業遵守國家的法律法規，領導工會、共青團等群眾組織，團結凝聚職工群眾，維護各方的合法權益，促進企業健康發展。（4）實行行政領導人負責制的事業單位中黨的基層組織，發揮政治核心作用。實行黨委領導下的行政領導人負責制的事業單位中黨的基層組織，對重大問題進行討論和作出決定，同時保證行政領導人充分行使自己的職權。（5）各級黨和國家機關中黨的基層組織，協助行政負責人完成任務，改進工作，對包括行政負責人在內的每個黨員進行監督，不領導本單位的業務工作。

2.4.4　黨的領導機關的派出機關

　　根據黨章規定，黨的中央和地方各級委員會可以派出代表機關。

1. 工作委員會

黨的中央委員會派出的機關主要有：中國共產黨中央直屬機關工作委員會（中直機關工委）和中國共產黨中央國家機關工作委員會（中央國家機關工委）。（1）中國共產黨中央直屬機關工作委員會領導中央直屬機關的工作，其職能包括：負責制定中央直屬機關黨的建設規劃，指導中央直屬機關各級黨組織的思想建設、組織建設和作風建設，做好黨員的管理和黨內法規教育工作；審批中央直屬機關各機關黨委和機關紀委領導班子的組成及書記、副書記的職務任免；指導中央直屬機關各級黨組織的黨風廉政建設，實施對黨員特別是黨員領導幹部的監督，及時向中央反映中直機關部、委、辦、局領導班子和領導幹部的情況；完成黨中央交辦的其他任務。（2）中國共產黨中央國家機關工作委員會領導中央國家機關的工作，其職能包括：提出中央國家機關黨的建設規劃，指導國家機關各級黨組織的思想建設、組織建設和作風建設，做好黨員的管理教育工作；審批國家機關各機關黨委和機關紀委領導班子的組成及書記、副書記的職務任免；指導中央國家機關各級黨組織的黨風廉政建設，實施對黨員特別是黨員領導幹部的監督，及時向中央反映國家機關部、委、辦、局領導班子和領導幹部的情況；執行中央交辦的其他任務。

黨的地方委員會派出的機關分別是各省、直轄市、自治區和省轄市的機關工作委員會。機關工作委員會根據省、直轄市、自治區和省轄市的黨委授權，領導直屬機關黨的工作。

黨的地區委員會和相當於地區委員會的組織，是黨的省、自治區在幾個縣、自治縣、市範圍內派出的代表機關，根據省、自治區委員會的授權，領導本地區的工作。改革開放以來，由於大量地區改為設區的市，故這種地區工作委員會已大大減少。

2. 黨組

黨組是中國共產黨為保證在各種非黨領導機關中實現黨的領導而設立的一種具體組織形式。黨組最初稱「黨團」，1927年，黨的五大黨章對黨團作了專門規定；抗日戰爭時期，在共產黨領導的山東、陝甘寧根據地，黨團進入政府內部；1945年，黨的七大黨章將黨團改為黨組，並規定了黨組設置的範圍與職能。1949年10月中華人民共和國成立，11月中共中央作出《關於在中央人民政府內建立中

國共產黨黨組的決定》，黨組制度逐步在全國各地政權機關和人民團體等非黨機構中推開。1987年，黨的十三大一度進行取消從中央到地方各級政府中的黨組的試驗，以解決以黨代政問題。1989年以後，中國共產黨汲取經驗教訓，以更加審慎的態度對待政治體制改革，回到了黨的領導是政治領導、思想領導和組織領導三位一體的傳統路徑，黨組制度得以重新恢復。

　　現行黨章規定：「在中央和地方國家機關、人民團體、經濟組織、文化組織和其他非黨組織的領導機關中，可以成立黨組。黨組發揮領導核心作用。」按此，設立黨組的地方，第一是中央和地方國家機關，主要包括縣以上的各級人民代表大會及其常務委員會、政治協商會議、人民政府及其工作部門和人民法院、人民檢察院；第二是人民團體，如工會、婦聯、共青團等群眾組織；第三是經濟組織，主要是指那些由政府管理的銀行、信託投資公司等金融機構、基金會等；第四是文化組織，一般是指全國性或區域性的設有專門領導機關和工作機構的文化團體，如全國和各地文聯、作協、社科聯等。在這些單位成立黨組是為了加強黨對各方面工作的領導，保證黨的路線、方針、政策的貫徹落實，保證各方面工作在黨的統一領導下協調進行。黨主要是通過設在這些非黨機構的領導機關的黨組來實現對這些組織的領導。黨組成員一般都有行政負責人的身分。

　　黨組和一般的黨組織（如黨委、總支）的區別是：（1）黨組不是選舉產生的，其組成人員包括書記、副書記都是由批准它成立的黨的委員會決定的。（2）黨組不能直接發展或批准接收黨員。（3）黨組不直接召開黨的代表大會或黨代表會議，也不選舉出席上級黨代表大會的代表。（4）黨組不是一級黨委，而是上級黨委在非黨組織中的派出機關，黨組必須服從批准它成立的黨組織的領導，代表上級黨組織指導本機關和直屬組織內黨的工作。黨組的任務是，負責貫徹執行黨的路線、方針、政策；討論和決定本單位的重大問題；做好幹部管理工作；團結黨外幹部和群眾，完成黨和國家交給的任務；指導機關和直屬單位黨組織的工作。

2.4.5　中央領導小組

　　中央領導小組是一個雖未見諸黨章所載的正式制度架構，卻廣泛存在於黨和國家政治運作過程，發揮著決策、議事、協調等功能的極為重要和特殊的機構設置。中央領導小組是中國共產黨實現對國家和社會全面領導的方式之一，是黨和

國家最高領導人與負責形成資訊並執行政策的主要機構之間的橋樑。作為相關職能領域頂層的每一個領導小組，都領導著一批黨、政、軍機構。中國政治生活中的所謂「歸口管理」，一般都是通過黨的領導小組制度來實現的[47]。

　　一般認為，中央領導小組正式產生於1958年6月10日。這是因為當日中共中央發出了《關於成立財經、政法、外事、科學、文教小組的通知》，《通知》宣布：「黨中央決定成立財經、政法、外事、科學、文教各小組。這些小組是黨中央的，直隸中央政治局和書記處，向它們直接做報告。大政方針在政治局，具體部署在書記處。只有一個『政治設計院』，沒有兩個『政治設計院』。大政方針和具體部署，都是一元化，黨政不分。具體執行和細節決策屬政府機構及其黨組。對大政方針和具體部署，政府機構及其黨組有建議之權，但決定權在黨中央。政府機構及其黨組和黨中央一同有檢查之權。」[48]可見，設立中央領導小組，是計畫經濟時期黨的一元化領導的需要，反映了政治生活的高度集權和制度建構的黨政合一兩種趨勢的加強。

　　黨的十三大以後，在機構改革和黨政分開思路的影響下，中共中央機構經歷了較大規模的調整，中央領導小組也納入改革的範圍。1987年12月，中共中央政治局第二次會議批准了中央機構改革領導小組《關於黨中央、國務院機構改革方案的報告》和中央書記處制定的關於《黨中央直屬機構改革實施方案》。該次改革的主要做法是：「撤銷與國務院職能部門重疊的領導小組和辦事機構；合併業務相近的事業單位；明確直屬工作機構的職能，精簡內部人員。」[49]在中共中央機構改革方案中，保留中央外事領導小組、中央對台工作領導小組；撤銷中央保密委員會；保留中央財經領導小組，撤銷其下屬的辦公室；撤銷中央政法委員會，設立中央政法協調小組；增設中央意識形態協調小組，統一協調對內對外宣

[47]　參見周望：《中國「小組機制」研究》，13頁，天津，天津人民出版社，2010；〔美〕李侃如：《治理中國：從革命到改革》，50頁，北京，中國社會科學出版社，2010；楊光斌：《中國政府與政治導論》，127-128頁，北京，中國人民大學出版社，2003。

[48]　《中國共產黨組織史資料》，第9卷，628頁，北京，中共黨史出版社，2000。《通知》的這段話，除了開頭一句，其他皆為毛澤東批語，參見《建國以來毛澤東文稿》，第7冊，268-269頁。

[49]　楊光：《改革開放以來中共中央組織機構是怎樣調整的》，載《北京日報》，2010/8/23。

傳工作；撤銷對外宣傳小組[50]。

　　1989年以後，中共中央工作機構發生了一些變化，一些被撤銷的小組或委員會重新恢復，同時成立了一些新的小組。黨的十四大以後，爲適應社會主義市場經濟體制的需要，中共中央工作機構啓動了新一輪的調整。1993年3月，黨的十四屆二中全會審議通過了《關於黨政機構改革的方案》。隨後，中央發出《關於印發〈關於黨政機構改革的方案〉和〈關於黨政機構改革方案的實施意見〉的通知》。在這個方案中，調整後保留的中央領導小組及委員會有十二個，分別是：中央財經領導小組、中央對台工作領導小組、中央機構編制委員會、中央外事工作領導小組、中央農村工作領導小組、中央黨的建設工作領導小組、中央宣傳思想工作領導小組、中央黨史領導小組、中央社會治安綜合治理委員會、中央保密委員會、中央密碼工作領導小組、中央保健委員會。這些領導小組和委員會是否設立辦事機構，視任務性質、職能類別、活動形式、事務同異程度而定。黨的十五大以來，中共中央工作部門繼續進行機構調整，新設立了一些領導小組，和以上所述經調整後的領導小組一起形成了目前的中共中央直屬議事協調機構的基本格局，其中比較知名的包括：中央維護穩定工作領導小組（1998年）、中央國家安全領導小組（2000年）、中央巡視工作領導小組（2003年）、中央全面深化改革領導小組（2013年）、中央網路安全和資訊化領導小組（2014年）等。

---

[50]　參見周望：《中國「小組機制」研究》，28頁。

本章小結

中國共產黨是理解現當代中國政治的一把鑰匙。本章第一節考察了中國共產黨的誕生背景和歷史發展的四個階段——它們可以被歸入「革命」、「建設」和「改革」三大主題之中。特殊的國情背景不但使中國的政黨不同於西方的選舉型政黨，而且也使中國革命不同於西歐和俄國的工人革命。

意識形態和組織一直是現代政黨分析的兩個基本維度，這一點也同樣適用於中國共產黨，它們構成了本章第二節和第三節的敘述主題。關於意識形態，有兩點特別重要：第一，中國共產黨是按照馬克思列寧主義原理組建的政黨；第二，中國共產黨人善於將馬克思主義與中國革命、建設和改革的實踐結合起來，不斷與時俱進，將馬克思主義中國化。在組織方面，民主集中制是中國共產黨的基本原則，體現於組織體系、結構設置以及運作機制之中。

關鍵術語

馬克思主義、階級鬥爭、共產國際、意識形態、武裝鬥爭、農村包圍城市、民主集中制、紀律、政治局、政治局常委會、書記處、總書記

複習思考題

1. 爲什麼説中國共產黨是一個意識形態特徵極其鮮明的政黨？意識形態對於中國共產黨的政治建設、組織建設和思想建設具有何種特殊意義，並如何深刻影響和規定了中國共產黨的組織特性與組織原則？

2. 如何理解中國共產黨的政黨功能最深刻的含義是，黨的所有「執政」行爲本質上都是一種「領導」行爲，黨對整個社會和國家實行的組織、管理、控制和引導，實際上體現了黨在公共生活空間的全面的領導權？

3. 請結合中國黨政體制的運作實踐，談談你對黨章未見載入卻廣泛存在於黨和國家政治過程的一項機構設置——「中央領導小組」——的認識和理解。爲什麼説中央領導小組在黨和國家政治決策、議事、協調等方面具有極爲重要與特殊的功能？

第三章　人民代表大會制度

　　黨政體制最核心的架構是它對於國體和政體的安排。所謂國體，就是國家政權的性質，《憲法》第1條規定，「中華人民共和國是工人階級領導的、以工農聯盟爲基礎的人民民主專政的社會主義國家」，中國共產黨作爲工人階級的先鋒隊伍，是國家的領導核心；所謂政體，就是國家政權的組織形式，《憲法》第2條規定：「中華人民共和國的一切權力屬於人民。人民行使國家權力的機關是全國人民代表大會和地方各級人民代表大會。」因此，解析黨政體制首先要說明中國共產黨與人民代表大會制度之間的關係。

　　在這一章中，我們將追溯人民代表大會制度的產生、發展及運作，分析人民代表大會制度在黨政體制架構中的功能定位，說明爲什麼作爲最高國家權力機關的全國人大長期以來其實際地位與憲法文本的規定還有相當的距離。在此基礎上，考察改革開放以來人民代表大會制度如何隨著外部環境的變化而不斷調適，在自我完善的過程中逐步縮短理想與現實之間的距離。

3.1　人民代表大會制度概述

3.1.1　人民代表大會制度的產生和發展

　　人民代表大會制度是指以人民代表大會爲核心和主要內容的國家政權組織形式。它不僅包括人民代表大會這個組織本身，還包括人民代表大會與政黨、公民和其他國家機關之間的關係[1]。

　　在人民代表大會制度產生之前，中國共產黨曾經嘗試過多種代議機關形式。

---

[1]　參見蔡定劍：《中國人民代表大會制度（第二版）》，26-27頁，北京，法律出版社，1998。

　　早在大革命時期，中國共產黨就在領導工人運動和農民運動的過程中建立了罷工工人代表大會和委員會、農民代表大會和農民協會。1927年3月，上海工人舉行第三次武裝起義，由工會和各民眾團體選出市、區兩級市民代表大會。這些早期的政權組織形式爲其後人民民主專政的實踐積累了許多有益的經驗。

　　大革命失敗後，中國共產黨發動武裝起義，建立農村革命根據地，並在根據地建立了工農蘇維埃政權，1931年和1934年還先後召開了第一次和第二次全國蘇維埃代表大會。蘇維埃代表大會制度借鑑了巴黎公社「議行合一」的組織形式和蘇俄蘇維埃雙層委託制、代表兼職等構建原則[2]，成爲人民代表大會制度的雛形，奠定了人民代表大會制度的基本框架。

　　抗戰時期，爲團結全國的一切抗日力量，中國共產黨取消了中華蘇維埃共和國的稱號，並將邊區的工農民主專政性質的政權轉化爲抗日民族統一戰線性質的政權，建立了邊區參議會制度，參議會是邊區最高權力機關，經普選直選產生，擁有選舉、罷免、創制、複決、督促、檢查、彈劾等權力，已初步具備新中國成立後人民代表大會的基本職能。爲保證抗日各階層具有平等參與的權利，參議會採取「三三制」原則，即共產黨員、非黨左派進步分子和中間派各占三分之一，改變了蘇維埃時期清一色的人員構成；參議會選舉還注意男女平等、民族平等的原則，爲人民代表大會制度的建立積累了豐富的經驗。

　　解放戰爭時期，爲了對抗蔣介石的國民大會，新老解放區逐步建立了各級人民代表會議制度。人民代表會議與人民代表大會的主要區別在於，人民代表會議不是由普選產生，而是由各地、各團體推選產生。它也是地方人民政府傳達政策、徵求人民群眾意見的協議機構。省市各界人民代表會議休會期間，分別設立各界人民代表會議協商委員會，作爲常設機關[3]。1949年10月中華人民共和國成立時，因各方面條件的限制，作爲國家根本政治制度的人民代表大會制度並沒有與之同步誕生。當時，作爲國家根本政治制度的是中國人民政治協商會議。與此同時，人民代表會議繼續存在。人民代表會議是參議會制度的替代形式和人民代表大會的過渡形式，爲人民代表大會制度的產生創造了條件，起著承上啓下的作

2　參見何俊志：《作爲一種政府形式的中國人大制度》，32-34頁，上海，上海人民出版社，2013。

3　參見劉政：《解放戰爭時期的人民代表會議制度》，載《吉林人大工作》，2007年第1期。

用[4]。

　　1952年11月，根據史達林的建議，中共中央決定提前召開全國人民代表大會，立即籌備普選，制定憲法。1954年9月5日，第一屆全國人民代表大會第一次會議召開，會議通過了新中國第一部憲法，對人民代表大會制度作出了具體規定，以根本法的形式確立了其在國家政治生活中的重要地位，這標誌著人民代表大會制度的正式建立[5]。從1954年開始至今，人民代表大會制度的發展大致經歷了三個階段。

1. 探索階段（1954-1957年）

　　這一時期，由於人民代表大會制度剛剛建立，還處於摸索階段，不可避免地存在不成熟、不完善的地方。但這一時期各級人民代表大會的工作和建設還是得到了健康發展。人民代表大會在制定法律法規、決定國家重大問題、監督「一府兩院」工作等方面都取得了很大成績，人民代表大會自身在建立健全全國人大及其常委會的組織體系、工作程序和工作制度方面也進行了積極探索。這些探索也為1979年以後的改革提供了最初的基本思路。

2. 曲折發展和破壞階段（1957-1979年）

　　1957年反右鬥爭開始後，人民代表大會制度遭到嚴重削弱，人大及其常委會的工作難以正常展開。立法職能基本趨於停頓，第二屆和第三屆全國人大及其常委會沒有制定一項國家法律；人大的決定權被黨的決定權取代，人大的監督權也流於形式，甚至連形式都沒有。全國人大及其常委會的工作程式和工作制度也遭到破壞，正常的會期都不能保證。1966年「文化大革命」開始後，人民代表大會制度遭到進一步破壞，基本上名存實亡。這一時期的中國出現了一種雙層代議體系：在地方層面，革命委員會取代了人民代表大會和人民委員會（政府）；在國家層面，又保留了形同虛設的全國人大常委會，必要時可以通過啓動全國人民代表大會來貫徹黨的意志[6]。

4　參見李格：《論「人民代表會議」制度》，載《中共黨史研究》，2010年第10期。
5　參見韓大元編著：《1954年憲法與新中國憲政》，長沙，湖南人民出版社，2004。
6　參見何俊志：《從蘇維埃到人民代表大會制》，164頁，上海，復旦大學出版社，2011。第四屆全國人大第一次會議召開時，人大代表不是由選舉產生，而是由各省、直轄市、自治區的革命委員會和軍隊推選產生。

3. 恢復和完善階段（1979年至今）

　　1976年粉碎「四人幫」後，經歷了兩年多時間的停頓。1979年，隨著《憲法》、《選舉法》和《地方組織法》的修訂，人民代表大會制度才正式開始恢復，並進入新的發展階段。經過三十多年的發展，人民代表大會在制度建設方面取得了巨大的成績，其中，最主要的成就是縣以上各級人大常委會的設立及職權的擴展、常委會下設專門委員會的強化，以及人大運作機制的不斷創新。

3.1.2　人民代表大會制度的性質、地位與職權

1. 人民代表大會制度的性質

　　人民代表大會制度從性質上講是國家的根本政治制度。所謂「根本」，可以從兩個方面來理解：（1）這一制度在我國政治制度體系中居於核心地位，決定著國家的其他制度和政治生活的各個方面，其他制度都是由人民代表大會通過立法創制出來的，都要受其統領和制約。（2）這一制度反映了國家的本質，從根本上實現了人民當家作主的權利。它意味著權力來源於人民，人民通過代議的方式來行使權力。因此，作為代議制的一種形式，人民代表大會與西方的議會具有同樣的功能，都是民意機關和立法機關。

　　從黨政體制的角度觀察，人民代表大會制度具有重要的功能：第一，政權合法化。1949-1952年，史達林在建議中國共產黨及早召開全國人民代表大會時就特別強調這一點，認為中國沒有召開人大和制定憲法，敵人可以用兩種方法進行攻擊：一是說沒有進行選舉，政府不是選舉產生的；二是說沒有憲法，政協不是選舉的，《共同綱領》不是全民代表通過的。敵人可以說中國政權是建立在刺刀上的，是自封的[7]。

　　第二，將黨的路線、方針和政策轉化為國家法律，實現黨對國家事務的政治領導。按照規律─使命型政黨的邏輯，黨的路線、方針和政策最充分地體現了最廣大人民群眾的根本利益，與人民的意志是有機統一的。但是，黨只有通過人大，並依照法定的程序，才能使自己的路線、方針和政策體現於國家的憲法和法律之中，成為全國人民共同遵守的法律規範，從而實現黨對整個國家的政治原

---

[7]　參見李格：《人民政協在第一屆全國人大召開前後職能和組織的變化》，載《中共黨史研究》，2009年第9期。

則、政治方向的領導。

第三，將黨的幹部輸送到國家的領導崗位，有效行使黨的執政權。黨的十八屆四中全會指出，黨要善於使黨組織推薦的人選通過法定程序成爲國家政權機關的領導人員，這個法定程序就是人大的選舉、決定或任命等相關程序。

2. 人民代表大會制度的地位

「全國人民代表大會是最高國家權力機關」，《憲法》第57條明確規定了人民代表大會的法律地位。在法律上，它處於國家縱向權力體系的最高級，同時居於國家橫向權力體系的核心。但是，在具體研究人民代表大會的地位時，不能僅僅看法律條文的規定，更要看它在國家政治生活中的實際地位。事實上，人大的實際地位需要通過它與其他權力主體的關係來加以確定，其中，人大與黨、人大與「一府兩院」之間的關係尤爲重要。

（1）人大與黨的關係。根據憲法，全國人民代表大會是最高國家權力機關，行使國家立法權；它所制定的法律具有強制性，黨必須在法律框架內進行活動。與此同時，全國人民代表大會有權監督憲法和法律的實施。在實際的政治運作中，人民代表大會要接受黨的政治領導。

（2）人大與「一府兩院」的關係。這一關係在法律上是非常清楚的，從中央到地方的各級權力體系中，人大的地位是最高的，「一府兩院」的權力均由人民代表大會授予。人民代表大會與「一府兩院」之間的關係是主從關係，是監督與被監督的關係，後者必須對前者負責。但在現實政治運作中，情況卻是「法理上的議會集權和實際上的行政主導」[8]。

3. 人民代表大會的職權

按照憲法和法律，人民代表大會及其常委會的職權各有十幾項，歸納起來可以分爲四類：立法權、決定權、任免權和監督權。

（1）立法權。這是人民代表大會最主要、也是最重要的職權。它指的是全國人大及其常委會依照法定程序制定、修改和補充法律的權力。按照《憲法》第58條的規定，立法權是全國人大及其常委會的一項專有權力。具體言之，包括三

8　何俊志：《作爲一種政府形式的中國人大制度》，62頁。

個方面：第一，修改憲法和監督憲法實施的權力。第二，制定和修改國家基本法律，涉及社會生活各個方面的刑事和民事方面的法律；規定國家機構的各種組織法。第三，授權立法。全國人大及其常委會授權國務院或地方人大制定針對特定事項的相關法律。

　　（2）**對國家重大事項的決定權**。這是人民代表大會制度作爲國家權力機關最典型的體現。憲法明確列舉了全國人大及其常委會行使決定權的範圍。全國人大有權審查和批准國民經濟和社會發展計畫與計畫執行情況的報告；批准省、自治區、直轄市的建置；決定特別行政區的設立及制度；決定戰爭和和平的問題。

　　全國人大常委會有權在全國人大閉會期間，審查和批准國民經濟和社會發展計畫、國家預算在執行過程中所必須作的部分調整方案；決定同外國締結的條約和重要協定的批准與廢除；規定軍人和外交人員的銜級制度和其他專門銜級制度；規定和決定授予國家勳章與榮譽稱號；決定特赦；決定戰爭狀態的宣布；決定全國總動員或者局部總動員；決定全國或個別省、自治區、直轄市進入緊急狀態；全國人大授予的其他職權。

　　（3）**人事任免權**。人事任免權是指各級人民代表大會及其常委會，對國家機關領導人員及組成人員進行選舉、任命、罷免、免職、撤職的權力。它既是一項組織國家機關的權力，也是監督國家機關領導人的手段，因此，人事任免權和監督權是交叉的，它反映了人大和其他國家機關之間的主從關係。

　　（4）**監督權**。監督權是指各級人民代表大會及其常委會爲保證憲法、法律的實施和維護人民的根本利益，防止行政、司法機關濫用權力，通過法定的方式和程序，對由它產生的國家機關實施的檢查、調查、督促、糾正和處理的強制性權力。

3.2　人民代表大會制度的組織體制與運行

3.2.1　人民代表大會制度的組織體制

　　人民代表大會制度的組織體制可以從縱向結構和橫向結構兩個方面來觀察。從縱向結構上看，從中央到地方，人民代表大會共有五級。從橫向結構上看，各級人民代表大會的內部組織結構有所差異，層級越高，組織越完善。市、自治州以上的人民代表大會均設有常委會和專門委員會；縣、市轄區人民代表大會設有

常委會，但不設專門委員會；鄉、鎮人民代表大會二者都沒有。我們可以通過圖3-1來直觀地瞭解人民代表大會制度的組織體制。

1. 人民代表大會

人民代表大會有五級，可以分為三個層次：全國人民代表大會、縣以上地方各級人民代表大會和鄉鎮人民代表大會，其產生和運作均有一定的差別。

（1）**全國人民代表大會**。全國人民代表大會是最高國家權力機關，由省、自治區、直轄市和軍隊選出的代表組成，法定代表人數不超過3,000。全國人民代表大會的任期按照憲法規定，第一、二、三屆任期為四年，從1975年第四屆全國人大開始，任期改為五年[9]。

（2）**縣以上地方各級人民代表大會**。省、自治區、直轄市和市、自治州這兩級人民代表大會由下一級人民代表大會選舉代表組成；縣級人民代表大會由選民直接選舉代表組成。經過1993年的《憲法》修訂和1995年的《中華人民共和國地方各級人民代表大會和地方各級人民政府組織法》修訂，現在，這三級人民代表大會的任期均為五年，與全國人大保持一致。

（3）**鄉鎮人民代表大會**。鄉鎮是我國最基層的人民政權，鄉鎮人民代表大會由選民直接選舉產生。自2004年以來，鄉鎮人民代表大會的任期也改為五年。

上述五級人民代表大會之間的關係與政府系統上下級關係完全不同，它們不是領導與被領導的關係，而是相對獨立、平等的關係。具體言之，它們之間是法律上的監督關係、業務上的指導關係和工作上的聯繫關係[10]。

9　需要指出的是，由於法制不健全，前四屆全國人大的實際任期與憲法規定的時限並不吻合。從第五屆全國人大開始，任期嚴格按照憲法的規定進行。

10　參見蔡定劍：《中國人民代表大會制度（第二版）》，258-261頁。

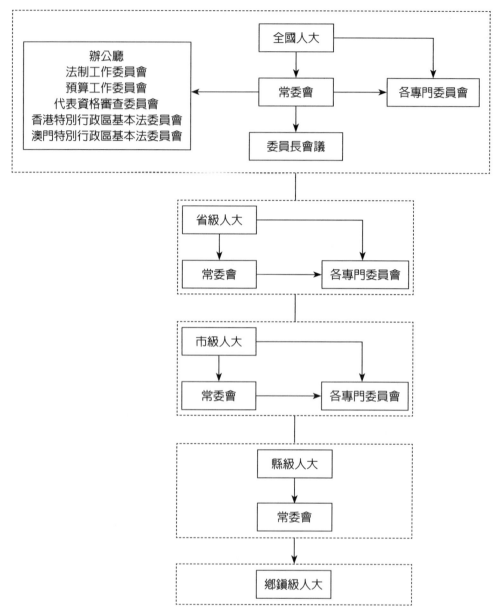

圖3-1　人民代表大會的組織結構圖

2. 常委會

　　縣以上各級人民代表大會均設有常委會。常委會是人民代表大會的常設機

構，是人民代表大會閉會期間的各級國家權力機構。儘管它在表現形式上是一種常設委員會，但與西方國家議會中的常設委員會不同的是，西方議會中的常設委員會是一種工作機構，並不代行議會的職權。常委會的設立是為了解決人大代表數量過大、不便於經常開會，且會期短，不能經常有效發揮人大作用的問題。因此，它是權力機構，具有實際的權力，在人民代表大會閉會期間行使部分大會的權力，而且它還領導其他的常設委員會。這種「會中有會」的制度設計是西方所沒有的。

3. 委員長會議

委員長會議是最高國家權力機關常設機構的核心工作機構。從憲法文本上講，委員長會議是在人民代表大會通過民主程序選舉產生常務委員會後，以常委會委員長、副委員長和秘書長為主要成員組成的一個機構；其性質是常委會日常工作處理機構，只是為常委會行使職權服務，並非權力機構。但是，從實際運作來看，委員長會議逐漸從無實權發展到擁有實質性權力。至十一屆全國人大，委員長會議已由最初列舉的四項權力逐步擴展為至少十一項重要職權，其中最重要的當屬《全國人民代表大會組織法》賦予它的議程設置權，以及《立法法》和《各級人民代表大會常務委員會監督法》賦予的立法權和工作監督權。

4. 專門委員會

由於現代社會的快速發展，公共事務的管理越來越複雜，也越來越專業，為了適應這種形勢，各國立法機構均設立各種專門委員會來回應這一需求。專門委員會有兩種形式：常設的專門委員會和特定問題調查委員會。到目前為止，全國人大及其常委會從未組織過特定問題調查委員會，因此，此處僅介紹前者。

在1982年之前，各級人大均沒有常設的專門委員。1982年《憲法》明確規定，全國人大設立六個專門委員會：民族委員會、華僑委員會、法律委員會、財政經濟委員會、教育科學文化衛生委員會、外事委員會。後來，分別於1988年、1993年和1998年增設了內務司法委員會、環境保護委員會以及農業和農村委員會。因此，現全國人大共有九個專門委員會。

1986年再次修訂《地方各級人民代表大會和地方各級人民政府組織法》時，規定省、自治區、直轄市和市、自治州可以根據需要，設立若干專門委員會。因

此，1988年省級人民代表大會換屆後，有些省份的人民代表大會設立了專門委員會，少數市、自治州也設立了專門委員會。

3.2.2　人民代表大會制度的運行

1.代表的產生與構成

代表由選舉產生。不同層級的人大代表的選舉方式是有差別的：縣、鄉兩級人大代表通過直接選舉的方式產生；縣以上的各級人大代表則實行間接選舉，即由下一級人民代表大會選出上一級人民代表大會的代表。

直接選舉的程序較爲複雜，一般包括：設立選舉組織機構、選區劃分、選民登記、代表候選人的提名和確定、候選人的宣傳介紹、選舉投票、確定當選和代表資格審查、代表辭職和罷免代表等內容。間接選舉的程序較爲簡單，它不需要進行選區劃分和選民登記，選舉的組織工作容易得多。

除了上述兩種方式之外，有幾個方面的代表是通過特殊的方式產生的。在香港和澳門回歸之前，港澳地區的全國人大代表由廣東省人民代表大會選舉產生；回歸之後，兩地依全國人民代表大會確定的代表名額和代表產生辦法，單獨選舉自己的全國人大代表。「臺灣省」籍全國人大代表採用協商選舉的辦法產生。人民解放軍的人大代表則依特別程式單獨進行選舉。

從1978年五屆全國人大以來，全國人大代表構成中最明顯的變化趨勢是具備工農身分的代表比例趨於下降，而幹部身分代表的比例趨於上升。有學者曾按照代表名冊統計的代表職業資料進行計算，眞正一線的工人和農民代表加起來，九屆人大占2.89%，十屆人大占5.44%，遠低於按照出身統計的15.04%和18.17%（見表3-1）。[11]這種情況已引起高層重視，黨的十八大報告要求「提高基層人大代表特別是一線工人、農民、知識分子代表比例，降低黨政幹部代表比例」。在十二屆全國人大代表中，來自一線的工人、農民代表401名，占代表總數的13.42%，與十一屆相比提高了5.18個百分點；黨政領導幹部代表1,042名，占代表總數的34.88%。

11　參見蔡定劍：《中國人民代表大會制度》，221頁，北京，法律出版社，2003。

表3-1 五屆至十一屆全國人大代表的身分構成（%）

	工農	幹部	知識分子	解放軍	其他
五屆	47.33	13.38	14.96	14.38	9.95
六屆	26.57	21.35	23.54	8.97	19.57
七屆	23.03	24.68	23.47	8.99	19.83
八屆	20.55	28.27	21.79	8.97	20.42
九屆	15.04	54.78	21.18	9	0
十屆	18.17	54.99	17.86	8.98	0
十一屆	20.59	52.93	17.51	8.97	0

資料來源：史衛民、郭巍青、劉智：《中國選舉進展報告》，421-422頁，北京，中國社會科學出版社，2009。

2. 人民代表大會會議

與其他國家機關不同的是，人民代表大會的職權都是通過開會行使的。人民代表大會的會議包括三種形式，即代表大會會議、常委會會議和專門委員會會議，此處僅介紹代表大會會議。

全國人民代表大會會議每年舉行一次。地方各級人民代表大會會議每年至少舉行一次（實際上通常也只舉行一次）。按照《憲法》和《全國人民代表大會組織法》的規定，如果常委會認為必要，或者有五分之一以上的全國人大代表提議，可以臨時召開全國人大會議。到目前為止，尚未有此先例。

由於中國的人大代表均為兼職，因此代表大會的會期較短，一般在十五天左右，這與西方國家議會動輒幾個月的會期形成鮮明對比。會議期間的會議形式有：預備會議、主席團會議、大會全體會議、代表團會議、代表團小組會議、特別會議、會議期間的專門委員會會議。其中，主席團會議和大會全體會議最為重要。主席團是全國人大會議的領導機構，掌控著議題設置和會議過程。大會全體會議既是代表大會的基本形式，也是全國人大行使權力的主要場所，每次代表大會期間都有若干次全體會議。其主要任務有三項：一是聽取和審議全國人大常委會、國務院、最高人民法院、最高人民檢察院的工作報告；二是對有關議案和法律案進行表決；三是依法選舉、任免和罷免國家機關組成人員。

3.閉會期間的工作機制

人民代表大會閉會期間，人大的活動包括兩個部分：一是常委會、委員長會議、各專門委員會和人大代表所開展的經常性活動，行使人大的各項職權；二是為了保證人民代表大會更好地行使職權所開展的一些輔助性的活動。此處，我們先對後者進行一些簡要的介紹。這些輔助性的活動並不完全是法律的規定，而是在工作經驗的基礎上總結出來的一些比較成型的做法，主要有代表視察制度、聯繫制度和接待人民來信來訪制度。

（1）代表視察制度。這個制度是為了因應人大代表兼職化的現狀而創造出來的。視察制度源於新中國成立初期的政協，人民代表大會建立以後，政協委員的視察就移植到人民代表大會。視察具有讓代表接觸社會、聯繫群眾、瞭解情況和監督政府工作等多種功能。視察方式有組織代表集中視察和代表持證分散視察兩種方式。

（2）聯繫制度。聯繫制度是在人民代表大會的長期實踐中逐步形成的，它包括兩個方面的內容：①常委會聯繫代表制度。主要圍繞全國人大及其常委會審議、討論、決定的問題，徵求代表的意見，調查研究，主要形式包括邀請代表列席常委會、舉行代表座談會、組織代表專題調查、建立代表小組等。②代表聯繫群眾制度。代表應同選區保持密切聯繫，主動聽取所在選區選民的意見和要求，向全國人大常委會和地方人大常委會反映情況，提出建議、批判和意見，接受選民的監督。

（3）接待人民來信來訪制度。信訪制度既是人民代表大會聯繫代表、聯絡人民群眾的一種直接形式，又是人民代表大會作為民意機關，通達民意的重要管道。如果說代表聯繫群眾制度是代表主動通過各種管道瞭解人民群眾的意志和要求的話，那麼，信訪制度則是人民群眾主動向人民代表大會和人民代表反映情況。因此，這種方式對於人民群眾來說更為現實和重要。

3.2.3　黨的領導與人民代表大會制度的運作

黨的領導是黨政體制的核心，黨對人大的領導主要通過組織領導和過程領導得以實現。

1. 組織領導

「新中國」成立以來，特別是改革開放以來，中國共產黨和同級人民代表大會之間，在組織體系上已經形成了一套非常相似且相互交織的體系。第一，人大的組織結構與黨的組織形式之間存在著某種同構性（見表3-2）[12]。人大建立了一套金字塔形的科層體系，與黨的組織之間幾乎形成了層層對應的關係。這與西方議會的扁平結構形成了鮮明的對照。

表3-2　黨與人大的組織結構對比表

中國共產黨	人民代表大會
黨的全國代表大會	全國人民代表大會
黨的中央委員會	全國人大常委會
中共中央政治局	
中共中央政治局常委會	全國人大常委會委員長會議
中共中央書記處	全國人大常委會委員長辦公會議
中共中央總書記	全國人大常委會委員長
中共中央辦公廳	全國人大辦公廳

第二，黨的組織體系和人大的組織體系之間是相互交織的。這主要表現在兩個制度化的設計上：首先，黨在人民代表大會中建立黨組織——黨委和黨組。在人民代表大會召開期間，同級黨委要在黨員代表中建立起臨時黨委，由這個臨時黨委來承擔開會期間的各種具體領導。臨時黨委的書記一般由同級黨委書記兼任，副書記一般為人大常委會主任。在其之下，則為各代表團的支部，支部書記一般是代表團團長。

在人民代表大會閉會期間，則由設立在人大常委會內部的黨組來貫徹黨的意志，黨組成員一般由委員長、副委員長（地方人大常委會由主任、副主任）和秘書長組成。在實際工作中，人大常委會黨組在相當程度上就是人大常委會的領導核心。黨組實際上是同級黨委和人大常委會之間的一個連接通道，同級黨委的

---

[12] 參見何俊志：《從蘇維埃到人民代表大會制》，187-189頁。

決定通過黨組變成人大常委會的實際行動，人大常委會的相關請示和彙報也通過黨組傳遞到同級黨委。儘管黨組和同級黨委分屬於人大和黨兩個不同的系統，但是，從黨內關係來說，同級黨委和黨組之間是領導和被領導的關係。

　　與此同時，按照黨章規定，人大常委會機關中的黨員委員和工作人員，必須編入機關黨總支（支部）下的一個具體的支部（黨小組），而設立在人大常委會中的黨總支（支部）由同級黨委領導的機關黨委來具體領導。人民代表中黨員比例約占三分之二，人大常委會委員的黨員比例約占70%，人大常委會機關中黨員比例更高達90%[13]，組織交織為黨對人大的領導提供了制度化的通道，黨設立在人大中的這張組織網絡使之很容易實現對人大各項工作的領導（見表3-3）。

表3-3　全國人大系統內黨組織一覽表

	黨組	黨委
全國人民代表大會	全國人民代表大會臨時黨組	主席團臨時黨委 代表團臨時黨支部 各委員會黨委（臨時黨委）
全國人民代表大會常委會	全國人大常委會黨組 全國人大常委會機關黨組	全國人大常委會機關黨委 各委員會黨委（臨時黨委）

注：全國人大常委會黨組，又稱「大黨組」，一般由委員長、副委員長和秘書長組成；全國人大常委會機關黨組，又稱「小黨組」，一般由秘書長、副秘書長和各專門委員會主任組成。
資料來源：楊勝春：《中華人民共和國國會之變遷：從毛澤東到鄧小平》，239-247頁，高雄，複文圖書出版社，1997。

　　其次，黨委和人大常委會之間的成員交叉任職。其中，最引人注目的是黨委書記兼任人大常委會主任的現象。1990年代中期開始，由同級黨委書記兼任人大常委會主任的做法開始逐漸普及，十年時間，從1997年的三個省份擴大到2006年的二十四個省份，在省這個層級，除了省委書記是中共中央政治局委員的身分外，基本上都是由省委書記兼任人大常委會主任。在市、縣、鄉三級，則因省而異。2013年以後，兼任的情況開始出現變少的趨勢。

　　除此之外，黨委和人大常委會在組織上的重疊現象越來越普遍。來自黨群系

---

[13]　參見周錦尉：《黨總攬全域下發揮人大、政協作用探討》，載《毛澤東鄧小平理論研究》，2005年第3期。

統的相關機構負責人兼任人大常委會委員的比例不斷提高，如黨委宣傳部和組織部的副部長以人大常委會委員的身分，同時兼任人大常委會相關工作機構的主任或副主任。

2. 過程領導

黨介入人大工作的各個環節，從而實現對人大的有效領導。

（1）**代表選舉**。人大代表的選舉程序一般都包括若干環節，在每個環節我們都會看到黨的身影[14]。我們可以通過「候選人提名和確定」這個關鍵環節來觀察黨是如何在選舉過程中實現對人大的領導的。

根據《全國人民代表大會和地方各級人民代表大會選舉法》第29條規定，候選人的提名方式有兩種：一是由各政黨、各人民團體，聯合或單獨推薦代表候選人；二是選民或者代表，10人以上聯名，也可以推薦代表候選人。這就必然會造成選民或者代表聯名推薦的候選人與各政黨、各人民團體提名的候選人同處於一個選區，從而形成競爭關係。因此，如何處理組織提名候選人和選民或者代表聯名推薦的候選人之間的關係，成了每次換屆選舉工作中的一個非常重要的問題。爲了確保各政黨、各人民團體提名的候選人能夠順利當選，各地採取過各種辦法。例如，以工作方便爲由大量採用組織提名的方式，或者採用所謂的「戴帽」代表的做法，即由選舉委員會將這些代表候選人的名單分配到某一選區。如果這名候選人能夠順利當選爲代表，則選舉工作順利完成。如果這名候選人不能順利當選爲代表，則該候選人所占的名額由選舉委員會收回，並不能由其他候選人占用這個名額，這實際上將差額選舉變成了等額選舉。很多地方突破法律規定的一個選區產生1～3名代表的規定，採用大選區的辦法，以便安排黨政領導幹部、準備提名的人大常委會委員和少量知名人士當選代表[15]。還有些地方則充分發揮黨委、黨支部、黨小組的作用，動員黨員以選民聯名（縣、鄉兩級）或黨員代表聯名（縣級以上）的方式推薦黨委所中意的人選。這樣，很多候選人看似選民或代表聯名提名，實質上是組織提名。

---

[14] 關於人大代表選舉中政治把關的種種技術，參見邱家軍：《人大代表選舉中政治把關的運行維度》，見陳明明、何俊志主編：《中國民主的制度結構》，112-149頁，上海，上海人民出版社，2008。

[15] 參見何俊志：《從蘇維埃到人民代表大會制》，231-234頁。

　　（2）**人事任免**。按照憲法和組織法的規定，人大及其常委會有人事任免權。但是，在實際運作中，在黨管幹部原則的指導下，這些職位都是由同級黨委進行考察並向人大常委會提出人選，其具體的流程參見圖3-2。「推薦的人選確定之後，人大黨組應該努力做好工作，使黨的決定得到實現，並嚴格按照法律程序辦事。」[16]

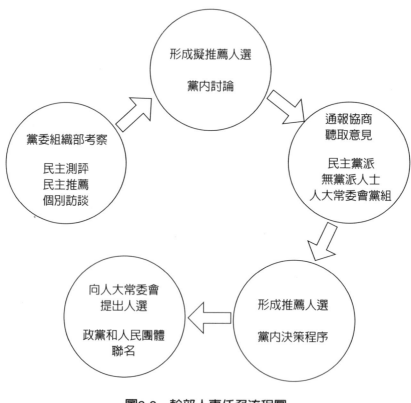

圖3-2　幹部人事任免流程圖

　　（3）**立法過程**。黨對人大立法過程的領導可以區分為兩種情況：一是黨對憲法制定和修訂過程的領導；二是黨對一般立法過程的領導。中國共產黨在四部憲法的制定過程中都起到了主導性作用，1982年憲法制定後的歷次修憲實踐，黨同樣發揮了主導性作用。下面，我們以一般立法為例來觀察黨如何實現對人大立

---

[16]　《江澤民文選》，第1卷，113頁。

法過程的領導。

首先，在立法的議程設定環節，黨開展兩個方面的工作。第一，審定立法規劃。立法權屬於人大，但立法的規劃是以黨在不同時期的路線、方針和政策爲指導的。例如，1980年代末到整個1990年代，中共中央極須制定推動計畫經濟向市場經濟轉型的法律，全國人大及其常委會的立法活動就圍繞這個中心展開，短時間內制定了大量相關法律。人大的立法規劃只有由人大常委會黨組報送同級或上一級黨組審查批准後才能執行。第二，將黨的政策以立法建議的形式提出來，形成法律或法規的草案。

其次，在立法規劃專案的落實環節，黨也做兩個方面的工作。第一，審定法律議案或法律草案。1991年制定的《中共中央關於加強對國家立法工作領導的若干意見》明確指出，政治和重大的經濟或行政方面的法律，只有提交中共中央審議和審批之後，才能正式進入全國人大常委會或全國人民代表大會的正式議程。最高領導層的原則同意是重要法律制定的先決條件，例如在行政訴訟法的制定過程中，中共中央政治局常委就針對相關問題討論過兩次。第二，推動法律審議和通過。黨通過組織系統和紀律規範推動黨員身分的人大代表自覺貫徹黨的路線、方針和政策，從而使體現黨的意志的法律草案得以審議通過。

《各級人民代表大會常務委員會監督法》的立法過程，可以讓我們很清晰地觀察到黨的領導在立法過程中發揮作用的具體機制（見圖3-3）。

（4）監督過程。按照憲法，人大及其常委會有權監督「一府兩院」的工作和法律的執行情況。但實際上同級人大及其常委會對「一府兩院」工作的監督往往受到制度上的約束，因爲黨委事實上是大多數政策的制定者，正所謂「黨委決定，政府去辦」。人大常委會很難對同級黨委的決策進行監督，最多只能監督決策的執行情況。即便是對決策執行情況進行監督，往往也會遇到障礙，因爲行政首長很容易將人大與政府之間的分歧提交到黨委層面上來解決，並利用自己在黨內的優勢地位弱化來自人大常委會的監督。

在這種情況下，各級人大及其常委會要想相對順利地履行自己的監督職能，就必須儘量爭取黨委對自己監督活動的領導與支持。因此在實踐中，人大及其常委會會設法使自己的監督工作與黨委的中心工作緊密結合起來，並在可能的情況下通過黨的組織網絡來使監督工作更好地開展，甚至努力將黨委的工作機構拉入

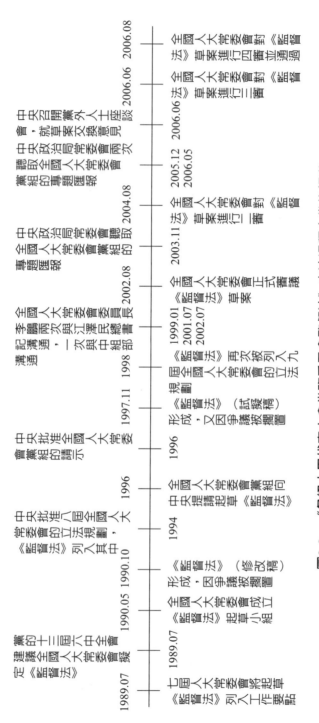

圖3-3　《各級人民代表大會常務委員會監督法》立法過程中黨的領導

監督過程之中[17]。

（5）**會議期間**。黨的領導不僅通過會議期間設立的臨時黨委來實現，而且通過主席團的設置和一系列會議流程的控制來實現。

第一，主席團的設置。縣級以上各級人大在每年的會期開始後，舉行預備會議，選舉本次會議的主席團和秘書長。主席團是在大會會議期間主持會議的集體領導機構，是大會的組織者。大會主席團產生後，由主席團第一次會議推選主席團常務主席若干人，負責召集會議，並推選主席團成員中的若干人分別擔任每次全體會議的執行主席。以2013年舉行的十二屆全國人大一次會議為例，主席團常務主席包括中央政治局常委張德江和劉雲山、中央政治局委員李建國、中央委員王勝俊、民建中央主席陳昌智和民進中央主席嚴雋琪六人，常務主席的構成比例保證了黨對人大會議議程的有效控制。在會議期間，除軍隊代表以外，人大代表主要是按地域分組，不同選舉單位的代表組成不同的代表團，其主要活動也是按代表團分組進行。以全國人大為例，各代表團的團長往往是各省的省委書記，均進入主席團，這樣黨就可以通過主席團領導各代表團團長，而各代表團團長領導該代表團團內的代表。

第二，會議流程控制。在每次人大換屆前，黨先行召開黨的代表大會，確定施政方針及國家領導人名單；在每年的「兩會」之前，中共中央會先舉行中央委員會全體會議或中央工作會議，對人大的議程、政府工作報告、經濟計畫和國家領導人人選等重大問題作出指示，然後交由人大會議通過。在黨的會議和人大會議召開之前，舉行政治協商會議，將黨的方針、政策告知民主黨派和無黨派人士。同時，在人大會議召開之前，還會先舉行人大的黨員代表預備會，統一認識。通過主席團的設置、一系列會議和臨時黨委、黨支部、黨小組的運作，黨基本能保證其對人民代表大會會議的領導，將黨的意志順利轉變為國家意志[18]。

綜上所述，黨對人大的領導在具體工作中因事而異。在選舉和人事任免方面，黨委是全面介入；在立法過程中，則是抓大放小，重要的法律，全過程介入，不重要的法律，主要是宏觀把握、過程監控；在監督領域，在更大程度上是

17　參見何俊志：《從蘇維埃到人民代表大會制》，286-291頁。

18　參見趙建民：《黨國體制下黨與立法機構關係的若干思考——中國大陸個案分析》，載《中國大陸研究》，1999年第9期。

人大常委會主動爭取黨的領導[19]。

3. 黨的領導與人大的能動性

雖然黨通過組織領導和過程領導有效地實現了對人大的領導，但是，隨著人大自身的改革，其能動性日漸提高，這典型地表現在人大提案、議案和建議案數量的大幅度增加，重要法案和人事任免案中反對票的上升。從五屆全國人大以來，人大提出的提案、議案和建議案的數量呈快速上升之勢。與此同時，在一些重要法案和人事任免案中，人大也開始表達自己的反對意見。例如，2003年1月，湖南岳陽市五屆人大一次會議上，作爲候選人的市長（候選人僅此一人）在第一次選舉中落選[20]。這些都表明人大的自我意識和參與意識在不斷增強。

這種現象促使黨和人大雙方努力進行調適，以避免出現尷尬的局面。從黨委方面來講，一方面通過制度和技術層面的努力，使自己考察的幹部更加可靠、提出的立法建議更加科學；另一方面則提前加強與人大常委會和相關領導、委員的溝通。從人大方面來講，也引入了一些新的機制，如提前對擬任的幹部進行考察[21]。

通過相互調適，黨和人大逐步摸索在既定組織體制不發生大的變化的前提下，通過行爲模式的調整，理順執政黨和人大的關係，使黨能夠更有效地實現對包括人大在內的整個國家的政治領導，同時又能使黨的領導在人民代表大會的制度框架內良性運行。

3.3　改革開放以來人民代表大會制度的變遷

改革開放以來，人民代表大會制度的變化有兩個重要的背景：其一，社會變遷對人民代表大會制度的牽引作用。人大是一個代表機構，反映社會政治力量及其訴求，當社會本身發生變化後，作爲其代表機制的人民代表大會制度必須適時作出調整。隨著從計畫經濟向市場經濟的轉型，中國社會呈現出一種新的利益

19　參見何俊志：《從蘇維埃到人民代表大會制》，284、295頁。

20　參見《專家稱瀋陽人大不通過案是民主政治的標誌性事件》，載《中國青年報》，2001/2/16；《岳陽：48小時無市長》，載《新聞週刊》，2003年第2期。

21　參見何俊志：《從蘇維埃到人民代表大會制》，254-255頁。

多元化的格局，客觀上要求人大形成能體現這種利益多元化的代表機制。其二，規則本身的變化所開闢的新的政治空間以及隨之而來的創新動力。1979年，五屆全國人大二次會議審議並通過了《關於修正〈中華人民共和國憲法〉若干規定的決議》和修改後的《全國人民代表大會和地方各級人民代表大會選舉法》、《地方各級人民代表大會和地方各級人民政府組織法》。新的法律至少帶來了四個變化：（1）在縣級以上的地方各級人大設立常委會；（2）地方人大及其常委會獲得了立法權；（3）等額選舉改爲差額選舉；（4）直接選舉從鄉鎮一級擴展到縣一級。這些變化可以說是改革開放以來人民代表大會制度變遷的邏輯起點，它所開闢出來的政治空間和制度基礎爲人民代表大會制度的持續發展提供了基本的動力。我們可以從組織結構的調整和運作機制的創新兩個方面，來觀察改革開放以來人民代表大會制度的變遷。

3.3.1　組織結構的調整

1. 常委會的設立

　　組織結構最重要的調整是縣以上地方各級人大均設立常委會。1954年人大制度建立之初，全國人大就設立了常委會，但地方人大常委會的設立則歷盡艱辛。有人曾用「四次孕育（1954年、1957年、1965年、1979年）、三次流產」來形容這一曲折過程。1979年，五屆全國人大二次會議通過的憲法修正案和《地方各級人民代表大會和地方各級人民政府組織法》，決定在縣級以上的地方各級人大設立常委會。經過兩年半的努力，縣級以上地方各級人大常委會相繼建立。這不僅是人大制度的一個重大發展，也是中國政治體制改革的一次重大突破。常委會的設立不僅改變了人大的運作機制，而且成爲整個政治運作機制程式更新的重要動力源泉。改革開放三十多年來的諸多制度創新都是在常委會的推動下進行的。1987年，黨的十三大就提出全國人大常委會的年輕化、專職化。到目前爲止，常委會委員的專職化比例在全國人大常委會超過50%，在各地方人大常委會爲20%～50%[22]。

22　參見鄒平學：《人大代表專職化問題研究》，見陳明明、何俊志主編：《中國民主的制度結構》，52-79頁。

2. 專門委員會的加強

專門委員會的加強一方面體現為其數量的增加和人員的擴充，另一方面則體現為其作用的增強。由於專門委員會的工作具有經常性、專門性的特點，因此，人大及其常委會的工作在很大程度上是由專門委員會來完成的。人大的立法權和監督權主要由專門委員會行使。全國人大常委會有關法案的起草，主要由專門委員會來完成：有的法律草案直接由專門委員會自行起草；有的則由專門委員會牽頭，領導成立起草小組。例如，八屆全國人大的八個專門委員會共起草法律草案二十六個，占該年通過法律案的30%。專門委員會立法功能的逐漸強化，無疑是人大制度朝著制度化、專業化方向發展最有力的證據。

3. 人大代表專職化的嘗試

按照1992年頒布的《全國人民代表大會和地方各級人民代表大會代表法》，人大制度實行的是非職業化的代表制。在實踐中，我國各級人大代表的專職化程度大約在5%。由於代表在任期內有各自的本職工作，他們既無時間、精力，也不一定具備代表職務所要求的特定素質，這無疑會讓其履職大打折扣，從而影響人大功能的有效發揮。因此，改革開放以來，人大代表專職化的嘗試和努力一直沒有間斷。但是，由於法律方面的約束和人大代表的數量過於龐大[23]，人大代表專職化的嘗試仍處於摸索階段。

4. 立法助理制度的探索

人大工作尤其是立法工作，法律性、專業性、技術性越來越強，一些人大代表並不具備相關的專業知識，很難對專業性很強的法律草案審議發表意見，因此有人稱之為「外行立法」。2002年發端於深圳市人大的立法助理制度，邁出了「外行立法」走向「職業立法」的第一步。深圳經驗很快就在全國各地複製，這些制度創新可以算是中國特色的立法助理制度，是一種有益的探索。

---

[23] 中國各級人大代表的總數達300萬之多，其數量居世界之最。在此，需要注意的是，在計算人大代表專職化以後的財政負擔時，不能計算所有代表，只需考慮需要專職化的層級的代表，因為沒有哪個國家會對全國各個層級的代表實現全面的專職化。一般來講，只有國家層面的議員全部是專職的，在地方層級，都是部分專職。參見何俊志：《作為一種政府形式的中國人大制度》，160-161頁。

3.3.2　運作機制的創新

在一定的意義上，人大制度的變遷更重要的方面是其運作機制的創新。組織結構的調整只是爲變遷提供了可能性，只有通過運作機制的創新，才能將結構調整所蘊含的活力釋放出來，並帶動新的結構調整。因此，各級人大及其常委會是在充分運用憲法和法律賦予的權力的過程中實現制度變遷的。在此過程中，各級人大實現制度變遷的路徑選擇是不一樣的，它們在各自的制度框架中，充分運用自身的比較優勢，運用不同的策略來開闢權力空間，並帶動制度的演化。

下面，我們通過立法權的變遷、監督權的行使和選舉制度的改革三個方面，來觀察改革開放以來人大制度在運行機制方面發生的變化。

1.立法權的變遷

改革開放以來，全國人大立法權的發展經歷了三個階段：第一階段是1979-1992年，立法是在計畫經濟基礎上、在法律工具主義的思想指導下進行的，把法律視爲加強行政管理和社會控制的手段，在立法中重視政府的權力，忽視公民權利的保護。第二階段是1993-1999年，全國人大的立法觀念和立法職能發生了重大轉變。一是在立法觀念上，從經驗立法到超前立法；二是人大在立法中的作用，由過去被動的角色到起主導作用；三是在立法指導思想上，由法律工具主義轉向權利保護主義，重視公民權利的保護，強調公民與政府權利義務的平衡[24]。第三階段是2000年《立法法》通過以後，各級人大進一步朝著民主化、法制化和規範化的方向發展，在立法機制和技術上不斷創新，創新的著眼點由「創造」法律之外的「新」的手段和方式，逐漸轉變爲運用法律賦予的職權和手段[25]。經過三十多年的發展，立法工作取得了長足的進步，立法程序越來越規範，立法的社會參與機制也不斷完善。

（1）立法程序的規範化。黨的十一屆三中全會後，立法程序的規範化問題開始受到重視。1982年《全國人民代表大會組織法》重新提到了關於立法程序的

---

[24]　參見蔡定劍、王晨光主編：《人民代表大會二十年改革與發展》，62-69頁，北京，中國檢察出版社，2001。

[25]　參見人民代表大會制度研究所編：《地方人大常委會30年》，9頁，北京，人民日報出版社，2010。

問題。1987年通過的《全國人民代表大會常務委員會議事規則》和1989年通過的《全國人民代表大會議事規則》標誌著人大立法程序的真正確立。2000年《立法法》通過，詳細規定了全國人大立法過程中由法案到法的運作制度，亦即提案制度、審議制度、表決制度與公布制度。它與上述相關法律、規則一起，共同構成了人大立法運作的規範性制度框架。

在立法程式的規範化方面，尤其值得一提的是立法聽證制度的建立，這是人大立法工作的一大進步。1999年9月9日，廣東省人大常委會舉行《廣東省建設工程招投標管理條例》立法聽證會，開創了中國立法聽證的先河。半年後，極富民主精神的立法聽證程序進入《立法法》，聽證制度從行政領域引入立法程序。

除了立法聽證制度之外，立法辯論制度也有所嘗試，2008年深圳市人大常委會在制定《深圳經濟特區無線電管理條例》時，試點引入立法辯論機制，召集部分常委會委員、人大代表、專家、行業人士和公眾代表，就條例草案中的主要制度和內容進行公開辯論。深圳人大的這一舉措，開了全國之先河。不過目前我國並沒有正式將立法辯論制度引入立法程序中。

（2）**立法的社會參與機制不斷完善**。改革開放以來，人大的立法工作越來越透明，社會的參與程度越來越深，從立法計畫的提出、法案的起草到法律的通過，整個流程都能看到公眾的身影。除了早就存在的立法座談和立法論證、向全社會公布法規草案徵求民意等傳統機制外，各地人大又摸索出很多新的社會參與機制。例如，公開徵求立法計畫的意見，此舉旨在從立法源頭上充分體現「立法應當體現人民的意志」，使立法朝著民主化的方向邁出了實質性的步伐[26]。發端於重慶的立法草案委託起草制度，不僅在一定程度上彌補了人大及其常委會工作部門專業知識不足的問題，而且有助於規避委託立法中的部門利益滲透問題。1989年通過的《全國人民代表大會議事規則》，制定了公民旁聽地方人大會議制度，規定全體會議設置旁聽席。其後，公民旁聽無論是在旁聽範圍、旁聽形式還是在制度化程度上都不斷得到推進。近年來，地方人大不斷規範公民旁聽的主體、範圍及旁聽意見表達和處理方式，公民旁聽從原來只是較多地具有形式意義，到如今逐漸體現出公民知情權和人大會議公開的實質價值[27]。

---

[26]　參見人民代表大會制度研究所編：《地方人大常委會30年》，172-174頁。

[27]　同前註，79-80頁。

2. 監督權的行使

改革開放以來，人大監督權的發展經歷了兩個階段：第一階段是2006年之前，爲探索和嘗試階段。地方人大在監督權的行使方面進行了大量的創新，無論是財政監督、人事監督還是工作監督，都湧現出很多新的機制，並沿著既有的制度脈絡擴散。第二階段是2006年至今，爲調整和完善階段。2006年8月，全國人大常委會審議並通過《各級人民代表大會常務委員會監督法》，規範和促進了地方各級人大的監督工作，1980、1990年代地方各級人大創造的「新」的監督方式，有的初步實現了法制化和規範化，有的在實踐中逐漸被調整和淘汰。與此同時，新的機制也在不斷建立。

（1）預算監督的創新。預算監督方面的創新頗多，首先，常委會成立了預算工作委員會，從組織上加強人大對政府預算工作的監督；其次，加強了預算方案的審批，改變了過去「先斬後奏」甚至「根本不奏」的狀況。地方人大對預算監督創新的探索尤其積極，其中，最引人注目的是參與式公共預算和「廣東現象」，它們覆蓋了准預算的審批和預算執行的全過程。

參與式預算就是在預算資金分配過程中吸納公民參與，提高資金安排的科學性和民主性，增加公民對政府的信任。上海、浙江等地的參與式預算不僅比較有效地建立起了預算的社會監督機制，而且將社會監督機制和人大監督機制有效地連結起來。

如果說參與式預算主要監督的是准預算的審批過程的話，那麼「廣東現象」則將監督的範圍延伸至預算的執行階段。2001年，廣東省九屆人大四次會議審議通過了《廣東預算審批監督條例》。按照這一法規，省政府七個試點單位提交了2001年詳細的部門預算草案。2002年，預算草案擴展到二十七個部門，長達144頁，將預算草案列至「項」級，細到政府購進一台電腦的型號、價格。2004年8月，廣東省人大財經委與省財政廳實現網路互聯，通過現代技術手段使政府財政真正成爲「透明錢櫃」，財政花出去的每一筆錢都將第一時間進入人大監督的視野，使監督更具可操作性。廣東的做法很快得到河北等省人大的效仿。

（2）人事監督的創新。人事監督方面的創新主要體現在人大對國家權力機關工作人員的述職評議、質詢和罷免方面，其中，質詢和罷免是人大法定權力的落實，述職評議則屬於邊際創新。質詢權和罷免權是人大的法定權力，但長期以來，這兩項權力一直處於蟄伏的狀態。改革開放後，地方人大開始頻繁地使用手

中的法定權力，將其落到實處。述職評議源於黑龍江省肇源縣，發展於浙江省杭州市，並逐步擴散到全國很多省份，被評議的幹部級別也越來越高，評議方式也越來越多樣化、規範化，它強化了「一府兩院」組成人員對人大的責任，改變了過去政府及其部門只對黨委負責、缺少對人大負責的狀況。

（3）工作監督的創新。工作監督方面的改革主要體現在執法檢查和對司法案件的監督方面。執法檢查是有針對性地對一些法律、法規和決議的執行情況進行檢查。1993年9月，全國人大常委會三次會議通過了《關於加強對法律實施情況檢查監督的若干規定》，一些省級人大常委會也制定了相關的地方性法規，執法檢查步入有法可依的軌道。人大對司法案件的監督有多種形式，如人大運用質詢、特定問題調查等法定職權對案件展開監督。但是，人大對司法案件的監督最初是以「個案監督」的方式進行的，由於個案監督問題存在爭議，2006年8月27日通過的《各級人民代表大會常務委員會監督法》最終沒有確立個案監督制度。《各級人民代表大會常務委員會監督法》實施之後，個案監督的案件急劇下降，如今人大幾乎不再以個案監督的方式展開案件監督。然而，實踐中為了化解個案監督禁止之後如何監督司法機關辦理案件的難題，地方人大又採取了一些替代形式，如訴訟監督、人大代表聽審制度、案件審理彙報制度等[28]。

3. 選舉制度的改革

選舉是人民代表大會制度的邏輯起點和組織基礎。改革開放以來，人大選舉制度經歷了六次較大的改革。1979年，五屆全國人大二次會議審議並通過了《全國人民代表大會和地方各級人民代表大會選舉法》和《地方各級人民代表大會和地方各級人民政府組織法》，1982年12月、1986年12月、1995年2月、2004年10月、2010年3月，先後五次對《全國人民代表大會和地方各級人民代表大會選舉法》進行修改和補充。經過改革，人大選舉制度在以下幾個方面實現了較大的進步：

第一，推進了普遍、直接、平等、差額選舉，更好地體現了平等原則。首先，擴大了直接選舉的範圍，將直接選舉的範圍從農村鄉（鎮）一級擴大到鄉

28　參見謝小劍：《人大對司法案件監督的前世今生》，載《甘肅政法學院學報》，2014年第5期。

（鎮）、縣兩級。其次，逐步落實民族和選舉中的平等原則。消除選舉中的城鄉差別，逐步實現了農村和城市每一代表所代表的人口比例的平等，將省級人大代表和全國人大代表的選舉，農村與城市每一代表所代表的人口數之比由原來的5：1、8：1，逐步過渡到1：1[29]。最後，將人大代表選舉改爲差額選舉制，更好地體現競爭性選舉的精神，而且，差額選舉的範圍不斷擴大。

第二，改進了選區劃分和選民登記。將原來按居住狀況單一劃分選區的方法，改爲按生產單位、事業單位、工作單位和居住狀況的複合劃分方法；實行中選區制，每個選區應選的代表爲1～3名。簡化了選民登記手續，選民登記按選區進行，經登記確認的選民資格長期有效。

第三，完善了候選人提名程序。擴大了選民或代表聯名提名的權利，任何選民或代表凡有十人以上附議，都可以提出候選人。增加了選民瞭解候選人的條款，選舉委員會可以組織代表候選人與選民見面，回答選民提出的問題。

第四，改進了表決方式。取消舉手表決方式，一律採用無記名投票表決。限定委託投票數量，每一選民接受其他選民委託代爲投票不得超過三人。降低當選得票數，在直接選舉中，將候選人獲得全體選民過半數的選票當選，改爲全體選民過半數參加投票有效、獲得參加投票的選民過半數的選票當選；在間接選舉中，仍爲獲得全體代表過半數選票當選。

第五，積極吸納新興社會群體。執政黨有意識地調整人大代表的任職資格，積極吸納一些新興的社會群體的代表，尤其是企業家、律師等「兩新」組織的成員，爲他們進入人民代表大會提供了一定的通道，從而在客觀上帶來了人大代表構成的新變化。例如，浙江省第十屆人大代表中，企業家有164人，約占25.87%[30]。他們和自主參選人一樣，是以特定利益主體的身分進入人大的，其參與意識和參與能力都較強，這給人大的會議過程帶來了一個新的變化，即一些地方人大在近年來行使否決權的案例開始增多，不僅是否決「一府兩院」的工作報告，甚至包括政府所提交的法律草案。在這方面的一個極端表現就是浙江省黃岩

29 參見胡健：《我國選舉權平等的實現路徑及其完善建議——以選舉法和全國人大代表名額分配方案爲主線》，載《華東政法大學學報》，2012年第6期。

30 參見郎友興：《政治追求與政治吸納：浙江先富群體參政議政研究》，72頁，杭州，浙江大學出版社，2012。

市十一屆人大三次會議，因為當地人大代表不同意撤市建區，從而出現了代表拒絕進入人民代表大會的會場和罷免人大常委會主任的結果[31]。

3.3.3　人民代表大會制度變遷的特點及挑戰

縱觀人大制度改革開放三十多年來的變遷，有三個非常明顯的特點：其一，制度變遷與社會、經濟發展程度之間存在一定的相關性，人大制度創新和變革的實踐大多發生在經濟較發達地區。其二，制度創新基本從地方人大，尤其是市一級人大開始，然後向外擴散，其中成熟的做法會被吸收進省級的地方法規乃至國家的法律之中。其三，制度變遷的鑲嵌性。與黨和政府相比，人大相對來說是一個比較弱的行為主體，其發展不可能脫離人大的制度背景，黨委和政府部門的支援與重視是其組織發展和能力提高的重要因素[32]。反過來講，人大只有通過強化這種鑲嵌性，才能真正落實其權力。

但是，這種鑲嵌性也對人大未來的發展提出了挑戰。第一，在黨與人大的關係問題上，如何在鑲嵌性的前提下，一方面使人大的工作得到黨委的支持（各省黨委書記兼任人大常委會主任就是人大在鑲嵌性的前提下採取主動強化策略的結果），另一方面又不至於因此危及人大自身的自主性，在保證黨的領導的前提下又能使黨的領導在人民代表大會的制度框架內良性運行，這是未來人大發展需要解決的一個重要問題。

第二，在人大與「一府兩院」的關係問題上，如何更好地理順二者在立法過程中的關係，更有效地實現人大對「一府兩院」的監督，仍有很多工作要做。尤其是如何解決授權立法以及由此產生的部門立法問題，是人大未來面臨的挑戰。

此處所說的授權立法主要是指全國人大及其常委會向國務院授權[33]，全國人大對國務院的授權沒有解決好兩個關鍵性的問題：一是授權的條件和限制是什麼？二是如何對已授的權力進行監控。根據國外的經驗，授權立法必須有明確的授權範圍，只可單項性授權，不得實行綜合性授權。以此觀之，全國人大及其常

---

[31]　參見何俊志：《從蘇維埃到人民代表大會制》，324-325頁。

[32]　Kevin J. O' Brien, "Chinese People's Congresses and Legislative Embeddedness: Understanding Early Organizational Development, " Comparative Political Studies, 1994, 27 (1).

[33]　我國的授權立法有三種形式：第一種是全國人大向其常委會授權；第二種是全國人大及其常委會向國務院授權；第三種是全國人大及其常委會向地方人大授權。

委會幾次對國務院和地方的授權都問題頗多。例如1985年對國務院的授權是「經濟體制改革和對外開放方面」制定暫行的條例和規定,授權非常廣泛和模糊,這給國務院的立法權力膨脹提供了依據,例如稅收方面的立法一般是不應該授權的,但是中國這方面的相關法律大部分都由國務院制定[34]。此外,部門立法也是一個值得關注的問題。目前中國80%的法律草案是行政部門起草的,形成所謂的「部門立法」[35]。立法成為政府部門占有權力資源的方式和分配既得利益的手段,從而導致行政權力部門化、部門權力利益化、部門利益法制化。

第三,對人大與黨委和「一府兩院」關係的基本理論預設需要重新反思。當初在設計人民代表大會制度時,對三者之間的鑲嵌性關係有一個隱性的理論預設:在黨的領導下,黨、人大、政府三者之間一定會保持一致。由此,在制度設計上存在諸多的制度上的空白點,沒有考慮到如果出現不一致該怎麼辦。無論是《憲法》還是《組織法》,都沒有為制度運作中的意外情況提出替代性的運作模式。例如,如果各級人大及其常委會沒有通過「一府兩院」及其相關部門的工作報告,應該怎麼辦?如果各級人大及其常委會在開會過程中一直不能以多數原則選出政府機關的組成人員,應該怎麼辦?如果各級人大及其常委會組織特定問題的調查委員會時,相關機構不配合調查,人大及其常委會是否可以通過法律手段解決這一問題[36]?對這些問題的思考和相關工作尚未提上議事日程。

---

34 參見蔡定劍:《中國人民代表大會制度(第二版)》,286-288頁。
35 蔡定劍、王晨光主編:《人民代表大會二十年改革與發展》,422頁。
36 參見何俊志:《從蘇維埃到人民代表大會制》,319-320頁。

本章小結

本章第一節追溯了人民代表大會制度的產生和發展，介紹了人民代表大會制度的性質、地位與職權。與此同時，我們也指出人大的實際地位與憲法文本的規定還有相當的距離。第二節描述了人民代表大會制度的組織體制與運行，分析了黨的領導在人大制度中是如何具體實現的。具體而言，黨對人大的領導主要是通過組織領導和過程領導來實現的。第三節從組織結構的調整和運行機制的創新兩個方面，描述了改革開放以來人民代表大會制度發生的巨大變化。經過三十多年的發展，人大的地位得到了提升，制度化的程度越來越高，形象正在發生重大的變化。在本章的最後，我們指出了人大制度變遷所面臨的一些挑戰。從黨政體制的邏輯來看，如何使黨能夠更有效地實現對包括人大在內的整個國家的政治領導，同時又能使黨的領導在人民代表大會的制度框架內良性運行，是中國政治體制改革面臨的一個核心問題。

關鍵術語

國體、政體、代議機關、人民代表大會制度、人大代表、人大常委會、立法權、監督權、授權立法

複習思考題

1. 人大有哪些法定權力，它們在實踐中的落實程度如何？
2. 請結合人大的實際情況，談談你對黨的領導、人民民主和依法治國有機統一的看法。
3. 請結合國外經驗，談談人大應該如何解決授權立法以及由此產生的部門立法問題。
4. 請結合黨的十八屆四中全會關於「依法治國」的精神，談談你對人大能否實施個案監督的看法。

第四章 政治協商制度

黨政體制中的「政」有多種含義，它既包括政權、政府、行政、政法等，也包括擔負一定「政治任務」的民主黨派、人民團體、社會各界代表人士。在新中國成立之初，毛澤東就指出，我們自己要有主張，但一定要和人家協商，不要把自己孤立起來，要發揮各民主階級各人民團體的作用。這裡的「自己」指的是中國共產黨，「人家」就是民主黨派、人民團體和社會各界代表人士。在第三章中，我們考察了黨與政權的關係，在本章中，我們將考察黨與擔負著一定「政治任務」的民主黨派、人民團體、社會各界代表人士之間的關係。這一關係主要表現為統一戰線，其制度型態則為中國共產黨領導的多黨合作和政治協商制度。「統一戰線是多黨合作和政治協商制度的政治基礎和理論基礎，而多黨合作和政治協商制度是統一戰線的組織形式與制度形式，統一戰線、多黨合作和政治協商制度之間的辯證統一，構成了中國政治協商的政治生活。」[1]

本章首先介紹統一戰線與中國共產黨領導的多黨合作和政治協商制度，然後再以人民政協為例來剖析中國政治協商制度的演變和發展。

4.1 統一戰線與中國共產黨領導的多黨合作和政治協商制度

4.1.1 統一戰線

在總結新民主主義革命取得成功的經驗時，毛澤東指出：「一個有紀律的、有馬克思列寧主義理論武裝的、採取自我批評方法的、聯絡人民群眾的黨；一個

1　林尚立：《協商政治：對中國民主政治發展的一種思考》，載《學術月刊》，2003年第4期。

由這樣的黨領導的軍隊；一個由這樣的黨領導的各革命階級各革命派別的統一戰線。這三件是我們戰勝敵人的主要武器。」[2]統一戰線的重要性由此可見一斑。

1. 統一戰線的性質

統一戰線是中國共產黨在20世紀中國特殊的社會政治環境中，創造的一種政治整合和社會整合形式。在新民主主義革命時期，中國共產黨通過統一戰線從邊緣走向中心，掌握了國家政權，實現了黨政體制的建構；改革開放以來，中國共產黨通過統一戰線重塑政黨與社會的關係，推動國家治理轉型，有效實現了以中國共產黨為核心的社會整合。在建立之初，統一戰線主要是作為中國共產黨的一種政治策略和工作機制；隨著黨政體制的發展，統一戰線逐步上升為國家建設不可或缺的重要機制。作為一種橫向網絡，統一戰線是黨政體制進行社會建構的重要工具，它和黨政體制的縱向組織網絡相互交織，共同構成了黨政體制的基本政治構架。如果說黨的建設為黨政體制構建了一個領導核心，那麼統一戰線則是使這個核心保持活力的動力源泉，並為這個核心有效地發揮作用提供了制度化的管道。通過統一戰線這一包容性政治機制，中國共產黨可以有效地處理政黨關係、民族關係、宗教關係、階層關係和海內外同胞關係，實現黨政體制的協調、穩定和發展。

2. 統一戰線的產生和發展

統一戰線並非中國共產黨的專利，建立統一戰線是革命型政黨的內在要求，當年國民黨也曾與中國共產黨合作，建立統一戰線，但國民黨從來沒有像中國共產黨這樣從戰略高度來認識統一戰線，重視統一戰線工作。中國共產黨對統一戰線的高度重視源於其對革命形勢的判斷：一方面，中國社會的性質使得中國革命的任務異常艱鉅；另一方面，近現代中國的產業工人階級人數少、力量弱。作為工人階級的先鋒隊，中國共產黨充分認識到無產階級「自己雖然是一個最有覺悟和最有組織性的階級，但是如果單憑自己一個階級的力量，是不能勝利的」，必須聯合一切可以聯合的力量，建立廣泛的統一戰線。

在土地革命時期，中國共產黨努力建設工農聯盟的統一戰線，重建了鄉村社

2　《毛澤東選集》，2版，第4卷，1480頁。

會結構，開闢了農村革命根據地，在邊緣地帶站穩了腳跟，在大革命失敗後轉危為安。在抗日戰爭時期，中國共產黨建立了抗日民族統一戰線，團結所有抗日的階級，並在根據地建立了「三三制」政權，有效地實現了政治動員和社會動員，在國民黨敗退留下的縫隙之中逐步壯大，從邊緣走向中心。抗戰勝利後，中國共產黨提出了建立聯合政府的主張，將統一戰線思想體現在國家建設模式之中。儘管這一主張由於國民黨撕毀政治協商會議決議而未能實現，但在解放戰爭時期，中國共產黨以聯合政府為目標，與各民主黨派和無黨派人士建立了最廣泛的人民民主統一戰線，將國民黨邊緣化，並最終取得了革命的勝利。正是在這一過程中，中國共產黨從革命黨變成了執政黨，多黨合作和政治協商制度也得以產生和發展。

　　新中國成立以來，作為執政黨的中國共產黨繼續探索統一戰線的新形式，通過統一戰線實現政治整合和社會整合。以改革開放為節點，新中國成立以來統一戰線的發展經歷了兩個階段。改革開放以前為第一階段，儘管這一時期仍然存在民主黨派、人民團體和人民政協等統一戰線組織，但統一戰線實際上已經弱化。隨著社會主義改造的完成，統一戰線的對象——中間階級——被消滅，使得統一戰線成為形式上的存在。在「文化大革命」時期，統一戰線受到災難性破壞，連形式化的存在也被取消了。改革開放以來為第二階段，隨著經濟的發展、社會自身的發育和單位體制的逐步解體，統一戰線重新獲得了發展的空間。中間階層的出現讓統一戰線有了滋生的沃壤，民主黨派的恢復、發展，以及多黨合作和政治協商制度的完善使統一戰線獲得了制度空間[3]。與此同時，中國共產黨對於統一戰線的性質和作用的認識也逐漸深化。1979年，鄧小平在中國人民政治協商會議第五屆全國委員會第二次會議上作題為《新時期的統一戰線和人民政協的任務》的講話，指出統一戰線比過去任何時期都更加擴大了，是最廣泛的愛國統一戰線。鄧小平的這一論斷跳出從階級鬥爭的角度理解統一戰線的框架，從而解決了統一戰線的性質問題。1989年，中共中央發布《關於堅持和完善中國共產黨領導的多黨合作和政治協商制度的意見》，明確指出中國共產黨領導的多黨合作和政治協商制度是中國的一項基本政治制度，進一步對統一戰線的作用進行了明確

---

[3]　參見肖存良、林尚立：《中國共產黨與國家建設》，235、265頁，上海，復旦大學出版社，2013。

定位。新時期統一戰線的一個鮮明特點就是制度化水準的不斷提高。1993年，八屆全國人大一次會議通過憲法修正案，提出中國共產黨領導的多黨合作和政治協商制度將長期存在和發展，使這一制度有了明確的憲法依據，獲得了法律保證。2005年，中共中央發布《關於進一步加強中國共產黨領導的多黨合作和政治協商制度建設的意見》，進一步將多黨合作和政治協商的幾種主要形式作爲制度固定下來。

3. 統一戰線的基本架構

　　統一戰線是中國共產黨實現社會整合和政治整合的重要機制。如何解釋這種機制，學術界爭議較大。本書認爲，統一戰線是一種具有中國特色的群體代表權機制，由此形成了以中國共產黨爲領導核心的各種社會政治力量團結統一的基本政治結構。通過中國共產黨領導的多黨合作和政治協商，聚合社會各方面的力量廣泛參與國家管理。在結構上，統一戰線是以政黨爲中心展開的傘狀結構，其傘殼是作爲核心的中國共產黨，骨架是民主黨派、人民團體和政協其他各界別，傘面則是這些團體所聯繫的廣大人民群眾。人民政協作爲一個基礎性框架，提供了一個廣闊的舞臺，民主黨派、人民團體都在這個舞臺上表演；與此同時，黨派團體之外的其他界別由於沒有獨立的組織，更需要通過人民政協的界別小組和各專門委員會等機構來實現與權力中心的對接。因此，人民政協最充分地體現了統一戰線的特點和邏輯。我們可以通過中共中央統戰部和人民政協的構成來直觀地瞭解統一戰線的結構（見圖4-1）。

　　從制度設計的初衷來講，黨和人民群眾之間的聯繫只能通過這個結構來建立，那些自發成立的各種社會組織如果不能被納入這個結構，其聲音就很難進入決策過程；如果它們拒絕被納入這個結構，游離在外，更會被視爲對結構本身構成威脅。統一戰線的邏輯要求所有的利益團體都必須被吸納到既有結構之中，以防出現獨立的政治團體、政治運動或政黨。事實上，一方面是各種社會組織主動尋求進入；另一方面這個結構本身也在努力適應社會的變遷，建立各種機制，將各種新興的社會群體和社會組織納入其中，努力提高自身的代表性。近年來，黨自身在進行適應性調整，吸納新的社會精英進入體制內，如吸收私營企業主入黨；統戰部門積極發揮工商聯等人民團體的作用，吸納「兩新」組織；人民政協努力進行調整，吸納新興社會群體的代表；共青團、婦聯和科協等人民團體探索

轉型之路,以適應快速變化的形勢。

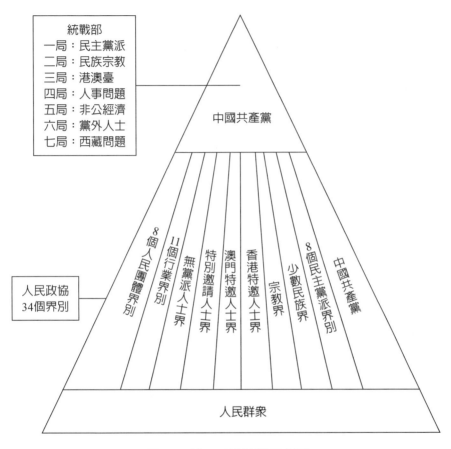

統戰部
一局:民主黨派
二局:民族宗教
三局:港澳臺
四局:人事問題
五局:非公經濟
六局:黨外人士
七局:西藏問題

中國共產黨

人民政協
34個界別

8個人民團體界別
11個行業界別
無黨派人士界
特別邀請人士界
澳門特邀人士界
香港特邀人士界
宗教界
少數民族界
8個民主黨派界別
中國共產黨

人民群眾

圖4-1 統一戰線結構示意圖

注:目前,人民團體共有22個,作為政協參加單位的人民團體有8個,它們是總工會、共青團、婦聯、工商聯、
科協、青聯、台聯、僑聯;11個行業界別分別為:文藝界、科技界、社科界、經濟界、農業界、教育界、體
育界、新聞出版界、醫藥衛生界、對外友好界、社會福利和社會保障界。

4.1.2 中國共產黨領導的多黨合作和政治協商制度

　　中國共產黨領導的多黨合作和政治協商制度是中國的一項基本政治制度,它
包含三個方面的內容:一是中國共產黨對政治協商的領導;二是政黨協商制度;
三是中國人民政治協商會議制度(簡稱「人民政協制度」)。三者共同構成了中
國的政治協商制度。其中,中國共產黨的領導是政治協商的前提,後兩者是政治

協商的具體形式。政治協商有兩個方面的含義：一方面是指執政的中國共產黨就關係國計民生的重大問題在決策之前和決策執行過程中，與各民主黨派、無黨派人士和各界代表人士進行民主協商，廣泛徵求意見，使黨和國家的重大決策建立在更加科學的基礎之上；另一方面是指各民主黨派、無黨派人士和各界代表人士可以代表自己聯繫社會群體，就一些重大問題開展協商，凝聚共識，形成能爲各方面接受的意見，並將其作爲決策的基礎。政治協商包括兩種類型：（1）中國共產黨與各民主黨派、無黨派人士之間的政治協商，我們可以稱之爲政黨協商；（2）中國共產黨在人民政協與各民主黨派、無黨派人士、社會各界代表人士之間的政治協商，我們可以稱之爲政協協商。政黨協商制度是中國政黨制度的一部分，它要解決的是黨與他黨之間的關係；政協協商制度要解決的則是黨與社會的關係，其組織平臺是人民政協。這兩者之間既有區別，也有聯繫。當各民主黨派在人民政協這個平臺上與共產黨進行政治協商時，其活動就是人民政協政治協商的一部分。

中國政黨制度最重要的特點是中國共產黨的領導，在此前提下，允許多個合法政黨的存在。中國共產黨和八個民主黨派之間的關係是執政黨和參政黨之間的合作關係，在這個意義上，中國的政黨制度與西方的政黨制度存在很大差異，它是一種側重協商的合作型政黨制度，而不是一種訴諸週期性選舉和議會內博弈的競爭型政黨制度。爲了更好地實現合作，中國共產黨提出了「長期共存、互相監督、肝膽相照、榮辱與共」的原則，作爲處理黨與民主黨派關係的準繩。

在新中國成立之初，民主黨派被視爲除工人階級和農民階級之外的非勞動人民的代表。1982年12月通過的《中國人民政治協商會議章程》，不再用勞動者和非勞動者來區分中國共產黨和民主黨派，而是將民主黨派的性質界定爲各自所聯繫的一部分社會主義勞動者、社會主義事業的建設者和擁護社會主義的愛國者的政治聯盟。據此，各民主黨派是各自所聯繫的社會群體的利益代表（見表4-1），而中國共產黨則是廣大人民群眾的根本利益的代表。

表4-1　各民主黨派所聯繫的社會群體

黨派	所聯繫的社會群體
中國國民黨革命委員會	同原中國國民黨有關係的人士、同臺灣各界有聯繫的人士、社會和法制專業人士

表4-1　各民主黨派所聯繫的社會群體（續）

黨派	所聯繫的社會群體
中國民主同盟	從事文化教育以及科學技術工作的高、中級知識分子
中國民主建國會	經濟界人士
中國民主促進會	從事教育、文化、出版工作的高、中級知識分子
中國農工民主黨	醫藥衛生、人口資源和生態環境領域高、中級知識分子
中國致公黨	歸僑、僑眷中的中上層人士和其他有海外關係的代表性人士
九三學社	科學技術界高、中級知識分子
臺灣民主自治同盟	臺灣省人士

　　這種合作型政黨制度在黨政體制的運行中發揮著重要的作用。首先是利益表達的功能。各民主黨派是黨政體制與相應社會群體有效對接的仲介，通過民主黨派，這些社會群體的利益訴求可以有機地嵌入國家整體利益。與此同時，民主黨派還參與其他群體及社會公共利益的表達，尤其是為社會弱勢群體表達利益，這在很大程度上可以避免因政黨制度的主體結構與社會結構不相適應而帶來的利益表達不均衡問題。其次是社會整合的功能。多黨合作有利於推動社會認同，調動各方積極性，從而形成強大的社會整合力。

　　在政治協商中，民主黨派發揮作用主要有三種途徑：通過民主協商會、座談會等形式，直接與執政黨進行溝通協商，參與重大問題的決策；通過進入各級人民代表大會與在各級政府和司法機關中擔任職務，以協商方式參加權力機關和權力執行機關的工作；作為人民政協的參加單位，通過人民政協這個專門的協商機構，達到對國家事務的溝通和監督。具體的協商形式包括兩種：一是書面協商形式，即民主黨派和中國共產黨之間可以通過雙向書面形式進行溝通協商；二是會議協商形式，包括專題協商座談會、人事協商座談會、調研協商座談會、通報協商座談會、小範圍談心會、個別約談等多種形式。

　　關於中國共產黨領導的多黨合作制，我們就簡要地介紹到這裡，下面的論述主要圍繞人民政協制度展開，以人民政協制度為例來解析中國的政治協商制度。

4.2　人民政協制度的產生和運行

4.2.1　人民政協制度的產生和發展

人民政協制度從產生到現在，既有過輝煌的歷史，也經歷了風雨和坎坷，我們可以將其產生和發展劃分為四個時期。

1. 代行人大職權時期（1949-1954年）

中國人民政治協商會議又稱「新政協」，以別於1946年1月召開的「舊政協」。人民政協一屆全體會議於1949年9月21日在北平召開，直到1954年人民代表大會制度建立，這一時期是人民政協政治生命的一個高峰，人民政協作為制憲會議直接行使制憲權；《中國人民政治協商會議共同綱領》直接作為國家的憲法綱領；政協全體會議被賦予代行全國人民代表大會職權，成為憲法上的最高國家權力機關[4]。

2. 曲折發展時期（1954-1978年）

1954年9月，一屆全國人大在京召開，從而使人民政協代行人大職權成為歷史，從此，中國共產黨對國家政權的領導通過人大來實現，對統一戰線的領導則通過人民政協來實現。人民政協的職能和定位也隨之發生改變，由國家政權機關與統一戰線平臺的雙重角色向統一戰線單一功能轉變。儘管不再是國家政權機關，但人民政協與國家政權機關的關係依然非常緊密，它在國家最高層次的政治體制內依然有非常大的行動空間。1957年反右運動開始，多黨合作和政治協商制度受到很大程度的破壞。「文化大革命」開始後，人民政協就處於癱瘓狀態，有

---

[4]　這裡需要澄清一個常見的誤解：認為在一屆全國人大召開之前，僅以政協全體會議作為最高國家權力機關。實際上，在共同綱領時期的最高國家權力機關，應是一屆政協全體會議及其選舉產生的中央人民政府委員會。因為雖然《中國人民政治協商會議組織法》規定全體會議每三年召開一次，但實際未能實行。人民政協「作為代行權力機關的只是第一屆全體會議，幾天會散了，權力已授權中央人民政府」。正如董必武指出的，在中央人民政府委員會選出之後，它「即爲行使全國最高權力的機關」。全國政協自成立之日起，便脫離於國家政權之外，沒有立法權、選舉權和決議權，只有建議權。參見李格：《人民政協在第一屆全國人大召開前後職能和組織的變化》，載《中共黨史研究》，2009年第9期。

的地方連會址都被占用[5]。

3. 恢復時期（1978-1993年）

1978年2月，五屆全國政協在北京召開了第一次會議，癱瘓了長達十二年的政協開始恢復運作。當時的人民政協在形成穩定有序、生動活潑的政治局面方面發揮了重要作用，通過座談、專題調研、政治協商等形式，爲國家的現代化建設獻計獻策。

4. 創新發展時期（1993年以後）

進入1990年代以後，隨著市場經濟體制的建立和社會結構的分化，政治協商開始逐步走向制度化和規範化。2005年、2006年中共中央連續發布了兩個5號文件[6]，對人民政協制度的發展予以確認，促進了人民政協自身建設的規範化和制度化，同時拓展了人民政協制度的發展空間。其中，最大的突破與理論貢獻是把政治協商納入決策程序，規定人民政協「就國家和地方的重要問題在決策之前和決策執行過程中進行協商，是政治協商的重要原則」[7]，從而爲政治協商建立了制度保障。

從以上的梳理可以發現，中國共產黨領導的多黨合作和政治協商制度儘管在新中國成立後不久就已確立，但是，作爲一個相對獨立的制度體系存在並得以運行卻是在改革開放以後，因爲只有在改革開放之後，這個制度所包含的三個層面才日益制度化，並構成一個整體[8]。

4.2.2　人民政協的組織結構

經過六十多年的發展，人民政協在組織體系上已經形成了一個由全國政協、省直轄市自治區政協、市政協和縣政協構成的四級組織網絡，在每一個層級，又形成了專業分工的組織架構。可以說，其科層化程度已經很高。從組織角度講，

5　參見林尚立主編：《中國共產黨與人民政協》，53-68頁，上海，東方出版中心，2011。

6　2005年的5號文件爲《中共中央關於進一步加強中國共產黨領導的多黨合作和政治協商制度建設的意見》，2006年的5號文件爲《中共中央關於加強人民政協工作的意見》。

7　《中共中央關於加強人民政協工作的意見（摘要）》，見人民網，2006/3/2。

8　參見林尚立、肖存良等：《統一戰線與中國發展》，174頁，上海，復旦大學出版社，2011。

人民政協的組織結構呈現出如下特徵：

第一，從縱向結構來看，人民政協形成了龐大的層級組織體系。具體表現為全國委員會與地方委員會，從中央一直到縣區，層層設置。各級政協之間不存在領導與被領導的關係，上下級政協之間是一種指導與被指導的關係。與人民代表大會制度不同的是，人民政協的組織體系沒有覆蓋鄉鎮、街道這一級。據2013年統計，全國各級政協組織共3,000多個，委員共60餘萬人。其中，縣級政協有2,700多個，委員有50餘萬人。

第二，從橫向結構來看，人民政協形成了分工明確的組織結構。除了作為辦事機構的辦公廳之外，形成九大專門委員會，即提案委員會、經濟委員會、人口資源環境委員會、教科文衛體委員會、社會和法制委員會、民族和宗教委員會、港澳臺僑委員會、外事委員會、文史和學習委員會。委員會的作用是按照專業分工的原則，聯絡相關領域的委員和各界人士，組織開展各項活動，就政治、經濟、社會和文化生活中的重要問題展開調查研究，切實履行政治協商、民主監督、參政議政的職能。

第三，從組織形式來看，召開會議是人民政協履行職能的主要形式。以全國政協為例，主要有全體會議、常委會會議、主席會議、秘書長會議和專門委員會會議五種會議形式。全體會議是政協最高層次的組織形式，每年舉行一次，一般在3月與全國人民代表大會同期召開。全體會議閉會期間，由常務委員會主持會務，領導日常工作，常委會會議一般每年舉行四次。主席會議是常委會會議閉會期間處理日常重要工作的機制，一般每月召開一次，需要時可以臨時召開。秘書長和副主席一起協助主席工作，秘書長會議一般也是每月召開一次。專門委員會的會議一般不定期舉行，形式也比較多樣，最主要的形式包括主任聯席會議、專委會全體會議，以及與黨委、人大、政府有關部門舉行的聯席會議（見圖4-2）。

第四，從制度化角度來看，人民政協形成了高度專業化的運作規範。在經常性工作方面，形成了自身專門化、專業化的規範和要求，如對提案工作的各個環節都作出了比較詳細的規定，提案工作必須按照規範程式和標準格式操作。其他工作如視察、調研和社情民意工作等，也都有自身規範化、程序化、專門化的制度規定。

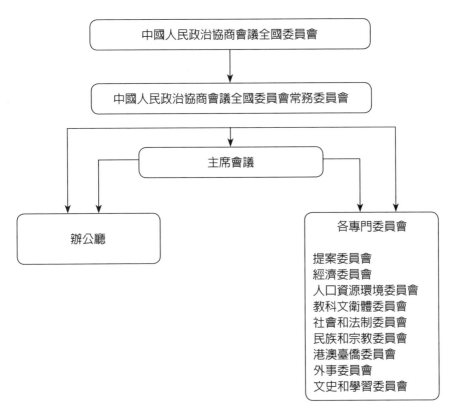

圖4-2　人民政協組織結構圖

　　第五，從委員構成來看，人民政協具有非常鮮明的黨派色彩和精英化色彩。全國各級政協的委員構成中，中國共產黨均占到40%左右。其他的委員也是社會各界的精英，甚至在一些本來應該有基層代表的界別也看不到基層代表的影子，例如，中華全國總工會就沒有一線工人擔任委員。

4.2.3　人民政協制度的運行

　　在當代中國的政治體制中，作為統一戰線組織的人民政協具有兩大功能：社會整合和民主參與。用官方的正式表述就是：團結和民主兩大主題。為了有效發揮這兩大功能，政協不斷調整其職能，以適應社會政治形勢的發展。中國人民政治協商會議代行全國人民代表大會的職權後，其職能定位有一個變化過程，大致經歷了以下幾個階段：1954年的政協章程對人民政協主要職能的定位是協商；

1982年的政協章程將其定位爲政治協商和民主監督；1994年的政協章程修正案進一步擴大人民政協的主要職能範圍，將其定位爲政治協商、民主監督和參政議政。各民主黨派和人民政協的活動主要圍繞著這幾個方面展開。

1. 政治協商

在當代中國，政治協商具有特定的含義，是指執政黨與各民主黨派、無黨派人士和社會各界人士，在決策前就國家和地方的大政方針與重要事務進行溝通協商的民主形式。從人民政協六十多年的發展歷程來看，政治協商一直是其最主要的職能。特別是2006年的5號文件強調要將政治協商納入決策程序，其意義非常重大。它看起來好像只是在完善決策程序，從而使政治協商在決策中發揮更大作用，但在實踐中，它會逐漸改變整個國家的政治過程，改變政黨、人大和政協之間的關係[9]。

2. 民主監督

民主監督是指人民政協對國家憲法、法律法規的實施，重大方針、政策的貫徹執行和國家機關及其工作人員的工作進行監督，給予批評性意見並提出建議。這項職能在政協成立之初並未提出，它是隨著政協工作的進一步發展而被確定下來的，經歷了一個從無到有、從務虛到務實的不斷規範過程。最初的民主監督，指的是民主黨派對中國共產黨的監督，而非政協對憲法與國家政治生活的監督。2006年的5號文件強調民主監督是對權力運行的制約和監督，而不是簡單的黨內監督和黨派之間的監督。人民政協的民主監督職能在政協的三項職能中，一直是政協履職過程中的薄弱環節，其主要原因在於，政協不是國家權力機關，在「四套班子」中是最弱勢的，因此，它在對執政黨和政府部門進行監督時往往顯得力不從心。但這種監督的非權力性質恰好是它與人大監督的區別所在，人大監督是運用國家權力進行監督，具有法律約束力；政協的監督則不具有法律約束力，二者相輔相成[10]。

9　參見林尚立、肖存良等：《統一戰線與中國發展》，189頁。
10　參見朱訓、鄭萬通主編：《中國人民政協全書》（上），220-221頁，北京，中國文史出版社，1999。

3.參政議政

參政議政是指各民主黨派、無黨派人士和社會各界人士對政治、經濟、文化與社會生活中的重要問題和人民群眾普遍關心的問題，開展調查研究，反映社情民意，進行協商討論。通過調研報告、提案、建議案或其他形式，向中國共產黨和國家機關提出意見與建議。民主黨派參政議政的基本方式是「一個參加、三個參與」，即參加國家政權，參與國家大政方針和國家領導人選的協商，參與國家事務的管理，參與國家方針、政策、法律、法規的制定執行[11]。人民政協在履行參政議政職能時，除了各種會議和提案之外，專題調研和反映社情民意是最基本的兩種形式。專題調研一般由政協各專門委員會聯合各黨派團體進行，通過選擇一些重要課題，深入調查研究，開展諮詢論證，為執政黨和政府機構的決策提供有價值的資訊和意見建議。反映社情民意則是瞭解和反映不同社會階層、不同利益群體的願望和訴求，為執政黨和政府有關部門提供決策所需的資訊。

4.2.4 黨的領導在人民政協制度中的運作

黨對各民主黨派和人民政協的領導不僅有憲法依據，而且寫入人民政協的章程和政協自己發布的文件、規定之中。在具體的領導機制上，黨對人民政協的領導主要是通過政協黨組和統戰部這兩個組織機制來實現的。

1.政協黨組

黨在人民政協中建立了黨組織——政協黨組。關於政協黨組，按照李維漢當年的設計，中國共產黨對人民政協的領導，是以「黨的政策、黨員的模範以及黨組的活動來實現」，黨組的任務是「保證政策執行和解釋的一致，建立黨與黨外人士的正確關係，以及重要人事安排」[12]。2006年制定的《中共中央關於加強人民政協工作的意見》明確指出：「政協黨組是黨在人民政協中的派出機構，肩負著實現黨對人民政協領導的重大責任，必須堅定不移地貫徹黨的基本理論、基本路線、基本綱領、基本經驗，堅定不移地貫徹執行黨關於人民政協的方針政策，

---

[11] 參見《中共中央關於堅持和完善中國共產黨領導的多黨合作和政治協商制度的意見》，見中國政協網，1989/12/30。

[12] 《李維漢選集》，225頁，北京，人民出版社，1987。

把黨的有關重大決策和工作部署貫徹到人民政協的全部工作中去。」政協黨組成員的組成，以全國政協為例，除了全國政協主席、中共黨籍的副主席之外，一般還包括秘書長以及常委會下重要辦公單位（如文史和學習委員會、提案委員會）主任，共5～10人。它是由中共中央政治局直接領導，並在中共中央統戰部的協調下，開展針對各界別統戰工作的機構，是人民政協各項工作的領導核心。從政協黨組作用的路徑來看，可以歸納為：中國共產黨的路線、方針、政策和相關決議，通過政協黨組轉化為政協的工作規劃，通過政協的主席會議、常委會會議等轉化為具體的工作計畫，通過全體會議、專門委員會會議等，落實到政協的各項具體工作中[13]。

2. 統戰部

統戰部是執政黨進行政治整合的機構，它是代理執政黨管理其他「階級」以及黨外成員的組織「化身」。具體到中國共產黨領導的多黨合作和政治協商制度中，統戰部一直是中共整合和教育黨外人士的專門機構，圍繞中國共產黨的中心任務對各民主黨派、人民政協、工商聯以及其他社會精英進行教育，使之能夠理解中國共產黨的政治目標，認同其意識形態體系。1956年12月，在《中共中央統一戰線工作部關於加強政協地方委員會工作的意見》中專門提及統戰部與人民政協之間的權力關係：統戰部必須有一位部長或者副部長掌管政協的日常工作；對於政協日常工作的主要問題，統戰部應當加以討論，討論結果報黨委審定[14]。迄今為止，儘管統戰部的工作方式、方法有所改變，但它與各民主黨派、人民政協之間的這種權力關係本質上並沒有發生變化。正因為如此，很多人都誤認為人民政協是由統戰部領導的一個周邊組織。在工作上，人民政協接受統戰部的領導，這種領導與被領導的關係表現在以下兩個方面：

首先，在政協委員的產生過程中，統戰部具有舉足輕重的地位。政協委員的產生一般分為三個階段：一是初期醞釀。各級政協委員的推薦工作分為兩部分，黨內委員候選人的提名工作主要由同級黨委組織部負責，黨外委員候選人的提名

---

[13] 參見黃福壽：《中國協商政治發生與演變邏輯》，142-143頁，上海，上海人民出版社，2009。

[14] 參見《歷次全國統戰工作會議概況和文獻》，305-306頁，北京，檔案出版社，1988。

則要由同級黨委統戰部負責（在政協委員中，中國共產黨黨員一般會占到40%，非中共黨員占60%）。然後，由統戰部對建議名單進行匯總，通過徵求組織部、政協黨組意見等環節後交由黨委負責審定，最後提交政協主席會議和常委會會議，由其審議通過。在通常情況下，組成政協參加單位的各黨派、團體、界別等有權推薦委員人選。二是協商推薦。組織部和統戰部匯總各單位推薦的委員人選，按照一定的比例分配原則，對各單位推薦的委員人選開展資格審核和綜合平衡工作，然後分別列出關於黨內委員和黨外委員人選的建議名單。三是討論表決。組織部和統戰部敲定人選建議名單後，由統戰部把人選建議名單報送給同級黨委，黨委經過討論，審議並最終確定政協委員人選建議名單。之後，統戰部將最終確定的建議名單提請政協按規定程序通過，一般是經政協主席會會議和常委會會議討論表決，最終產生出新一屆的政協委員名單。

其次，在政協的具體工作中，統戰部也發揮著重要的指導作用。在一般情況下，政協有重大活動，應通知統戰部，必要時統戰部可派員參加或提供各項協助；各級統戰部對政協工作負有瞭解、調整關係、安排人事的責任，統戰部針對政協工作召開會議或進行調查研究時，應邀請政協中共黨組成員參加[15]。

值得注意的是，政協黨組和統戰部對人民政協的領導方式有一定變化。以上海市政協爲例，在第一屆到第四屆期間，由於未設黨組，市委統戰部對市政協起了實際的領導作用。在第五屆期間，黨組雖有設立，但有反覆，統戰部仍起了實際的主導作用。第六屆到第七屆期間，市委統戰部部長是黨組的實際負責人，成了市政協的主要領導。從第八屆開始，情況發生明顯變化。市政協主席不再兼任其他職務，同時兼任黨組書記，黨組的作用開始加強，統戰部部長不再是黨組的實際負責人。黨組和統戰部二者關係的微妙變化實際上反映了黨對政協領導路徑的變化，從原來通過其工作部門來領導政協工作，**轉變**爲由市委派出機構（黨組）來直接領導政協工作[16]。

15　參見上海市統一戰線理論研究會編：《統一戰線工作應用手冊》，31頁，上海，上海人民出版社，1989。

16　參見林尚立主編，《中國共產黨與人民政協》，146-148頁。

3. 交叉任職

在政協領導層中，中共黨員占據核心位置。政協黨組成員和統戰部領導同時也是政協領導層的核心成員。以上海市爲例，歷屆政協主席、主持實際工作的副主席和秘書長均是中共黨員。而且，第一屆到第五屆政協期間基本上是上海市委主要領導擔任主席。第六屆到第七屆政協主席分別由同濟大學和復旦大學校長擔任，但配備了工作能力較強的中共副主席主持政協的實際工作。從第八屆開始，政協主席由原市委領導擔任。

同理，爲了有效實現統戰部對人民政協工作的領導，統戰部與人民政協之間也存在交叉任職的問題，統戰部部長一般會兼任同級政協副主席。仍以上海市爲例，市委統戰部部長多兼市政協副主席，甚至統戰部部長和副部長同時兼任市政協副主席（見表4-2）。

表4-2　歷屆上海市政協主席的黨內職務、統戰部領導兼歷屆上海市政協副主席基本情況

屆次	時間	主席	主席在中共黨內職務	統戰部領導兼副主席
一屆	1995年5月	柯慶施	1954年10月起任市委第一書記	劉季平
二屆	1958年10月	陳丕顯	1954年10月起任市委第二書記	劉述周
三屆	1962年7月	陳丕顯		陳同生
四屆	1964年9月	陳丕顯	1965年11月起任市委第一書記	陳同生、王致中
五屆	1977年12月	彭沖	1976年10月起任市委第三書記，1979年1月起任市委第一書記	張承宗
五屆	1979年12月	王一平	1977年1月起任市委書記	張承宗、靖任秋
六屆	1983年4月	李國豪	中共黨員、民盟黨員，1977年起任同濟大學校長	毛經權
七屆	1988年4月	謝希德	中共黨員，原復旦大學校長*	
八屆	1993年2月	陳鐵迪	中共黨員，原市委副書記	趙定玉
八屆	1996年2月	陳鐵迪		王生洪
九屆	1998年2月	王力平	中共黨員，原市委副書記	黃躍金
十屆	2003年2月	蔣以任	中共黨員，原市委副書記、常務副市長	黃躍金

表4-2　歷屆上海市政協主席的黨內職務、統戰部領導兼歷屆上海市政協副主席基本
　　　　情況（續）

屆次	時間	主席	主席在中共黨內職務	統戰部領導兼副主席
十一屆	2008年1月	馮國勤	中共黨員，原常務副市長	
十二屆	2013年1月	吳志明	中共黨員，原市委常務、政法委書記	

*謝希德：1983-1988年任復旦大學校長。

　　儘管改革開放以來人民政協制度在組織與功能方面都發生了局部變化，但其基本政治定位並沒有發生改變，中國共產黨依然在人民政協內部占據絕對的主導權，利用組織化的權力有選擇地吸納各種社會力量參與到政治過程中來。在新形勢下，如何更好地處理黨、人民政協、社會三者之間的關係，是中國共產黨和人民政協必須面對的現實問題。其中三組關係尤其重要：黨組和政協領導體制之間的關係（包括黨組必須處理好自身與主席會會議、常委會會議、秘書長會議的關係）、統戰部和政協之間的關係、黨員和委員之間的關係。

4.3　人民政協制度的創新和未來

　　改革開放以來，人民政協從重新恢復到今天，經歷了很大的變化，制度化程度越來越高，運作機制不斷創新。這一變化主要基於三個背景：其一，國家建設的需要。政治協商制度是中國現代化建設、國家建設的重要政治資源。「文化大革命」結束後，國家百廢待興，中國共產黨清醒地認識到制度問題對於黨的執政地位和國家建設的重要性。1987年召開的黨的十三大，將「制度」問題擺在重要位置[17]。1989年中共中央提出的14號文件[18]成爲政治協商制度化的一個重要節點。其二，社會變遷的推動。改革開放三十多年來，中國經濟保持了持續的快速增長，社會結構和利益格局開始出現很大的分化，價值觀念趨於多樣化，人民的政治參與需求激增。這一切在客觀上要求更爲合理的代表機制和社會整合機制。作爲中國最重要的代表機制之一，人民政協必須適應這種要求。其三，西方協商

17　參見劉小彪：《中共黨代會報告30年的詞彙變遷》，載《黨的建設》，2009年第1期。
18　即《中共中央關於堅持和完善中國共產黨領導的多黨合作和政治協商制度的意見》。

民主理論的引入。2003年以後，學界開始引入協商民主理論，很快在學界和政界都激起了很大的反響，並進入最高決策層的視野。2005年以後，人們開始用新的理論資源對人民政協進行詮釋，並引發了相應的制度變遷。2006年底，全國政協成立中國人民政協理論研究會，其每期會刊都有若干篇關於協商民主的研究文章[19]。

4.3.1　定位：從「統一戰線組織」到「中國政治體制的重要組成部分」

　　改革開放以來，人民政協制度最重要的變化可能是其政治地位從「統一戰線組織」成為「中國政治體制的重要組成部分」。在毛澤東、周恩來等老一輩革命家的最初設計裡，並沒有將人民政協作為中國政治體制的組成部分來考慮，而是將其作為統一戰線組織來定性的，具有策略性。正是由於這樣的性質定位，使得人民政協制度長期以來缺乏獨立性，甚至被理解為附屬於統戰系統的一個部門[20]。直到1982年，《憲法》「序言」對人民政協的性質、地位和作用規定的界定仍比較籠統。1993年，在八屆全國政協一次會議閉幕會上的講話中，李瑞環第一次正式提出人民政協是中國特色社會主義政治體制的重要組成部分。中共中央2006年的5號文件再次認定：「人民政協是我國政治體制的重要組成部分，在我國政治生活中具有不可替代的作用。」黨的十七大報告將人民代表大會制度、中國共產黨領導的多黨合作和政治協商制度、民族區域自治制度和基層民主制度視為我國的四大政治制度。這是改革開放以來，人民政協在性質定位層面獲得的重大發展與突破。它賦予了人民政協與人大、政府在中國政治體制中同樣的獨立地位。十八大強調，要充分發揮人民政協作為協商民主的重要管道作用。2014年9月21日，習近平在慶祝中國人民政治協商會議成立六十五週年大會上的講話中指出，人民政協作為專門協商機構應該在協商民主建設中發揮獨特而重要的作

---

[19]　需要指出的是，協商民主在中國是按照統一戰線的邏輯來加以理解的，這一點與西方不同。西方的協商民主主要是一種公民實踐，中國的協商民主主要是一種實現社會整合的制度安排。參見林尚立主編：《統一戰線與國家建設》，157頁，上海，上海人民出版社，2008。

[20]　參見胡筱秀：《人民政協制度功能變遷研究》，155頁，上海，上海人民出版社，2010。

用[21]，將人民政協作為專門協商機構和協商民主重要管道，這一新的定位無疑為人民政協未來的發展開放了更大的空間。

與人民政協地位不斷提升相匹配的是「兩會」制度的規範化。眾所周知，每年3月召開的「兩會」是中國政治生活中最重要的一個政治景觀。中國人民政治協商會議制度與人民代表大會制度之間不僅存在高度連動性，而且在召開的形式與週期上也保持一致。從人民政協組織結構來看，人民政協與人民代表大會一樣，成立了各種專門委員會；從功能來看，人民政協已經在形式與程序方面逐漸獲得了與人民代表大會相似的「政治權力」，與人大相比，政協缺乏的就是最後的審議權，但是已經具有審議過程的相同特點[22]。

4.3.2　組織結構調整

改革開放以來，人民政協的組織結構調整主要體現在兩個方面：橫向的界別調整和縱向的組織延伸。

人民政協制度和人大制度一樣，也是一種代表制度。但與人大制度不同的是，它是一種精英式的群體代表機制。首先，它是一種群體代表制，而不是地域代表制。政協委員不是基於地域選舉產生，而是代表特定的社會群體。其次，它是一種精英代表制，政協委員都是社會各界的精英，具有一定的社會政治影響力。最後，政協委員不是通過選舉產生，而是通過協商的方式推選產生。

在人民政協中，體現這種群體代表制的具體制度安排就是界別設置。改革開放以來，隨著社會的發展和社會結構的變遷，人民政協也不斷調整界別設置以適應新形勢的需要，及時將新產生的社會精英吸納到人民政協中來，有效整合社會各界的利益和意志。

1. 調整界別設置，增強包容性

從第五屆到第八屆，全國政協的界別經過不斷調整，總數增加到三十四個，主要可以分為七種類型：一是黨派，包括中國共產黨、各民主黨派和無黨派人士十個界別；二是團體，包括共青團界、總工會界、婦聯界、青聯界等八個界別；

21　參見習近平：《在慶祝中國人民政治協商會議成立65週年大會上的講話》，見人民網，2014/9/21。

22　參見胡筱秀：《人民政協制度功能變遷研究》，126頁。

三是以行業爲基礎劃分的社會各界，包括文藝界、科技界、教育界、經濟界、農業界等十一個界別；四是按民族設立的少數民族界；五是按宗教信仰設立的宗教界；六是按地域設立的香港和澳門二個特邀人士界別；七是特別邀請人士界。

2. 調整界別內部構成

界別內部構成方面也不斷進行調整，如從第八屆全國政協開始設立的經濟界，從第八屆時的83人，增加到第十二屆時的151人，其中，第八屆時的民營企業家只有20人，到第十屆時就已增加到了65人。第十屆時經濟界共有130人，民營企業家正好占到了一半，其增幅遠高於經濟界本身的增幅，與中國經濟自身的發展趨勢是一致的。與此同時，黨派、團體界別穩中有降；特邀人士界別人數減少，比例下降。

從第八屆以來，人民政協的界別設置沒有再進行過結構性調整，一直保持在三十四個。但這二十多年是中國經濟社會發展最快的二十多年，爲建立更具包容性和代表性的政治結構，應該對人民政協的界別設置進行適當調整。例如，可以將性質相近、重複設置的界別進行合併。共青團界和青聯界、科技界和科協界明顯具有外延上的包含關係，且性質相近，應予合併。可以分解涵蓋面寬、人數過多的界別，如經濟界，可以拆分爲工業界、現代服務界、金融界等[23]。其實，一些地方政協已經開始在做一些嘗試，如2012年，廣東省惠州市博羅縣在全國率先在縣政協界別中新設社會組織界別，分配四名委員名額[24]。

與界別調整緊密相關的一個問題是政協委員的產生辦法。現行政協委員的產生辦法實際上是一種事後的「體制性確認」，是執政黨自上而下的選擇與吸收的過程，政協委員與社會之間的關係已經由原來的直接關係變成了間接關係。在這種情況下，其代表性與自主性都會受到一定的限制。爲了增強政協委員的代表性，一些地方政協開始悄然探索新的政協委員產生機制。2010年，深圳市在全國率先以選舉方式產生部分政協委員，其具體做法是，在委員推薦環節引入了競爭機制，通過本人自薦、組織調查、競選演講環節，讓當選委員做出履職承諾，由界別群眾以無記名投票方式選舉產生政協委員[25]。作爲一種自下而上的機制，新

---

[23]　參見李允熙：《從政治協商走向協商民主》，149-153頁，北京，社會科學文獻出版社，2012。

[24]　參見雷輝：《博羅縣政協率先設社會組織界別》，載《南方日報》，2012/6/12。

[25]　參見雷輝：《深圳：全國率先試水政協委員選舉》，載《南方日報》，2010/7/8。

的委員產生辦法會促使當選委員「眼睛朝下看」。

除了橫向結構的界別設置外，一些地方政協還嘗試在縱向結構上進行改革，將政協的觸角進一步延伸到基層，推動基層民主的發展。如山東省政協從2011年起，在全省鎮、街設立政協工作機構，發揮委員作用，構建多方連動的參與機制，積極參與和推動基層協商民主建設[26]，這一制度創新不僅激發了基層政協委員的參政議政積極性，解決了政協「一年一次會，會後沒有事」的狀況，而且強化了基層政協的民主監督作用。

4.3.3　運行機制創新

人民政協運行機制的創新主要表現在其規範化和制度化上。規範化是指人民政協各項工作的開展逐漸克服了過去的隨意性，開始具備了一定之規。到2013年底，全國有二十六個省、市、自治區都制定了政治協商規程，對政治協商的基本方式、主要內容、主要形式、主要程式都做了具體詳實的規定，要求重大決策在決策之前和決策執行過程中，必須進行協商。它還規定要建立政治協商督辦落實機制。制度化是指人民政協不斷開發制度資源，通過制度創新拓展自身的活動空間。其中，既有對原有制度（如雙週座談會）的啓動，又有新制度的創設（如派駐民主監督小組）。

下面，我們以人民政協的三項職能爲基本線索來觀察改革開放以來政協在運行機制方面的創新。

1. 政治協商方面的創新

政治協商方面的創新主要表現爲協商內容的細化和拓展，以及協商形式的不斷豐富。

（1）協商內容的細化和拓展。2005年和2006年提出的兩個5號文件對於人民政協的協商內容所作的規定較爲原則，操作性不強。各地在制定協商規程時，努力將原則性的規定細化爲協商清單。在此過程中，很多地方嘗試將抽象的規定落實爲具體的實踐，其中對法律法規和重要人事安排的協商尤其引人注目。法律法

26　參見《有了好制度 必須抓落實——再評我省鄉鎮（街道）政協工作機構建設》，載《聯合日報》，2012/10/30。

規的制定和修改是人大的法定職權，政協向來敬而遠之，以免「兩院制」之嫌。儘管在1989年印發的《政協全國委員會關於政治協商、民主監督的暫行規定》已將法律法規列入了政協的協商內容，但是政協從來沒有嘗試過對人大即將制定的法律法規草案進行協商。2005年和2006年提出的兩個5號文件也都將法律法規列入協商內容。隨後，有二十個省級和副省級市的協商規程做出明確規定，地方人大和政府起草與修訂過程中的重要地方性法規，應該納入協商範圍。在具體操作過程中，各地對立法協商具體路徑的設計不盡相同。有的地方由省（市）委常委會將人大即將制定的法規草案交由同級政協協商。2013年底，北京市政協按照這個流程對《北京市大氣污染防治條例（草案）》進行了協商。有的地方則是由人大直接委託政協就法規草案進行協商，並在立法過程中與政協保持緊密的工作聯繫。山東省濟南市自2006年以來就是如此操作的。值得注意的是，政協的協商對立法產生了直接的影響，實現了協商與決策的有效對接。例如，北京市人大常委根據政協委員的意見，對《北京市大氣污染防治條例（草案）》中的六十一條進行了修改，涉及八十三處[27]。

　　與之類似，重要人事安排向來是黨委的重要權力，是黨管幹部原則的重要體現，政協以前更是不敢越雷池一步。但在各地制定的規程中，大多規定了要對同級人大、政府、政協領導班子和人民法院、人民檢察院主要領導的建議人選以及重要人事安排進行協商。2013年5月，湖南省十一屆政協二次常委會會議專門對省長人選進行了協商，引起了廣泛關注。2010年，湖北省竹溪縣縣委不僅就重要人事安排多次與政協溝通，並在政協主席會議進行協商，而且需提請縣委全委會票決的幹部，還邀請縣政協主席會議成員全部參加對重要幹部的票決[28]。

　　（2）協商形式的不斷豐富。協商形式創新方面最引人注目的成績是全國政協「雙周座談會」的恢復，並升級為「雙周協商座談會」。2013年10月，在時隔四十八年之後，雙周協商座談會重啓，一般每兩週舉行一次，每年召開二十次左右。在組織過程中，細化協商程序，借鑑新的手段，使協商參加人員的選取更加科學，協商材料的準備更為充分，協商過程更加高效。值得注意的是，雙周協商座談會不僅規格高，每次由全國政協主席俞正聲親自主持，相關部委的領導參

27　參見余榮華：《北京探路政協立法協商》，載《人民日報》，2014/4/16。
28　參見李章新：《湖北竹溪縣重要人事安排先協商後決定》，見人民政協網，2010/12/13。

加，而且它還有意每次邀請不同的全國政協委員，爭取在一個任期內，每個全國政協委員都能參加一次座談會[29]。可以說，雙周協商座談會有效地貫通了專題協商、對口協商、界別協商、提案辦理協商，使四種重要協商形式集中在一個平臺上展現。

除此之外，各地人民政協在實踐中不斷完善既有協商形式，積極探索新的協商形式，並取得了重要進展。這主要體現在三個方面：一是進一步規範了人民政協多年實踐、相對成熟的協商形式，通過制定完善相關規則，對各種會議進行明確和細化；二是積極開展專題協商、對口協商、界別協商、提案辦理協商、民主評議等，進一步拓展了協商空間和領域；三是積極探索網上協商議政，充分利用網路資訊技術，拓展協商平臺，與相關高校和科研機構聯合開發網路協商軟體，大膽借鑑大資料等現代技術手段，爲網路協商提供技術保障。

2.民主監督方面的創新

民主監督職能爲人民政協創造的政治空間是非常大的。從法律的角度看，可以對法律的實施情況進行監督；從政府的角度看，可以對重大方針政策、經濟社會發展計畫和財政預算的執行情況進行監督。人民政協通過民主監督，可以加強對權力運行的約束，促使國家權力依法運行。但是，要眞正將其落到實處，還需要具體的制度安排來支撐。改革開放以來，尤其是最近十年來，人民政協在以下幾個方面進行了有益的嘗試[30]：

（1）委員視察。以往，委員視察一般由被視察單位彙報和陪同參觀兩部分構成，很容易形成「走過場」的局面。近年來，一些地方政協創造了無陪同視察的方式，使視察瞭解的情況更深入、更眞實、更全面。

（2）派駐民主監督小組。這種民主監督方式變以往的個體監督爲組織監督，提高了民主監督的組織化程度。

（3）專項監督和重大事項監督。政協圍繞黨委和政府的重點工作或某一重大事項，通過專題調研、專題視察和專題協商議政等形式開展監督。例如，2010年的上海世博會，上海市政協就爲此組織了重大事項監督，政協委員提出的一些

29　參見娜迪婭：《時隔48年，全國政協雙周協商座談會重啓》，載《南方都市報》，
　　2014/2/17。
30　參見林尚立主編：《中國共產黨與人民政協》，247、254-256頁。

建議，如世博會建築應該採用阻燃電纜、在郊區主城區增設世博專線等，都轉化為改進工作的具體措施。

（4）與社會監督相結合的民主監督。政協委員與新聞媒體、人大代表相結合，以社會團體的名義，代表社會對黨委和政府的工作進行民主監督。這方面一個典型的例子是2009年上海的釣魚執法事件。2009年10月，孫中界被釣魚執法一案引起輿論譁然，浦東新區政府被置於風口浪尖。在此背景下，浦東新區政府組建聯合調查組，包括人大代表、政協委員和新聞記者在內的調查人員，就此事件重新展開調查。僅六天後，浦東新區政府召開第二次新聞發布會，公布聯合調查結果，否定了浦東新區城管局言之鑿鑿的「調查」，認定「孫中界案」存在釣魚執法。

3. 參政議政方面的創新

人民政協參政議政主要有三種形式：專題調研、提案、反映社情民意。在此，我們主要以提案為例來說明政協在參政議政方面的制度創新。

政協提案是政協參加單位和委員向政協全體會議或常務委員會提出的，經提案委員會審查立案後交付有關單位辦理的書面意見和建議。提案工作制度的創設始於1991年發布的《中國人民政治協商會議全國委員會提案工作條例》。提案工作的流程包括三個階段：提案的提出、提案的審查與處理，以及提案的辦理與催辦。從1990年代以來各級政協在提案方面的制度創新來看，主要的著眼點在第三個階段。1994年10月修訂的《中國人民政治協商會議全國委員會提案工作條例》與1991年的相比，最大的制度創新就是它對提案的辦理有了更具操作性的規定，如領導分管、專人負責、限時答覆。

由於全國政協的大力推行，地方政協也在這一方面進行了大量的制度創新。如寧波市政協於2002年首創的提案辦理回饋和檢查督辦制度、深圳市羅湖區政協1997年開始實行的提案三級辦理制度、北京市從2003年開始實行的新的提案交辦方式等[31]。這些做法顯然有利於提高提案辦理的權威性，增強承辦單位辦理提案的責任感和主動性。

---

31 參見秦志勇：《拓寬參政議政的管道》，載《人民政協報》，2003/7/5；孟祥武：《北京市政協提案力促熱點與難點問題的解決》，載《人民政協報》，2004/2/25。

　　除此之外，有些地方政協在實踐中還創造了一些綜合性的制度安排，將政協的三項職能熔於一爐。如安徽省政協的資政會就是一例，這一制度創新是2001年誕生的，從2002年起，該省每年選擇一個事關該省經濟社會發展和群眾普遍關注的主題，召開資政會。資政會包括四個階段，即聽政、問政、議政和資政，一般要持續四至六個月[32]。

4.3.4　人民政協制度的未來

　　在黨政體制的基本框架下，人民政協享有國家機關的一切組織型態、活動方式和財政供給。它擁有自身龐大的組織網絡，具有獨立自主性；作為協商機關和參政議政機構，它與黨委、政府、人大並稱「四大班子」，各級政協的負責人均被列入「黨政主要負責人」之列。《人民日報》每報導重大會議或儀式活動時，出席會議的全國政協副主席都被列入「黨和國家領導人」之中。政協和人大一起構成了在國家政治生活中舉足輕重的「兩會」。它的機構運轉屬於國家管理活動的一部分，涉及國家公共事務管理的方方面面；它的機關構成主體——機關幹部和國家工作人員——又被納入國家公務員管理體系，並參加了歷次政府機構改革；在現行國家財政預算體系中，它又是一個實行獨立預算的行政單位，人民政協機關的工作人員享受公務員工資、福利待遇，由國家財政統一負擔，機關辦公經費納入國家預算開支。可見，政協的組織和制度早已深深地嵌入當代中國的政治體制之中。

　　即便如此，人民政協在性質定位問題上仍處於某種尷尬的境地。《憲法》對人民政協的定性是「有廣泛代表性的統一戰線組織」。官方文件將其視為中國的基本政治制度之一、政治體制的重要組成部分，但這並不意味著政協就是國家機關。統戰部門專門強調，人民政協不是協商主體，而只是一個政治協商的管道和平臺，因為如果政協是協商主體，就有可能產生「兩院制」的嫌疑[33]。

　　這種模糊性引發了相關的爭論。一種觀點認為，人民政協已經成為事實上的國家機關或準國家機關[34]，甚至有人認為可以把人民政協建設成上議院、把人大

32　參見李允熙：《從政治協商走向協商民主》，167-169頁。

33　參見張獻生：《關於我國政治協商的主體問題》，載《上海市社會主義學院學報》，2009年第2期。

34　參見胡筱秀：《人民政協制度功能變遷研究》，105-109頁。

建設成下議院。持不同觀點的人則認為，不能從這種「事實」得出結論，將人民政協視為國家權力機關。改變人民政協的組織屬性，這種做法既不可行，也不可取[35]。人民政協作為專門的協商機構，作為協商民主的重要管道[36]，能比它作為國家政權機關更好地發揮作用。不是國家機關的人民政協可以從國家政權外來監督政府。這樣，「政協位置超脫，政協發表意見，可以較少受到利益驅動的影響和地區的侷限，可以比較客觀、準確地反映各種情況和問題」，以「旁觀者清」來彌補可能出現的「當局者迷」[37]。不僅如此，人民政協保持非國家權力機關的性質，可以避免形成人大、政協並立的二元權力結構，改變議行合一的政治體制[38]。也許雙方的論點各有某些道理，但在可預見的未來，既有格局將會維持下去。

在這種情況下，如何充分發揮政協的作用，需要在認識上和實踐上都有所突破。第一，要以新的視野來看待和理解統一戰線。我們不能僅僅將統一戰線視為一種策略性工作，而應將其視為一種戰略性工作。這意味著統一戰線不是一種針對特定物件的部門化工作，而應將統戰的理念貫穿於所有工作之中[39]。這一方面要讓人民政協與統戰部適當分離，使之擺脫部門化的束縛，更好地發揮統一戰線的作用；另一方面要進一步完善人民政協的各種制度安排，將人民政協從一種儀式化的機構轉化為具有開放性、平等性和對話性的空間與舞臺，使之真正發揮重要的管道作用。

第二，推動以人民政協為範本的協商民主在中國政治體制內部的擴散，將協商民主的工作方法植入人大、政府、基層組織和社會組織。這一過程本身也是中國特色的民主化過程。在這個過程中，要充分發掘人民政協這個現成的政治資源和制度資源，一方面對其過去幾十年的協商經驗進行認真總結；另一方面利用好這個平臺，積極參與，並實現人民政協與其他各項制度的對接，使之真正嵌入現有的權力體系之中。

35　參見肖存良：《中國政治協商制度研究》，284-285頁，上海，上海人民出版社，2013。

36　參見習近平：《在慶祝中國人民政治協商會議成立65週年大會上的講話》，見人民網，2014/9/21。

37　參見胡錦濤：《在慶祝人民政協成立55週年大會上的講話》，見人民網，2004/9/21。

38　參見林尚立主編：《中國共產黨與人民政協》，240頁。

39　參見林尚立主編：《統一戰線與國家建設》，148頁。

本章小結

本章第一節介紹了統一戰線的性質，以及統一戰線產生和發展的歷史過程，指出統一戰線是中國共產黨在20世紀中國特殊的社會政治環境中，創造的一種政治整合和社會整合形式，其制度型態則爲中國共產黨領導的多黨合作和政治協商制度。在此基礎上，進一步分析了中國共產黨領導的多黨合作和政治協商制度的基本結構與政治協商的兩種類型。在第二節和第三節中，我們以人民政協爲例來剖析中國政治協商制度的演變和發展。第二節介紹了人民政協制度的產生、發展、組織結構和運行機制，並具體分析了黨的領導在人民政協制度中的具體實現機制。第三節介紹了改革開放以來人民政協發生的變化，從1978年重新恢復到今天作爲專門協商機構的全新定位，人民政協在中國政治生活中的作用越來越重要，制度化程度越來越高，運作機制也不斷創新。如何充分發掘人民政協這個現成的政治資源和制度資源，使之在未來中國的協商民主建設和民主政治建設中發揮更大的作用，是未來中國政治發展需要關注的一個課題。

關鍵術語

統一戰線、多黨合作、政治協商、協商民主、民主監督、參政議政

複習思考題

1. 中國政治協商制度的內涵和特點是什麼？
2. 人民政協的性質定位經歷了怎樣的變遷？
3. 中共是如何實現對人民政協的領導的？

第五章　中央人民政府

中國《憲法》規定：「中華人民共和國國務院，即中央人民政府，是最高國家權力機關的執行機關，是最高國家行政機關。」在中國政治中，作爲「執行機關」的中央人民政府具有非常重要的地位和作用。

本章首先回顧了中央人民政府成立與發展的基本歷史脈絡，其次分析了國務院系統的組織結構體系及特徵，再次從動態角度描述國務院系統的運行與決策過程，最後從理性官僚制角度展望中國行政國家的發展趨勢。

5.1　中央人民政府的成立與發展：從政務院到國務院

5.1.1　政務院時期（1949-1954年）

受到陝甘寧邊區政府體制傳統以及當時處於戰爭時期的綜合影響，從1949年新中國成立到1954年《憲法》頒布，新中國建立並實行了中央人民政府下轄政務院的二級政府體制，這與憲法頒布後確立的「國務院即中央人民政府的一級政府體制」有所區別[1]。

1949年9月27日，中國人民政治協商會議第一屆全體會議通過的《中華人民共和國中央人民政府組織法》規定，「中央人民政府委員會組織政務院，以爲國家政務的最高執行機關；組織人民革命軍事委員會，以爲國家軍事的最高統轄機關；組織最高人民法院及最高人民檢察署，以爲國家的最高審判機關及檢察機關」[2]，實行集立法、行政和司法三權於一身的「議行合一」體制，其政府首腦

1　參見徐悅：《試析1949-1952年政務院體制的構建與運行》，載《當代中國史研究》，2011年第6期。

2　《中華人民共和國中央人民政府組織法》，載《湖南政報》，1949年第1期。

爲中央人民政府主席，而非政務院總理。由此可見，當時的國家最高決策權力機關是中央人民政府委員會，而政務院只是中央人民政府委員會的一個執行機關和組成部分。

根據《中央人民政府組織法》的規定，中央人民政府建立了「政務院—四個委員會—三十個部、會、院、署、行」的行政組織體系。政務院由總理一人、副總理四人、秘書長一人和政務委員十五人組成[3]；四個委員會，分別是指政治法律委員會、財政經濟委員會、文化教育委員會、人民監察委員會；三十個部、會、院、署、行主要包括內務部等二十一個部，法制委員會等三個會、海關總署等四個署以及科學院和人民銀行等三十個部門。

這一時期政務院機構的設置以及政府機構中的黨建實踐爲隨後的黨政體制奠定了基礎，一些基本特徵已經初現端倪。首先，在政務院系統的人事安排中，中共領導人占據了重要地位。中共中央書記處的五位書記中，有四位分別擔任中央人民政府委員會主席、副主席和政務院總理職務；許多中共重要領導人被選入中央人民政府政務院，分別擔任政務院副總理、政務委員及政務院各部委的領導職務。當時政務院三十四個部委機構中由中共黨員擔任正職首長的達到十九個，占總數的55.9%[4]，而且主要集中在財政、公安、人民銀行等重要部門。1952年以後這一比例還在繼續上升。

其次，在中央人民政府內部設立黨委和黨組。1949年11月，中共中央分別發出《關於在中央人民政府內組織中國共產黨黨委會的決定》和《關於在中央人民政府內建立中國共產黨黨組的決定》，在中央人民政府陸續設立了黨委和黨組。中共中央政治局統一領導中央人民政府內的黨委和黨組，各類行政機關中的領導人員按照黨組系統向中共中央請示報告工作，並通過黨組在政府部門貫徹黨中央的政策和決定。

再次，中共中央通過對政務院各個部門的政治領導來制定各項具體政策，並且通過設立其他機構來削弱和平衡政務院的作用。尤其是1952年11月，新設了不屬政務院領導的國家計畫委員會，在領導國民經濟的一些重要方面代替了政務

3　參見馬永順：《周恩來組建與管理政府實錄》，5頁，北京，中央文獻出版社，1995。

4　參見徐悅：《1949-1954年中國中央行政體制研究——兼論周恩來在其中發揮的作用》，67頁，南開大學博士學位論文，2010。

院。根據不完全統計，政務院在其存在的五年中，通過和頒布的重要法令、決定約有381項，其中1949-1952年約有344項，占總數的90%。自1952年底中央人民政府調整後，政務院頒布的法令、決定只有37項，僅占9.7%[5]。這表明政務院的權力和職能明顯削弱。

最後，1953年，中共中央決定建立請示報告制度，「今後政務院各委和不屬於各委的其他政府部門一切主要的和重要的工作均應分別向中央直接請示報告。如屬於兩個部門以上而又不同隸於一委的事項，則經由政務院負責同志向中央請示報告。如系主席直接交辦的事項，應直接向主席請示報告」[6]。

需要指出的是，後來被視爲中共中央與國務院控制官僚體系規模的重要工具——編制制度，在這期間仍然由政務院單獨管理。政務院及其所屬單位機構編制審查委員會和全國編制委員會於1949年底和1950年初先後成立，其常設機構最初放在財政部，1950年以後設置在新成立的人事部。

5.1.2　計畫經濟時代的國務院（1954-1978年）

1954年9月，一屆全國人大一次會議通過了《憲法》及《國務院組織法》，它們成爲組建新的最高國家行政機關的法律依據。「五四憲法」取消了政務院體制，規定「中華人民共和國國務院，即中央人民政府，是最高國家權力機關的執行機關，是最高國家行政機關」；國務院在人事任命、工作報告、日常監督等方面必須向全國人民代表大會及其常務委員會負責，並且撤銷了人民革命軍事委員會，改爲由國務院內設的國防部統管由政府負責的軍事工作。《國務院組織法》進一步對國務院的機構設置、會議制度、任免許可權等作出了明確規定。1954年，第一屆國務院共設立了三十五個部委機構、二十個直屬機構和八個辦公機構。

1954-1978年的計畫經濟時期，國務院共經歷了四屆政府；其間受到政治運動的衝擊和影響，政府機構設置變動頻繁，運作過程的制度化水準也時起時落。總體上看，黨政體制進入了一個明顯強化的發展階段，具體體現在以下四個方面：

5　參見李格：《1949-1954年中央人民政府組織機構設置及其變化（下）》，載《黨的文獻》，2001年第6期。

6　《建國以來重要文獻選編》，第4冊，69-70頁。

　　第一，黨政不分、以黨代政的現象趨於強化。自1953年開始，中國開始逐步引入了計畫經濟模式。在發現蘇聯模式的弊端後，中共領導人開始探索適合中國國情的發展道路，提出要處理好「十大關係」。在實踐中則發動了「大躍進」運動。各種強化黨的權力和黨政不分的規定相繼發布，在黨中央形成了一套幾乎與國務院完全對應的行政性管理機構[7]。在領導原則上，強調「工、農、商、學、兵、政、黨這七個方面，黨是領導一切的」[8]，使原本定位為政治領導和幹部管理的中央變成了主管一切事務的機構，而國務院則變成了黨中央的具體執行機構。

　　第二，中共黨員在國務院重要職位中所占比例明顯上升。黨管幹部是執政黨領導國家行政官僚體系的重要工具，尤其是通過推薦黨員人選擔任國務院的重要職位，實現對行政機關的政治領導，這一領導方式在新中國成立初期就有所體現，1954年以後變得更為明顯。以1954-1959年第一屆國務院的組成為例，根據筆者的統計，1949年成立的政務院五位副總理中有郭沫若、黃炎培兩位非中共黨員，而第一屆國務院的五年時間中先後任命過十二名副總理，全部為中共黨員。政務院時期三十四個部委機構中由中共黨員擔任正職首長的達到十九個，占總數的55.9%，而第一屆國務院五年時間內共成立了五十七個部委機構，其中由中共黨員擔任正職首長的有四十個，占總數的比例增至70.2%，民主黨派和無黨派人士擔任正職首長的比例則銳減至30%以下。到1959-1965年第二屆國務院時期，先後共成立了四十個部委機構，由中共黨員擔任正職首長的機構達到三十個，比例進一步增至75%，而到了第三屆國務院時期（1965-1975年），四十八個部委正職首長中除了水利電力部傅作義、紡織工業部蔣光鼐和輕工業部李燭塵三人之外，其餘均為中共黨員，占總數的比例激增到93.8%。受周恩來總理去世的影響，第四屆國務院雖然只有三年（1975-1978年），但二十九個部委的正職首長均為中共黨員。

　　第三，黨政不分導致了以黨代政。除了「文化大革命」時期，在這一階段的大部分時間內，由於過分強調黨領導一切，黨政關係逐步演變為黨委一元化領導

7　參見楊光斌：《制度變遷中的政黨中心主義》，載《西華大學學報（哲學社會科學版）》，2010年第2期。
8　《毛澤東文集》，第8卷，305頁，北京，人民出版社，1995。

的高度集權模式，黨組織直接承擔起本應由政府來做的工作。例如，從1953年開始，關於「農業合作化」和「人民公社化」的系列文件，多由中共中央以決定或指示的形式直接發布，由政務院或國務院直接發布的文件只有十份左右[9]，形成了一種黨對國家機關包辦代替的政治格局。

第四，黨委、黨組對政府行政權力的控制進一步加強。黨中央設立與政府相對應的各部之後，1958年6月又成立財經、政法、外事、科學、文教五個小組，直屬中共中央政治局和書記處，分管相應的政府業務部門工作。各級黨的工作部門由主要管理幹部人事，轉向主要管理政府業務，而且管得越來越細，如中共中央宣傳部管到紙張供應、報刊發行等十分具體的業務[10]。黨中央和各級黨委一般通過政府、司法機關和人民團體內的黨組織，直接發布有關政治、經濟、文化和其他事務的具體指示、命令，國務院機關事實上形成黨委（黨組）領導下的行政首長負責制，各部門一切重大問題和重要事項的決定權均集中在黨委（黨組），在黨委（黨組）形成決議之後，行政首長和行政管理部門只負責執行和實施。

5.1.3　改革開放時代的國務院（1978年至今）

1978年12月黨的十一屆三中全會召開，中國的黨政關係進入了一個新的歷史時期。黨的十一屆三中全會公報指出，「應該在黨的一元化領導之下，認真解決黨政企不分、以黨代政、以政代企的現象」[11]。鄧小平強調政治體制「改革的內容，首先是黨政要分開，解決黨如何善於領導的問題。這是關鍵」[12]。1982年9月，中共十二大對黨章進行了修訂，提出了「黨必須在憲法和法律的範圍內活動」。這一轉變為黨政關係的調整奠定了基調。

改革開放以來，中國建立了社會主義市場經濟，加入了世界貿易組織（WTO）。與這些變化相適應，黨政關係經歷了一系列改革。在中央層面，黨

9　參見施叢美：《當代中國文件治理變遷與現代國家成長——以建國以來中央頒發的土地文件為分析視角》，載《江蘇社會科學》，2010年第1期。

10　參見龐松、韓鋼：《黨和國家領導體制的歷史考察與改革展望》，載《中國社會科學》，1987年第6期。

11　《中國共產黨第十一屆中央委員會第三次全體會議公報》，載《人民日報》，1978/12/24。

12　《鄧小平文選》，1版，第3卷，177頁。

政關係的調整集中體現在以下五個方面：

第一，以黨政關係規範化爲目標，推動中共中央與國務院的職能規範化，從而恢復和保持國務院作爲國家行政機關的地位與權力。從1980年代到1990年代初，尤其是十三大以後，改革的目標是黨政分開，以增強行政權力的自主性程度和制度化水準。具體實踐如黨政領導實行分任制；中共中央政治局和書記處的一部分成員不再兼任國務院領導工作；鄧小平等領導人主動辭去了自己兼任的國務院副總理的職務，專任中共中央副主席；強調中共中央主要集中精力抓黨務工作，不再設立分管行政性工作的部門和職位。政府工作報告以及五年規劃編制，由國務院自行起草審核，只需要取得中共中央的原則同意，無須再事無鉅細地向中共中央請示與彙報。中共中央的紀律檢查部門更加集中精力管好黨風黨紀工作，對於政紀和法律問題則分別交由國務院和司法部門處理。這種職能性的「黨政分開」改革，在一定程度上既強化了國務院作爲最高國家行政機關的權力，也提高了中共中央集中精力管好黨務的能力。1989年之後，由於各種原因，「黨政分開」的提法逐漸消失，取而代之的是「黨政關係規範化」，黨政關係的思考重點也轉移到如何保障執政黨更好地執政的目標上來[13]。

第二，在堅持黨管幹部的基本原則下，改變所有幹部都由黨委組織部門統管的體制，逐步建立和完善國家公務員制度。在計畫經濟時代，國務院的大小幹部基本上都由中共中央組織部門進行統管，選拔人才過程主要以政治性作爲標準，忽視專業性，幹部管理制度相對簡單僵化。1980年代中共中央提出要制定相關的法律法規，規範公務人員的錄用、獎懲、提拔、淘汰、退休、退職，提高公務員的專業素質。1988年3月，爲更好地推行公務員制度，國務院決定成立國家人事部。同年，國務院司局級以上幹部由中共中央組織審查管理，司局級以下級別的幹部則改由人事部管理。1993年8月，國務院頒發了《國家公務員暫行條例》（已廢止）；2005年4月，《中華人民共和國公務員法》於十屆全國人大常委會十五次會議順利通過，標誌著中國公務員制度的正式法制化。

第三，將一般性的行政事務決策權力逐步還權給國務院。黨政分開不僅是機構和職能的分開，而且是在堅持黨的領導前提下決策權力的相對區分。十三大之後，中共中央將主要精力轉向抓組織、宣傳、紀檢、政法、統戰等黨務工作，而

13　參見朱光磊、周振超：《黨政關係規範化研究》，載《政治學研究》，2004年第3期。

不再從事經濟、社會、民政、文化等行政性工作。在這些管理領域，由國務院單獨頒發文件或規定，中共中央不再獨立發文。例如，2012年，國務院一共單獨發文六十三份，內容涉及海洋經濟發展、國家科學技術獎勵、生物產業發展規劃、行政審批改革等具體事務。如果遇到較為重大的行政決策事項，需要中共中央加以審核通過時，一般也不完全由中共中央單獨發文，而是由中共中央與國務院聯合發文。例如，1986年，發中共中央和國務院聯合發出了《關於長江三峽工程論證有關問題的通知》。凡涉及黨務與政務兩方面事務的，也一般採取黨政聯合發文的方式，例如，2013年7月23日，中共中央辦公廳、國務院辦公廳聯合發布了《關於黨政機關停止新建樓堂館所和清理辦公用房的通知》。

第四，黨組制度的地位與功能經歷了一個變化過程，前期開始逐步削弱甚至撤銷內設的黨組機構，接著又重新加以強化，後來又強調黨組的領導和樞紐作用。黨的十三大明確把黨政分開作為政治體制改革的突破口，其中一個重要舉措就是逐步撤銷政府中的黨組。當時認為「政府各部門現有的黨組各自向批准它成立的黨委負責，不利於政府工作的統一和效能，要逐步撤銷」[14]。1989年政治風波促使中共反思。十三屆四中全會之後，中共重新強調國家機關必須接受黨的領導，凡重大問題都必須由黨委討論決定。十四大修訂了黨章，增加了黨組「討論和決定本部門的重大問題」和「指導機關和直屬單位黨組織的工作」的職能，再次強調黨組發揮領導核心作用，增加黨組做好幹部管理工作的職能。2004年，十六屆四中全會提出要發揮黨委對同級人大、政府、政協等各種組織的核心領導作用[15]。

第五，執政黨更加重視對行政官僚機構和規模的控制，編制部門從國務院內設部門變為中共中央和國務院共同設置的機構。編制部門最早成立於1949年，前身為政務院所屬單位機構編制審查委員會，之後曾經和財政部、人事部聯合辦公，後來又被列入國務院常設機構序列。改革開放後一度由總理親自兼任主任，辦公室設在人事部。1991年，中共中央、國務院決定成立中央機構編制委員會，中央機構編制委員會辦公室作為中央編委的常設辦事機構，既是黨中央的機構，又是國務院的機構。此後，中央機構編制委員會一般由國務院總理任主任，主管

---

[14]　《十三大以來重要文獻選編》（上），37頁，北京，人民出版社，1991。

[15]　參見《中共中央關於加強黨的執政能力建設的決定》，見人民網，2004/11/17。

黨務工作的中共中央政治局常委任副主任，以體現黨中央和國務院的共同領導。

5.2　國務院系統的組織結構體系及特徵

5.2.1　國務院總理、副總理及國務委員

　　1954年版的《國務院組織法》只簡單規定了國務院總理的設置，而在1982年版的《國務院組織法》中則明確規定了「國務院實行總理負責制。總理領導國務院的工作」，由此突顯出總理在國務院的核心地位。

　　國務院總理人選須由國家主席提名，全國人大通過之後再由國家主席根據全國人大的決定任命。全國人民代表大會有權罷免國務院總理。國家主席根據全國人民代表大會的決定免去國務院總理職務。國務院總理的任期與全國人大一致，每個任期均為五年，連續任職不得超過兩屆。到目前為止，新中國已經產生了一共七位、十二屆國務院總理。

　　國務院副總理和國務委員是國務院的重要組成人員，也是國務院常務會議的組成人員，協助總理工作，對總理負責。國務院副總理和國務委員的人選，由國務院總理提名，經全國人民代表大會投票決定後，由國家主席根據全國人大的決定任命。作為國務院組成人員，國務院副總理和國務委員每屆任期五年，連續任職不得超過兩屆。國務委員的行政待遇與國務院副總理同級，但權位和排名都列在國務院副總理之後。總理出國訪問期間，由負責常務工作的副總理代行總理職務。

　　雖然從程序上看，國務院總理由國家主席提名，副總理、國務委員由國務院總理提名，經全國人民代表大會投票通過，然後由國家主席統一任命，但實際上，中共中央在推薦總理、副總理和國務委員的候選人上具有絕對的主導權，這也是執政黨政治領導的重要體現。自1954年開始，總理、副總理和國務委員都是中共黨員。大部分時期，國務院總理都由排名第二或第三位的政治局常委擔任，個別時期也曾經由排名第一位的政治局常委出任（如華國鋒）；常務副總理一般是政治局常委，其他副總理都位列中共中央政治局委員行列；五名國務委員一般也是中共中央委員，在有的情況下，甚至由中共中央政治局委員出任；總理、副總理和國務委員都是國務院黨組的成員。

5.2.2　國務院辦公廳、辦事機構及議事協調機構

　　國務院行政機構根據職能分爲國務院辦公廳、國務院組成部門、國務院直屬機構、國務院辦事機構、國務院議事協調機構以及由國務院組成部門管理的國家行政機構。自國務院建立以來，這些不同類型的機構在設置數量上也呈現出程度不同的變化。圖5-1反映了歷年國務院直屬機構、辦事機構、直屬事業單位和部委管理的國家局的數量變化。

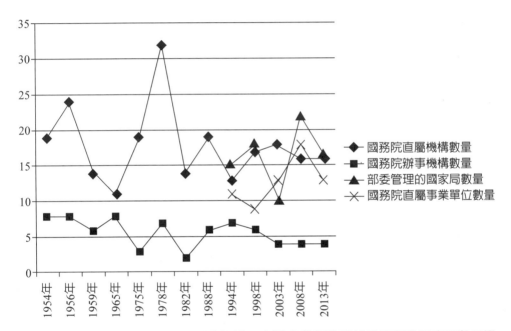

圖5-1　歷年國務院直屬機構、辦事機構、直屬事業單位和部委管理的國家局數量變化

資料來源：作者綜合歷年機構改革官方資料自繪。

　　（1）國務院辦公廳。國務院辦公廳，簡稱「國辦」，是協助國務院領導同志處理國務院日常工作的機構。國辦內設機構包括秘書一局、二局、三局、國務院應急管理辦公室（國務院總值班室）、督查室、電子政務辦公室、人事司、行政司、財務室等。設國務院秘書長一名、國務院副秘書長九名（含兼職）。國務院辦公廳的主要職能包括：負責國務院會議的準備工作，協助國務院領導同志組

織會議決定事項的實施；協助國務院領導同志組織起草或審核以國務院、國務院辦公廳名義發布的公文；研究國務院各部門和各省、自治區、直轄市人民政府請示國務院的問題，提出審核意見，報國務院領導同志審批等等。

（2）**國務院辦事機構**。國務院辦事機構為正部級的國務院部門，其職能是「協助國務院總理辦理專門事項」，不具有獨立的行政管理職能，也不具有行政主體資格。現階段，國務院設有四個辦事機構，即國務院僑務辦公室、國務院港澳事務辦公室、國務院法制辦公室和國務院研究室。

（3）**國務院議事協調機構**。它主要承擔跨國務院行政機構的重要業務工作的組織協調任務。國務院議事協調機構議定的事項，經國務院同意，由有關的行政機構按照各自的職責負責辦理。在特殊或者緊急的情況下，經國務院同意，國務院議事協調機構可以規定臨時性的行政管理措施[16]。國務院議事協調機構根據工作需要，分為長期性議事協調機構和暫時性議事協調機構。前者的代表如國家國防動員委員會、國家科技教育領導小組、國務院反壟斷委員會、全國老齡工作委員會等，而暫時性議事協調機構在工作任務完成後就會適時撤銷，如全國防治非典型肺炎指揮部、國務院行政審批制度改革工作領導小組、國務院產品品質和食品安全領導小組等。國務院議事協調機構的配置規格都是比較高的，一般由國務院分管領導擔任負責人。

數量眾多的議事協調機構的設置，是中國行政管理體制的一個比較獨特的現象，也從不同程度上反映出國務院管理過程中存在的分工模糊、多頭管理、協調成本高等弊端。近年來隨著「大部制」改革的推進，國務院議事協調機構增長和反彈的趨勢被控制住了。有效地整合現有的國務院議事協調機構，更好地打破部門之間的壁壘，加強部門間協調，降低交易成本，將是中國行政管理體制改革的重要目標。

5.2.3 國務院組成部門及部委管理的國家局

國務院組成部門，相當於內閣組成單位，是在國務院統一領導下，負責領導和管理某一方面的行政事務、行使特定的國家行政權力的行政機構，其設置由全國人民代表大會或其常務委員會決定，其行政首長由國務院總理提名，國家主席

16　參見《國務院行政機構設置和編制管理條例》，載《新法規月刊》，1997年第10期。

根據全國人大或其常務委員會的決定任免，一般為國務院組成人員。從歷史發展來看，國務院組成部門數量總體上處於下降趨勢（見圖5-2）。

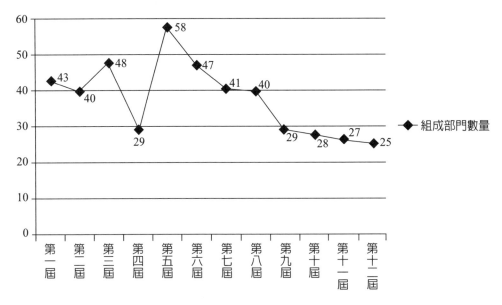

圖5-2　歷屆國務院組成部門數量變化（第1～12屆）

資料來源：作者綜合歷年機構改革官方資料自繪。

　　國務院部委管理的國家局「主管特定業務，行使行政管理職能」，其行政首長一般由國務院任命，並兼任所在國務院組成部門的副職首長，在行政級別上一般為副部級。為了理順部委與其管理的國家局之間的關係，1998年國務院發布了《關於部委管理的國家局與主管部委關係問題的通知》，對國務院、部委與國家局的關係做出了界定，指出「國家局是負責國家某方面工作的行政管理機關，具有相對的獨立性」，「國家局原則上不直接向國務院請示工作」、「國務院下發的有關文件、電報直接發給國家局，國務院召開的有關會議通知國家局參加」等[17]。但在實際運行過程中，國務院組成部門與部委管理的國家局之間的行政關係仍然存在一些模糊和衝突地帶，有待進一步細化界定。

17　參見《國務院關於部委管理的國家局與主管部委關係問題的通知》，載《陝西政報》，
　　1998年第10期。

5.2.4　直屬機構、直屬特設機構及直屬事業單位

　　國務院直屬機構「主管國務院的某項專門業務，具有獨立的行政管理職能」，在功能履行上與部委管理的國家局有一定的相似性，但不同的是，國務院直屬機構在行政管理關係上不歸任何國務院組成部門，而歸國務院直接管理，其獨立性相對更強。國務院直屬機構的主要行政首長由國務院直接任命，向國務院直接請示工作，可以根據法律和國務院的行政法規、決定、命令，在許可權內擬定部門規章、指示、命令。1980年代以來，國務院直屬機構的數量相對穩定，一般維持在十三至十九個（見圖5-1）。

　　在眾多的國務院機構類別中，國務院直屬特設機構是非常特殊的一類。到目前為止，只有國務院國有資產監督管理委員會為國務院的直屬正部級特設機構。國資委的主要職能包括：依照《公司法》等法律和行政法規履行出資人職責，指導推進國有企業改革和重組；對所監管企業國有資產的保值增值進行監督，加強國有資產的管理工作；推進國有企業的現代企業制度建設，完善公司治理結構；推動國有經濟結構和布局的戰略性調整。國資委依法履行出資人職責、專司國有資產監管、不承擔公共管理職能的特殊定位，這些都區別於國務院其他的公共管理部門和機構[18]。

　　國務院直屬事業單位不是國家行政機關，而是接受國務院一定的授權，以增進社會福利，滿足社會文化、教育、科學、衛生等方面需要，提供各種社會服務為直接目的由國務院直接領導的社會組織。國務院直屬事業單位不以營利（或積累資本）為直接目的，其工作成果與價值不直接表現或主要不表現為可以估量的物質型態或貨幣型態。雖然不是行政機構，但其主要的行政首長一樣要由國務院直接任免，運作的經費也主要從中央財政預算中列支。第十二屆國務院共設置了十三個直屬事業單位（見圖5-1），包括新華通訊社、中國科學院、中國社會科學院、中國銀行業監督管理委員會、中國證券監督管理委員會等十一個正部級機構以及中國地震局、中國氣象局二個副部級機構。相對於行政機構而言，直屬事業單位在人事政策、財務管理、內部規範等方面有著更為靈活的特點，例如銀監會、證監會等機構在招聘人才、薪酬設置等方面擁有比一般國家公務員制度更為

---

[18]　參見《國資委：堅持地方國資委直屬特設機構性質》，見證券時報網，2011/6/29。

靈活和彈性的空間，以便吸引更多的專業優秀人才加入其中。

5.3　國務院系統的運行與決策過程

5.3.1　總理負責制與分工制度

　　國務院實行首長負責制，總理是國家行政機關的最高首長，由總理全權領導國務院的工作。在民主討論的基礎上，國務院總理有權對國務院工作中的重大問題作出最後決定，同時對這些決定以及其所領導的全部工作負有全面責任。從具體的運行過程來看，總理負責制的行政權力和責任主要體現為五個方面。

　　（1）**決策權**。在憲法和法律賦予國務院的法定職權範圍內，總理對國務院工作中的重大問題具有最後的決定權。國務院發布的決定、命令和行政法規，編制和執行的國民經濟和社會發展計畫，以及向全國人大及其常委會提出的議案，總理都有權進行最後的決定；這些政策文件也都必須由總理簽署，才具有法律效力。副總理、國務委員協助總理工作，並與秘書長、各部部長、各委員會主任、審計長一起對總理負責。

　　（2）**人事權**。國務院總理有權向全國人大提名副總理、國務委員、各部部長、各委員會主任、審計長、秘書長的任免人選，同時有權在全國人大閉會期間向全國人大常委會提名國務委員、各部部長、各委員會主任、審計長、秘書長的任免人選。此外，國務院總理還可以通過國務院直接任免除國務院組成部門之外的各個機構的正副行政首長，以及各個部委機關的一些副職行政首長。

　　（3）**概算權**。《憲法》規定只有作為立法機關的全國人大才能審查和批准國家的預算和預算執行情況的報告，但在預算方案的制定和安排的實際過程中，國務院總理能夠在計畫和安排國務院財政方面具有主導地位。《預算法》規定中央預算、決算草案由國務院編制，可以提出中央預算預備費動用方案，編制中央預算調整方案等。

　　（4）**審計監督權**。《憲法》規定國務院對各級行政機關及其工作人員是否履行法定職責進行監督，對其所屬的各部委及地方各級行政機關的規範性文件進行監督。「國務院設立審計機關，對國務院各部門和地方各級政府的財政收支，對國家的財政金融機構和企業事業組織的財務收支，進行審計監督。」

　　（5）**擔負全面責任**。根據權責一致的原則，國務院總理在擁有以上權力的

同時，對國務院的所有工作擔負全面責任。一方面，國務院的工作整體由總理對全國人大及其常委會負責，必要時全國人大及其常委會可以對總理或國務院進行質詢甚至罷免；另一方面，國務院總理對其主管的工作負全部責任。

　　與國務院總理權責設置相對應，國務院各部、委員會分別也實行部長、主任負責制，即各部長、各委員會主任領導本部門的工作，召集和主持部務會議、委員會會議、委務會議，同時簽署上報國務院和上級政府的重要報告與下達的命令、指示等。爲了提高工作效率，避免國務院總理工作事務過於繁雜，國務院也實行分工制度。如：副總理協助總理工作，總理出國訪問期間，由負責常務工作的副總理代行總理職務；國務委員受總理或國務院常務會議的委託，負責某些方面的工作或重大的專項任務，並且可以代表國務院進行外事活動；國務院秘書長在總理領導下負責處理國務院的日常工作；國務院部、委、行、署是國務院的職能機構，在國務院統一領導下，負責領導和管理某一方面的行政事務，行使特定的國家行政權力；審計長負責國家財政和財務收支活動的監督工作。

　　由於公共事務複雜性和系統性日趨增加，因而經常會出現部門機構之間的職權交叉或模糊現象。在這種情況下，一般會由國務院總理召開相關部委會議，協商達成共識，然後以國務院辦公廳的名義發布具有針對性的分工細化意見，劃定相關的職權歸屬和分工。例如，針對食品安全監管環節中的職責不清問題，2004年9月國務院頒布了《關於進一步加強食品安全工作的決定》，對食品安全監管中的種植養殖、生產加工、市場流通、餐飲消費等不同環節的監管權責歸屬進行了較爲明確的規定。又如針對利用外資工作中相關職權劃分不清的情況，2010年4月國務院制定了《關於進一步做好利用外資工作的若干意見》，對外資企業設立審批、跨國公司設立功能性機構、外資並購的反壟斷調查等職權歸屬進行了劃分。

　　需要指出的是，受到黨政體制的結構性制約，經常可以看到作爲執政黨的中國共產黨在國務院運行過程中的作用和影響。例如，雖然總理擁有很重要的人事提名和任免權，但在黨管幹部的體制下，副部級以上的人事任命實際上是由中共中央來建議和提名的。國務院許多部委在履行具體的職能時，也要接受中共中央相關機構和部門的領導或指導。

5.3.2　國務院會議制度

會議在中國政治過程中扮演著十分重要的角色，各類不同的會議不僅在設定政策議程、達成政策共識、制定政策方案過程中發揮著關鍵的功能，同時也是各類政治決策合法化的重要載體。

1. 法定會議

法定會議包括全體會議和常務會議。國務院全體會議，由國務院總理、副總理、國務委員、各部部長、各委員會主任、人民銀行行長、審計長、秘書長等人員組成，由總理召集和主持，討論決定國務院工作中的重大事項，部署國務院的重要工作，一般每半年召開一次，根據需要可安排有關部門、單位負責人列席會議。由於國務院全體會議的與會人數較多，因此開會的頻率相對低一點。例如，第九屆國務院（1998-2003年）召開了九次全體會議，第十屆國務院（2003-2008年）召開了十一次全體會議，第十一屆國務院（2008-2013年）召開了八次全體會議。

從1998年以來舉行的全體會議來看，國務院全體會議所涉及的內容和決定的事項主要包括以下幾個方面：（1）執行新一屆全國人大通過的關於國務院機構和職能調整的工作方案，通報國務院領導工作分工，宣布國務院的機構設置，做好兩屆國務院之間的銜接工作。（2）新年開始的1月，國務院全體會議總結上一年度的工作，梳理存在的問題，提出下一年度國務院的工作目標和方向，形成《政府工作報告（徵求意見稿）》，提請新一次全國人大會議審議。同時，每五年會有一次國務院全體會議專門討論國民經濟和社會發展的五年規劃發展綱要，為提交新一次全國人大會議審議做好準備。（3）決定香港和澳門特別行政區特別行政長官的人事任免和辭職。（4）針對一些該屆政府高度重視的臨時性的全域性重大事項進行協商決策。例如，1998年6月召開的九屆國務院二次全體會議，專門就新一屆國務院機構改革、各個部門「三定」方案編制以及人員分流方案進行決策。2003年5月召開的十屆國務院二次全體會議，特別就「非典」防治和經濟發展工作進行協商決策。

國務院常務會議，由總理、副總理、國務委員、秘書長組成，由總理召集和主持，根據需要可安排有關部門、單位負責人列席會議，主要任務包括討論決定

國務院工作中的重要事項，討論法律草案、審議行政法規草案，通報和討論其他重要事項等，一般每週召開一次。與國務院全體會議相比，國務院常務會議的參會人數較少、級別較高、頻次更密、效率更高，因此往往成為國務院運行過程中最重要的決策樞紐。

從歷年資料來看，國務院常務會議一般每年召開30～40次。2003-2013年的十一年間，國務院共召開常務會議434次，平均每年召開39.5次。最多的是2009年，一共召開了47次；最少的是2003年，只召開了33次。自2007年以後，國務院常務會議的召開次數有增加的趨勢。

2. 工作會議

除了法定的和定期的全體會議與常務會議，國務院還經常召開工作會議。一般而言，國務院工作會議分為綜合性工作會議和專題性工作會議兩大類。綜合性工作會議處理的議題跨越特定的部門職責，涉及諸多的相關領域。例如，國務院每年召開的廉政工作會議，一般由國務院總理主持，國務院的各位副總理和國務委員及相關部門行政首長參加，同時邀請中共中央紀律檢查委員會書記參加。

專題性工作會議，顧名思義，議題相對單一，通常由國務院某一個或幾個職能部門主導負責，或單獨負責，例如全國金融工作會議、全國衛生工作會議、全國科技工作會議、全國安全生產工作會議等。工作會議基本上都在上一年度年末或每年年初召開，一般由直接擔負該項職能工作的行政首長部署新一年度的工作安排，全國各省、市、自治區的相關職能部門負責人共同參會討論。有一部分工作會議，國務院負責該項工作的主管副總理或國務委員也會參加。個別重大的工作會議，國務院總理會出席並提出具體的工作建議。例如，時任國務院總理溫家寶先後參加了2007年全國品質工作會議和2010年的全國教育工作會議。

3. 黨政聯動的會議機制

黨政聯動的會議機制是處理具有全域性、戰略性影響的重大事項的一種決策和執行工具，也是執政黨對國家經濟、社會發展戰略與政策開展領導與統籌的實現機制。這一機制由兩個核心環節構成：（1）黨中央就一些重大事項召開相關的工作會議，做出基本決策，為後續工作奠定原則和基調。此類工作會議可以分為以下幾類：第一，具體領域的工作會議，如中央經濟工作會議、政法工作會議、民族工作會議、農村工作會議等。一般和中共中央的工作職能以及工作重心

（如經濟建設）密切相關，但近年來也涉及一些國務院主管的具體領域工作（如水利工作會議）。第二，具體區域問題的工作會議，一般又被稱爲工作座談會議，如中央西藏工作座談會議、新疆工作座談會議等，往往與民族、宗教問題相對突出的區域相對應。第三，綜合議題的工作會議，如中央城鎮化工作會議，涉及的往往是具有重大戰略意義或前瞻性國家發展戰略的議題。（2）在中央工作會議結束之後，由國務院相關會議予以具體的落實。以中央經濟工作會議爲例，1994年以來每年一度的中央經濟工作會議是判斷當前經濟形勢和定調第二年宏觀經濟政策最權威的風向標。參加會議的人員包括黨中央、國務院、全國人大、全國政協的（黨員）領導同志，各省、自治區、直轄市黨委政府、中央和國家機關各部門、軍隊各大軍區、各軍兵種、各大單位、中央直屬有關企業主要負責同志。國務院會在下一年度初期召開一系列具體的工作會議，落實中央經濟工作會議所制定的政策、方針與規劃，如全國財政工作會議、全國商務工作會議、全國金融工作會議等。

5.3.3　黨政體制下國務院運行「五位元一體」的特徵分析

從以上的描述中不難發現，黨政體制宏觀結構對於中央人民政府的影響。這種影響不但體現在靜態的機構組織設置方面，也體現在動態的運作過程之中。具體而言，黨政體制下的中央人民政府是一個包括政治領導、功能協調、人事管理、內部控制以及外部監督「五位一體」的綜合體系（見圖5-3）。

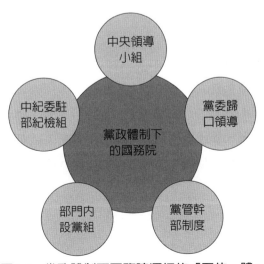

圖5-3　黨政體制下國務院運行的「五位一體」

1. 政治領導：中央領導小組

在中國的政府機構運行中，黨中央設置的領導小組具有十分重要的地位。中央領導小組系統設置於1958年，其管轄範圍幾乎覆蓋政府所有的工作面。現在的中央領導小組可分為組織人事類（如中央人才工作協調小組）、宣傳文化類（如中央宣傳思想工作領導小組及中央對外宣傳小組）、政治法律類（如中央政法委的前身中央政法領導小組）、財政經濟類（如中央財經領導小組）、外事統戰類（如中央對台工作領導小組）、黨建黨務類（如中央黨的建設工作領導小組）六大類。各類中央領導小組一般由分管該項工作的中共中央政治局、國務院領導成員和部分具體事項管理機構負責人組成，有的還設有辦事機構或常設機構，在運行過程中具有任務導向、間歇運行、雙層結構、隱匿化與制度化等特徵[19]。

許多研究將這些小組視為比較單一的議事協調機構，但從黨政關係角度分析，這些小組除了議事協調功能之外，更重要的是政治領導功能，主要表現為：（1）參與重大決策。許多領導小組自成立開始就被賦予了參與制定重大決策的職責，參與了自身所在業務領域內所有關鍵政策的制定工作。（2）完成重要事項。通過設置專門的「小組」來完成重要的工作事項，已經成為中國政府比較慣用的一種治理方式，例如中央司法體制改革領導小組、中央文化體制改革領導小組等，或者為一些更為具體的專門性任務而設置，如中央治理商業賄賂領導小組等。這些事項的開展大部分時候國務院的行政部門也都要參與其中。（3）開展重點活動。通過設置特定的領導小組，統一和有序組織體制內的各種因素，開展重點活動。例如，中央創先爭優活動領導小組、中央黨的群眾路線教育實踐活動領導小組等。

2. 功能協調：黨委歸口領導

「口」是中國特有的政治名詞，主要是指政府工作的某些特定領域，與「條塊關係」中的「條」有些類似，但在涵蓋範圍上比「條」要大[20]。黨委歸口領導機制是中國共產黨在新中國成立初期建立的，由黨的組織與政府組織串聯合併而成。通過黨委的垂直管理與橫向管理將全國的政府機構及黨的組織整合成為一個

19　參見周望：《中國「小組機制」研究》，59-62頁。
20　參見楊光斌：《中國政府與政治導論》，28-34頁。

強有力的國家機器。從結構角度觀之，黨政體制包含六個專門的「口」，分別為組織人事口、宣傳文化口、政治法律口、外事口、軍事口以及財政經濟口[21]。這些「口」通常還包括若干個小口，如相關的委、辦、局等。通過黨管幹部以及科層等級制，確保這些「口」能夠高效運轉，達成黨對於社會公共事務的管理協調與有效領導。從實際的運行過程來看，黨委歸口領導與領導小組密不可分，後者實際上協調著黨委和行政部門的運行。

　　黨委歸口管理機制的基本目的，是在強調專業化分工的官僚體制下，始終保持黨委組織對具體行政工作的指導與協調。新中國成立初期，由於在部門設置上受到蘇聯計畫經濟傳統的影響，建立了許多具體的專業化行業管理部門。專業化行政管理部門的設置雖然有利於推動具體領域的工作，強化了具體行政部門的權力，但是卻增加了行政協調和制約監督工作的難度。黨委歸口領導機制既可以通過「口」的基本單位對相近的行業管理部門進行功能協調，又體現了黨對具體行政工作的直接指導和監督，可謂一舉兩得。

3.人事管理：黨管幹部制度

　　黨管幹部是黨政體制的一個核心特徵，也是一種功能必需。通過黨管幹部，實現了對行政官僚機器主要官員的人事控制，加強了中國共產黨對各種非黨組織的政治控制，保障了中國共產黨的執政地位。這一制度要求凡屬關係全域、關係長遠的幹部人事工作的路線、方針、政策，必須由中共中央統一制定；幹部人事制度改革的總體方案和重大改革措施的出臺，必須由中共中央決定或批准；地方和部門黨的組織在貫徹執行中，根據本地區、本部門的實際所制定的一些具體政策規定和改革措施，必須與中央的幹部路線、方針、政策相一致。幹部的管理、

21　需要注意的是，目前學界關於「口」的劃分及具體數目存有不同的説法。李侃如在《治理中國：從革命到改革》一書中列舉了六個特別重要的系統（黨務、組織、宣傳教育、政法、財經和軍事），其中「宣傳教育」系統的提法值得商榷，因爲更爲常見的表達是「宣傳系統」。以《人民日報》爲例，新中國成立前就使用了「宣傳系統」一詞，「宣傳教育系統」只是在具體宣傳工作的意義上使用過三次，且包含了工商、稅務、司法在内，與作爲具體管理領域的「宣傳系統」不同。1990年代後，「宣傳文化系統」代替「宣傳系統」成爲《人民日報》以及黨的文獻中的正式詞語。每年關於全國宣傳部長會議的新聞報導，都使用「宣傳文化系統」。

決定任免或推薦、提名，必須由各級黨委（黨組）按照幹部管理許可權負責[22]。

　　改革開放以來，在堅持黨管幹部基本原則的前提下，中共適度引入了現代人力資源管理的理念與方法，對傳統的幹部管理方法進行了一些探索和改革。例如：在幹部管理許可權方面，實行下管一級；在幹部分類方面，將「國家幹部」分為黨政幹部、企業領導人員、事業單位領導人員三大類，探索各自特色的管理方式；在管理方法方面，探索了公開、平等、競爭、擇優的推薦、考核、決定、選舉等多層次、多角度的做法等，大大提升了黨管幹部制度在市場經濟條件下的政治生命力和適應力，也獲得了更大的政治彈性空間。

4. 內部控制：部門內設黨組

　　前面的內容已經討論了中共在政府機構內設置黨組的情況。這種做法的目的是加強黨對該部門的領導，保障執政黨對國務院具體行政部門的政治領導、組織領導和思想領導，也是黨政體制下政黨領導國家和官僚隊伍的重要實現途徑。黨組的任務主要是負責貫徹執行黨的路線、方針、政策；討論和決定本單位的重大問題；做好幹部管理工作；團結非黨幹部群眾，完成黨和國家交給的任務；指導機關和直屬單位黨組織工作。一般而言，國務院相關部委機構的黨組書記都由該部門的行政首長兼任，以便保持部委機構內黨政關係的協調一致。如果遇到行政首長不是中共黨員的時候，則會安排其他人來擔任黨組書記一職，以實現黨組對行政部門的工作指導。近年來，也出現了因某個部門的行政首長即將調任，需要安排新的行政首長進入，為了工作過渡的需要，將行政首長候選人安排為黨組書記的情況。黨組可以通過召開黨組會議、參與部門日常工作以及向中共中央彙報等多種方式來實現對政府機構的內部控制和駕馭。

5. 外部監督：中紀委駐部紀檢組

　　由於手中擁有強大的行政自由裁量權，即便有了上述政治領導、功能協調、人事管理和內部控制四大機制，官僚機構仍然還有自利和濫用權力的可能性。特

---

[22] 黨管幹部制度最早也是從蘇聯共產黨實踐過程中借鑑而來的，因此在英文中也被稱為「nomenklatura」體制。參見David Shambaugh, "The Chinese State in the Post-Mao Era," in David Shambaugh (ed.), The Modern Chinese State, Cambridge: Cambridge University Press, 2000, pp. 173-175。

別是推行市場經濟改革以後，行政系統的腐敗現象屢見不鮮。由於缺乏專門的紀檢監察機構，以及行政首長兼任黨組書記，對行政首長的監督和制約往往流於形式。在這種背景下，1991年中紀委決定在包括國務院各部門在內的中央和國家機關工作部門派駐中紀委紀檢組，其職能爲「檢查所在部門及所屬系統的黨組織和黨員領導幹部執行黨的路線、方針、政策和決議的情況」、「檢查所在部門黨員領導幹部違犯黨紀的案件以及所屬系統重要的違紀案件」和「協助所在部門黨組（黨委）管好黨風，加強廉政建設，糾正行業不正之風」等，由此中紀委駐部紀檢組機制得以正式確立。

　　中紀委派駐紀檢組、各部門黨組紀檢組，也稱爲相關單位的紀委。2004年之前，派駐機構由中紀委監察部和駐在部門雙重領導，2004年改爲中紀委監察部對三十六家雙派駐機構實行統一管理。經歷兩次國務院機構改革，目前中紀委監察部共對五十二家中央和國家機關設置了派駐機構。2014年12月12日，由中紀委在國務院辦公廳等中央和國家機關新設七家派駐機構。派駐紀檢組設組長（中央國家機關各部委爲副部長級，國務院直屬局爲正司局長級）一人，其人選由所在部門黨組（黨委）或由中紀委所在部門黨組（黨委）提出，經中紀委考察同意後，由所在部門黨組（黨委）報中央任免。中紀委派駐紀檢組必須認眞貫徹執行中紀委和所在部門黨組（黨委）的指示、決議和規定，同時及時完成中紀委和所在部門黨組（黨委）交辦的各項工作任務，重要問題可直接向中紀委常委請示、報告。由此可見，中紀委派駐紀檢組是中紀委在國務院具體各個部門設置的重要紀律監察部門，通過參與部門黨組的方式來對行政部門黨員紀律表現問題進行監督。近年來，特別是進入21世紀以後，國務院一些行政部門被查出存在重大違紀腐敗案件（如國家發改委、國土資源部、國家食品藥品監督管理局、國家統計局等），這些都與中紀委派駐紀檢組的作用分不開。

5.4　黨政體制下的現代行政國家建設

　　自1949年新中國成立以來，作爲執政黨的中國共產黨就一直致力於在黨政體制的框架內建設一個理性化的現代官僚制體系。改革開放以前，由於官僚體系的發展在一定程度上導致了去政治化、形式主義以及脫離群眾等問題，引發了政治領袖通過發動群眾運動的方式來打破官僚體系。這種策略的破壞作用遠遠高於其

建設功能，致使官僚機構處於瓦解和癱瘓狀態，反過來又削弱了執政黨的執政基礎。改革開放以來，執政黨通過國務院機構改革、建立現代公務員制度、確立依法行政原則、構建服務型政府、開展行政監督和反腐敗等多方面改革舉措，試圖恢復和重建一套兼顧政治性與專業性的現代官僚體系。黨的十八屆三中全會公報提出：「全面深化改革的總目標是完善和發展中國特色社會主義制度，推進國家治理體系和治理能力現代化。」這是中國共產黨歷史上首次將國家治理體系與治理能力現代化上升爲國家層面的總體戰略。從改革和創新的角度看，黨政體制下的現代行政國家至少應當包括以下基本內涵：

第一，規範、合理，且制度化水準高的黨政關係。一方面，執政黨對政府的政治領導、組織領導和思想領導有憲政制度的保障，同時執政黨的領導功能體現於重大政治問題的決策，執政黨不直接干預政府的日常行政運作，鼓勵行政機關運用專業力量解決專業的行政管理問題；另一方面，政府在重大問題和決策方面自覺接受執政黨的領導，同時維持相對的行政獨立性，執政黨與政府的職能分工科學、合理，具有制度性的保障。

第二，專業、高效、廉潔的現代公務員官僚體系。無論實行哪一種政治體制，現代社會都需要一個專業化的、服務導向的、高效和廉潔的官僚體系，包括：公務員隊伍的構成以專業化人才爲主，善於應對各種複雜的公共事務難題；政府的決策和行政行爲要基於較爲嚴格的成本—收益分析；施政過程和結果有嚴格、科學的評估過程；政府的行政運作成本較低；公務員的廉政行爲具有堅實的制度保障，其自由裁量和尋租行爲受到嚴格控制；等等。

第三，執政黨的政治文化與官僚體系的行政文化相互影響和重塑，形成基本互信。在黨政體制下，執政黨的政治文化深深影響官僚體系的運行過程和價值，甚至嵌入行政文化之中。爲了適應急速的社會變化，現代官僚體系必須具有較強的開放性和學習能力。行政文化的變化也會反過來影響和重塑執政黨的政治文化。在這一過程中，執政黨與官僚體系應當形成相互信任的基本文化心態。

第四，法律成爲聯結執政黨與政府官僚體系的橋樑和紐帶，同時黨政關係的協調機制運轉有效。無論何種理想的制度設計，在實際的運行過程中都會出現需要臨時聯結和協調的機制。在黨政體制下的現代行政國家中，協調黨政關係的關鍵紐帶和橋樑應當是法律。一方面，執政黨對政府官僚體系的領導必須以法律爲依據；另一方面，政府的行政自主權不能超越法律而架空執政黨的領導。因此，

黨政體制下執政黨的規範體系與國家的法律體系也必須協調起來。

　　如何處理執政黨的政治領導與行政官僚相對獨立性之間的關係，是黨政體制下建設現代行政國家必須解決的問題。一方面要避免以黨代政、黨政不分的弊端，另一方面也要防止行政脫離政治、技術官僚占據統治地位現象的發生。這一建構過程將是一個充滿政治智慧與行政技巧的歷史進程。

本章小結

本章分別從歷史、結構、過程三個方面對黨政體制下的國務院體系進行了描述和分析。首先梳理了不同時期國務院體系的發展脈絡及其特徵；其次從靜態的組織結構角度介紹了國務院總理、國務院副總理、國務委員、國務院辦公廳、國務院辦事機構、國務院議事協調機構、國務院組成部門及部委管理的國家局等不同機構的設置與特點；最後從動態的決策運行維度，結合總理負責制與分工制度以及會議制度對國務院的決策過程進行了描述，總結出黨政體制下國務院運行「五位元一體」的特徵，並討論了黨政體制下建設理性化現代行政國家所面臨的問題。

關鍵術語

國務院、中央人民政府、黨政關係、領導小組、歸口管理、黨組、黨管幹部

複習思考題

1. 請結合自1949年新中國成立以來黨中央—國務院關係變化與發展的軌跡，談談新中國黨政關係在不同階段表現出不同型態的影響因素有哪些。
2. 你是如何理解黨政體制下國務院運行「五位元一體」特徵的？為了進一步優化黨政關係，請分別從五個角度分析如何進行改革與優化。
3. 請結合黨政體制下的現代行政國家的基本特徵，談談你對未來中國行政體制改革的看法和建議。

第六章

政法系統

本章討論涉及的主要問題是：在中國的政治體制分析中，爲何「政法系統」而非一般教科書採用的「司法機關」成爲關鍵字？政法系統的基本組織框架及其運作是怎樣的？改革開放以來政法系統的創新與發展，以及由此帶來的政法系統內外的權力關係變化有哪些？這些變化又怎樣影響了中國的改革進程？經由這些討論，我們試圖回應的核心問題是，黨的一元化領導體制與政法系統創新與變革之間的關係。

本章第一節將討論政法系統的基本概念、構成要素，並對政法系統的歷史發展做一個梳理；第二節將介紹政法系統中各機關的組織結構、基本職能與運作規則；第三節則探討改革開放以來，黨管政法原則的組織體現，並探討司法改革與政法系統發展變遷的關係。

6.1　政法系統的組織構成與歷史發展

6.1.1　政法系統的概念、原則與組織

1. 政法系統

政法系統又稱「政法口」。在黨政體制的諸系統中，政法是僅次於軍隊的掌握國家強制力的系統。早期的「政法口」包括「公檢法司民」，即公安、檢察、法院、司法行政和民政五個部門[1]，而現在政法事務與民政事務已分開。政法系統是指在黨的領導下行使審判權、檢察權、偵查權和執行權的國家機關，具體包括法院、檢察院、公安、國家安全與司法行政機關，即「公檢法司安」。中央政

---

[1]　參見侯猛：《「黨與政法」關係的展開──以政法委員會爲研究中心》，載《法學家》，2013年第2期。

法委員會以及地方各級政法委是黨領導政法工作的職能部門，負責指導並協調各政法機關工作。1990年，中央政法委與中央綜合治理辦公室合署辦公，政法系統有時又稱「政法綜治系統」。

2. 政法與司法

「政法」與「司法」是兩個既相互聯繫又有重要區別的概念。

「政法」一詞是新中國成立後由中國共產黨所創。1949年解放北平後，中共中央法律委員會改北平朝陽學院為「中國政法大學」，棄用清末來自日本的「法政」一詞，蓋因「在毛澤東思想體系中，法律只是施政的工具」[2]。「政法」概念一般不見於正式法律文本，而是出現在黨的文件中。董必武曾將「政法主義」歸納為「人民司法」，用以指代「人民民主制度與革命法制」。在這套話語體系中，政法工作帶有鮮明的階級性和工具性，政法機關作為掌握「生殺予奪」大權的「刀把子」，要鞏固人民民主專政，為黨的核心工作服務[3]。在實踐中，各政法機關的工作人員統稱「政法幹部」，屬「政法編制」，「政法隊伍建設」是政法綜治系統的三大建設任務之一[4]。

「司法」概念同樣鮮見於早期的法律文本：從1954年《憲法》到1982年《憲法》都未使用「司法」概念，人民法院是「審判機關」，行使「審判權」；人民檢察院是「檢察機關」，行使檢察權[5]。據考證，指代法院、檢察院的「司法」概念最早出現在黨的十五大報告中。報告提出，「推進司法改革，從制度上保證司法機關依法獨立公正地行使審判權和檢察權」。隨後通過的全國人大決議也將推動司法改革的任務分別賦予了法院、檢察院[6]。據此，我國的司法機關是指行使審判權的法院與行使檢察權的檢察院。司法改革主要是指對法院、檢察院

2　參見徐亞文、鄧達奇：《政法：中國現代法律傳統的隱性維度》，載《河北大學學報（哲學社會科學版）》，2011年第5期。

3　參見《董必武法學文集》，189頁，北京，法律出版社，2001；姚一：《董必武與政法主義》，載《中國圖書商報》，2001/8/30。

4　值得注意的是黨的十八屆四中全會上首次提出了「法治隊伍」，這是有別於「政法隊伍」的提法。

5　1982年《憲法》中「司法」一詞只出現在「司法行政」相關的條文中。

6　參見劉松山：《再論人民法院的「司法改革」之非》，載《法學》，2006年第1期。

這兩個司法機關的改革[7]。這在隨後一系列黨的文件中都得到了印證，黨的十八屆三中全會決定的文本通篇未提及「政法」概念，而是提出要「確保依法獨立公正行使審判權檢察權。改革司法管理體制，推動省以下地方法院、檢察院人財物統一管理」。

政法與司法並非簡單的包含關係，兩種邏輯之間存在一定的張力。政法邏輯具有強烈的階級性與工具性，是一種懷抱解放使命、重視實質爭議的獨特的司法傳統，強調黨的組織保障與群眾路線的工作方法[8]。而司法邏輯，特別是早期由最高人民法院主推的司法改革則受到一定的西方理念影響，強調程序爭議、罪刑法定、無罪推定等，具有階級性、工具性的政法邏輯與限權法治意義上的司法邏輯是中國司法改革中的兩個基本變數，影響著政法系統改革的方向與進程。2014年召開的黨的十八屆四中全會首次以法治為專題，並明確提出了全面推進依法治國的總目標，也同時強調政法委必須長期堅持。這說明在黨政體制下，黨管政法的基本原則不會改變，政法與司法的邏輯仍將共同影響未來的司法體制改革和法治中國建設。

3.黨管政法

在我國的黨政體制下，政法系統的基本原則是黨管政法。在不同的歷史時期，這一基本原則不變，但具體的方式與組織抓手卻有所不同。在組織方面，黨管政法是通過三重結構進行的：黨委、政法委和黨組。革命年間與新中國成立初期，黨委曾經直接決案。以1979年中共中央第64號文件[9]為標誌，黨管政法從黨委直接審批案件過渡到在大政方針上領導政法。黨委依然主管政法系統的人、財、物，同時，政法委作為黨領導政法工作的職能部門，其機構與職權持續強化。此外，為了確保並加強黨對各政法機關的領導，各機關內部設黨組，作為各機關的領導核心。2015年1月，中共中央政治局常委會聽取了來自包括最高人民法院、最高人民檢察院在內的五個國家機關黨組的工作彙報，並強調黨組是黨對

7　學界通說認為公安也是司法機關。多數學者傾向於認同公安的雙重屬性：既是行政機關，也是司法機關。

8　參見何永軍：《斷裂與延續：人民法院建設（1978-2005）》，北京，中國社會科學出版社，2008。

9　即《中共中央關於堅決保證刑法、刑事訴訟法切實實施的指示》。

非黨組織領導的重要組織形式和制度保證，常委會聽取五機關黨組工作彙報，是保證黨中央集中統一領導的重要制度安排。這似乎意味著黨管政法要強化黨組這一管道。這是有待觀察的新動向（具體可參見6.3節的詳細探討）。

4. 政法系統的功能

如前所述，政法工作具有鮮明的工具性，其核心任務是為黨的中心工作保駕護航。因此，在黨和國家建設的不同階段，政法系統的主要功能也經歷了從革命到建設（維穩）的轉換。黨的十一屆三中全會之後，全黨工作的重心轉移到現代化建設上來。政法工作的根本任務是為經濟建設服務，「維護經濟建設順利進行……打擊犯罪從重從快，做好綜合治理」[10]。1991年中央政法委恢復建制後，「維護社會穩定」成為政法機關的主要任務，發展出了一個自上而下無所不包的大維穩體制。黨的十八大以來，政法系統的主要任務又有了細微調整。2014年，政法工作會議「升格」為中央政法工作會議，習近平總書記在講話中對政法工作提出了新的要求：維護社會大局穩定是政法工作的基本任務，促進社會公平正義是政法工作的核心價值追求，保障人民安居樂業是政法工作的根本目標，促進社會公平正義是政法工作的核心價值追求。這是一個重大的變化。

5. 政法系統的組織及其特點

與黨領導下的其他「系統」相比，政法系統具有幾個特點，而這也決定了政法系統內部組織結構的複雜性。

首先，政法系統包括法院、檢察院、公安、司法、國家安全等國家強力機關，是黨政體制的「刀把子」。

其次，政法系統結構複雜。其一，政法各機關的地位、規格不一。法院和檢察院在憲法框架內是與國務院或地方政府並立的國家機關，由人大選舉並對人大負責，而公安、國安、司法部則是政府序列的職能部門。當然，由於政法委書記曾經長期由公安機關負責人擔任，在實踐中「公安獨大」現象一度非常普遍。其二，各政法機關領導體制有所不同，公檢法司是雙重領導部門，一方面受當地黨委（或政府）的領導，另一方面受上級機關的領導或監督；國家安全部門則實行

---

[10]　宋秉文：《彭真的法制思想及其對當前政法工作的指導作用》，載《前進》，1999年第7期。

「條塊結合，以條為主」的體制[11]。黨的十八大以來實行的司法機關人財物省內統管改革，目前正在試點階段，這意味著法院、檢察院的領導體制將有別於一般的雙重領導，更多帶有省內直管的性質。其三，各機關的「條條」關係也同樣存在差異。根據《憲法》第127條和第132條的規定，法院的上下級是監督與被監督的關係，檢察院的上下級是領導與被領導的關係。因此，在法院改革中始終強調規範上下級法院正常的審級關係，去除上下級關係中的行政化；在檢察院改革中則堅持「檢察一體化」原則，從而在檢察系統中長期存在倒三角的發展態勢：基層檢察院趨弱而上級檢察院較強[12]。政法系統內部的複雜性也決定了對政法系統的指導與協調的路徑多樣化，且難度遠超其他系統。單純的指導協調可能難以奏效（見圖6-1）。

最後，政法系統內部存在著超過一般意義的碎片化。各政法機關之間權力分散，但又相互制約、相互監督，這種權力的分散已經不是普通的勞動分工，經常發展為相互制衡的零和博弈狀態。在改革進程中，各政法機關之間的職責分工往往是部門擴權的基礎，而權力之間的互動與博弈又要求政法系統內部存在有效的協調機制，由於前述政法系統構成的複雜性，黨成為協調政法系統的唯一可能。政法系統的碎片化強化了黨管政法的基本原則。本章的第三節將特別考察政法機關之間的權力分散制約的狀態。毛澤東在1953年總結的「大權獨攬，小權分散」原則在政法系統中得到充分體現[13]。黨的領導與部門擴權是政法系統演變的基本邏輯。

11　參見周振超：《當代中國政府「條塊關係」研究》，天津，天津人民出版社，2009。

12　2012年《民事訴訟法》與《刑事訴訟法》的修改可能會改變檢察系統內的倒三角態勢，但仍有待觀察。

13　毛澤東在反對分散主義時編了八句歌訣：「大權獨攬，小權分散。黨委決定，各方去辦。辦也有決，不離原則。工作檢查，黨委有責。」載《毛澤東文集》，第7卷，355頁，北京，人民出版社，1999。

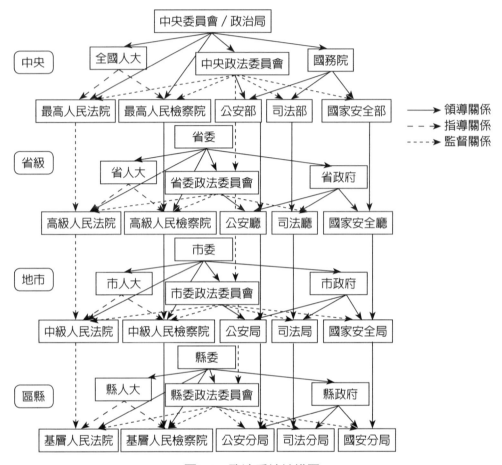

圖6-1　政法系統結構圖

6.1.2　政法系統的歷史發展

　　中國政法系統的發展始終處於一定的變動與調整中，各政法機關如何設置，確立怎樣的領導體制，政法機關是應該「分」還是應該「合」，都經過了一再的摸索。大致而言，可以「文化大革命」為線將政法系統的發展劃分為三個階段：初創與調整期（1949-1957年）、破壞期（1957-1976年），以及改革開放以來的重建與制度化時期（1976年至今）。本小節的描述主要圍繞兩個主題進行：一是政法機關的建設；二是黨管政法原則的組織體現。司法改革的具體措施將主要在後兩節中探討。

1. 政法系統的初創與調整期（1949-1957年）

　　早在土地革命戰爭時期，人民司法制度已經初步成形。1930年代初的江西蘇區時期，在中央工農民主政府內設臨時最高法庭（後改稱最高法院）、司法人民委員部和國家政治保衛局，實行審檢合署制。這一體制爲陝甘寧邊區沿襲並發展。新中國成立前華北人民政府則採用了審檢分立制，在新中國成立後這一制度被移植到政務院系統中[14]。在中央與大行政區級別實行審判、檢察、偵查、司法行政的分立制，人民法院與人民檢察署均是同級人民政府的組成部分。政務院下設「政治法律委員會」，負責指導內務部、公安部、司法部、法制委員會和民族事務委員會的工作。根據中央的安排與委託，該委員會同時指導與聯繫最高人民法院、最高人民檢察署和政務院人民檢察委員會。1952-1953年，在全國範圍內進行了司法改革運動，廢除國民黨「六法全書」，清理舊法思想與舊法人員。

　　1954年9月，一屆全國人大一次會議通過並頒布了新中國第一部憲法，同時還頒布了《人民法院組織法》和《人民檢察院組織法》，標誌著人民司法制度的初步確立。人民法院院長與人民檢察院檢察長由本級人大選舉產生，兩院對本級人大負責並報告工作。人民法院與人民檢察院分爲四級。此外，1954年《憲法》還規定了審判獨立與檢察獨立原則、公開審理、兩審終審、審判監督等基本工作制度。

　　1954年《憲法》後，政法委機構結束工作，地方各級政法委同時取消。在國務院系統內創建國務院第一辦公室，即政法辦公室，負責領導內務部、公安部、司法部和監察部，但此時國務院一辦並不負責協調最高法院與最高檢察院。1954年秋，中共中央書記處成立第一辦公室，主管政法。這通常被視爲政法委組織史上的第一次起落。

　　這一時期是國家政權的初創期，在政法機關設立方面有兩個特點。一是新中國成立後揚棄了革命期間合併司法機關的特點，如江西蘇區、陝甘寧邊區的審檢合署制，進一步發展了華北人民政府的審檢分立制，確立了公檢法司分立的體制。這既有從華北到全國的發展路徑的考慮，也有出於對蘇聯克格勃的員警制度乃至革命期間肅反擴大化經驗的反思。二是政法委員會制度的萌芽。政務院下設

---

[14]　參見劉忠：《「從華北走向全國」——當代司法制度傳承的重新書寫》，載《北大法律評論》，2010年第1期。

的政法委員會雖然在設置路徑、具體職能上略有不同，但仍是中央層面指導並聯繫各政法機關的協調機構，從這個角度來講，此時的政治法律委員會的確是政法委的前身。1954年《憲法》後取消政法委，轉向以國務院一辦或中央書記處一辦的形式協調各政法機關，是政法委組織史的第一次起落。

2. 政法系統的破壞期（1957-1976年）

自1957年下半年起，受反右鬥爭的影響，「五四憲法」所確立的司法制度受到衝擊。1957年，最高人民法院與司法部在黨組報告中提出，地方的政法部門必須接受黨委的領導和監督，黨委有權過問一切案件，凡是黨委規定的審批範圍的案件應在審理後宣判前交黨委審批。這種「黨委至上」的原則出於「精簡機構」的需要，迅速形成了政法系統的合併趨勢。一些地方把公安、檢察院、法院三機關合併為公安政法部，人民調解委員會和治保委員會合併為治安調處委員會，公證和律師制度取消。1959年以「已無單獨設立之必要」為由撤銷了司法部和各省、自治區、直轄市的司法廳（局），回到審判與司法行政的「合一制」。同時撤銷的還有國務院法制局及各部的法律室。1960年11月，中央決定公安部、最高人民法院、最高人民檢察院合署辦公，由公安部黨組統率。1962年後對極左錯誤稍有糾正，審判和檢察等工作逐漸恢復，人民調解和公證制度也略有恢復，但糾正力度相當微弱。

「文化大革命」期間，司法制度遭到了嚴重破壞。從1968年開始，公、檢、法被「砸爛」，1969年正式撤銷了各級檢察機關，人民法院實行了軍事管制，實際上是「軍代表」說了算。1975年，憲法規定由公安機關行使檢察機關的職權，從法律上完全取消了人民檢察制度。1967年後，各市、縣、大隊、公社都設立了「群眾專政指揮部」，其成為「革委會」領導下的實際的司法機關，製造了大量的冤假錯案。

值得一提的是，在此期間政法委建制也同樣經歷了起落：1956年7月，中共中央法律委員會成立，書記處一辦撤銷；1958年，中共中央成立政法領導小組，直接隸屬中央政治局與中央書記處，向它們直接報告，但該領導小組在「文化大革命」期間名存實亡。這是政法委組織史的第二次起落。

「文化大革命」期間國家機器陷入癱瘓，政法機關從合署辦公到最終被砸爛，受到了極大的衝擊。「文化大革命」後，中央領導層對「文化大革命」經歷

的反思，最終促成了「告別革命」的基本論斷，以經濟建設爲黨的中心任務，政法系統的功能從繼續革命、全面專政，轉向了爲經濟建設保駕護航。同時，這一時期內政法機關合署辦公也是黨中央吸取的重大教訓，政法機關的「分」——「職責分立並相互配合、相互制約」的基本關係在後期上升爲憲法原則。

3. 政法系統的重建與制度化時期（1976年至今）

1976年粉碎「四人幫」以後，司法制度開始逐步恢復。1978年12月，黨的十一屆三中全會明確提出，爲了保障人民民主，必須加強社會主義法制，使民主制度化、法律化，使這種制度和法律具有穩定性、連續性和極大的權威，做到有法可依，有法必依，執法必嚴，違法必究。這標誌著人民司法制度進入新的發展時期，各項司法制度得到迅速恢復和全面發展。

1978年，五屆全國人大一次會議通過了新的《中華人民共和國憲法》，恢復了人民檢察院的設置，但法院和檢察院獨立行使職權的原則沒有得到恢復。1979年7月，五屆人大二次會議通過了《人民法院組織法》、《人民檢察院組織法》。1982年，五屆人大五次會議通過了新的《中華人民共和國憲法》，重新確立了人民司法制度的基本內容。1978年《憲法》恢復了四級普通法院、檢察院系統和專門法院、檢察院系統。1982年《憲法》規定了審判權與檢察權的獨立行使職權，人民法院、人民檢察院、公安機關辦理刑事案件，應當「分工負責，互相配合，互相制約」。

自1980年代開始，人民法院開始了以強化庭審功能、擴大審判公開、加強律師辯護、建設職業化法官和檢察官隊伍等爲重點內容的審判方式改革和司法職業化改革。1995年，黨的十五大報告提出要推進司法改革。最高人民法院自1999年起連續發布了四個五年改革綱要，最高人民檢察院也在2000年和2005年跟進，發布了檢察改革實施意見。2003年起，中央政法委啓動了統一規劃部署和組織實施的司法改革，中國司法改革走向整體統籌、有序推進的階段。2013年，黨的十八屆三中全會決定明確做出了推進法治中國建設的決定，增強了民眾對深化司法改革、挑戰司法行政化與地方化的預期。

同時，在政法委的組織發展方面，從改革初期到1980年代後期是政法委的曲折發展時期。1978年，中共中央成立中央政法小組，協助中央處理最高人民法院、最高人民檢察院、公安部、民政部四個部門的一些政策方針問題。1980年，

小組改制爲中央政法委員會，主要負責聯繫並指導政法各部門的工作。到1981年，全國各省、市、自治區黨委都相繼成立了政法委，任命專職政法委書記。到1982年，政法委員會建制延伸到縣一級。1987年，黨的十三大決定對中國的政治體制進行全面改革，其核心是改革黨政關係，實現黨政分開。爲此，1988年，中共中央撤銷中央政法委員會，另行設立中央政法領導小組，組織與職能大爲削弱。1990年3月，中共中央決定恢復中央政法委員會，撤銷原中央政法領導小組，恢復原有的建制與功能。中央政法委員會同時與中央綜合治理辦公室合署辦公，組織機構從縣一級延伸到了鄉鎮一級，編制也相應擴大。自此，從中央到鄉鎮，政法委的建制與功能得到全面加強。

在這一時期，主張形式理性的司法概念一度成爲司法改革的主流。然而人們在談及司法改革時鮮少討論政法傳統，政法傳統始終或明或暗地體現在司法改革的場景中。政法委系統幾經調整，最終牢牢地把握了整體性指導司法改革的大權。

縱觀不同時期中國政法系統的發展，政法機關的「分」與「合」始終是初期建制的主線：「文化大革命」中政法機關的「合」是深刻的歷史教訓，因此在1982年，公檢法在刑事司法方面「分工負責，互相配合，互相制約」的關係上升爲憲法原則；1990年以來基本穩固了政法委員會的常設性、協調性機構的地位。

6.2 政法機關的組織結構體系與實際運作

本節介紹各政法機關的組織結構、基本職能與運作規則等。由於資料與篇幅的限制，本節著重介紹政法委員會、人民法院、人民檢察院和公安機關。

6.2.1 政法委員會

1. 政法委的組織結構

自1990年恢復建制以來，政法委的職能總體上呈擴張之勢，內部組織結構也隨之進一步複雜化。1980年發布的《關於成立中央政法委員會的通知》規定政法委承擔五項職能，包括研究處理全國政法工作的重大問題、協助中央處理各地有關政法報告的請示、協調政法各部門的工作、調查研究貫徹執行黨和國家政策方針與法律法令的情況、調查研究政法隊伍的組織情況和思想情況、辦理中共中央

交辦的其他工作等。1994年政法委的職權擴大到七項，在中辦的通知中，政法委職能進一步明確與深化，包括研究和討論有爭議的重大疑難案件，組織推動社會治安綜合治理工作，研究、指導政法隊伍建設和政法各部門領導班子建設。這些職能在1995年中辦28號文件[15]中細化為十條職責，該文件明確規定政法委是「黨領導政法工作的職能部門」，在職能方面增加了一些內容，如「組織、協調、指導維護社會穩定的工作」、「協助紀檢、監察部門查處政法部門領導幹部違法犯罪案件」、「指導下級政法委的工作」。

政法委的職能擴張也伴隨著組織機構的細化與編制的增長。1990年中央政法委與中央綜合治理辦公室合署辦公，之後在內部成立了一系列的議事協調領導小組，例如中央維護穩定工作領導小組、中央防範和處理邪教問題領導小組（610辦公室）、全國打黑除惡專項鬥爭協調小組、中央司法體制改革領導小組、依法治省（市縣）領導小組等。合署辦公使得政法委原有的一些務虛職能得以務實強化。

在組織機構方面，地方政法委之間的差異較大，而且並無系統的公開資料可供參考。據目前零星見到的材料，地方政法委的設置具有很強的隨意性。某基層政法委有書記一人、副書記四人，1998年之前只有辦公室，各項工作都是分工到個人；1998年後，設置了秘書科、綜合治理科、案件督查社會協調科、綜治委辦公室。「嚴打期間」還曾經設置嚴打辦公室[16]。機構設置還沒有完全固定下來，隨時可能根據編制的需要進行調整和裁撤。由於缺乏明示的法律或程式依據，地方政法委的活動主要由政法委書記決定，其職能與權威也與政法委書記個人的資歷、地位等相關。

2. 政法委的基本工作制度

政法委作為黨領導政法工作的職能部門，其具體運作受到多個因素影響，在不同的層級與地方存在巨大的差異。根據現有材料，大致可以歸納為執法監督制度、黨內聯席會議制度、協管幹部制度，各項制度之間也有一定的交叉。

15　即《中共中央辦公廳轉發〈中共中央政法委員會關於加強各級黨委政法委員會工作的通知〉的通知》。

16　參見侯猛：《司法改革背景下的政法治理方式》，載《華東政法學院學報》，2003年第5期。

（1）**執法監督制度**。如前所述，政法委的功能在1980年、1994年、1995年相關文件中被描述爲協調、督促、監督等，執法監督功能是在這些表述的基礎上整合而成的，並由1998年中央政法委頒發的《關於加強黨委政法委員會執法監督工作的意見》系統表達。執法監督的原則是在執法活動中加強黨對政法工作的領導，把握正確的政治方向。執法監督的範圍包括：第一，檢查監督政法各部門執行國家法律、法規和黨的路線、方針、政策的情況；第二，督辦在國內外或本區域內有重大影響的案件和群眾反映強烈的案件，必要時組織有關部門共同研究，協調行動，依法辦理；第三，協助黨委及其組織部門考察、管理政法部門領導幹部時，把是否嚴格執法作爲其稱職與否的重要依據；第四，總結推廣先進經驗，指導政法部門建立健全制度，堵塞漏洞，預防和減少司法腐敗現象，協助黨的紀檢監察部門查處政法部門領導幹部違法、違紀問題；第五，指導下級黨委政法委的執法監督工作，辦理上級政法委或同級黨委交辦的有關執法監督的其他工作。

執法監督可以看作對政法委職能的更爲具體的表述，從中也可以推演出其他相關的制度，如協管幹部制度等。在具體工作方式上，執法監督既可以是個案的監督調查，也可以是專項檢查。由於文件規定「各級政法部門應當認眞落實黨委政法委執法監督意見，對無正當理由拒不落實的，應當追究有關人員的責任」，在個別地方，政法委將這一規定理解爲確立了政法委對公檢法司機關的絕對權威[17]。但在具體實踐中，政法委對公檢法司機關的權威仍有賴於各地黨委政法委具體配置等因素。

（2）**黨內聯席會議制度**。在一定程度上，黨內聯席會議制度是執法監督制度的一種工作形式，又稱「四長」或「五長」會議，或「案件督辦制度」。這是各級政法委共有的制度，在有些地方，只有這條制度是「實」的。

各政法機關可在彼此存在重大分歧、經協商未能解決的情況下，請示政法委予以協調；或者政法委認爲應當協調的重大疑難案件和其他事項，也可召開政法機關有關領導聯席會議進行研究，協商解決。協調的範圍包括：本區域內有重大影響，需要各政法機關協作從重、從快辦理的案件；各級政法委與政法機關之間有重大分歧或爭議的疑難案件；政策性、敏感性強，涉及需要政法系統以外有關

17　參見向朝陽、馮露：《功能主義視角下的政法委執法監督》，載《成都行政學院學報》，2008年第2期。

方面協調配合辦理的案件；各級領導交辦的需要政法委協調的案件；政法委認為需要研究協調的其他重要事項。

　　會議一般首先由提請協調的政法部門彙報請示予以協調的案件和其他事項的基本情況，在與會各部門領導發表意見討論研究後，主持人作出協調處理決定。

　　（3）協管幹部制度。這是1995年中辦28號通知中所規定的各級政法委協助同級黨委組織部對政法部門領導幹部進行考察、管理的一種幹部管理制度。在1998年的執法監督通知中，中央政法委主張把執法監督情況納入政法部門領導幹部政績考核中。組織部門可以在幹部考察後徵求政法委意見，或由組織部吸收政法委有關同志參加考察組。在實際運作中，政法部門幹部管理的職能仍然主要掌握在組織部門。在個別地方，政法各部門幹部的提職、晉級、調任，同級政法委基本不知道[18]。

3. 政法委的實際運作及其問題

　　如前所述，政法委在1990年重建以來，各級政法委的職能、機構、編制、建制一再加強。在中央層面，中央政法委與其他機構合署辦公：1990年與中央綜合治理委員會辦公室，1999年與610辦公室，2000年與中央維護穩定工作領導小組，2003年與中央司法體制改革領導小組合署辦公等。由此，政法委逐漸承擔了綜合治理、維護穩定、司法改革等職能，地方政法委的機構與編制也隨之擴張。政法委建制也從縣一級逐漸延伸到鄉鎮一級。據報導，在極端的情況下，個別地方政法委在「綜合治理」的口號下，廣泛控制了地方的政法、教育、行政、衛生等資源。

　　此外，政法委在地方黨政中的地位也有所提升，這突出表現在政法委書記位列地方黨委常委（「入常」），以及1995年取得對政法部門幹部的協管權兩個方面。早在1950年代，彭真就主張在縣級以上各級黨委「指定一個常委管理司法工作」。1990年《中共中央關於維護社會穩定加強政法工作的通知》規定，政法委書記要由同級黨委中一位常委或副書記擔任。1995年中辦28號通知賦予了政法委

18　參見侯猛：《司法改革背景下的政法治理方式》，載《華東政法學院學報》，2003年第5期；殷家國：《基層政法委在履行職責中存在的主要問題及對策》，載《貴州省政法管理幹部學院學報》，1996年第1期。

協助同級黨委組織部門考察、管理政法幹部的權力。但在「入常」與協管幹部問題上，各地的情況差別很大，這也造成了政法委在不同地區權威不等的現象。

在過去二十年，隨著政法委權威的不斷擴張，政法委對政法系統的領導逐漸超出了「大政方針」的指導。尤其是隨著執法監督制度內容的不斷細化與具體化，政法委對重大案件的督辦在個別情況下演變成了政法委定案決案。近年來出現的諸多冤假錯案，如「佘祥林案」、「趙作海案」等，背後都或多或少有地方政法委的影子[19]。政法委存廢之爭在法學界由來已久。

在一定程度上，政法委是一個以書記、副書記為中心的機構。自1990年代以來，雖然各級政法委在職能、機構、編制方面都有了顯著增長，但較之建制更為完善的公檢法等政法機關，仍不可同日而語。普通政法委工作人員一般職級並不高，屬於「政法編制，公安待遇」[20]。政法委在地方黨政中的話事權主要依靠政法委書記在黨政系統的地位與排位。此外，傳統上，政法委書記一般由各級公安機關的領導兼任，在公檢法的權力配置中容易出現公安獨大的情況。近期在中央層面出現的政法委書記不入常委會的現象正在向地方傳遞，預示著政法委在地方黨政中的地位可能出現微妙的變化。十八屆三中全會後正在試點的司法機關人、財、物省內統管的改革也將對市、縣政法委的權威構成不小的衝擊。十八屆四中全會雖然明確指出，政法委員會是黨委領導政法工作的組織形式，必須長期堅持。這回應了政法委存廢問題的爭論，同時，也把政法委的職能限定在「把握政治方向、協調各方職能、統籌政法工作、建設政法隊伍、督促依法履職、創造公正司法環境上，帶頭依法辦事，保障憲法法律正確統一實施」等相對比較宏觀的方面。在可見的未來，政法委系統仍然處於變動與調整中。

6.2.2　人民法院

1. 人民法院的組織體系與職權

根據《憲法》和《人民法院組織法》，人民法院是國家審判機關，負責行使審判權。人民法院的設置分為最高人民法院、地方各級人民法院以及專門人民法

---

[19]　參見嚴勵：《地方政法委「冤案協調會」的潛規則應該予以廢除》，載《法學》，2010年第6期。

[20]　侯猛：《司法改革背景下的政法治理方式》，載《華東政法學院學報》，2003年第5期。

院，實行四級兩審制。最高人民法院對全國人民代表大會及其常務委員會負責，地方各級人民法院對產生它的國家權力機關負責。

最高人民法院是國家最高審判機關，負責審理各類案件、制定司法解釋、監督地方各級人民法院和專門人民法院的審判工作，並依照法律規定的職責範圍，管理全國法院的司法行政工作。

地方各級人民法院分為高級人民法院、中級人民法院、基層人民法院。上級人民法院監督下級地方人民法院工作。根據統計，全國共有32個高級人民法院（含一個解放軍軍事法院）、409個中級人民法院、3,117個基層人民法院。高級人民法院是設在省、自治區、直轄市一級的法院，位於地方各級人民法院的最高層次，負責審理法律、法規規定由它管轄的第一審案件、下級人民法院移送審判的第一審案件、對下級人民法院判決和裁定的上訴案件和抗訴案件、人民檢察院按照審判監督程式提出的抗訴案件。

在省、自治區內的地區和自治州、設區的市以及直轄市內，設立中級人民法院，負責審理法律、法規規定由它管轄的第一審案件、基層人民法院移送審判的第一審案件、對基層人民法院判決和裁定的上訴案件和抗訴案件、人民檢察院按照審判監督程序提出的抗訴案件。

在縣和市、自治縣、旗、市轄區設立基層人民法院，負責審理第一審民事、刑事和行政案件，但法律另有規定的案件除外。此外，《人民法院組織法》規定，基層人民法院根據地區、人口和案件情況可以設立若干人民法庭。人民法庭是基層人民法院的組成部分，它的判決和裁定就是基層人民法院的判決和裁定。

各專門人民法院包括軍事法院和其他根據實際需要設立的專門人民法院，如海事法院、森林法院、農墾法院、鐵路運輸法院等。軍事法院分為三級，各級軍事法院的審判工作受最高人民法院監督。海事法院相當於地方法院的中級人民法院建制，不服其裁判的可以向高級人民法院上訴。2009年起，鐵路公檢法體制改革將鐵路運輸法院移交駐地高級人民法院管理，整體納入國家司法體系。十八大以來，多個地方人民法院正在試點智慧財產權專門人民法院，行政訴訟法院也在討論中。2014年，最高人民法院建立了巡迴法庭制度，通過在有關區域設立相對穩定的巡迴法庭結構，實現重大行政案件、跨區域民商事案件就地審理，以更好地保護當事人合法權益，維護司法公正；同時也可將最高法院本部從繁重的審判工作中解脫出來，更好地行使對全國各地法院的監督指導職能。巡迴法庭是最高

人民法院的派出機構，在審級上等同於最高人民法院。巡迴法庭的法官也來自最高人民法院，按一定時間輪流派駐。日前，第一、第二巡迴法庭已分別落戶深圳和瀋陽，最高法未來還可能陸續在武漢、上海等八至十個地區設立巡迴法庭。

2. 人民法院的基本原則與制度

我國《憲法》與《人民法院組織法》規定了司法公開、司法獨立、法律面前人人平等的基本原則。人民法院審理案件，除法律規定的特別情況外，一律公開進行。人民法院依照法律規定獨立行使審判權，不受行政機關、社會團體和個人的干涉。人民法院審判案件，對於一切公民，不分民族、種族、性別、職業、社會出身、宗教信仰、教育程度、財產狀況、居住期限，在適用法律上一律平等，不允許有任何特權。

人民法院內設審判庭室與行政庭室。審判庭室包括立案庭、刑事審判庭、民事審判庭、行政審判庭、審判監督庭與執行部門。行政庭室則包括辦公室、政治辦公室、研究室等。法院內部庭室的設置具有一定的靈活性。

法院工作人員包括依法行使國家審判權的審判人員，也包括書記員、執行員、法醫、司法員警等工作人員。審判人員包括各級人民法院院長、副院長、審判委員會委員、庭長、副庭長、審判員和助理審判員。最高人民法院院長由全國人大主席團提名、全國人大選舉產生，向全國人大負責並報告工作，任期五年，不得連任兩屆以上。全國人大常委會根據最高人民法院院長的提請，任免最高人民法院副院長、審判員、審判委員會委員和軍事法院院長。地方各級人民法院院長均由同級人大選舉產生，副院長、庭長、副庭長、審判員由同級人大常委會任免。人民法院基本工作制度如下所述。

（1）**審判委員會制度**。各級人民法院設立審判委員會，實行民主集中制。審判委員會的任務是總結審判經驗，討論重大的或者疑難的案件以及其他有關審判工作的問題。各級人民法院審判委員會會議由院長主持，本級人民檢察院檢察長可以列席。

審判委員會制度是法院內部集體領導的組織形式。審判委員會不直接審理或判決案件，但有權根據具體承辦人的彙報而對案件進行討論和作出決定。法律規定的民主集中制原則實際上賦予了審判委員會對具體案件討論後所做出的決定具有權威性，具體承辦人必須執行。審判委員會的集體決策模式可能在實踐中造成

「審者不判，判者不審」的情況，不利於司法公正的實行。為審判委員會制度辯護的學者認為，在司法獨立尚未完全建立的情況下，該制度以「集體決策」的方式為法官提供了保護[21]。

在審判委員會之外，法院內部還有分管人事的黨組會與分管財務的院長辦公會，一般認為，黨組會才是法院真正的決策中心。

（2）**合議制與獨任制**。人民法院審判案件，實行合議制。人民法院審判第一審案件，由審判員組成合議庭或者由審判員和人民陪審員組成合議庭進行；簡單的民事案件、輕微的刑事案件和法律另有規定的案件，可以由審判員一人獨任審判。人民法院審判上訴和抗訴的案件，由審判員組成合議庭進行。合議庭由院長或者庭長指定一名審判員擔任審判長。院長或者庭長參加審判案件的時候，自己擔任審判長。

獨任庭是由審判員一人審判案件的組織形式，一般只限於基層人民法院審判第一審民事案件和自訴及輕微刑事案件時適用。

（3）**人民陪審員制度**。人民陪審員依法參加人民法院的審判活動，其選任、培訓和考核工作，由基層人民法院會同同級人民政府司法行政機關進行。人民陪審員參與審判社會影響較大的刑事、民事、行政案件，或由相關當事人申請由人民陪審員參加合議庭審判的案件，對事實認定、法律適用獨立行使表決權，必要時，可要求合議庭將案件提請院長決定是否提交審判委員會討論決定。

在實踐中，人民陪審員制度的實施具有地方差異性，只陪不審的情況非常普遍。2004年全國人大常委會關於人民陪審員一般應有大學專科以上文化程度的規定，加劇了人民陪審員制度的民主化與專業化功能之間的矛盾。在各地法院，人民陪審員主要是對審判資源的補充，並未實際上構成對法院的監督與制約。

（4）**審判監督制度**。審判監督制度又稱再審制度。根據《人民法院組織法》的規定，各級人民法院院長對本院已經發生法律效力的判決和裁定，上級人民法院對下級人民法院已經發生法律效力的判決和裁定，如果發現確有錯誤，有權提審或者指令下級人民法院再審。最高人民檢察院對各級人民法院已經發生法律效力的判決和裁定，上級人民檢察院對下級人民法院已經發生法律效力的判決

---

21 參見蘇力：《基層法院審判委員會制度的考察及思考》，載《北大法律評論》，1998年第2期；賀衛方：《關於審判委員會的幾點評論》，載《北大法律評論》，1998年第2期。

和裁定，如果發現確有錯誤，有權按照審判監督程序提起抗訴。再審制度打破了兩審終審的限制，學界一般認為再審制度影響了法院判決的終局性，從而使法院權威受損。

3. 人民法院的實際運作及其問題

　　2003年以前，最高人民法院院長肖揚以「三大痼疾」描述當前制度框架下，人民法院實際運作中所遇到的問題：司法地方化、司法行政化、司法大眾化。司法地方化主要是指人民法院面臨的地方保護主義問題，這又與在現行體制下地方黨政掌握了法院的人、財、物大權相關。司法行政化既是指在審判活動中的行政化，如法院內部判決的層層定案審批制度，又是指在上下級法院關係中上級法院通過發布規範性文件（甚至會議紀要）、績效評估、錯案追究等方式加強對下級法院的監督甚至領導[22]。有趣的是，在過去的司法改革期間，司法地方化與司法行政化相互伴生，互相制約。在肖揚談及司法大眾化時，主要是指法官職業的大眾化，即學界討論已久的退轉軍人進法院等影響法官隊伍職業化的現象。改革開放初期，最高人民法院主導了一系列增強法院、法官職業化的改革，包括庭審方式的改革，修改《法官法》，提高對法官任職的要求等，這一度被學者稱為與「人民司法傳統」的斷裂[23]。但21世紀以來，在公平與效率的追求之外，最高人民法院開始重提「司法為民」等口號，並在2008年前後發起了「大調解運動」，鼓勵法院在審判活動中積極參與調解，甚至調解優先，是為人民法院的大調解轉向。十八大以來，中央在法院改革方面推行了諸多舉措，明確司法是中央事權，並以人、財、物省內統管改革直指司法的地方化問題。

6.2.3　人民檢察院

1. 人民檢察院的組織體系與職權

　　中國《憲法》規定，中華人民共和國人民檢察院是國家的法律監督機關。人民檢察院設置分為最高人民檢察院、地方各級人民檢察院和軍事檢察院等專門檢

---

[22]　2014年12月，最高人民法院決定取消對全國各高級人民法院的考核排名，並要求各高級人民法院取消本地區不合理的考核指標。

[23]　參見何永軍：《斷裂與延續：人民法院建設（1978-2005）》。

察院。最高人民檢察院對全國人民代表大會及其常務委員會負責，地方各級人民檢察院對產生它的國家權力機關和上級人民檢察院負責。

最高檢察院設一名檢察長、數名副檢察長與檢察員。檢察長統一領導檢察院工作，由全國人大選舉和罷免，副檢察長、檢察員由檢察長提請全國人大常委會任免。地方各級人民檢察院分為高級人民檢察院、中級人民檢察院、基層人民檢察院。上級人民檢察院領導下級人民檢察院的工作。

各級人民檢察院行使的職權包括：對於叛國案、分裂國家案和嚴重破壞國家的政策、法律、法令、政令統一實施的重大犯罪案件，行使檢察權；對於直接受理的刑事案件，進行偵查；對於公安機關偵查的案件，進行審查，決定是否逮捕、起訴；對於公安機關的偵查活動是否合法，實行監督；對於刑事案件提起公訴，支持公訴；對於人民法院的審判活動是否合法，實行監督；對於刑事案件判決、裁定的執行和監獄、看守所、勞動改造機關的活動是否合法，實行監督。

專門人民檢察院是指在特定領域、行業設置的專業性的人民檢察院。專門人民檢察院主要有軍事檢察院、鐵路運輸檢察院等，其組織、職權、活動方式均與同業務類型的專門人民法院類似。2009年後，鐵路運輸檢察院也納入了國家司法體系，移交駐地高級人民法院管理。

2. 人民檢察院的基本原則與制度

我國《憲法》規定，人民檢察院依照法律規定獨立行使檢察權，不受行政機關、社會團體和個人的干涉。《人民檢察院組織法》規定了檢察平等的原則，各級人民檢察院奉行檢察一體化的組織原則。各級人民檢察院行使檢察權，對於任何公民，在適用法律上一律平等，不允許有任何特權。人民檢察院基本工作制度如下所述。

（1）檢察委員會制度。檢察委員會是人民檢察院的業務決策機構，實行民主集中制。各級人民檢察院檢委會由該院檢察長、副檢察長、檢察委員會專職委員以及有關內設機構負責人組成。各級人民檢察院檢委會委員，由本院檢察長提請同級人民代表大會常委會任免。檢委會由檢察長主持，討論並決定重大案件和其他重大問題。如果檢察長在重大問題上不同意多數人的決定，可以報請本級人民代表大會常委會決定。

（2）自偵制度。自偵制度是指人民檢察院直接受理案件並立案偵查的制

度。根據最高人民檢察院1998年初通過的《關於人民檢察院直接受理立案偵查案件範圍的規定》，共有四類五十三種案件由檢察院直接立案偵查。人民檢察院對自偵案件立案偵查終結後，認為應當追究刑事責任的，向有管轄權的人民法院提起公訴；認為不構成犯罪的，應當撤銷案件；認為雖不構成犯罪，但違反黨紀、政紀需要處理的，則移送黨政機關處理。

（3）**公訴制度**。根據《刑法》和《刑事訴訟法》的規定，除少數親告罪可以自訴外，其他犯罪實行公訴制度。凡需公訴的案件，一律由人民檢察院向有管轄權的人民法院提起公訴。對公安機關移送起訴的案件，一律由人民檢察院進行審查，一個月內作出是否起訴的決定，重大、複雜的案件，可以延長半個月。經審查認為犯罪嫌疑人的犯罪事實已經查清，證據確鑿、充分，依法應當追究刑事責任的，應向有管轄權的人民法院提起公訴。

（4）**法律監督制度**。人民檢察院對公安機關偵查活動的監督，對人民法院審判活動的監督，對監獄、看守所以及勞動改造機關的監督，合稱為法律監督制度。除對人民法院的審判監督制度之外，還有偵查監督制度和對監所的監督制度。

偵查監督制度是指人民檢察院對公安機關（包括國家安全機關）的刑事偵查活動實行的監督制度。它包括三方面：第一，審查批捕。《憲法》規定，任何公民，非經人民檢察院批准或決定，或者人民法院決定並由公安機關執行，不受逮捕。第二，審查起訴。人民檢察院對公安機關偵查終結並移送起訴的刑事案件，經審查做出是否起訴的決定。第三，對偵查活動的監督，對公安機關的偵查活動是否違法的監督，包括是否刑訊逼供，或變相刑訊逼供，或誘供騙供，偵查人員應否迴避等內容。

對監所執行刑罰的監督包括減刑、假釋、保外就醫、監外執行、緩刑等是否違法進行監督；對看守所的活動是否違法進行監督。

（5）**人民監督員制度**。為了加強對檢察工作的外部監督，最高人民檢察院在2003年創設了人民監督員制度。經過七年的試點，最高檢在2010年發布《關於實行人民監督員制度的規定》，人民監督員制度正式確立。人民監督員可以就檢察院自偵案件中的三類案件五種情況進行監督。但就目前的運作效果而言，人民監督員的選任、監督、決議等過程都存在不足之處，例如在監督員的監督效力問題上，如果監督員否定了辦案部門的決定，需由同級檢委會審議，2010年取消了

監督員向上級檢察院要求覆核的權力，就此，一旦同級檢委會否定了監督員意見就是終局決定。

3. 檢察系統的運作邏輯及面臨的問題

　　與人民法院不同，上、下級檢察院是領導與被領導的關係，檢察系統奉行檢察一體化。在檢察系統的運作中長期以來受制於對憲法條文「法律監督權」的理解：法律監督權究竟是在訴訟活動中對其他政法機關的監督，還是爲維護憲法與法律的尊嚴對國家機關及其工作人員進行的一般法律監督？在改革初期，特別是1979年的《人民檢察院組織法》取消了檢察院「一般監督」的職權，明確檢察機關在訴訟活動中，通過訴訟方式行使法律監督職權[24]。1980年代末學界曾就檢察職權進行了大規模的爭論，各地檢察機關也積極嘗試，擴張檢察的法律監督功能，特別增強了對法院民事訴訟的調解、執行等行爲的監督，引發了1990年代中期法檢兩家的頻繁衝突。以1996年的《刑事訴訟法》修改、1997年的《刑法》修改爲標誌，壓縮了檢察院的偵查手段、實際偵查管轄範圍，並取消了檢察院的免予起訴權[25]。1998年最高人民檢察院發出了「不改革，檢察機關就沒有出路」的號召，大力推動檢察改革。進入21世紀以來，特別是2008年中央政法委主導的第二輪司法改革以來，檢察院的權力大幅擴張，通過兩高會簽的一系列司法解釋，並最終於2012年通過《刑事訴訟法》與《民事訴訟法》的修正案，確立了檢察權對訴訟活動的全程監督原則，增加了「檢察建議」的監督方式，賦予檢察機關在法律監督工作中的調查核實權，強化了檢察機關的監督手段。檢察機關成爲上一輪司法職權配置改革中的贏家，檢察權達到歷史高點[26]。

---

[24]　參見江偉、謝俊：《論民事檢察監督的方式和地位——基於憲法和民事訴訟法的分析》，載《法治研究》，2009年第4期。

[25]　參見劉忠：《「從華北走向全國」——當代司法制度傳承的重新書寫》，載《北大法律評論》，2010年第1期。

[26]　參見湯維建：《民事訴訟法的全面修改與檢察監督》，載《中國法學》，2011年第3期；徐鶴喃：《制度內生視角下的中國檢察改革》，載《中國法學》，2014年第2期。

6.2.4　公安機關

1. 公安機關的組織架構與管理體制

　　公安機關是最早創建的政法機關。在不同時期，也都有不同程度的公安「一家獨大」的現象。公安機關的雛形可以回溯到新民主主義革命時期的政治保衛部門。新中國成立初期公安機關屬中央軍委序列，1949年9月改為隸屬政務院。歷經行政體制調整，公安機關設置分為中央公安機關、地方各級公安機關以及專門公安機關。

　　中央公安機關即公安部，是中國最高公安行政領導機關，隸屬於國務院，是公安管理的最高指揮部。全國性的偵查、治安等重大公安事項和公安隊伍的建設，由公安部做出決策，制定計畫並組織、領導指揮、協調和監督全國各地方、各專業公安機關貫徹實施。

　　地區各級公安機關，即全國地方各級公安機關按行政區劃設置省、地、縣三級公安機關，具體管理所屬區域公安工作。首先，省級公安機關即各省級單位的公安廳局，負責所屬行政區劃內的公安工作。其次，地市級公安機關分三種情況，既有行政公署公安處，也有地區級公安處，還有民族自治州公安處，負責所在地區範圍內的公安工作。最後是縣級公安機關。此外，市轄區公安分局是公安局的派出機構，基層公安派出所也屬於市縣公安局的派出機構，直接接受其派出單位的領導。

　　目前，中國的專門公安機關有鐵路、交通、民航、森林公安機關和海關總署走私犯罪偵查機關。專門公安機關與地方公安機關只是業務分工不同，接受地方公安機關在業務上的指導，同時受當地有關部門領導。

　　此外，公安組織也包括一些輔助機構（如公安院校、公安科研組織等），以及一些延伸機構。延伸機構不屬於公安機關的建制，但執行公安保衛任務，或直接協助公安機關執行公安保衛任務，包括中國人民解放軍軍事保衛機關、中國人民武裝員警部隊、機關學校和企事業單位的保衛組織以及群眾性治安組織。其中，1982年中央決定將人民解放軍擔負的地方內衛任務及其執勤部隊移交給公安部門，與公安部門實行兵役制的警衛、邊防、消防三個警種統一建立武警部隊。後來，水電、交通、黃金部隊以及森林員警部隊也列入武警部隊序列。中國人民武警部隊是國家武裝力量的組成部分，受國務院和中央軍委的雙重領導。在執行

公安任務和相關業務建設方面，接受公安機關的領導和指揮。

新中國成立以來，公安管理體制先後進行了多次改革與調整，最大的一次是1983年設立國家安全部，將原公安部領導的對外反間諜機構和工作劃歸國家安全部領導，將原公安部領導的勞改、勞教工作劃歸司法部領導，公安部集中精力搞好社會治安和國內安全保衛工作。

2. 公安機關的基本職能

根據我國憲法以及相關法律法規，我國的公安機關是人民民主專政的重要工具，人民警察是武裝性質的國家治安行政力量和刑事司法力量，承擔依法預防、制止和懲治違法犯罪活動，保護人民，服務經濟、社會發展，維護國家安全，維護社會治安秩序的職責。因此從性質上講，公安機關的性質具有雙重性，既有行政性，負責公安行政管理；又有司法性，負責刑事司法任務。

公安機關的行政管理職能包括戶政管理、國際管理、出入境與外國人管理、邊防檢查、道路交通管理等十多項內容。這些職能都在不同程度上對應公安機關維護社會治安秩序的基本職責。公安機關通常針對社會治安新形勢，採取長期預防與近期嚴打整治相結合的措施，來執行這些功能。

公安機關在刑事訴訟中行使偵查權，與檢察院、法院「分工負責，互相配合，互相制約」。其中公安機關承擔的基本職權主要有立案偵查、提請逮捕、移送起訴和執行刑罰四個方面。更廣意義上的公安刑事司法管理職能，還包括預防犯罪、制止犯罪等。同時，公安機關還肩負對看守所、拘役所、治安拘留所、收容教育所、強制戒毒所以及安康醫院（五所一院）的監督管理職能。

3. 公安機關的改革與變遷

公安機關首先是人民民主專政的工具，這決定了在不同發展時期，公安機關的主要任務與職能不一。新中國成立初期，受「繼續革命論」影響，公安機關的根本任務是打擊敵人，懲罰犯罪，保護人民，保衛社會主義革命和社會主義建設，鞏固無產階級專政。這種基於敵我理論的革命法制思想，造成了新中國成立初期的彌散性懲罰問題。懲罰的範圍擴散，從刑罰擴散到集體組織的非正式懲罰；懲罰的功能擴散，不僅是針對犯罪分子或「四類分子」的懲罰，也是針對

守法公民的替代性懲罰[27]。當然，如我們在本章第一節中所討論的，公安機關在「文化大革命」期間同樣深受其害，在砸爛公檢法中被否定、破壞、砸爛。

1978年，十一屆三中全會宣布停止使用「以階級鬥爭為綱」和「無產階級專政下繼續革命」的口號，把全黨工作的重心轉移到社會主義現代化建設上來。公安機關要維護社會治安，為經濟建設中心工作保駕護航。由於「文化大革命」後社會治安，特別是城市社會治安形勢混亂，1983年公安部牽頭實施「嚴打」，依法從重從快、嚴厲打擊刑事犯罪分子活動。時至今日，嚴打與專項活動仍然是公安機關維護社會穩定的主要手段之一。1983年以來的歷次「嚴打」受到了來自學界的質疑，學者們對「嚴打」法律與政治的雙重屬性，嚴打過程中對程式正義的損害等問題提出批評。

1980年代末1990年代初以來大維穩體制逐漸形成，公安機關作為政法綜治系統中的武裝力量，人員配置、財政經費等方面都得到了進一步保障，但由於公安機關的雙重領導體制，特別是地方黨委在公安機關人、財、物上的控制權，諸多地方公安機關與基層黨政部門結成利益聯盟，造成了諸多負面影響。如「1990年代許多基層員警參與鄉鎮政府收繳公糧、提留、執行計畫生育政策，以及控制上訪人員等非警務活動，這類『合作』腐蝕了公安隊伍，惡化了警民關係，廣為群眾詬病」，給公安機關造成惡劣影響[28]。此外，由於過去政法委書記主要由公安廳局長出任，公安機關通過政法委的協調（甚至領導）功能曾一度凌駕於其他政法機關，也造成了一些冤假錯案[29]。

近年來，隨著行政機關服務功能的增長、建設服務型政府理念的發展，各級公安機關領導也開始強調公安服務社會功能。公安管理作為政府行政管理的重要組成部分，如何由「管理型」向「服務型」轉變，將是未來公安行政管理職能發展的新方向。在公安機關的刑事司法職能中，十八屆四中全會再次確認了在刑事

27　參見強世功：《懲罰與法治：當代法治的興起（1976-1981）》，北京，法律出版社，2009。

28　參見樊鵬、易君健：《地方分權、社會犯罪與國家強制能力增長——基於改革時期中國公安財政經費發展的實證分析》，載《世界經濟文匯》，2009年第2期。

29　參見申欣旺：《被協調的正義——詳解政法委書記兼任公安局長》，載《中國新聞週刊》，2010年第11期；嚴勵：《地方政法委「冤案協調會」的潛規則應該予以廢除》，載《法學》，2010年第6期。

司法程式中法院的中心地位，十八大以來新一輪司法改革是否能夠改變政法機關內部的權力配置，實現法院在刑事司法中的中心地位，尚有待觀察。

6.2.5　其他政法機關

1. 國家安全機關

1983年，六屆人大一次會議決定在國務院成立國家安全部，承擔原來由公安機關主管的間諜、特務案件的偵查工作。國家安全部由原公安部的一部分政治保衛部門和中共中央的某些擔負保衛工作的機構組成，負責主管間諜等國家安全案件的偵查工作以及其他政治保衛工作。由於國家安全工作的特殊性，可資驗證的資料極少。

2. 司法行政機關

在司法行政事務方面，我國實行的是各機關分散管理的體制，因此司法行政機關（司法部系統）僅負責管理部分相關事務。目前，司法行政機關的職能和任務主要有：擬定司法行政工作的相關法律、法規草案及其他政策；負責全國監獄管理工作，指導監督司法行政系統戒毒場所的管理工作；負責指導監督律師、公證、司法鑑定等工作；監督管理法律援助工作；指導監督基層司法所和人民調解、社區矯正、基層法律服務及幫教安置工作等。近年來司法行政機關在律師、司法鑑定、監所管理等方面的表現受到一些批評。

6.3　黨管政法與司法改革

本節我們將綜合探討改革開放以來政法系統在黨政體制中的權力消長，這牽涉到如下幾個問題：第一，黨與政法的關係。這是理解中國政法系統的總括性問題。具體來說，黨管政法的基本原則如何在組織與制度上得到體現，這一原則在改革過程中是否發生了變遷？第二，政法系統「兩院三部」之間的關係如何，在改革過程中，各政法機關的互動方式及相互地位是否發生了變化，這些變化又如何影響了黨管政法的原則？第三，在三十多年司法改革進程中，司法機關在哪些方面發生了變化、哪些方面維持不變，變與不變的邏輯何在？最後，在總結本章主要觀點的基礎上，我們將展望司法改革在全面深化改革過程中的地位與作用。

6.3.1　黨管政法

在中國的黨政體制中，黨的一元化領導在政權組織形式上的原則是「大權獨攬，小權分散」。具體到政法系統內，大權獨攬是強調黨對政法的領導，但黨對政法領導的「度」與具體的組織抓手在不斷調整。小權分散特指各政法機關之間權力既分散又相互制約、監督的特殊狀態。政法系統的小權分散一方面造成了改革開放以來各政法機關的部門擴權態勢，另一方面也強化了獨攬大權的黨的協調功能。

1. 黨與政法關係中的大權獨攬

（1）*黨管政法的方式變遷*。黨的一元化領導原則在政法系統內的體現是「黨管政法」。改革開放以來，黨管政法的大方向不變，但方式發生了一些變化。首先，在改革初期，黨管政法從黨委直接審批案件過渡到黨從大政方針上領導政法。1979年中共中央發布的第64號文件正式終結了黨委審批案件的制度，並指出「黨對司法工作的領導主要是方針、政策的領導」。可以從兩個角度理解這一規定：其一，黨對政法的領導的「度」變了，從直接審批甚至決案發展到大方向上的指導；其二，黨領導政法的組織體現發生了一定的變化，政法小組（委）成爲黨領導政法工作的職能部門。1979年早些時候，中央已經成立了中央政法小組，並於1980年改制爲中央政法委員會，在地方上從省級到縣級也都建立了政法委。政法委這個機構在1988-1990年經過簡短的起落後，進入了長達二十多年的穩步擴張時期。

其次，十八大後的各種變化說明黨管政法的方式進一步微調。其一，過去中央政法委工作由政治局領導分管，現在升格爲由總書記直接分管，輿論認爲這是對政法委工作的加強；其二，2013年首次由中央直接召開政法工作會議，過去的全國政法工作會議更名爲中央政法工作會議，標誌著中共對政法工作的統一領導得到進一步鞏固；其三，2015年1月的政治局常委會專門聽取了包括最高法、最高檢在內的五個國家機關的黨組工作彙報，似乎預示著黨管政法的組織抓手的多元化。

（2）*黨管政法的組織抓手*。黨管政法，與黨領導其他系統，如軍隊、組織人事、財經系統等並無本質差別，其目的是要實現黨的一元化領導，這首要表現

在保持中央對重大事項的壟斷性的規則制定權，其次表現在黨對人事、編制等事務的控制權，最後則要通過合適的組織抓手保障中央政策的正確實施。政法系統正是在這一維度上與其他黨的系統存在顯著差異。在政法系統內部，究竟誰才是黨管政法的組織抓手？是地方黨委、政法委，還是各政法機關在「條條」關係中的上級黨組？當然，這個問題同樣適用於其他黨政系統或職能部門，但這在政法系統中尤為重要。

第一，黨的組織形式首先是黨的委員會制。地方黨委是黨中央的代理人。1979年改革後，黨委對政法工作的領導以方針、政策的指導為主，而政法委作為主管政法工作的職能部門得到加強。但在實際運作中，黨委依然掌管著地方政法機關（包括政法委）的人、財、物。改革開放以來，由於中央與地方之間的偏好與利益的差異增強，這種以「塊」為主的體制造成了廣泛的地方保護主義，這已經成為深化改革過程中極須解決的主要問題之一。

第二，我們在第一節梳理各政法機關的歷史發展時，已描述了政法委在組織上的數度變更，這在各大系統中是極其罕見的。政法委的變更一方面與新中國成立以來的國家政權建設、「文化大革命」、改革等諸般變遷相關，另一方面也體現了中央對政法系統這一特殊的掌握國家強制力的「刀把子」機關的協調力度與方式的再三考量。除了在國家政權基本癱瘓的「文化大革命」時期，即便是政法委撤銷建制期間，在政法系統內仍存在某種形式的協調機構，但協調力度的大小，以及是否建立專門機構、以何種方式建構這種機構，則是不同歷史條件下多方角力的結果。在可預見的將來，這種角力將長期存在，並對中國政法系統的演進、司法改革的前行產生深遠影響。

1990年代中期後，政法委系統穩步擴權。在個別地方或個別時段，政法委對各政法機關的影響甚至發展為領導關係，但政法委的權力帶有強烈的個人性質，它作為黨的職能部門的權威多寡往往與政法委書記本人在黨內的排名相關，因此，政法委的權威帶有很強的不確定性與較大的地方差異性。當然，政法委權力的重新調整，只是黨管政法的組織體現的相機調整，黨管政法依然是政法系統運作的基本原則。

第三，我們黨政體制的權力體系是「條」「塊」結合的複雜矩陣關係（詳見本書第九章），「條」的作用之一是制約「塊」。在現實中，當政法委的傾向性意見與公檢法部門不一致時，地方公檢法部門往往可以繞開政法委直接向上級部

門請示，或者先請示地方黨委，提前定好調子[30]。這些都是對地方黨委、政法委的制度約束。當前正在試點的司法機關人、財、物省內統管改革，將會對黨管政法的方式產生深遠影響，有待進一步觀察。

2. 黨與政法關係中的小權分散

「小權分散」原則首先表現在政法系統中，偵查、檢察、審判、司法行政各權分屬不同政法機關，但又相互交叉、相互制約。早在新中國成立初期，中國比照蘇聯的刑事訴訟模式，規定了公檢法機關相互配合與制約的關係。「文化大革命」期間，公檢法機關被合併、撤銷、砸爛、軍管，小權分散原則完全被「黨委至上」原則取代。撥亂反正後，《刑事訴訟法》重新確立了公檢法在刑事訴訟中「分工負責，互相配合，互相制約」的原則。1982年修憲時，這一原則作為「我國司法工作中長期行之有效的一項好經驗」寫入《憲法》，以根本法的形式加以確認[31]。

值得注意的是，在正式法律框架中，政法機關之間的權力分散缺乏一個必要的中心機制。如我們在第一節中所討論的，各政法機關憲法地位不一，既有政府內部的職能部門，又有與政府並立的「兩院」，各機關之間一旦因相互制約的關係發生利益分歧和衝突，在國家層面並不存在一個處於中心位置的機構解決衝突。人大雖然是憲法規定的國家權力機關，但憲法並沒有賦予人大協調衝突的職能[32]。中心機制的缺失造成了兩個後果：第一，在政法機關權力分散且相互制約的架構中，權力之間的分歧與衝突是日常化的，權力碎片化現象突出；第二，權力碎片化強化了黨的協調，小權分散實際上加強了黨對政法的領導。

具體說來，政法系統內的小權分散表現在偵查權分散、檢警關係、檢法關係、公檢法之間權力配置關係等各個方面。

（1）**分散的偵查權**。我國是按照案件類型對偵查權分類配置的，普通刑事

---

30 參見侯猛：《「黨與政法」關係的展開——以政法委員會為研究中心》，載《法學家》，2013年第2期。

31 參見韓大元、于文豪：《法院、檢察院和公安機關的憲法關係》，載《法學研究》，2011年第3期。

32 1990年代以來，隨著地方人大的制度創新，有些人大的內司委開始承擔協調公檢法司的職能，但這主要還是工作機制的創新，尚未在法律層面上確定下來。

案件的偵查、預審由公安機關負責;職務犯罪案件,包括貪污賄賂、瀆職案件等,由檢察院立案偵查;間諜、特務案件的偵查權由國家安全機關行使;此外,軍隊保衛部門與監所都有一定的偵查權。1996年修改刑事訴訟法時,以檢察院自偵力量不足為由,將檢察機關的經濟罪案偵查權重新分配給了公安機關。偵查權分立有兩個負面後果:一是如果偵查權交疊,會引發相關部門的齟齬,如普通刑事案件和職務犯罪案件出現交叉時,公安機關與檢察機關可能會相互推諉過於敏感的案件,也可能會爭奪有實際利益的案件;二是在自偵案件中,檢察院獨攬案件的立案、偵查、批捕、預審、起訴的權力,缺乏必要的監督。

(2)**檢察院與公安機關關係**。在公檢法的互動關係中,檢察機關起到獨特的連結作用,法院與公安之間並不存在組織法意義上的相互配合、制約的關係[33]。檢察院的公訴行為實際上連結了法院與公安機關。現行的刑事訴訟法賦予檢察院全面監督公安機關立案、偵查、預審的權力,也同時賦予公安機關的覆議覆核權。

在立案監督方面,對公安機關不立案偵查的案件,檢察院可以要求公安機關說明不立案的理由,如認為該理由不成立,檢察院應當通知公安機關立案。此外,檢察機關對公安機關提請批准逮捕的案件,經審查可作出批准逮捕或不批准逮捕的決定,對不批准逮捕的,檢察院可說明理由或要求公安機關補充偵查。公安機關偵查終結的案件由檢察院審查,並作出提起公訴、不起訴或撤銷案件的決定。檢察院在這一過程中既可要求公安機關退補偵查,也可自行偵查。對檢察機關不批捕、不起訴的決定,公安機關可以向同級檢察院申請覆議,或向上級檢察院申請覆核。

檢察院的補充偵查要求或不批捕、不起訴的決定,對公安機關而言都是辦錯案的標誌。因此,在實踐中,公安機關往往不願意主動撤銷案件,而是反覆要求檢察院覆議、覆核,通過各種途徑向檢察院施壓。此外,在立案問題上,公安機關可能與檢察機關立場不一,產生糾紛。檢警關係的具體處理通常交由地方政法委協調。由於過去政法委書記一般兼任公安局局長,政法委的協調會更偏向公安機關,造成了我國政法系統中長期存在的「大公安,小法院,可有可無檢察院」

---

[33] 法院可以審查公安機關行政行為,在實踐中,常出現公安機關假託刑事偵查手段逃避法院審查的情況。

的現象。

　　近年來，兩個方面的新發展可能影響檢警關係：一是越來越多的政法委書記不再兼任公安局局長[34]；二是在2008年中央領導的第二輪司法改革中，檢察院的權力大幅擴張[35]。在政法系統內新的權力配置模式下，檢警力量對比將會發生變化，但這並不改變兩機關利益糾紛與衝突的可能。

　　（3）**法院與檢察院關係**。在政法系統中，檢察院與法院關係對等，都是憲法規定由人大產生、向人大負責，與政府平行的國家機關。1997年黨的十五大以來，兩院被明確定義爲司法機關。因此，兩院的利益有一致性，在改革方向上，兩院都強調自己作爲司法機關相對於其他機關的特殊性。但同時，兩院又有相當的競爭與攀比，改革開放以來雙方在機構、編制，甚至改革方案中相互競爭，各有輸贏[36]。

　　具體到訴訟制度中，檢察院與法院主要在兩個方面互動。第一，在刑事訴訟中，檢察院行使提起並參加公訴的請求權，而法院的判決權則是一種決定權，兩者之間有「主輔」之分。第二，我國憲法賦予檢察院法律監督的基本職能。檢察院有權對刑事、民事、行政訴訟實行監督。在這對關係中，檢察院與法院是監督與被監督的關係。因此，在刑事訴訟中，檢察院兼具公訴人與監督者的雙重身分。法院審理公訴案件，依法作出有罪或無罪判決，而法院一旦判決嫌疑人無罪，說明檢察院和公安機關辦了錯案，會引發三機關間的衝突。檢察院則經常以抗訴的方式反擊法院。在現實中法院的無罪乃至輕罪判決相對較少[37]。

　　改革開放以來，法檢雙方就刑事訴訟、法律監督等頻頻拉扯，兩者的衝突在1980、1990年代達到了頂峰。雙方都試圖通過單方面司法解釋來限制對方，如最高人民法院曾單方面規定了上級抗訴原則，並始終排斥檢察機關對法院執行行爲的監督。1996年修訂的《刑事訴訟法》對檢察權做了諸多限制，標誌著法院在法

34　參見申欣旺：《被協調的正義——詳解政法委書記兼任公安局長》，載《中國新聞週刊》，2010年第11期。

35　檢察院擴權最爲顯著的表現是在民事訴訟法修改中，檢察機關被賦予了全面監督的職權。參見湯維建：《民事訴訟法的全面修改與檢察監督》，載《中國法學》，2011年第3期。

36　參見劉忠：《規模與內部治理——中國法院編制變遷三十年（1978-2008）》，載《法制與社會發展》，2012年第5期。

37　參見許永俊：《多維視角下的檢察權》，北京，法律出版社，2007。

檢競爭中暫時占據了上風，但這一態勢在21世紀初發生了反轉。2008年，中央政法委在第二輪司法改革指導性意見中提出要「優化司法職權配置」。該意見擴大了檢察監督的範圍，豐富了檢察監督的手段，確立了全面（全程）監督的基本原則。2012年《民事訴訟法》修改，檢察權對訴訟活動的全程監督原則正式入法，由此，檢察機關成為上一輪司法職權配置改革中的贏家[38]。

3. 小權分散下的大權獨攬

如前所述，公檢法機關在刑事訴訟中「分工負責，互相配合，互相制約」是中國的憲法性原則。在權責分立、相互監督的態勢下，政法機關之間的利益糾紛與權力摩擦日益增多，而且，這種衝突是在「零和」狀態下進行的：公檢法三機關任何一方利益的實現都要以犧牲另一方的利益為代價。例如，檢察機關做出的不批捕、不起訴或退補偵查決定，法院的無罪判決（甚至只是輕罪判決），以及檢察機關的抗訴等，都是以否定一方利益為前提來實現己方利益的。因此，現實中經常出現的情況是公安反覆申請覆議覆核，檢察院一再抗訴，公安機關與檢察院的偵查許可權爭議無法解決等[39]。另外，改革期間各部門的擴權衝動也進一步加劇了政法機關之間的衝突。在中心機制缺位的前提下，小權分散實際上強化了黨的集權。地方黨委、政法委等可以充任居間協調的角色，領導地方政法工作。這正是政法機關小權分散與黨的集權之間的組織邏輯，黨牢牢地把握了政權的「刀把子」機關。

6.3.2 法院改革與政法邏輯

司法改革作為議題在1997年正式寫入黨的十五大報告，但法院改革的啟動要追溯到改革初期。在我國的司法改革中，法院改革起步最早，改革方案更為系統，經歷也頗為曲折。因此，簡要而系統地梳理三十多年來法院改革的基本脈絡有助於理解黨政體制下政法系統變遷的邏輯，特別是各政法機關部門擴權與黨的集權之間的聯繫。

---

38 參見湯維建：《民事訴訟法的全面修改與檢察監督》，載《中國法學》，2011年第3期。
39 參見曾軍、師亮亮：《地方政法委協調處理刑事案件的制度考察及分析》，載《西南政法大學學報》，2012年第2期。

以主持司法改革的主體（是兩高還是中央政法委）以及改革的基本走向爲標準，我們可以將過去三十多年的法院改革分爲兩個階段：第一個階段是2003年之前最高人民法院主導的一系列逐步深入的法院改革；第二個階段則是2003-2012年，中央政法委擔綱主持的司法改革，這一時期通常也被稱爲司法改革的轉向或趨緩期。十八屆三中、四中全會相繼對進一步深化司法體制改革作出了新的規定。

1. 循序漸進的法院改革

從1970年代末起，中國法院逐步確立了三大訴訟機制（民事、刑事、行政訴訟），確立了審判程式及簡易程式，建立了證據規則，推進庭審方式、審判方式、訴訟制度乃至法院體制改革，致力於提高法官的專業素質。這一階段的改革具有濃厚的理想主義色彩，推行庭審中的質證與交叉詢問，庭審方式從超職權主義向當事人主義轉變，初步確立了程序正義、無罪推定、證據規則等基本原則。

這一階段司法改革以技術性改革起步，逐漸觸及司法改革的核心問題，即法院體制問題。在此期間，最高人民法院展示出顯著的能動性，與各地方法院相互配合、試點並推動了一系列改革措施。這一階段的司法改革引致了兩個基本現象：第一是法院權威的增長，這既是指法院相對於其他國家機關權威的擴張，也是指法院在政法系統內權威的相應擴張；第二則是在這一過程中，立基於西方法治理想的程序性規則與中國社會傳統的實體正義概念之間的衝突愈發突顯。這兩個要素的合力導致了司法改革後期的轉向。

（1）法院權威增長。人民法院在我們的黨政體制中並不是傳統的強勢部門，飽受行政干預、地方保護主義、司法大眾化等問題的困擾。但同時，中國的法院系統還掌握著一些特殊的權力，例如法院的司法行政權、司法解釋權、法院獨享的執行權等。可以說，相較於其他國家的法院系統，中國法院固然在司法的獨立性方面有所不足，但也有一些獨特的權力。這種弔詭的權力配置方式，也在一定程度上促進了法院系統在改革中的自利性擴權。法院權威的增長具體表現爲在本時期法院對人大、政府以及其他政法機關制約的適度增強。

在法院與人大的互動中，法院在制定司法解釋、判決中選擇性適用法律法規等方面都有一定優勢。特別是在1990年代末，法院系統與法學界強烈反對將地方人大個案監督的創新實踐上升爲法律，最終「個案監督法」未通過審議，成爲全

國人大歷史上為數不多的「廢案」。十屆人大期間,地方人大漸次停止了個案監督的實踐[40]。同時,由於行政訴訟制度的建立與發展,法院對地方政府,特別是政府職能部門的制約也顯著增強[41]。

在這一時期的司法改革過程中,法院在政法系統內部的地位也有所提升。隨著正式法律框架的逐步完善、訴訟制度的發展,以及「訴訟爆炸」現象的出現,法院在政法系統內的重要性愈發顯著。特別是在檢法關係中,本階段法院系統取得了相對檢察系統的優勢地位。1995年,最高人民法院以批復的方式規定了檢察院再次抗訴必須上提一級,單方面限制了來自檢察系統的抗訴。1996年修訂的《刑事訴訟法》,取消了檢察院的免予起訴權,縮小了檢察院的自偵權範圍,檢察機關的工作,特別是職務犯罪偵查一度陷入困境[42]。

(2)**中西方理念衝突**。本階段法院改革引入了一系列帶有理想主義色彩的規則,如證據規則、庭審方式的當事人主義等,但這也誘發並激化了中西方司法理念的衝突——程序正義理念與實體正義理念之間的衝突。2001年,廣東肇慶市曾發生一起「被告自殺、法官被捕」事件,因原告無法舉證,法官本著「誰主張誰舉證」的原則判決原告敗訴。案件進入執行程序後,原告夫婦在法院外服藥自殺。此案在政法系統內引發了對西方程序正義理念的反思,並部分導致了2003年以來中國司法改革的轉向[43]。

2. 司法改革的趨緩期

為了推進司法體制改革,2003年中央成立了由中央政法委、全國人大內務司法委員會、政法各部門、國務院法制辦及中央編辦負責人組成的中央司法體制改革領導小組,形成了中央政法委主導司法體制改革工作的格局。這一階段的改革

---

40 參見李鵬:《立法與監督:李鵬人大日記》,北京,新華出版社、中國民主法制出版社,2006;劉忠:《條條與塊塊關係下的法院院長產生》,載《環球法律評論》,2012年第1期。在實踐中,人大對個案的監督仍以其他形式在個別時段上進行著,參見本書第三章。

41 參見何海波:《行政訴訟法》,北京,法律出版社,2011;於曉虹:《策略性服從:我國法院如何推進行政訴訟》,載《清華法學》,2014年第4期。

42 參見劉忠:《讀解雙規——偵查技術視域內的反貪非正式程序》,載《中外法學》,2014年第1期。

43 參見湯維建:《論中央政法委對民事司法改革的領導》,載《山東員警學院學報》,2011年第4期。

具有強烈的實用主義色彩和政治性，諸多學者將本階段的改革描述爲法院改革的趨緩甚至轉向期。中央政法委在2003年、2008年先後主導了兩輪司法改革，在法院改革乃至政法系統內部引致了兩個基本變化：法院系統的大調解轉向，以及檢察權在「司法職權再分配」過程中的全面勝利。

首先，本階段的司法改革重新重視實體正義理念，強調多元糾紛解決機制，並逐步發展爲法院系統的大調解轉向。2008年，中央政法委提出調解優先原則，並在隨後發布的《關於深化司法體制和工作機制改革若干問題的意見》中，提出要推動建立人民調解、行政調解、行業調解、司法調解等相結合的「大調解」工具，探索繁簡分流機制。2009年2月，最高人民法院正式確認了「調解優先，調判結合」的八字原則，後期更提出了「全程調解，全面調解」的意見。2012年，調解優先原則正式寫入《民事訴訟法》。

在這一時期，最高人民法院頻繁發布各種規範性文件，並在《人民法院報》等媒體上樹立強調調解的法官典型，將調解相關的各種指標納入法官考核機制中，這對法官的考評、晉升與規訓產生了深刻影響。法院的大調解轉向所帶來的實際後果目前尙缺乏有力的實證研究，有學者認爲這是對國際上流行的「非訴訟糾紛解決體制」（ADR）回應；也有學者認爲大調解實際上標誌著司法改革的轉向，是在維穩壓力下對社會效果的過度追求[44]。

其次，檢察權在中央政法委於2008年發起的第二輪司法改革中獲得了全面勝利。中央政法委提出要探索司法職權的再分配問題，目前看來，這場再分配的直接後果是檢察機關的全面擴權。在2012年《民事訴訟法》修改中，檢察機關對民行監督的範圍從過去的「民事審判」擴展到「民事訴訟」，從而覆蓋了法院的調解與執行過程。此外，基層檢察機關獲得了發出檢察建議的權力，對同級法院乃至其他國家機關的監督力度加大。

最後，在司法改革轉向的大環境下，司法專業化與法官職業化改革仍在繼續推進。其中，備受矚目的是2010年最高人民法院推行的指導性案例制度。從目前最高人民法院先後公布的數批案例的情況看，最高人民法院的步伐較預期更爲穩健，更爲側重案例的複雜度與專業性。在司法改革整體趨緩的態勢下，最高人民

---

[44]　參見Carl F. Minzner, "China's Turn Against Law," The American Journal of Comparative Law, 2011(59)；範愉：《訴訟調解：審判經驗與法學原理》，載《中國法學》，2009年第6期。

法院穩步推進專業化改革這一情況耐人尋味，體現了法院改革的策略性[45]。

3. 黨的十八屆三中全會以來的司法改革動向

2013年黨的十八屆三中全會提出要進一步深化司法體制改革，在眾多觀察者的眼中，這標誌著中國的司法改革進入了（中央政法委主導以來的）第三輪。黨的十八屆三中、四中全會明確了司法是中央事權，提出要實施司法機關人、財、物省以下統管，建立最高人民法院巡視法庭等改革措施。雖然諸多措施仍在試點過程中，尚未蓋棺定論，但這預示著在全面深化改革的進程中，司法改革將再次充當排頭兵。

縱觀中國司法改革的總體過程，以及這一過程中政法機關之間的職權配置與角力，中國政法系統的改革總的邏輯仍然是政治性的，司法改革的起落緩急無不與改革大勢相聯繫。最高人民法院、最高人民檢察院等政法機關在改革過程中，尤其是改革前期，有著明顯的部門性擴權的衝動，但各機關的改革並沒有改變政法機關之間小權分散的態勢。近期對政法委系統的調整也預示著，在未來一段時間，政法系統內部權力配置的犬牙交錯的狀態恐怕將長期存在，司法機關可能會在全面深化改革期間進一步擴權。

---

[45] Björn Ahl, "Retaining Judicial Professionalism: The New Guiding Cases Mechanism of the Supreme People's Court, " The China Quarterly, 2014(217), pp. 121-139.

本章小結

本章第一節探討了政法系統與司法機關的概念，指出「政法」與「司法」同為中國司法改革的傳統，影響著政法系統變遷的方向與路徑。在黨政體制下，黨管政法是基本原則。本節也從歷史的維度梳理了各政法機關與政法委的建立與發展。在第二節中，我們描述了政法委、人民法院、人民檢察院以及公安機關的組織形式、基本職能與運作規則。在第三節中，我們綜合探討改革開放以來政法系統在黨政體制中的地位與作用。政法系統的組織方式充分體現了「大權獨攬，小權分散」的原則。政法系統始終堅持黨對政法的領導，但黨的領導的「度」與組織抓手在不斷調整。同時，各政法機關之間權力分散，但又相互制約並監督，形成一種特殊的連結態勢，政法系統的小權分散強化了黨的集權。最後，本章以法院改革的歷程為視角，回顧了政法系統變遷中，政法邏輯和司法邏輯的衝突與融合。在全面深化改革的過程中，司法改革將繼續充當改革的排頭兵。

關鍵術語

黨管政法、政法系統、政法委、司法改革、大調解轉向、法治

複習思考題

1. 什麼是黨管政法，政法系統內是如何貫徹這一原則的？

2. 政法系統內部，特別是公檢法三機關之間關係是怎樣的？隨著司法改革的推進，政法系統內部的關係是否發生了改變，應該如何調整？

3. 十八屆四中全會提出了「全國推進依法治國，總目標是建設中國特色社會主義法治體系」，請結合政法與司法的邏輯探討如何實現依法治國。

第七章

宣傳系統

本章旨在考察宣傳系統在黨政體制中的地位、構成與運行方式。與黨管政法（刀把子）、黨管軍事（槍桿子）一樣，黨也管宣傳（筆桿子）。區別在於，宣傳系統所涉及的部門和事務頗爲繁雜，面面俱到的介紹非本章篇幅所能完成。作爲一種替代方案，我們將討論的範圍限於該系統的核心部分——新聞媒體，集中探討中國共產黨是如何實現對輿論的主導作用的。具體而言，這一問題又可分爲兩個方面：首先，黨是如何運用新聞媒體從事宣傳工作的？其次，黨是如何管理新聞媒體的？

我們將結合歷史背景，對這兩個問題進行較爲詳細的分析，以展現中國新聞媒體制度的生成、發展和轉變的過程。在市場經濟轉型與資訊技術革命的挑戰下，這一制度所進行的調整和適應，是本章的分析重點。

7.1　宣傳系統概述

7.1.1　宣傳工作的意義

宣傳是一種運用符號傳播去影響人們的思想、情感、態度，進而影響其行爲的活動。中國共產黨高度重視宣傳工作，將其視爲與組織工作同等重要的一大日常工作，貫穿於全域[1]。對宣傳工作的高度重視與黨的組織性質和歷史使命緊密相關。作爲以馬克思主義武裝起來的革命政黨，共產黨的最終目標是實現共產

---

[1] 黨在革命初期甚至一度提出「宣傳更重於組織」，將宣傳作爲主要依靠手段。1925年，惲代英在《怎樣做一個宣傳家？》一文中更明確地提出：「我們怎樣改造世界呢？我們靠宣傳的工作，靠一張嘴、一支筆」，「我們不靠練幾隊精兵去打天下」。參見惲代英：《惲代英文集》（下卷），696頁，北京，人民出版社，1984。

主義及解放全人類。這種意識形態除了鮮明的革命性，還從理論上建構了黨的領導之正當性。但是，這種觀念無法在群眾中自發產生，只能由黨從外部灌輸給群眾。因此，無論是在革命年代或執政時期，黨歷來強調通過宣傳工作對社會民眾進行意識形態教育和路線、方針、政策教育的重要性，以確立其思想領導的地位。

　　同時，黨內的領導權也與宣傳工作息息相關。黨在自身建設上一直將思想建設放在首位和根本的地位，強調要在黨內達成思想一致。毛澤東曾指出，「掌握思想教育，是團結全黨進行偉大政治鬥爭的中心環節。如果這個任務不解決，黨的一切政治任務是不能完成的」[2]。鄧小平也指出，「黨是思想一致的組織，黨員的思想一致是黨的團結和統一的基礎」[3]。進一步說，黨內的領導權與理論權威息息相關，黨的領袖必須通過宣傳工作確立理論權威，只有這樣才能將全黨整合在領導核心的周圍。歷史上，黨的歷屆領導人都極為重視提出和宣傳自己的理論主張，以便獲得黨內對其領導權和政治主張的認同。

　　因此，實現對黨內與黨外的雙重思想領導的需要，使得宣傳工作在黨政體制中占有極其重要的地位。

7.1.2　宣傳系統的構成

　　作為一項基本工作，黨的宣傳工作貫穿於黨的各種組織，包括軍隊之中，它範圍廣泛、戰線很長，包含理論、新聞、出版、教育、文藝、對外宣傳等多項工作，幾乎遍及各種與資訊傳播有關的媒介。

　　為了管理龐雜的宣傳事務，黨自建立伊始，便設立宣傳機構進行統一協調與管理，逐漸建立起一個由各級黨委的宣傳部組成的「宣傳系統」。新中國成立後，宣傳系統所擔負的事務性的文化教育工作被轉交給政府內的文教部門，但文化教育領域的政策、法規的制定權仍保留在宣傳部門手中，文教部門與宣傳部門實際上仍是一個整體。由此，新中國成立前的宣傳系統在新中國成立後便擴展為包含文教部門在內的「宣傳文化系統」（外界簡稱之為「文宣系統」）。

　　宣傳文化系統規模龐大，它的管理範圍覆蓋全國的「報社、廣播電臺、電視

---

[2]　《毛澤東選集》，2版，第3卷，1094頁。
[3]　《鄧小平文選》，2版，第1卷，248頁。

臺、出版社、雜誌社等新聞輿論部門；大學、中學、小學和其他各類成人教育、職業教育、幹部教育等教育部門；歌舞團、劇團、電影製片廠、電影院、劇院、俱樂部等文化部門以及文藝團體和文化娛樂場所；文化館、圖書館、紀念館、展覽館、博物館等文化設施和紀念展覽設施」[4]，此外還包括一些海外華人媒體。

宣傳文化系統內的行政權力機構很多，中央政府設有國家新聞出版廣電總局、國務院新聞辦公室、國家互聯網資訊辦公室、文化部、教育部等主管部門，而省、市、縣級政府都設有與這些部門對口的機構。近年來地方政府紛紛對這些機構進行精簡、整合，新組爲統一的「文廣新局」。

宣傳文化系統的核心職能機構是中共中央宣傳部，它負責對各項宣傳文化工作進行指導、規劃、部署或協調，並協調宣傳文化系統各部門之間的關係[5]。中宣部部長兼任中央宣傳思想工作領導小組的副組長，1990年代以來一般位列政治局委員。宣傳文化系統內的主要行政部門——文化部、國家新聞出版廣電總局、國務院新聞辦公室、新華社及國家互聯網資訊辦公室的負責人都是由中宣部的副部長兼任。同時，它下設有理論局、宣教局、新聞局、文藝局、出版局等內部機構，分別管理一條黨的宣傳思想文化戰線下的子戰線。

宣傳文化系統的最高領導機構是中共中央設立的中央宣傳思想工作領導小組，它負責對「宣傳口」內的黨政相關部門進行統一指揮，其組長由一位政治局常委出任，中宣部部長在其中擔任副組長。中共中央還設有對外宣傳小組，它負責協調國際宣傳及對港澳臺宣傳事務，與中央宣傳思想工作領導小組是「一個機構、兩塊牌子」。對外宣傳小組在1991年成立了對外宣傳辦公室，後者與國務院新聞辦公室是「一個機構、兩塊牌子」，爲中共中央直屬機構。

宣傳文化系統內還設有一個高規格的黨的中央精神文明建設指導委員會，它負責指導全國精神文明建設，1997年始建，其主任除第一任由中宣部部長擔任外，2002年後都由一名政治局常委擔任。該委員會下設辦公室（簡稱「中央文明辦」），放在中宣部，由中宣部代管，並通常由中宣部常務副部長兼任其主任。1980年代，精神文明建設已被黨確立爲社會主義現代化建設的一個基本目標，與

4　《中國共產黨建設大辭典（1921-1991）》，676頁，成都，四川人民出版社，1991。

5　軍隊是一個特殊領域，其宣傳思想工作——如《解放軍報》——不歸中宣部直接管轄，而由軍隊內的總政治部相對獨立地管轄。

物質文明建設相平行，它包括思想道德建設和教育科學文化建設兩方面。在中央精神文明建設指導委員會成立後，精神文明建設成爲覆蓋整個政府體系的基本工作任務之一。這使得黨的宣傳實際上變成了國家性行爲，政府部門經常召開聯合性的「宣傳思想暨精神文明建設工作會議」。由此，宣傳文化系統進一步擴大了自己的影響範圍和手段。

　　爲了指導整個宣傳文化系統的運行，中共中央若干年會召開一次意義重大的「全國宣傳思想工作會議」，黨的總書記出席，系統內各部門與單位悉數參加；中宣部每年年初會例行召開「全國宣傳部長會議」。

7.2　黨與新聞媒體

7.2.1　新聞媒體的地位

　　在中共的各種宣傳工作中，由新聞媒體負責的輿論工作具有很強的時效性，它深刻地介入權力運行的過程，對中共領導的落實有直接而重大的影響。這是新聞輿論工作不同於理論、文藝、教育等工作的獨特地方。因此，黨歷來將新聞輿論工作放在宣傳工作的中心，高度重視新聞媒體的作用。革命時期，中宣部曾強調，「報紙是黨的宣傳鼓動工作最有力的工具，每天與數十萬的群眾聯繫並影響他們，因此，把報紙辦好，是黨的一個中心工作」[6]。2008年，中共時任總書記胡錦濤指出：「新聞輿論處在意識形態領域的前沿，對社會精神生活和人們思想意識有著重大影響。當今社會，隨著經濟社會快速發展和科技不斷進步，資訊傳遞和獲取越來越快捷，新聞輿論的作用越來越突出。做好新聞宣傳工作，關係黨和國家工作全域，關係改革和經濟社會發展大局，關係國家長治久安。」[7]

　　從宏觀上看，黨在革命與執政時期始終主要依賴兩大政治工具或武器，一個是「槍桿子」，它爲黨的領導奠定暴力基礎；另一個是「筆桿子」，它爲黨的領導培育合法性。在黨政體制下，中國新聞媒體扮演的正是黨的筆桿子的角色，它們發揮著幫助中共主導社會輿論、確保黨的思想領導的功能，被黨視爲命運攸關的重要思想戰線與陣地。

---

[6]　《中共中央宣傳部爲改造黨報的通知》，載《解放日報》，1942/4/1。
[7]　胡錦濤：《在人民日報社考察工作時的講話》，載《人民日報》，2008/6/21。

7.2.2　新聞媒體的規範

　　黨始終堅持以馬克思主義新聞學指導全國的新聞工作。毛澤東反覆指出，馬克思主義新聞學的立足點是新聞有階級性、黨派性，無產階級的新聞政策和資產階級的新聞政策，有一個共同點，這就是新聞有階級性、黨派性[8]。根據這一觀點，黨否定以新聞自由作為新聞工作的基本規範，強調新聞自由必須以階級立場為前提，只有「符合人民利益」的新聞活動才能享有自由，「不符合人民利益」的新聞活動則不能享有自由。

　　因此，黨確立的新聞工作的基本規範是「黨性原則」，要求全國新聞媒體都必須服從黨的領導。2013年8月19日，習近平總書記在全國宣傳思想工作會議上的重要講話中，將這一原則的內涵具體闡述為：「堅持正確政治方向，站穩政治立場，堅定宣傳黨的理論和路線方針政策，堅定宣傳中央重大工作部署，堅定宣傳中央關於形勢的重大分析判斷，堅決同黨中央保持高度一致，堅決維護中央權威。」[9]

　　與此相應，黨將新聞媒體定性為「黨的喉舌」。這一定性是黨在革命過程中將新聞媒體視為對敵鬥爭武器的背景下產生的。在以經濟建設為中心的背景下，它逐漸被完善為「黨和人民的喉舌」。

　　在黨性原則與喉舌定位下，黨將新聞媒體的基本功能界定為輿論導向，強調必須實行「政治家辦報」的原則和堅持正確的輿論導向原則。為落實這些宏觀原則，黨提出必須實行「正面宣傳為主」的基本方針。改革開放以來，黨逐漸將此方針更完整地表述為「堅持團結穩定鼓勁、正面宣傳為主」。按照這一方針，新聞媒體在報導上的首要之事是分清正面與負面。

7.2.3　新聞媒體的運作

　　為了實現正確輿論導向的目標，黨對新聞媒體的運作主要由兩個面向組成：一個是「用」的面向，處理如何運用新聞媒體進行政治宣傳的問題；另一個是

---

[8]　參見吳冷西：《憶毛主席：我親身經歷的若干重大歷史事件片斷》，33頁，北京，新華出版社，1995。

[9]　《習近平在全國宣傳思想工作會議上強調 胸懷大局把握大勢著眼大事 努力把宣傳思想工作做得更好》，載《人民日報》，2013/8/21。

「管」的面向，處理如何對資訊流動進行管理的問題。這兩個面向緊密相關，後者服從、服務於前者。

1. 宣傳引導

政治宣傳是黨的輿論導向工作中的核心部分，它主要由官方媒體承擔。新聞媒體的政治宣傳可分為兩類，一類是一般性的日常報導，另一類是重大事件的宣傳運動。前者表現為各新聞媒體分別按照一定的價值標準或口徑對報導內容進行規範，後者是在黨的直接領導下展開的集體傳播活動，具有很強的輿論導向效應。這兩類宣傳活動的議程都由宣傳部門掌控，因此非新聞性的事件報導、非事件性的消息報導、典型單位和人物的表彰報導等在中國新聞媒體出現的頻次非常高。

在宣傳上，中央的新聞機構——主要是新華社、人民日報社、中央電視臺、中央人民廣播電臺、《求是》雜誌社、解放軍報社、光明日報社等處於中心地位，它們是全國輿論的定調者和領唱者。黨經常圍繞某個重要內容組織新聞媒體展開宣傳運動，其過程通常是首先由新華社發布通稿，接著《人民日報》發表社論或重要評論（中央電視臺前一天晚上預報），然後由地方各級黨報等主流媒體跟進轉載、轉播，並組織各種側面報導。如此，全國新聞媒體在短時間內便能形成步調一致的報導，製造出浩大的輿論聲勢。

在長期的宣傳活動中，黨的宣傳部門積累了一套相當成熟的報導技術，包括：（1）創造新術語，如「解放戰爭」、「三年自然災害」、「下崗」、「流動性過剩」等詞彙。（2）樹典型，通過發表長篇人物通訊稿，樹立符合某個宣傳精神的典型模範，如學習毛主席著作的標兵雷鋒、公正為民的好法官鄒碧華等。（3）轉換角度。如在國內災難新聞上一般以報導領導高度重視和救災先進事蹟為主。（4）選擇性地利用外媒報導或外國人受訪，進行間接證明或襯托。1990年代後，這一工作主要由《參考消息》和《環球時報》負責。

經由新聞媒體的正面報導，中共的宣傳擁有了巨大的傳播力，也取得了顯著的輿論效果。它使得中國民眾不斷告別失效的話語，與時俱進地接受黨提出的新理論、新主張和新說法。

但在歷年的宣傳運作中也產生了一些消極問題。一個是新聞八股化的問題。新聞寫作者在不變的正面宣傳下，逐漸形成了一種固定的新聞套話與寫作結構，

因此在會議、災難上的報導經常雷同。另一個是新聞作假的問題。革命時期，黨的報刊便批判內部存在「客裡空」[10]現象。新中國成立以後，在宣傳任務急迫、導向既定、搶先報導等壓力下，許多新聞寫作者在新聞上人為拼湊、虛構或造假。有的通過扭曲角度、戴帽子將舊的新聞材料重新包裝為當下新聞，有的布置人員進行新聞擺拍、策劃[11]，有的甚至直接虛構人物、事件與對話。這些問題使得官方媒體一直面臨爭取讀者信任和歡迎的挑戰，黨和政府為此不斷發起諸如「三貼近」、「走基層、轉作風」等運動，以改進官方媒體的宣傳工作方法，希望借此獲得令群眾喜聞樂見的宣傳效果。

2. 資訊管理

中共新聞工作的另一項基本任務是對新聞媒體上的資訊流動進行管理。這是政治宣傳的內在需要，因為要保證多個新聞媒體「異口同聲」，只有通過中共的資訊管理才能實現，否則中共的主要媒體之間也會出現不同調，甚至對立的聲音。歷史上，中央媒體之間，甚至地方黨報與《人民日報》之間曾多次發生理論爭論、定調不一的現象。因此，黨一直牢牢堅持對資訊發布管道的掌控。

此外，要保證新聞媒體以正面報導為主，也只有通過黨的資訊管理才能實現。在「正面宣傳為主」的原則下，一些負面消息被過濾掉了。不過，有些負面消息雖然不適宜公開報導，但很有資訊價值，應當為黨政部門瞭解。為此，中共採取了內外有別的模式來處理：在對外公開報導上，媒體機構必須按照「喉舌」角色和「正面宣傳為主」的要求，對各種負面消息和批評言論（包括各種翻譯出版的內容）進行刪改。與此同時，媒體機構須建立內部管道，發行「內參」，採編各種敏感資訊包括負面消息和批評言論，報送給一定級別的黨政領導批閱，充當好黨和政府的「耳目」。其中，新華社、人民日報社等採編的內參最為全面、及時和敏感，尤其是新華社編有不同秘密級別的多種內參，可相應供給不同級別的領導幹部參閱。

新聞資訊的管理形成了一個資訊上的倒金字塔，處於這一金字塔底層的民

10　這是借用了蘇聯的一個典故。「客裡空」是蘇聯1942年出版的劇本《前線》中的一個前線特派記者，劇中描寫他每天待在前線總指揮部裡虛構前線情景，因此後來被許多社會主義國家用作新聞虛構和作假的代名詞。

11　例如，「大躍進」期間一些官媒在宣傳「畝產萬斤」中即採用了擺拍製作的新聞照片。

眾從媒體上可獲得的資訊較少，不得不經常依賴小道消息，甚至採取對官方報導進行反向解讀的方法挖掘資訊。這便導致國家與社會之間容易發生誤解和誤判，謠言多發[12]。不過，官方對新聞媒體的資訊管制也會因以下因素而放鬆：首先，增強宣傳效果的需要。黨的領導人在1950年代認識到過度的資訊管制對宣傳其實不利，因為民眾如果長期只接觸正面、光明的資訊，就會缺乏對負面資訊的「免疫力」。因此，毛澤東在新中國成立後幾次提出將原本在高層內部發行的《參考消息》擴大發行範圍，以使更多的幹部群眾「經風雨，見世面」，給大家「種牛痘」，增強「免疫力」。到1970年，《參考消息》被擴大發行到基層。

其次，溝通的客觀需要。黨強調對外的團結與統一，但黨內客觀上存在不同的，甚至對立的意見，它們經常需要爭取輿論支援，於是雖不能在媒體上直白陳述，但仍會採用隱晦、曲折的方式在媒體上傳遞資訊。在重大轉折或事變前，有關部門主動進行新聞餵料、通過周邊媒體甚至海外媒體事先放風，更是官方的常見操作程式，其意在為採取行動做好輿論鋪墊，或測試輿論反應。由此，中國新聞媒體上也不乏珍貴的政治資訊，這使之成為外部觀察者進行仔細研讀的對象。

最後，應對外媒新聞競爭的需要。1980年後，由於外國新聞機構駐華、來華記者不斷增多，他們對中國的重大事件、突發事件的報導非常迅速，在國際輿論上往往「先聲奪人」，使黨和政府陷入不利局面。為了扭轉這一局面，中共的宣傳部門要求新聞單位增強新聞報導的時效性，更及時、主動地向社會公布重大事件、突發事件等資訊。這使得許多以往一般被封鎖的資訊逐漸在媒體上公開。

7.3　新聞媒體制度的歷史沿革

7.3.1　革命時期：黨報制度的確立

黨管媒體的制度源於黨在革命時期建立的黨報制度。黨建立不久便著力創辦自己的新聞事業，創辦了《嚮導》、《熱血日報》等一批報紙和刊物。從一開始，黨就明確規定這些報刊須服從黨的領導，如黨的二大通過的《中國共產黨加入第三國際決議案》按照共產國際的組織要求，規定黨的報刊應由「確實忠於無產階級革命事業的可靠的共產黨人來主持」。同時，黨很快設立了宣傳機構負責

12　參見〔美〕鄒讜：《二十世紀中國政治》，149-160頁，香港，牛津大學出版社，1994。

管理這些黨的報刊。

　　總的來說，革命初期的黨報制度在實際運轉中集權程度有限，管理也比較鬆散[13]。一個重要的原因是，此時的中共黨報處在城市環境中，多元競爭的報刊結構與非武裝鬥爭的形式在客觀上導致黨報擁有一定的編輯自主權。1927年後，黨轉入農村地區從事土地革命，戰爭的緊迫壓力與農村單一、封閉的資訊環境使得中共必須、也可以對黨報進行嚴密的掌控。因此，土地革命時期黨報已開始緊密配合黨的中心工作進行宣傳。然而，直到延安整風運動前，黨報仍未能成為黨中央的忠實喉舌，消除對黨中央「鬧獨立性」的可能[14]。其根本原因有二：一是黨內尚未實現權力和思想的一統，黨報受到不同政治力量的影響；二是黨報為提高專業水準而大量吸收的外來知識具有一定的獨立、批判的傾向，他們使黨報受到「資產階級的新聞觀點」的影響。

　　為解決這兩個問題，毛澤東在延安整風運動中發起了以《解放日報》為中心的黨報改造運動，建構出一套黨性至上的本土新聞學及黨委集權的黨報制度。首先，黨報受到極為嚴格的黨性約束。時任《解放日報》總編輯的陸定一提出：「報紙不能有獨立性……應當在統一領導下進行，不能有一字一句的獨立性……這是關係到黨的事情。」[15]與此相應，運動明確提出報紙的新聞性必須服從黨性，強調必須「把尊重事實與革命立場結合起來」；記者和編輯不能自主「搶新聞」，應當「該快的快」、「該慢的慢」、「有的壓一下才發表，有的壓下來不發表」；新聞的公開程度要由黨來決定，不能搞無差別的普遍公開[16]。

　　其次，黨報接受黨委的全面領導，包括：（1）實行黨委負責制，取消報社獨立編輯權。同時，報社內部實行編委會集體領導，取消個人主筆制。（2）黨委與黨報編輯部相互派人參加會議，使黨報在工作上緊密配合黨委。（3）強化黨報對黨委的請示報告制度，報紙付印前必須交由黨的負責人看大樣。中央的機

13　當時甚至有中共黨員在國民黨機關報上發表批評黨的文章。參見中國社會科學院新聞研究所編：《中國共產黨新聞工作文件彙編》（上），18-19頁，北京，新華出版社，1980。

14　例如，1938年時，隸屬長江局的《新華日報》曾經拒絕刊登毛澤東的《論持久戰》。

15　轉引自王敬：《陸定一同志的新聞實踐與新聞思想》，載《新聞研究資料》，1992年第56期。

16　參見高華：《紅太陽是怎樣升起的：延安整風運動的來龍去脈》，374頁，香港，香港中文大學出版社，2000。

關報更是小至消息、大至社論都必須與中央商量，送中央審定。

解放戰爭時期，爲便於統一宣傳工作，黨報制度進一步集權化。一是中央層面轉爲以通訊社爲主，《解放日報》大部分併入新華社；二是中央對各根據地進行宣傳和新聞集權，包括籌建大黨報代替根據地的小黨報，強調各地黨報都必須宣傳中央路線、政策，同時在發表全國性、全黨性言論前都必須經中央批准等，各級幹部「不得擅自向中外記者發表意見」等。到建國前夕，中共已建立了一套一元化集權的黨報制度。這一制度的特徵是將黨的各種報刊置於各級黨委及一把手的嚴格掌控下，黨報不僅在經營上完全依賴黨的保障，而且在採編上完全按照中共的指令運作。

7.3.2　建國前三十年：指令性新聞制度的形成

1949年建國後，黨的工作重心轉回城市，所面對的是一個民國時期遺留下來的多元媒體結構。是否延續這一結構？應如何處理黨報與這一結構的關係？如何建設全國的新聞媒體制度？這些成爲黨在建國初期要處理的重大問題。

黨的選擇最初是保留原有結構中的中間、進步的新聞機構，使之與公營的黨報並存。經過大規模清理，1950年春，全國私營報紙有58家，公營報紙達257家。出於統一意識形態的考慮，黨在1952年底對剩餘的私營新聞媒體展開了國有化改造，此時其他行業的社會主義改造尚無動靜[17]。到1953年，私營報刊、廣播電臺全部公私合營，不久完全公營。全國形成了「凡報皆黨報的一統局面」，新聞媒體都歸爲「黨的新聞事業」。

隨著計畫經濟體系的建立以及逐漸轉向「以階級鬥爭爲綱」的路線，戰時建立的黨報制度在吸收了蘇聯「眞理報模式」的元素背景下，演化爲全國性的媒體制度，其運行更加集權。一些研究者稱其爲「指令性新聞制度」，具體特點如下所述。

（1）在媒體經營上，創辦報紙由國家嚴格審批。運營經費由政府財政撥款，印刷物資由計畫統一分配，報紙發行由郵局包辦，訂報費用由單位公費支付。這種「官辦、官訂、官看」的制度使得媒體一切依賴於政府，只算政治賬、

---

[17]　參見李斯頤：《也談建國初期私營傳媒消亡的原因》，載《當代中國史研究》，2009年第3期。

不算經濟賬，事實上成爲政府機關的一部分。

（2）**在管理模式上，實行黨政不分、指令管理。**1949年10月成立的新聞總署在1952年2月即被撤銷，全國新聞事業被長期歸口爲黨的宣傳部門直接領導，報刊的新聞用紙、廣播電臺的技術改造等具體業務也由宣傳部門負責；同時，黨的宣傳政策、指令取代新聞法制，成爲對媒體的基本管理手段[18]。

（3）**在新聞採編上，媒體受到嚴格控制。**記者在媒體內部受編委會的領導，下到地方又要同時接受當地黨委的領導，必須向當地書記彙報採訪計畫、服從其採訪安排，而且在寫完稿件後還須經過省委書記的審查。媒體在批評報導上尤其受到嚴格限制，「舉例來說，如果報導涉及批評一個縣的書記，必須通過省組織部批准，涉及批評一個鄉黨委書記，必須通過縣的領導批准……檢法部門是絕對不讓碰的，解放軍的問題更是禁區。記者發現社會存在陰暗面，只能寫內參，不能寫報導。只有內參送上去，上面認爲應該寫才能寫批評報導，發生突發事件，報社無權主動採訪」[19]。於是，媒體只能按指示、文件辦報，一切都變成計畫新聞。媒體只需對上負責，不必顧及讀者的興趣與反應，缺乏追求獨家新聞的動力，其內容基本是「吃新華社稿件的大鍋飯」，甚至在版面編排上也照搬《人民日報》，呈現「千報一面、千台同聲」的單調景象。

「文化大革命」中，這套媒體制度成爲首先被打破的對象，《人民日報》第一個被奪權，中宣部也被解散，禁止私人辦報的鐵律甚至也一度放開，紅衛兵小報小刊氾濫一時。這些變化雖然打亂了指令性新聞制度的運行節奏，但其眞實趨向是使新聞制度朝更加集權的方向發展：全國新聞宣傳權力被集中到「中央文化革命小組」，黨報從對黨中央集體負責變成實際上對黨的領袖一人負責；省市報紙大多解散、停辦，而《人民日報》、《解放軍報》、《光明日報》三家中央報紙的發行卻繼續增加（見圖7-1）。這使得全國形成了「小報抄大報，大報抄梁效」的言出一孔格局，由此，中央通過「兩報一刊」就能引領全國輿論。

18　參見陳建雲：《中國當代新聞傳播法制史論》，99頁，濟南，山東人民出版社，2005。

19　左方：《〈南方週末〉是怎樣煉成的》，見http://www.21ccom.net/articles/rwcq/article_2012021653785_9.html,2012/2/16。

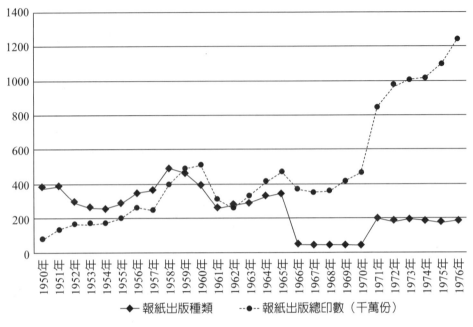

圖7-1　「文化大革命」中的報紙種類與發行量

資料來源：國家統計局國民經濟綜合統計司編：《新中國五十年統計彙編》，106頁，北京，中國統計出版社，1999。

7.3.3　改革開放以來：黨管媒體的變化

改革開放以來，中國新聞媒體面臨著外部環境的巨大變遷，包括國內外人員和資訊流動的加速、國內受眾的價值轉變與分化。更重要的變化來自黨和媒體自身，包括黨的意識形態的「與時俱進」、媒體的市場化與網路技術革命。這些新因素交會融合，整體上形成了一股巨大的對既有新聞媒體制度的衝擊力量。

1. 新聞觀念的復甦

「文化大革命」結束後，黨放棄了繼續革命的理論，提出「社會主義初級階段」將長期存在的論斷。在這一新理論下，黨得以將以經濟建設為中心確定為基本路線，同時黨對社會進行思想改造和灌輸的需求不再急迫和強烈，新聞管理有了完成從非常態轉向常態的宏觀環境。

在此背景下，新聞界開始突破舊有的思想禁錮，復甦新聞觀念，主要包括：

（1）拋棄新聞媒體是「階級鬥爭的工具」、「報紙是無產階級的專政工具」的定性，提出了「階級輿論的工具」、「社會輿論的工具」等緩和的定性；（2）提出新聞媒體在「黨性」之外還要有「人民性」的觀點，形成了「人民喉舌」、「群眾喉舌」的說法；（3）不再講一切爲政治服務，更多強調新聞要客觀、眞實、公正，提出要通過媒體發揮和保證人民的知情權、參與權、表達權和監督權。

2.市場化媒體的發展

1970年代末，中國的計畫經濟體系陷入難以爲繼的困境，國家已無力爲全國新聞媒體提供足夠的財政資源，因此不得不放開對新聞單位的經營管制，允許後者自籌資金。1980年代後，全國商品經濟的不斷發展，也爲新聞媒體提供了新的收入來源。於是，新聞媒體日益從依賴政府轉向與市場相結合，建立在計畫經濟基礎上的指令性新聞制度隨即開始溶解。

（1）**市場的引入使得全國新聞事業產生了規模和結構上的大變化。**一方面，中國媒體的規模快速擴大。以報紙爲例，1978-2000年，中國報紙從不足200家膨脹到了2,000多家，總印數也從不足20億份擴大到300多億份（見圖7-2）。

另一方面，中國媒體的結構開始多元化。地方報紙、中央部門的報紙和各種非政府類報紙如雨後春筍般出現，將官方媒體的隊伍演變成「一頭多嘴」的格局[20]。同時，市場化媒體大量興起，地方報紙在1980年代紛紛開辦「週末版」、「擴版」或「兼辦子報」，1992年後自負盈虧的都市報、週末報、電視欄目等井噴式湧現，構成了市場化媒體的主力。相比之下，由於財政補貼的大幅下降，傳統黨媒在經歷艱難的收縮，甚至《人民日報》的發行量在1980年代後也呈直線下降，從每期500萬份下降到2004年的180萬份[21]。

---

[20]　Guoguang Wu, "One Head, Many Mouths: Diversifying Press Structures in Reform China," in Lee Chin-Chuan ed., Power, Money, and Media: Communication Patterns and Bureaucratic Control in Cultural China, Evanston: Northwestern University Press, 2000.

[21]　參見〔美〕沈大偉：《中國共產黨：收縮與調適》，157頁。

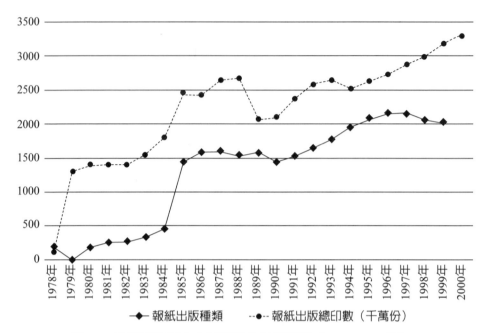

圖7-2　改革開放以來中國報業的規模擴張（1978-2000年）

資料來源：李曉超、嚴建輝總編：《新中國六十年統計資料彙編》，79頁，北京，中國統計出版社，2008。

　　（2）市場化生存加強了媒體的新聞屬性。1980年代以來，政府不斷減少對新聞機構的財政撥款，到2000年時只剩少數主要的機關報、廣播電視臺作為全額或差額撥款單位，其餘新聞機構皆成為自收自支、自負盈虧的單位。全國的新聞媒體由此轉向主要依賴市場發行與廣告獲得收入。以報業為例，1983年後，中國報業的廣告收入迅速增長，在報業總收入結構中的比重在1997年達到了60.3%（見表7-1）。

表7-1　廣告收入占中國報業產值的比重

年份	報業廣告額（億元）	廣告收入占報業收入比重（%）
1983	0.73	10.8
1984	1.17	14.4
1985	2.2	19
1986	2.56	19.2

表7-1　廣告收入占中國報業產值的比重（續）

年份	報業廣告額（億元）	廣告收入占報業收入比重（%）
1987	3.55	25.6
1988	5.04	32.5
1989	6.29	20.5
1990	6.77	23.3
1991	9.62	27.2
1992	16.18	34.1
1993	37.71	42.1
1994	50.54	53.8
1995	64.58	56.5
1996	77.69	55.9
1997	96.83	60.3

資料來源：陳懷林：《九十年代中國傳媒制度的演變》，載《二十一世紀》（香港），1999年第3期。

　　在利益驅動下，中國新聞媒體的行為取向有了顯著的變化，強調必須適應讀者的興趣與需要[22]。為了贏得讀者從而贏得利潤，市場化媒體紛紛追求本報特色，積極地發展本地新聞、獨家新聞、深度報導等差異化內容，不再僅僅供應從新華社獲得的一般稿件。由此，中國新聞媒體的新聞專業主義和獨立性逐漸上升，它們的資訊傳播和輿論監督的功能不斷增強。報刊和廣播電視的信息量都在快速增長，其版面、頻道越辦越多，新聞時效性也顯著增強。同時，無論官方媒體或市場化媒體，它們都開始以異地監督為主要形式展開批評性報導，後者甚至積極地以打擦邊球的方式突破各種報導限制。

　　同時，在市場化過程中，媒體也產生了許多負面問題。在生存壓力與壟斷性媒體市場的綜合作用下，虛假新聞、有償新聞，甚至新聞敲詐也成了中國新聞媒體的顯著現象。

---

[22] 媒體工作者就此提出了許多形象的說法，例如稱報紙要讓「二老」滿意，「二老」即老幹部、老百姓。另一例子是《羊城晚報》一位總編輯在1986年提出該報「姓黨，姓晚又姓羊」。

3. 互聯網媒體的興起

　　20世紀末，互聯網在中國迅猛發展。1994年，互聯網被中國政府作爲促進經濟和社會發展的資訊技術引入。1997年後，中國上網人數迅速增加，網路媒體的發展也開始加速。到2002年，中國已有不少活躍的網站和電子公告牌系統（BBS）。2002年後，互聯網在中國進入Web2.0時代，網民可以便利地雙向傳播，發言權和傳播力不斷增強；2002-2007年，個人部落格流行開來；2007年後，互聯網又與智慧手機相融合，連續推出微博、微信等新應用。由此，互聯網在全國的普及大大加快。截至2012年，中國境內網站總數達到268.1萬，上網

表7-2　中國互聯網發展狀況

年份	網站數（萬個）	互聯網上網人數（萬人）	互聯網普及率（%）	手機網民比例（%）	微博網民規模（萬）	微博網民使用率（%）	即時通信用戶數（萬人）
1997		62					
1998		210					
1999		890					
2000	26.5	2,250					
2001	27.7	3,370					
2002	37.2	5,910					
2003	59.6	7,950					
2004	66.9	9,400					
2005	69.4	11,100	8.5				
2006	84.3	13,700	10.5				
2007	150.4	21,000	16				
2008	287.8	29,800	22.6				
2009	323.2	38,400	28.9	60.8			
2010	190.8	45,730	34.3	66.2			
2011	229.6	51,310	38.3	69.3	24,988	48.7	41,510
2012	268.1	56,400	42.1	74.5	30,861	54.7	46,775

資料來源：根據《中國資訊安全年鑑》整理而得。

人數將近6億，其中有74.5%的人都通過手機上網，54.7%的人使用微博（見表7-2）。這使得中國社會進入了人人即媒體的自媒體時代。

互聯網具有全新的傳播特性：首先，互聯網的空間開放、容量巨大，它產生了數以萬計的體制外網站和個體傳播者，它們不僅帶來大量的異質資訊和意見，而且擁有廣泛的受眾，這使得大眾媒體領域的壟斷結構與單中心控制被打破。其次，互聯網的傳播速度快，它省去了印刷、流通環節，全天24小時皆可即時傳播，使官方新聞審查的時間視窗極度縮小。最後，互聯網的傳播、聯絡成本極低，便利了社會的組織動員，卻增加了管理者的困難。

互聯網大大擴展和加速了國家之外的社會資訊流動，它將大眾媒體在市場化中出現的「一頭多嘴」進一步發展爲去中心化的「眾聲喧嘩」，形成了一個日益沸騰的具有獨特話語、獨立價值、自我議程和自我意見領袖的網路輿論場，使得與官方輿論不同調甚至唱反調的情況時常發生。同時，互聯網也不可避免地成爲謠言、詐騙、色情、暴力等有害資訊的流通管道，帶來許多不良的社會後果。

總而言之，上述改革開放後的各種變化給黨管媒體帶來了嚴峻的挑戰，使之必須重構新聞媒體制度。下面將分別介紹中共在大眾媒體與網路新媒體上建立的當代管理制度。

7.4　當代的大眾媒體管理

7.4.1　管理理念

大眾媒體包括報紙、期刊、廣播、電視等媒體型態，這些媒體的共同特點是一對多的單向傳播。1978年後，在對「文化大革命」的反思中，中共一度放鬆了對大眾媒體的管制。經過1989年政治風波以及蘇聯解體，中共認爲放鬆對大眾媒體的管控是一個深刻的教訓。同時，隨著市場化媒體的大量湧現，中國大眾媒體對黨的獨立性增強，計畫經濟時代建立的指令性新聞制度已經不相適應。因此，自1990年代以來，加強對大眾媒體尤其是市場化媒體的監管成爲黨的重要目標。

與此同時，中共也逐漸認識到新聞業是一種超高利潤的文化產業，蘊藏很大的經濟價值。因此，1990年後，中共又授予大眾媒體更大的經營自主權，推動大眾媒體積極發展文化產業。由此，中共在大眾媒體上形成了政治與經濟的雙重管理目標，既強調「政治家辦報」，又要求「企業化管理」。

7.4.2 權力網路

1.黨政雙軌

（1）大眾媒體管理仍由各級黨委統一領導，宣傳部歸口管理。大眾媒體的人事任命權、資產處理權、新聞採編權等核心權力都掌握在各級黨委手中。在最高層面，中共中央所設立的由政治局常委領銜的「中央宣傳思想工作領導小組」是全國大眾媒體管理的最高權力機構，負責制定宣傳輿論工作的總方針，協調黨政部門的統一行動。中宣部是全國大眾媒體的歸口管理部門，其權力一是可以「指導、協調中央各新聞單位的工作」；二是可以協同中組部管理人民日報社、國家新聞出版廣電總局、新華社等新聞單位和代管單位的領導幹部，並對省、自治區、直轄市黨委宣傳部部長的任免提出意見。

黨在全國大眾媒體內普遍設有黨的組織。一段時間內，市場化媒體曾經實行總編輯負責制，由總編輯和編委會掌握主要權力，如今大多改為黨委領導制，核心權力轉歸本單位的黨委掌握。許多媒體內的黨委書記同時兼任社長或台長，總編輯是單位黨委中的自然成員。各級黨委與媒體內的黨委層層串聯，形成了一貫到底的權力鏈條和樹狀分支結構。例如，省委宣傳部副部長兼任省級媒體如報業集團的黨委書記，報業集團黨委又分派委員擔任下屬的子報刊的黨委書記，這些子報刊若還辦有二級子報刊，再由前者的黨委分派委員到後者擔任黨委書記。

（2）當代中國在新聞媒體的管理上回歸黨政雙軌模式，結束了毛澤東時期在新聞管理上黨政不分的模式。1980年代，由於中國新聞媒體數量激增並日益走向市場化經營，新聞媒體管理客觀上需要專業化，無法再由黨的宣傳部門兼管，國家因此在行政系統內恢復設立了新聞行政部門。

這些行政部門在各屆政府的設置不同，經過多年的發展，當前的格局是由兩個部門組成：一是國家新聞出版廣電總局；二是國務院新聞辦公室。這兩個行政部門負責制定和執行有關媒體的法律法規，從而為黨對新聞工作的領導確立合法基礎與形式。這兩個新聞主管部門內部都設有黨組，在重大問題上必須經過黨的系統向中央報告和請示。因此，它們雖然在行政職能上隸屬國務院，但在實際運作上仍然主要聽從中共中央宣傳部的領導。

2. 條塊結合

在黨政雙軌外，黨對新聞媒體還採取條塊結合的雙重管理模式。每個層級的新聞機構都既要接受同級黨委的橫向的屬地管理，又要接受上級行政部門的縱向的分類管理。其中，對媒體的屬地管理占主導地位。中國對報紙實行「中央、省、市」三級管理制度，對廣電在1999年前曾實行「中央、省、市、縣」四級管理制度。此後改行「兩級（中央與省）管理、三級（中央、省、市）辦臺」。1990年代後，新聞媒體的人事、財政、資產等管理權力都被劃歸當地黨委。近年來由於維穩責任加重，各級黨委增強了對新聞媒體的屬地管理，盡力堵塞可能的監管縫隙。

黨政雙軌、條塊結合的管理方式使得新聞媒體的管理機構形成了複雜的矩陣結構（見圖7-3）。

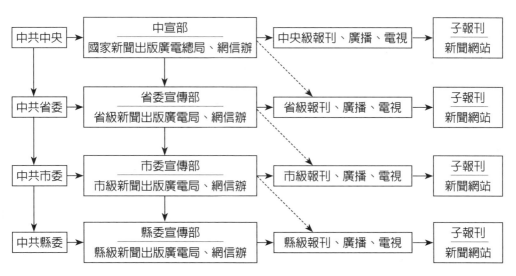

圖7-3　中國新聞媒體（含互聯網媒體）管理的權力網路

7.4.3　行政制度

1990年以來，新聞行政部門加快建設新聞法規體系，發布了大量的行政法規，形成了嚴密的法網，爲黨和政府對大眾媒體的管理奠定了法律基礎。通過對大眾媒體設立較高的准入門檻，進行產權限制、組織監管和從業資格控制，國家

進而擁有了便利地對大眾媒體進行內容審查和行政處罰的能力。

1. 統一發布制

　　黨和政府通過新華通訊社對新聞資訊進行集中管理，以化繁為簡。新華社是國家通訊社，屬於國務院直屬事業單位，具有新聞監管職能，並非普通新聞媒體。新華社擁有法定的統一發布權，負責國內政務新聞的統一發布。1949年12月9日，政務院頒布的《關於統一發布中央人民政府及其所屬各機關重要新聞的暫行辦法》就規定，一切政府公告、公告性新聞都統一由新華社發布，各部門須將有關新聞稿件供給新華通訊社，或將應發布之新聞材料通知新華通訊社。這些政務新聞不經新華社發布，全國其他媒體單位，包括《人民日報》都不能徑行報導。統一發布的具體機制是「新華社通稿」，在重要政務新聞上，其他新聞媒體一般不能自行採寫，必須使用新華社通稿，甚至全文照登，不得節刪。

　　除了在國內重要新聞上擁有統一發布權，新華社還壟斷了外國通訊社稿件在國內的使用權。建國前夕，中共宣布停止外國通訊社、外國記者在中國的新聞活動，禁止他們向中國報紙發稿。此後，外國新聞媒體在中國的採訪和資訊發布，長期由新華社歸口管理。改革開放後，許多國內媒體開始自行編譯、刊用外國通訊社的新聞。為此，新華社2006年9月10日發布了《外國通訊社在中國境內發布新聞資訊管理辦法》，明確規定，國內用戶[23]不得以任何方式直接訂用、編譯和刊用外國通訊社的新聞資訊。

2. 國有產權與事業單位制

　　在市場經濟中，中共仍然堅定地維持對新聞媒體的所有權。1999年，媒體主管部門在處理《中國經營報》、《精品購物指南》的產權糾紛中，從報刊主辦單位是全民所有制單位的前提，推定全國報刊都是全民所有制單位，其形成的資產均屬國有資產。2002年1月，加入WTO伊始，媒體主管部門又明確宣布：「我國的新聞媒體由國家經營，不吸收外資和私人資本。」[24]

　　在加入WTO之後，為了推動媒體產業的發展，國家將新聞媒體區分為採編

23　《環球時報》與《參考消息》除外，它們是國內唯一兩家能夠合法直接刊載外電的傳媒。
24　《我國新聞媒體由國家經營 不吸收外資和私人資本》，見http://www.china.com.cn/chinese/2002/Jan/97639.htm,2002/1/15。

與經營兩部分，後者允許吸納業外資本，但國有資本必須在其中控股；前者仍禁止業外資本參與。2005年，《國務院關於非公有資本進入文化產業的若干決定》規定，非公有資本不得投資設立和經營通訊社、報刊社、出版社、廣播電臺（站）、電視臺（站），以及不得利用資訊網路開展視聽節目服務以及新聞網站等業務；不得經營報刊版面、廣播電視頻率頻道和時段欄目等。這是中國首次以行政法規性質的法律文件規定國家新聞媒體實行國有制。

與此相關，全國新聞媒體實行事業單位制。這一制度是計畫經濟時代的產物，1978年後，政府允許新聞媒體推行「企業化管理」，但對新聞媒體的事業單位定性仍然不變。2006年，中共中央、國務院發出《關於深化文化體制改革的若干意見》，就此做出了明確說明：黨報、黨刊、電臺、電視臺、通訊社、重點新聞網站和時政類報刊，少數承擔政治性、公益性出版任務的出版單位實行事業體制。

媒體的事業單位制衍生出了國家對新聞媒體機構的人事控制權與財政控制權。按照事業單位制度的規定，其人事編制、財務收支都要納入國家的公共管理範圍，受國家制度的約束與監督。首先，在事業單位制之下，媒體的正式工作人員屬於財政供養人員，其編制要受到國家相關制度的約束，且處在單位職稱評定的等級階梯中。其次，新聞媒體在收支上須受預算管理制度的約束。儘管媒體採取企業化管理，但與國企不同，媒體的利潤最終要上繳，不能留為自主支配，否則就可能構成侵占公款罪。

3. 行政許可制

中華人民共和國成立以來，歷部憲法中都載入了公民有言論、出版自由的條文。為了將此條文與黨管媒體的原則相結合，設計出了許可制（又稱審批制）。2001年頒布的《出版管理條例》第24條首先將憲法中的出版自由轉述為在出版物上發表的自由：「公民可以依照本條例規定，在出版物上自由表達自己對國家事業、經濟和文化事業、社會事務的見解和意願，自由發表自己從事科學研究、文學藝術創作和其他文化活動的成果。」

在出版物上，《出版管理條例》規定：「報紙、期刊、圖書、音像製品和電子出版物等應當由出版單位出版。」在出版單位上，《出版管理條例》規定：「設立出版單位，由其主辦單位向所在地省、自治區、直轄市人民政府出版行政

部門提出申請；省、自治區、直轄市人民政府出版行政部門審核同意後，報國務院出版行政部門審批。」

　　經由許可制，黨和政府不但擁有對新聞出版物進行審批的權力，也擁有查禁含有敏感內容的出版物的權力[25]。在具體的許可政策上，新聞出版行政部門對出版刊號實行總量控制。按照許可制的規定，報刊媒體只有獲得由新聞出版行政部門頒發的國內統一出版刊號才能出版。1996年後，新聞出版總署因此前對出版刊號放量過多導致市場過剩，開始對刊號進行總量控制，一般不再批准新的報紙刊號，實施「有死才有生」的原則，新辦一家報刊的前提是現有報刊中的一家退出市場。與紙媒相比，廣播電視在設立條件上更加嚴格。《廣播電視管理條例》規定電臺、電視臺實行「政府臺」制，只能由政府機關設立。

4. 主辦主管制

　　1993年，新聞出版總署發布《關於出版單位的主辦單位和主管單位職責的暫行規定》，對主辦主管單位的定位、相互關係以及所負職責作了規定，形成比較嚴密的主辦主管的管理制度。1997年，國務院頒發《出版管理條例》，規定舉辦出版單位必須「有符合國務院出版行政部門認定的主辦單位及其主管機關」。《關於出版單位的主辦單位和主管單位職責的暫行規定》第6條規定：「主管單位、主辦單位與出版單位之間必須是領導與被領導的關係，不能是掛靠與被掛靠的關係。」因此，與社團管理中實行的掛靠制度不同，國家在主辦單位、主管單位與媒體之間建立的是一種等級權力關係，前者擁有對媒體進行直接管理的權力。具體而言，主辦單位對新聞媒體的內容採編、經營活動和人事任命都有管理權力；主管單位對新聞媒體也擁有管理權力，可以任免媒體單位主要負責人，審核報刊的重要報導計畫與稿件，決定其能否發表等。

　　由此，全國的大眾媒體通過主辦主管制的縱向管理鏈條被納入國家的權力結構中，國家可以藉此向主管單位、主辦單位、報刊媒體逐層分解管理責任。與此相應，這一鏈條也使得各新聞媒體單位根據其主管、主辦單位的行政級別，獲得

---

[25] 黨和政府一直堅持「打非」工作，在中央宣傳思想工作領導小組下面，專門設立了一個規格很高的全國「掃黃打非」工作小組，它由中央宣傳部、中央政法委等29個部門組成，組長由中宣部部長擔任，成員由各有關部門副部級分管領導擔任。在這一機構的領導下，全國每年收繳的非法出版物達幾千萬冊，例如2012年全國共收繳了4,500萬冊非法出版物。

了一定的行政級別。例如，《人民日報》、《求是》雜誌由於其主管單位是中共中央委員會，享有媒體單位中最高的行政級別——部級單位；中央電視臺、中央人民廣播電臺由於其主管單位是自身為部級單位的國家新聞出版廣電總局，因此被確定為副部級單位。

5. 新聞審讀制與編輯責任制

（1）新聞審讀與閱評。各級新聞出版行政部門都成立有審讀小組，負責對所轄報紙進行審讀，並定期向上級部門報告。主管單位也須對其主管的報紙進行審讀，並定期向所在地的新聞出版行政部門報送審讀報告。黨的宣傳部門對新聞媒體的事後審查機制是新聞閱評。中宣部在十四大後成立了新聞閱評小組進行閱評，定期發出《新聞閱評》（最初名為《新聞輿論動向》）。此後，這一做法推廣到地方各級宣傳部門。

作為事後審查的保障，新聞出版行政部門建有相關處罰制度，根據審讀、閱評意見對新聞媒體機構採取相應的處理，相應給予警告、勒令檢討、禁止發行、扣發獎金、停業整頓、撤換主編、停刊解散等處罰。

（2）編輯責任制。《出版管理條例》規定，「出版單位實行編輯責任制度，保障出版物刊載的內容符合本條例的規定」。在編輯責任制下，全國紙質媒體都必須在出版前由編輯進行事先審查，確保出版內容的合法。廣播電視也需進行播前審查，《廣播電視管理條例》規定：電臺、電視臺不得播放未取得許可的單位制作的節目，必須對節目內容實行播前審查、重播重審。在重大、敏感題材上，新聞媒體機構不具有事前審查的終審權，必須進行送審，將材料提前報送主管部門及相關部門審查。

6. 資格許可制

新聞出版行政部門對新聞媒體機構、新聞媒體機構負責人、記者都建立了從業資格管理制度。新聞媒體機構每年要接受新聞出版行政部門的年審。新聞媒體機構的負責人上任前要接受相應的培訓。2005年，新聞出版總署頒行《新聞記者證管理辦法》，規定公開的新聞採訪必須出示經新聞出版單位、廣播電視主管部門資格認定，由國家新聞出版行政部門核發的記者證件。新聞記者證也同樣實行年度審核制度，每五年換發一次。

7.4.4　黨的指令

在市場經濟條件下，傳統的指令性新聞制度在經營管理層面已經不復存在，但在宏觀管理和採編運行上並未完全消失。為了及時、有效地掌握輿論，黨堅持通過宣傳部門對新聞媒體進行指令管理。

宣傳部門對新聞媒體的管理方式分為宏觀指導與具體指令兩種，後者已經成為主要部分。宣傳部的具體指令又分為報導任務與禁令兩類：前者是對新聞媒體提出正面報導、用稿要求，例如一律採用新華社通稿；後者則下達禁載內容，提出「刪除」、「不炒作」某個新聞。近年來，地方宣傳部給媒體的指令越來越精細化。在傳達指令上，宣傳部門有兩種機制。第一種機制是每週例行召開的由各媒體派人參加的「吹風會」；第二種機制是宣傳部門用電話、網路等形式直接通知媒體機構。1980年代以前，宣傳部門多採用下發文件的方式通知，如今隨著資訊流通加快和公民權利意識強化，宣傳部門更多採用電話、網路形式通知。

7.4.5　市場干預

市場經濟時代，黨和政府雖然不再對市場化媒體進行直接的經營控制，但仍擁有對媒體間市場競爭進行干預的手段，形成對市場化媒體的經濟軟控制。

首先，組建媒體集團。為了便於集中管理及應對黨媒在市場競爭中的疲軟，1990年代中期以來，黨和政府對報紙、電視臺進行裁撤歸併，將大批優質資源、業務成建制地劃入省級以上的機關報、電視臺手中，幫助後者壯大規模，形成媒體集團。

其次，積極扶植主流媒體。其手段包括：（1）財稅優惠：在資金注入、稅收、郵發上給予優惠；（2）特許經營：將市場價值高的新聞資源、傳播專案交給主流媒體壟斷經營，例如主管部門規定將奧運會、世界盃、春節聯歡晚會等交由中央電視臺獨家轉播或舉辦；（3）利用行政管道的助力：各地黨委每年都下文要求黨政機關、國有企事業單位優先訂閱中央及本級黨委的機關報，國家新聞出版廣電總局則規定各地電視臺必須對央視一套的《新聞聯播》與《天氣預報》進行同步轉播，並且禁止將央視在其中插播的廣告替換為本臺的廣告。

最後，對市場化媒體進行差別對待。1990年代以來，主管部門掌握的新聞資源（包括傳播管道、上市許可、優質資訊源等）日趨增加，它們根據親疏遠近

對市場化媒體給予不同待遇。這對於陷入日趨激烈之競爭中的市場化媒體影響巨大，往往決定了它們在競爭中的強弱勝敗。

7.5　當代的互聯網媒體管理

由於互聯網媒體的傳播特性迥異於大眾媒體，而且其人事權、資產權和採編權已不再直接掌握於中共手中，這使得中共無法再用對大眾媒體的傳統管理模式來管理互聯網媒體。因此，自互聯網興起以來，中共投入了巨大的人力、物力來建設一套新的互聯網管理制度和策略。

7.5.1　管理理念

進入21世紀後，在互聯網迅猛發展的衝擊下，加強對互聯網的管控成為中共的必然選擇。中共的領導層日益體認到互聯網的巨大輿論影響力，2013年，習近平在全國宣傳思想工作會議上強調要把網上輿論工作作為宣傳思想工作的重中之重來抓。

互聯網在帶來衝擊的同時，也提供了巨大的經濟紅利，成為國家經濟運行的基礎和增長引擎，而且可以說明黨和政府顯著地降低政務成本、增強治理能力，甚至還具備通過虛擬廣場疏泄社會矛盾的安全閥功能。

因此，中共在互聯網問題上形成了發展與管制並舉的管理戰略，提出了確保網路安全和發展網路強國的雙重目標。2013年，黨的十八屆三中全會通過的《中共中央關於全面深化改革若干重大問題的決定》，在互聯網治理上總結提出了「積極利用、科學發展、依法管理、確保安全的方針」。

在互聯網新聞管理的具體思路上，阻斷境外非法、敏感資訊的進入在2000年後成為管理者的首要目的，建設一個可以與國際互聯網相分離的國家網路由此成為管理者的重要思路。黨和政府的另一基本思路是對互聯網進行結構改造，以便將傳統媒體的管理框架移植到互聯網上。對於互聯網新聞管理框架的具體構成，2004年，十六屆四中全會通過的《中共中央關於加強黨的執政能力建設的決定》提出，應建立法律規範、行政監管、行業自律、技術保障相結合的管理體制，加強互聯網宣傳隊伍建設。

7.5.2　權力網路與法規建設

1. 權力網路

　　互聯網在中國已經形成了一個完整的虛擬社會，因此在互聯網管理上所涉及的權力部門眾多，包括許多經濟、社會、安全方面的職能部門，如資訊產業部、教育部、文化部、衛生部、公安部、國家安全部、國家食品藥品監督管理局、國家保密局、商務部、中國科學院、總參謀部通信部、國家工商行政管理總局等。

　　互聯網的內容管理曾經也是多頭管理、九龍治水，例如文字新聞類由國務院新聞辦公室管理[26]，影音內容的准入牌照由國家新聞出版廣電總局審發，出版、遊戲類則是文化部和新聞出版總署管轄。近年來，黨和政府開始推動對互聯網的統一治理。在行政機構上，2011年，國務院設立國家互聯網資訊辦公室，作為統一負責互聯網資訊內容管理的主管部門。國信辦成立之初掛靠在國新辦，不單設辦事機構，並由國新辦主任兼任其主任。2014年8月，經國務院授權重組，國信辦正式獨立，並獲得互聯網內容的監督管理執法權。

　　在黨的機構上，中宣部依舊是負責互聯網內容管理的核心職能機構，中宣部對國信辦有指導監督權（現任國信辦主任兼任中宣部副部長）。2014年2月，在對互聯網工作的高度重視下，中共中央成立了中央網路安全和資訊化領導小組，作為對互聯網管理的集中統一的最高領導機構，它由總書記擔任組長，並常設辦公室於國家網信辦。之後，地方各級黨委相應成立網信小組。

　　與大眾媒體不同，新聞網站中除新華網、人民網、光明網等官方重點新聞網站實行黨委領導制外，大量的商業網站實行的是總編輯負責制，即便一些商業網站內設有黨委，它也並非決策機構。

2. 法規建設

　　傳統大眾媒體的管理實際上以政策管理為主，但互聯網媒體的主體非常多元，從網路經營者、網路傳播者到網路接收者都十分龐雜，更需要穩定、普適的立法管理。因此，從1990年代末開始，國家主動進行了大量的相關立法，其依法

---

[26]　前述已提及國新辦與中共中央對外宣傳辦是「一個機構、兩塊牌子」，該辦公室下設的「五局」是具體負責組織協調網上新聞工作、指導新聞網站的規劃和建設的機構，它在互聯網內容管理上擁有很大權力。

管理網路的思路非常明確。

　　1994-1999年，互聯網剛剛起步，問題相對較少，立法建設儘管已及時啓動，但數量很少，內容也較籠統模糊。2000-2004年，互聯網迅速發展，問題大量湧現，各部門密集制定互聯網相關法律、法規。2005年後，各部門在分工明確的基礎上又制定了一系列法規，網路立法進入相對平穩、成熟的階段，網路管理的基本制度也開始形成。截至2008年10月，全國人大及各管理機構共推出了六十餘部與互聯網相關的法律、法規，使中國成爲世界上該領域立法最多的國家。

7.5.3　技術保障

　　爲了應對互聯網的傳播能力，國家一直努力推進有利控制的技術保障。第一，限定連通國際互聯網的統一出口，並在出口設置「網路防火牆」。國務院早在1996年即規定國際聯網必須使用有關部門提供的統一的國際出入口通道，任何單位和個人不得自行建立或者使用其他通道進行國際聯網。至今，中國互聯網只有三個通向國際互聯網的出口，而且這三個出口都通過軟硬體建設了「網路防火牆」，以阻斷境外有敏感內容的網站和網頁。第二，在國內網路普遍設置過濾系統，刪除、遮罩敏感內容。這種過濾遍及網路應用、接入點、ISP和骨幹網等各個層面，國內各種綜合網站、電子郵箱、論壇、BBS、社交網、部落格、微博、即時通信、搜尋引擎等都須事先進行關鍵字過濾。第三，在網路終端實施監控，整治全國網吧，安裝報警軟體等。第四，在緊急事態和敏感時期，對手機和互聯網服務進行地區性信號遮罩或網路關閉。

7.5.4　行政制度

1.境外投資禁入

　　作爲一個新興產業，互聯網行業具有高創新、高風險、高投入的特點。這使得眾多網路媒體無法依靠政府投資經營，而只能依靠市場資本包括境外資本投入。由此，與傳統大眾媒體全部由體制內產生、屬於國家所有、實行事業單位制不同，中國最具影響力的網路媒體——新浪、騰訊、搜狐、網易、百度等，都不是以體制附屬物的形式出現和存在的，它們一開始便是非公有制的商業公司。

　　不過，這並不意味著黨和政府對網路媒體沒有產權限制，相反，黨和政府一

直禁止外商投資國內的網路媒體[27]。網路媒體公司在很長一段時間內，因國內股市尚未對自己開放，故只能赴海外上市吸收外資。面對這一矛盾，從新浪公司開始，國內互聯網企業幾乎全部採取了VIE（協定控制）模式——通過境外殼公司與中間協議的複雜形式，保障境外資本可以對外表上由中國籍股東所有的國內互聯網企業進行實際控制。這一模式暫時規避了中國法律中的有關禁令，促成了中國互聯網在此後的高速成長，給中國經濟帶來巨大紅利，因此長期以來得到政府有關部門的默許。

2. 網路實名制

網路主管部門從2004年以來不斷推進實施網路實名制。首先，互聯網資訊服務提供者的責任人被要求在向政府部門備案登記時，必須提供有效證件。這是在源頭上建立實名註冊制。其次，互聯網用戶也逐步被要求實行實名註冊制。2004年，在整治高校BBS的行動中，政府部門創造了對互聯網用戶實施實名註冊制的做法，此後將此做法全面推廣到各種互聯網平臺，包括各種網路論壇、聊天室、部落格、微博和微信等。

2015年2月，國家互聯網資訊辦公室發布的《互聯網用戶帳號名稱管理規定》做出系統的實名制規定，強調互聯網企業應當按照「後臺實名、前臺自願」的原則，要求互聯網使用者通過真實的身分資訊認證後註冊帳號。同時，互聯網企業應當落實管理主體責任，配備與服務規模相適應的專業人員，對互聯網用戶提交的帳號名稱、頭像和簡介等註冊資訊進行審核。

3. 新聞網站的許可制

在網站創辦上，政府最初沿用傳統媒體的許可制。由於不適應互聯網的技術特性，政府轉而採取分類管理，對互聯網站按照經營性和非經營性進行區分，實施許可制與備案制並行的制度。2000年，國務院發布的《互聯網資訊服務管理辦法》第4條規定：「國家對經營性互聯網資訊服務實行許可制度；對非經營性互

---

[27] 2013年9月公布的《中國（上海）自由貿易試驗區外商投資准入特別管理措施（負面清單）（2013年）》仍明確將新聞網站、網路視聽節目服務、互聯網上網服務營業場所、互聯網文化經營（音樂除外）等列入禁止外資進入的負面清單。

聯網資訊服務實行備案制度。」[28]由此，個人及社會團體在創辦非經營性資訊服務網站上獲得了較低的准入門檻。

在非經營性互聯網資訊服務中，新聞、出版、教育等類別被單列出來，依舊實行許可制。《互聯網資訊服務管理辦法》以及2005年資訊產業部頒布的《非經營性互聯網資訊服務備案管理辦法》都做了相似規定，例如後者第11條規定：「擬從事新聞、出版、教育、醫療保健、藥品和醫療器械、文化、廣播電影電視節目等互聯網資訊服務，根據法律、行政法規以及國家有關規定應經有關主管部門審核同意的，在履行備案手續時，還應向其住所所在地省通信管理局提交相關主管部門審核同意的文件。擬從事電子公告服務的，在履行備案手續時，還應當向其住所所在地省通信管理局提交電子公告服務專項備案材料。」

對於互聯網中的時政新聞資訊單位則實行許可制。2005年國務院新聞辦公室公布的《互聯網新聞資訊服務管理規定》第5條規定，「新聞單位設立的登載超出本單位已刊登播發的新聞資訊、提供時政類電子公告服務、向公眾發送時政類通訊資訊的互聯網新聞資訊服務單位」，以及「非新聞單位設立的轉載新聞資訊、提供時政類電子公告服務、向公眾發送時政類通訊資訊的互聯網新聞資訊服務單位」，都必須經過國新辦的審批許可。

在許可制的基礎上，政府還對互聯網新聞資訊服務單位做出了總量、結構的限制。

4. 網路新聞的生產限制

與傳統媒體一律屬於國有不同，網路新聞媒體中有許多商業資本的網站。為了維持對互聯網新聞傳播的有效監管，政府推出了新聞「轉載制」，將傳統媒體的集中傳播結構複製到網路上。

首先，對於沒有「新聞機構」地位與新聞採訪權的新聞網站，授予「轉載權」，只允許轉載新聞。2005年的《互聯網新聞資訊服務管理規定》第5條區分了三類單位：「（一）新聞單位設立的登載超出本單位已刊登播發的新聞資訊、提供時政類電子公告服務、向公眾發送時政類通訊資訊的互聯網新聞資訊服務單

---

28 經營性互聯網資訊服務是指通過互聯網向上網使用者有償提供資訊或者網頁製作等服務活動。

位；（二）非新聞單位設立的轉載新聞資訊、提供時政類電子公告服務、向公眾發送時政類通訊資訊的互聯網新聞資訊服務單位；（三）新聞單位設立的登載本單位已刊登播發的新聞資訊的互聯網新聞資訊服務單位。」按照這一規定，第二類的互聯網新聞資訊服務單位屬於「非新聞單位」，不得登載自行採編的新聞資訊，只能轉載、發送中央級和省級新聞單位發布的新聞資訊[29]。

2014年8月，針對使用者和資訊流量爆炸性增長的微信等即時通信工具，國家網信辦發布了《即時通信工具公眾資訊服務發展管理暫行規定》，規定：「新聞單位、新聞網站開設的公眾帳號可以發布、轉載時政類新聞，取得互聯網新聞資訊服務資質的非新聞單位開設的公眾帳號可以轉載時政類新聞。其他公眾帳號未經批准不得發布、轉載時政類新聞。」

其次，在轉載制基礎上，網路新聞管理機構進一步推行「規範稿源」，限定可以轉載的範圍。2007年，國新辦向各新聞網站發布可供網站轉載新聞的「規範稿源內的媒體」，列出了200多家可以轉載的中央與省級媒體單位。在規範稿源中，網路管理機構又限定各家網站在重大新聞上只能使用新華社通稿。

5. 網路新聞的內容審查

政府將編輯責任制貫徹到網路媒體上，要求各新聞網站、論壇、社交網站等必須安排專職而非兼職的編輯、版主，並建立責任管理制度。2002年，新聞出版總署發布的《互聯網出版管理暫行規定》第21條規定：「互聯網出版機構應當實行編輯責任制度，必須有專門的編輯人員對出版內容進行審查，保障互聯網出版內容的合法性。互聯網出版機構的編輯人員應當接受上崗前的培訓。」2005年，國新辦發布的《互聯網新聞資訊服務管理規定》第20條也規定：「互聯網新聞資訊服務單位應當建立新聞資訊內容管理責任制度。」

在審查範圍上，政府要求必須覆蓋所有的網路資訊，不僅要對網路新聞資訊本身進行審查，而且要對網路新聞資訊下面的大量跟帖和評論進行審查，以有效控制敏感資訊和言論的傳播。在審查標準上，政府在相關法規中最初規定了「危害國家統一、主權和領土完整」等9條禁載的內容，後逐漸增加到14條。在審查

29　不過，與政治新聞嚴格執行轉載制不同，在體育、娛樂新聞上，主要的商業網站實際上都有自採權，這使得中國網路的娛樂化趨勢明顯。

方式上，由於互聯網信息量巨大，主管部門要求網路媒體建立系統自動過濾和人工審查相結合的機制[30]。在處理手段上，網路媒體一般會根據主管部門的指示或自我審查的結果，對敏感資訊及其發布者採取遮罩、刪除、關閉跟帖或評論、限制發表權利、銷號等辦法。

7.5.5 政治策略

1.網路指令管理

面對互聯網高速、多元的資訊流動，網路主管部門對網路媒體的指令管理呈現幾個新特點。

第一，對象泛化。網路主管部門依據黨管輿論、黨管新聞的原則，將指令管理的範圍推廣到體制外的各商業網站，要求後者設立收發、執行指令的人員和機制。

第二，內容細化。網路主管部門在網路指令上變得更加個案化，開始更具體地針對個案發布禁載指令或報導要求，因此日益呈現微觀管理的特徵。不僅如此，網路管理部門在指令的細節上也日益強化，一些指令對什麼新聞在網站頭條放多少分鐘、多長時間轉到網站的第二層頁面都做出了規定。一些地方的網管辦或網信辦甚至建立了指令分級制，按不同指令級別限定新聞網站完成指令的期限，如從五分鐘到半小時。

第三，頻率加快。為了及時應對瞬息變化的網路輿情，網路主管部門對網路媒體加快下達指令、布置宣傳任務及新聞禁令，指令數量因此顯著增多。

第四，處置加強。由於對多數互聯網站不再具有人事任免權，網路主管部門更加依賴行政處罰手段來貫徹指令。許多地方的網路主管部門推行「計分制」強化對新聞網站的考核和處置，根據網站對指令的執行情況實施不同的扣分或加分，最終再根據網站剩下的總分予以精確獎懲。

2.網路自律與舉報

互聯網上的傳播者數量巨大，黨和政府無法單靠自身的力量實現監管。因

---

[30] 參見李永剛：《我們的防火牆：網路時代的表達與監管》，87-88頁，桂林，廣西師範大學出版社，2009。

此，在互聯網管理上，黨和政府非常重視網路自律與舉報體系的建設。首先，組織成立了各級互聯網協會。通過互聯網協會來規範網路服務提供商的行為，賦予該協會在互聯網行業內排他性的、半官方性的管理型事業單位地位。其次，動員各大網站、微博大V等簽署自律公約，承諾加強自我審查，拒絕傳播各種國家禁止的資訊。最後，設立舉報機制，動員網民對各種違法網路資訊進行舉報。

3. 網路宣傳隊伍建設

在建立各種監管互聯網的機制之外，中共還大力加強網路宣傳隊伍的建設。2000年8月，《人民日報》頭版發表評論員文章《大力加強我國互聯網媒體建設》，明確提出「加強互聯網媒體建設，加強網上新聞宣傳，是帶有全域性的重大而緊迫的課題」。2014年8月18日，中央全面深化改革領導小組第四次會議審議通過了《關於推動傳統媒體和新興媒體融合發展的指導意見》，習近平強調要著力打造一批型態多樣、手段先進、具有競爭力的新型主流媒體，建成幾家擁有強大實力和傳播力、公信力、影響力的新型媒體集團。在這些認識下，黨全面展開網路宣傳隊伍的建設。

首先，打造官方網路媒體隊伍。黨和政府積極推動傳統黨媒進軍網路，打造網路主流新聞網站。2000年後，國家撥付財政專款支援建設人民網、新華網、中國網、中青網等重點新聞網站。同時，推動黨政機關開辦網站、入駐微博和微信等即時通信工具，及時傳遞官方聲音。其次，組織和培訓大量專職、兼職的網路評論員，對網路輿論進行引導和對沖。這一隊伍規模龐大，編制內的網評員在全國有幾十萬之巨，此外還有幾倍於此的編外網評員。有關部門還積極將其中的一些網評員培養為網路上的輿論領袖，如微博大V，以發揮更大的輿論導向作用。最後，扶持與政府合作的大型國內商業網路媒體，形成對境外網路媒體，如谷歌（Google）、推特（Twitter）的替代，並且開展對網路意見領袖的團結、統戰工作，積極發展政府在網路上的盟友。

本章小結

宣傳是中國共產黨的重要生命線，黨一向重視和善於運用新聞媒體進行宣傳，以實現對全國思想輿論的主導。爲了確保宣傳的有效，黨始終強調對新聞媒體的嚴格管理，將「黨管媒體」確立爲黨政體制的基本原則之一。

隨著市場經濟的轉型和互聯網技術革命的發生，黨管媒體的傳統方式受到挑戰。爲此，黨一方面積極利用市場化媒體和互聯網推動輿論監督和政府治理革新，另一方面通過摸索和適應逐漸確立了一套新的管理大眾媒體與網路媒體的制度和策略。儘管如此，在管理的規範性和資訊的開放性方面，依然存在諸多的問題，需要進一步的改革。十八屆四中全會突顯了法治建設的重要性，可以預期，中國新聞媒體將在法治化和對外開放的道路上迎來更大的發展[31]。

關鍵術語

宣傳、黨管媒體、喉舌論、正面報導，指令性新聞制度、新聞審讀許可制、主辦主管制

複習思考題

1. 如何理解宣傳工作對於黨政體制的重要性？
2. 黨報制度是在什麼條件下形成的？
3. 中共對大眾媒體與互聯網媒體的管理制度有何異同？

---

[31] 2014年國家網信辦主任魯煒公開宣布，中國政府對互聯網實行法律底線管理，外國互聯網企業只要做到兩條底線——一是不得損害中國的國家利益，二是不得傷害中國的消費者利益，也可以進入中國。同年，臉書（Facebook）、蘋果等國際著名互聯網企業受到了中國高層領導人的多次接見和訪問。2015年「兩會」期間，原國家新聞出版總署署長、全國人大常委會委員柳斌傑向媒體透露，全國人大正在研究新聞傳播立法，首部新聞法有望在十二屆全國人大提交審議。這些信號都表明中國新聞媒體的發展前景是積極的。

第八章 軍事系統

軍事系統在中國政治中有著特殊的地位。毛澤東的名言「槍桿子裡面出政權」道出了中國政治中最為本質的內容。1927年，面對國民黨的武力鎮壓，中國共產黨人創建了自己的武裝力量，發展根據地，建立革命政權，經過二十多年的浴血奮鬥，取得了全國範圍的勝利。在這一過程中，中國共產黨人成功地以政治手段駕馭和控制武裝力量，解決了中國歷史上長期延綿、難以根治的軍隊私人化問題。戰爭年代確立的原則和建制——「黨指揮槍」、「黨對軍隊的絕對領導」、「支部建在連上」、「政治委員制度」等，至今依然是中國武裝力量建制的基本原則和制度安排。1949年之後，軍隊在中國政治中的地位和作用雖然有所變化，但其作為中國共產黨領導地位的核心支柱作用，一如既往。

本章第一節從歷史維度考察當代中國軍事力量的背景與起源[1]，敘述軍隊在政治發展中的角色與功能；第二節介紹當代中國軍事領導制度與結構；第三節介紹軍事體系的組織指揮、國防動員和兵役體制。

8.1 當代中國軍事系統的歷史起源與功能

8.1.1 現代中國歷史中的軍事力量、政黨與國家

辛亥革命及清王朝的崩潰使中國面臨了國家政權與主權的雙重危機。作為國家支柱和象徵之一的軍隊，也脫離了傳統「以文馭武」的模式和中央的統一控制，分裂為聽命於地方軍閥或不同政治集團的武裝力量。重建國家中央威權必須克服軍權的分裂。然而，在遵從戰爭邏輯的中國近代，各主要政治集團都明

---

[1] 當代中國軍事力量（即武裝力量）由解放軍、武裝員警部隊、預備役、民兵組成，本章所說的軍隊主要是指解放軍現役部隊。

白「有軍則有權」，由此陷入一種「集體行動的困境」，即只要對手有著大量軍隊，就沒有軍人會解散軍隊[2]。在這種情況下，重建國家對合法使用暴力的壟斷權，只能採取以暴制暴、以戰爭制止戰爭的強制手段。在這一政治和軍事的競爭過程中，能夠用軍隊重建國家政權的政治力量只有國民黨和共產黨。以軍事手段建國的前提就是構建政黨領導控制下的軍隊，即「黨軍」，然後用軍事手段擊敗對手，建立政權，逐步收回被外國侵奪的主權。對此，毛澤東在《戰爭和戰略問題》一文中有著精闢的概括：「每個共產黨員都應懂得這個真理：槍桿子裡面出政權。我們的原則是黨指揮槍，而決不容許槍指揮黨。但是有了槍確實又可以造黨，八路軍在華北就造了一個大黨。還可以造幹部，造學校，造文化，造民眾運動。延安的一切就是槍桿子造出來的。槍桿子裡面出一切東西。從馬克思主義關於國家學說的觀點看來，軍隊是國家政權的主要成分。誰想奪取國家政權，並想保持它，誰就應有強大的軍隊……只有用槍桿子的力量才能戰勝武裝的資產階級和地主；在這個意義上，我們可以說，整個世界只有用槍桿子才可能改造。」[3]

共產黨人對於軍事力量的重視是以鮮血為代價得來的。第一次國共合作失敗後，中共認識到，沒有自己領導的軍隊，其革命運動斷無成功之可能。1927年，中共創建了第一支自己領導的軍隊。在著名的「三灣改編」中，毛澤東提出「支部建在連上」的主張。這是一個創造性的組織發明，為黨對軍隊的領導奠定了組織基礎。1929年12月，毛澤東主持制定古田會議決定，從理論上闡明了黨對軍隊的領導，確立了「黨指揮槍」的基本原則。此後，黨對軍隊的領導和控制機制也逐步建立和完善起來。例如，中共控制了軍隊軍政幹部的任免，逐漸在軍隊中建立黨的組織系統、政治委員與政治部制度，在軍隊中開展政治工作等。據當時紅軍主要領導之一李德的回憶，到1934年時，「紅軍無可爭議地是處於共產黨的領導之下」了[4]。但是，在革命根據地分散、交通和通信不暢通的情況下，黨建立最高軍事領導機構，加強對紅軍的統一領導和指揮的意圖並沒有完全實現，各地軍隊還是由各地黨的組織領導和指揮的。直到1936年10月，紅一、紅二、紅四方

2　參見〔加拿大〕《戴安娜·拉裡：中國政壇上的桂系》，15頁，南京，江蘇教育出版社，2010。

3　《毛澤東選集》，2版，第2卷，547頁。

4　參見〔德〕奧托·布勞恩：《中國紀事》，48頁，北京，東方出版社，2004。

面軍於甘肅會甯地區勝利會師，中央革命軍事委員會決定擴大組織，黨中央才對所轄主力紅軍實現了統一指揮。此後，黨對軍隊的領導和控制機構與體制雖幾經變遷，但黨對軍隊的絕對領導權一直未變，持續至今。

在中國現代革命中，政治集團掌握軍事力量本身並非目的，而是爲了通過軍事手段奪取政權，重建國家。爲了擺脫生存危機，共產黨不但建立自己領導下的軍隊，而且以軍隊作爲奪取政權的主要工具，建立其治下的國家。迫於殘酷鬥爭的壓力，黨提出了「一切爲了戰爭，一切爲了戰爭的勝利」的口號。在這一過程中，一種高度集權的體制被創制出來。經由人事和組織滲透，黨不但控制了軍隊，也控制了政府與其他社會組織。政治社會權力向黨集中，黨內權力又集中於中央的軍事化的政治體制。在這一體制中，軍事部門與政府（行政部門）是平行的，軍隊並不從屬於行政或議會，它們都直接聽命於黨。在戰爭環境中，這一高度集權的體制有利於提取社會資源，支撐黨政軍基本運行與軍事鬥爭的需要。正如費正清所說：「毛澤東和他的同志們，遠在實際取得政權以前，即對各不相同的、但常常是相當大的地區和人口實行了有效的政治控制。因爲這個緣故，中國的共產主義運動參與了與人民的三重關係：革命軍隊的關係，設法從群眾『海洋』獲取軍隊作戰所必需的支持；『先鋒隊的黨』的關係，設法指導無產階級完成它的歷史使命；政府，即國中之國的關係，在政府的職能中與其控制下的全體居民在許多層次上建立一個複雜的、相互作用的網路。」[5]

8.1.2　軍隊系統的功能

這種以政黨及其領導下的軍隊爲核心的國家體制一直延續到新中國成立之後，其內核仍然是當前政治體制的關鍵所在。在共產黨建立全國政權後，其治下的軍隊也自然成爲國家機器的重要組成部分，在當代中國政治體制中扮演著重要的政治、社會、經濟文化角色，發揮著相應的功能。這些功能大致可以概括爲以下幾個方面：

5　〔美〕費正清：《劍橋中華民國史》（下卷），934-935頁，北京，中國社會科學出版社，1985。

1. 保衛國家領土和主權安全

當代中國軍隊扮演著抵禦外來侵略、維護國家主權領土完整的重要角色，「鞏固國防、抵抗侵略、保衛祖國」。1949-2001年，中國經歷的戰爭主要有朝鮮戰爭、中印邊界戰爭、中蘇珍寶島衝突、中越邊界戰爭，後三次戰爭與邊界和領土爭端有直接關係。在這些軍事爭端與戰爭中，中國軍隊均取得了勝利，以實際行動維護了國家領土和主權完整。

2. 維護中國共產黨的執政地位

在建軍之初，中共就把軍隊當作保護自己的重要力量，並視為奪取政權、建立國家的主要工具。在中國國家政權的建構過程中，中共始終居於核心領導地位。此後，軍隊也一直致力於「為中國共產黨鞏固執政地位提供重要的力量保證」。當黨的統治體系發生整體性紊亂時，軍隊就成為及時的「穩定器」，如在「文化大革命」期間，黨政官僚體系被打亂而不能正常運作時，軍隊進行「三支兩軍」，組建革命委員會，掌握了地方黨政機構的實際權力，為黨政機構的重建提供了過渡性的安排。1989年的六四事件，軍隊恢復了國家社會秩序和政治穩定，使中國的政治發展走上一條不同於蘇聯的道路。在當前中國政治體制改革過程中，軍隊仍是決定中國政治未來走向的主要因素之一。簡言之，軍隊在關鍵時刻扮演的黨的護持者角色，使掌握政治權力的共產黨能按自己的戰略意志建構國家，掌握、調整國家發展的方向與路線。

3. 參與政治運動

政治運動起源於以軍隊為主體的革命運動，也是黨經常運用的建構與治理國家的重要方式。在毛澤東時代，軍隊不同程度地介入政治、社會和經濟活動，幾乎沒有一年的政治運動與軍隊無關。改革開放後，軍隊逐漸致力於專業技能與軍事素質的提高，日益正規化和現代化，只按制度規定的管道與程序參與日常政治過程，如組團或選派代表參加各級黨代會、人代會等。軍隊一般不會主動發起或向黨動議發起政治運動，其參加政治運動或是為了貫徹黨的路線方針，或是為了在軍隊中推行黨的意識形態。與此同時，軍隊也不再干預軍事領域之外的黨政社會組織。

4.訓練和輸送幹部

歷史上形成的一體化體系中，軍隊向各級黨政機關輸送幹部的情況比較普遍。新中國成立後的中共高層精英大多有革命軍事經歷，國外有學者稱他們都是穿軍服或不穿軍服的軍人。不少軍隊幹部在黨政機構中兼任多種職務，成為中央和地方政權機構精英的主要來源。中央機關自不必說，在地方層面，據史學工作者統計，建國之初的67位省、市、區首長中，出自軍隊系統的有35位，超過一半；在其中的48個新占領區域的省、市、區首長中，有30位出自軍隊系統，占近三分之二[6]。「文化大革命」時期全國實行軍管，上至國務院各部委，下至縣政部門，形成了軍人執政的局面。「文化大革命」結束後，幹部管理逐步制度化、正規化，軍隊與黨政機構高層之間的非制度化轉任與兼職現象減少。但是，退伍軍人仍被看作政治體制中的一員，大多數軍官轉業進入黨政機關，成為軍隊向黨政機構輸送政治精英的主要管道。據《2000年中國的國防》白皮書提供的資料，新中國成立以來，先後有350多萬名軍隊幹部轉業到地方工作，活躍於國家建設的各個領域。在改革開放以來安置的150多萬名軍隊轉業幹部中，33萬多人擔任縣（處）級以上領導職務，不少人走上省（部）級領導崗位[7]。

5.承擔一定的經濟、社會、文化角色

在經濟方面，新中國成立前，有南泥灣的實踐，大生產運動幫助黨和邊區解決了財政困難；新中國成立後，除了把大量軍隊轉業組建建設兵團從事農墾工作外，現役軍隊也從事一定的經濟生產活動。到1990年代末，軍隊直接經營的企業達6,000多家，幾乎涉及了國民經濟的各重要部門[8]。儘管軍隊參與經濟活動具有一定的歷史合理性，但並不符合現代國家建構的基本原則以及軍隊專業化的客觀要求。隨著軍隊經商弊端的浮現以及帶來的嚴重問題，1998年，黨中央決定禁止軍隊從事商業經濟活動，軍隊全部吃「皇糧」，即軍費開支全部源自納稅人的國家公共財政。

---

[6] 參見華東師範大學中國當代史研究中心編：《中國當代史研究》，第1輯，15頁，北京，九州出版社，2009。

[7] 參見《2000年中國的國防》，見http://news.xinhuanet.com/zhengfu/2002-11/14/content_630015.htm,2002/11/14。

[8] 參見曹海麗：《中國軍隊駛出商海》，載《財經》，1999年第1期。

　　在社會方面，新中國成立後革命時期建立的軍事化社會體制被推廣到全國。城鎮中的企事業單位、街道居委會、農村人民公社是當時社會的基本組織形式。城市中的企事業單位依照軍隊建制設立政治部門，並有大量軍隊幹部和複轉軍人進入。農村的人民公社是按軍事化模式組織起來的，用「大兵團作戰」的軍事組織及其管理模式發展農業生產。改革開放後，非軍事單位逐步去軍事化，但一些單位如鐵道總公司、公檢法系統等仍保留著政治部等具有軍事化色彩的機構設置。與此同時，軍隊並沒有完全退出社會建設的角色，繼續提供大量公共物品。歷年《中國的國防》白皮書顯示：解放軍和武警成建制組織部隊和民兵預備役人員參加諸多社會建設事業。目前，中國武裝力量始終是搶險救災的突擊力量，承擔最緊急、最艱難、最危險的救援任務。軍隊和武警部隊組建有九類5萬人的國家級應急專業力量，各軍區會同有關省（自治區、直轄市），依託現役和預備役部隊組建4.5萬人的省級應急專業力量。解放軍還派出相關力量協助公安、武警部隊維護社會秩序，防範和打擊恐怖活動。在參加這些活動，特別是搶險救災時，軍隊直接面對社會。完成這些任務對提升軍隊形象，提高社會對軍隊、黨和國家的認同，強化黨和國家的政治合法性起著重要的、不可替代的作用。

　　在文化方面，「軍隊的社會政治訓練被當作促進國家一體化的手段。軍隊本身在一定程度上起著國家一體化的作用。軍隊往往被認爲是國家的象徵，軍隊的日常生活要求士兵們突破他們的家鄉觀念，即使不能接受也要默認國家的權威和意識形態」。更重要的是，武裝力量也能起到「國家學校」的作用，從根本上改變整個人民的觀念[9]。黨將軍隊塑造爲黨和國家意識形態或道德文化意識的「集裝器」，把軍人樹立成整個社會的道德範本。軍隊的核心文化價值觀是絕對服從和嚴格的組織紀律性。「忠誠於黨、報效國家」、服從、犧牲、無私、奉獻等觀念，通過不同的傳播管道，傳遞給社會成員，提高對黨和國家的認同。在某種意義上，高校的新生軍訓也扮演著類似的角色。

---

[9]　Ronald R. Krebs, "A School for the Nation? How Military Service Does Not Build Nations, and How It Might," International Security, 2014, 28(4): pp. 85-124.

8.2　軍事領導制度與結構

當代中國軍事系統以黨對軍隊的絕對領導為核心原則，涉及軍隊與政黨、政府機構、社會之間的關係，包括軍隊內部的組織指揮、國防動員和兵役體制。

8.2.1　軍事系統的核心原則：黨對軍隊的絕對領導

「黨指揮槍，而決不容許槍指揮黨」是在革命過程中形成，且至今仍堅持的黨軍關係的核心原則。《中華人民共和國國防法》、《中國共產黨章程》和《中國人民解放軍政治工作條例》都強調黨對中國人民解放軍（和其他人民武裝力量）的領導。黨對軍隊的「絕對領導」最重要的是政治領導和思想領導。所謂政治領導是指中國共產黨規定軍隊的性質、宗旨、任務和建軍原則，使軍隊與黨中央、中央軍委保持政治上的高度一致；領導全軍貫徹執行黨的綱領、路線、方針和政策，實現黨賦予軍隊的基本任務和具體任務。所謂思想領導，即用黨的意識形態——馬克思列寧主義、毛澤東思想、鄧小平理論、「三個代表」重要思想、科學發展觀和習近平總書記系列講話，武裝全軍官兵的頭腦，培養軍人「忠誠於黨、熱愛人民、報效國家、獻身使命、崇尚榮譽」的價值觀，塑造軍隊對黨的絕對服從的意識與觀念。

中共對軍隊的政治和思想方面的領導，通過一系列相關的組織與制度體系得以保障和實現。這些組織與制度體系本身也是緊緊圍繞著「黨對軍隊的絕對領導」這一原則進行設置和安排的。

8.2.2　黨和國家的軍隊領導制度

在當代中國政治體制中，中共對軍隊等武裝力量的領導，在制度層面體現在中共中央軍事委員會與中華人民共和國中央軍事委員會的雙重設置上。

從黨的方面來看，中共中央軍事委員會是領導全國武裝力量的統帥機構。《中國人民解放軍政治工作條例》第4條規定，中國人民解放軍最高領導權和指揮權屬於中國共產黨中央委員會和中央軍事委員會。根據黨章的規定，中共中央軍委與中共中央政治局都由中共中央委員會產生，由中共中央政治局總書記擔任中共中央軍委主席，以體現黨對軍隊的領導權。在毛澤東時代，軍隊事務具有相對的獨立性，按「政治局議政、軍委議軍」的分工原則各自運行。例如，軍隊高

級將領任免不由中共中央組織部管轄，而由中共中央軍委主席負責。《現役軍官法》第12條規定：「總參謀長、總政治部主任至正師職軍官職務，由中央軍事委員會主席任免。」就日常決策層面而言，中共中央軍委是在中共中央政治局之外運行的，但又接受黨的最高領導人的領導。實際上，中共中央軍委直接向軍委主席彙報工作，而中共中央政治局基本上不為中共中央軍委制定決策。隨著黨、國家和軍隊之間權力關係的規範化和程序化，中共中央軍委與政治局之間決策分工負責的格局亦將日益制度化。

　　從國家層面來看，中華人民共和國中央軍事委員會領導全國武裝力量。現行《憲法》、《國防法》、《全國人民代表大會議事規則》、《全國人民代表大會常務委員會議事規則》等法律、法規規定，全國人民代表大會選舉國家中央軍事委員會主席，根據中央軍事委員會主席的提名，決定中央軍事委員會其他組成人員的人選，並有權罷免中央軍事委員會的主席和其他組成人員[10]。在全國人民代表大會閉會期間，由其常務委員會根據中央軍事委員會主席的提名，決定中央軍事委員會其他組成人員的人選，監督中央軍事委員會的工作；全國人民代表大會閉會期間，中央軍事委員會主席缺位的，全國人民代表大會常務委員會可以從中央軍事委員會副主席中決定代理人選[11]。簡單地說，國家中央軍委向全國人民代表大會和全國人民代表大會常務委員會負責。不過，憲法與相關法律並沒有規定，全國人大及其常委會任免國家中央軍委組成人員的具體程序與細則，以及後者向前者負責的具體程序與形式。在實際政治過程中，國家中央軍委並不向全國人大及其常委會報告工作。國家中央軍事委員會享有較大的提案權，即可以向全國人民代表大會或者全國人民代表大會常務委員會提出關於軍隊建設的法律、法

10　《全國人民代表大會議事規則》第39條規定，主席團、三個以上的代表團或者十分之一以上的代表，可以提出對於中央軍事委員會的組成人員的罷免案，由主席團交各代表團審議後，提請大會全體會議表決；或者依照本規則第六章的規定，由主席團提議，經大會全體會議決定，組織調查委員會，由全國人民代表大會下次會議根據調查委員會的報告審議決定。

11　《全國人民代表大會議事規則》第38條規定，全國人民代表大會會議期間，中央軍事委員會的組成人員提出辭職的，由主席團將其辭職請求交各代表團審議後，提請大會全體會議決定；大會閉會期間提出辭職的，由委員長會議將其辭職請求提請全國人民代表大會常務委員會審議決定。全國人民代表大會常務委員會接受中央軍事委員會主席辭職的，應當報請全國人民代表大會下次會議確認。

規議案，由後者審議通過在軍隊內實施。對於全國性法律、法規，一般由中央軍委通過總政治部制定具體的實施條例或辦法，在軍隊中實施，並不接受全國人大及其常委會的日常巡視與監督。另外，全國人民代表大會常務委員會，根據最高人民法院院長、最高人民檢察院檢察長的提請，分別任免軍事法院院長和軍事檢察院檢察長。實際上，多是由軍隊系統推薦人選，通過全國人大常委會程序賦予其合法性。從整體的日常運作來看，國家中央軍委及其統率的軍隊系統與人大系統是相互獨立的，這類似於前述中共中央軍委與政治局的關係。

憲法關於國家中央軍委與全國人大關係的上述規定，明確了國家武裝力量在國家體制中的法律地位。1997年通過的《國防法》，進一步細化了軍隊與黨、政府之間的關係[12]。作為國家根本大法的《憲法》和作為軍事法體系母法的《國防法》之規定試圖在黨軍關係（黨對軍隊的絕對領導）、軍隊與國家關係（軍隊屬於國家）之間架起合法的橋樑，實現了黨的軍隊與國家軍隊在法理上的統一。

上述制度設計在邏輯上似乎存在兩個軍事委員會，但在實際政治過程中，中共中央軍委與國家中央軍委組成人員完全相同，是「一套人馬、兩塊牌子」。由於黨的全國代表大會先於全國人民代表大會召開，所以新一屆中共中央軍委的產生要早於新一屆國家中央軍委。通過控制全國人大代表選舉過程，在常委會中設立黨組，在大會主席團、代表團中成立臨時黨組等諸多組織舉措和技術，確保新一屆中共中央軍委組成人員在全國人民代表大會當選為新一屆國家中央軍委。在這一意義上，全國人大選舉國家中央軍委，實際上是對已產生的中共中央軍委在法律程序上予以追認，亦即黨中央通過全國人大這一法定最高國家權力機構，將黨對軍隊的領導權力，上升為國家意志，把中共中央軍委法理化為國家中央軍委，從而實現黨和國家對軍事力量領導權與指揮權的高度統一。

同樣的政治邏輯也體現在地方層面。軍隊總是駐紮在某個行政區域之內，為了密切軍隊同地方黨委的關係，加強工作上的配合和支援，中國共產黨對駐地方一級軍事組織（省軍區、警備區、軍分區、人民武裝部）實行中央統一領導下的軍事系統和地方黨委的雙重領導制度。省軍區（警備區）隸屬於大軍區建制，同時是所在省、自治區、直轄市黨委的軍事工作部門和省、自治區、直轄市政府的兵役工作機構，也是省級地方國防動員委員會的綜合指導、牽頭協調辦事機構

---

[12] 參見許江瑞、方寧：《國防法概論》，57-59頁，北京，軍事科學出版社，1998。

及人民武裝動員工作的主管機構，受大軍區和省、自治區和直轄市黨委的雙重領導。省軍區軍政首長在同級地方黨委擔任黨委常委（委員），同級地方黨委書記則兼任省軍區黨委第一書記（第一政委）。隸屬於省軍區建制的軍分區，下轄一定數量的部隊，同時是地級市、自治州、行政公署所轄地區、盟黨委的軍事工作部門和地方政府的兵役工作機構，受軍隊系統和地方黨委的雙重領導。軍分區下面，根據縣（旗）、大城市的區和某些縣級市的區劃設立人民武裝部。各級人民武裝部為本地區或本單位的軍事領導機關，是同級地方黨委的軍事工作部門，兼同級人民政府的兵役機關，受上級軍事機關和同級地方黨委的雙重領導。

8.2.3　黨的領導權在軍隊內部的制度體現

　　黨對軍隊的絕對領導權不僅體現在黨對軍隊的宏觀領導權與指揮權上，更體現在軍隊內部的黨組織機構設置與權力方面。所謂「絕對領導」，即黨作為軍隊領導主體的排他性和對軍隊組織領導權的獨一性。黨在軍隊中所建立的系統的、全面的、嚴密的黨組織，排除了任何根源於個人權威而形成的對中共軍隊領導權的威脅，同時也排除了其他任何組織干預和支配軍隊活動的可能性。按照現行黨章規定，中國共產黨禁止除共青團之外的其他任何黨派、政治團體、政治組織在軍隊中建立組織和發展成員；其他組織和團體的成員如果參加軍隊，必須與原來的組織脫離關係；軍隊中，未經黨組織的批准，不允許建立任何性質和形式的小團體、小組織；只有中國共產黨的組織才能委派軍隊中的各級領導幹部，其他任何組織和個人都不允許向軍隊委派幹部。更為重要的是，中國共產黨在軍隊各級單位中建立了黨的組織系統，它既是中央層面領導權的體現，又是黨全面控制軍隊的神經，主要包括各級黨委系統和從屬於它的政治部門、政治委員系統。

1. 黨的組織系統

　　黨的委員會設置在團級以上軍事單位，在營和相當於營的單位設立黨的基層委員會，連隊一級單位建立黨的支部委員會，排則設有黨小組。按照黨章和《中國人民解放軍政治工作條例》的規定，軍隊各級黨委對所屬部隊的一切組織、部門、人員和工作實行統一領導，部隊的一切重大問題都必須先由黨委討論決定，緊急情況下可以由首長臨機處理，但事後必須及時向黨委報告，並接受檢查。實行黨委統一的集體領導下的首長分工負責制，是黨領導軍隊的根本制度。首長分

工負責制是指黨委做出的決定屬於軍事工作方面的由軍事指揮員負責組織實施，屬於政治工作方面的由政治委員負責組織實施。軍政首長必須服從黨的委員會的領導，執行黨的委員會決議，積極、主動履行職責，密切配合，互相支持。

2. 黨的政治機關

　　為便於軍隊中黨的組織系統開展具體工作，還在團以上單位建立政治機關。在軍隊上層設立總政治部作為中共中央軍事委員會的政治工作機關，旅以上部隊設立政治部，團設立政治處。根據黨章規定，其內部也成立相應的黨組織。這些政治機關執行同級黨委在政治和黨務方面的決策，是軍隊具體政治工作的領導機關，負責管理軍隊中黨的工作，組織進行政治工作。政治機關內部一般設立組織、幹部、宣傳、保衛等若干下屬機構。通過這些機構，吸收幾乎所有軍官和部分骨幹士兵、士官入黨，使他們成為「穿軍裝的黨員」，成為軍隊和黨組織機器的螺絲釘；在軍隊中貫徹黨管幹部原則，落實軍委與各級黨委對軍政幹部的任免，對軍人進行意識形態教育與規訓。

3. 政治委員制度

　　作為軍事單位，軍隊的主要職能是平時訓練、戰時作戰，每級軍隊中設有軍事主官，負責軍事訓練和作戰等工作。同時，為加強對軍隊的領導，中國共產黨還在軍隊建立政治委員制度。政治委員最早是學習蘇聯紅軍經驗而設立的黨代表，是保證黨對軍隊絕對領導的重要制度。通常在團以上單位設立政治委員，營設立政治教導員，連設立政治指導員。政治委員在軍內行政職務上與同級軍事主官同為所在部隊首長，通常在上級首長、上級政治機關和同級黨委領導下，作為黨委書記主持所在部隊黨的日常工作和政治工作。政治委員的基本職責是：領導和保證部隊貫徹執行黨的路線、方針、政策，負責部隊政治思想工作、黨團建設工作，維護部隊紀律；協同同級軍事主官組織指揮作戰、訓練和其他任務；領導和推動作戰、訓練等任務中的政治工作；掌握和負責部隊的幹部工作，並在任免幹部及調動人員的命令上簽字。一旦政治委員與軍事指揮官出現原則上的分歧時，應提交黨委會討論決定，或請示上級解決。在緊急情況下，屬於軍事工作方面的問題由軍事主官決定，屬於政治工作方面的問題由政治委員決定，但都必須對黨委會和上級負責，事後及時報告，接受檢查。

這樣，除了在作為最低戰術環節的排與班實行「一長制」外（但保證班中有黨員，在排中成立黨小組），在連以上每一級單位中都形成了軍政雙長的二元權責結構。這種雙長制設計的主要目的是防止軍事主官自行其是，保證其服從黨的領導。更為重要的是，這種軍政二元結構又被整合進軍隊中的黨組織系統，即政治委員等政治主官擔任同級黨委書記，軍事主官擔任同級黨委的副書記，從而形成了黨領導軍隊的「一體二元」制度模式，即在黨委（支部）統一的集體領導下，軍政首長分工負責制。

軍隊中黨委統一的集體領導下的首長分工負責制，在縱向上保證了黨的意志與命令在軍隊中自上而下的迅速傳遞與貫徹，在橫向上約束著擁有直接指揮權的軍事主官，從而把具有暴力擴張傾向的軍事力量與外部黨的控制，整合進一個立體組織網絡，形成黨中有軍、軍中有黨的共生關係，實現黨對軍隊的全面控制與領導。同時，這一制度在相當程度上又能適應軍隊作為高度集中、統一的武裝集團的特點，保證軍政首長及時、果斷地實施統一指揮。因此，《中國人民解放軍政治工作條例》稱黨委（支部）統一的集體領導下的首長分工負責制是黨領導軍隊的根本制度，黨在軍隊中的政治工作也被毛澤東稱為軍隊的生命線。

當然，黨委領導下的軍政首長分工負責的制度也存在一些內生的弊端。從組織結構上看，政治委員與軍事首長之間可能發生職權矛盾，容易造成紛爭與內耗，不利於軍隊的平時建設和對軍隊集中、統一、迅速的指揮。此外，這種制度設計體現了黨的控制優先的理念，保證黨對軍隊的全方位控制，但一個反向作用是，黨內部的意見分歧有可能傳導至軍隊，影響軍事現代化與軍隊作戰效能。不過，相對於軍事「一長制」而言，黨建立的「一體二元制」是「兩害相權取其輕，兩益相權取其重」的理性選擇。

8.2.4 軍事系統與黨政系統的關係

上述中國共產黨在中央和地方層面對軍隊領導制度的安排，以及對軍隊內部的控制，使軍隊成為一個相對獨立的運行系統。但這一系統又存在於黨政體制之內，與其他非軍事系統有著一定的相互聯繫。

在中央層面，軍隊系統與非軍隊系統的關係集中體現在三個方面：一是政治局與軍委的關係；二是中央紀委與軍委紀委的關係；三是軍委與政府的關係（國防部）。第一個議題前文已有所涉及，「政治局議政、軍委議軍」的分工原則設

置了兩者的邊界。在和平時期，政治局不擔任軍職的常委一般不會到軍隊中視察，更沒有軍隊的決策權和指揮權。因此我們主要討論後面兩個議題。

1. 中央紀委與軍委紀委的關係

為了強化黨紀黨規對軍隊黨組織與黨員的控制與約束，中央軍委在軍隊中建立了紀委，其組成人員由中央軍委決定，辦事機構是紀律檢查部，列入解放軍總政治部編制，在軍委紀委和總政治部的雙重領導下負責處理全軍黨的紀律檢查的日常工作。軍委紀委書記由一名總政治部副主任兼任，同時兼任中央紀委副書記，以便於中央紀委對軍隊紀檢工作的指導，保證黨的紀律法規在軍隊的實施。不過，這一制度設計存在一定的缺陷。軍委紀委書記的級別較低，且隸屬於總政治部，其權威性和獨立性都顯得不足，很難發揮領導作用，更談不上對軍委和「四總部」領導進行紀律監督和檢查。原中央軍委副主席徐才厚案件的發生也許就是一個很好的例證。這也是十八屆四中全會提出改革軍隊紀檢監察體制的重要背景和原因之一。

2. 軍委與政府的關係

這一關係集中體現在國防部的角色上。根據憲法規定，國務院設立國防部，領導和管理國防建設事業。一切需要由政府負責的軍事工作，經國務院作出相應決定，通過國防部或以國防部的名義組織實施。國防部在接受國務院領導的同時也接受中央軍事委員會的領導。國防部部長既是中央軍委成員，也是國務院行政部門的首長。在實際運作中，需要國防部辦理的事宜，由總參謀部、總政治部、總後勤部、總裝備部分別處置。由於「四總部」直接向中央軍委負責，所以實際上中央軍委「幾乎總攬了我國軍事統帥權和軍事行政權」。在這一體制下，國防部的軍事行政權一直處於虛置狀態，主要負責軍事外交，參與國防動員協調。原國務院副總理陳慕華曾說，「軍事一向是由軍委管，國防部是虛的，這樣做，大家習慣了」[13]。作為國家行政機關內設機構的國防部與中央軍委及「四總部」之間的這種權力關係，體現了最高軍事機構與國家行政機構之間的平行關係，而不是隸屬關係。

---

[13]　轉引自許崇德：《中華人民共和國憲法史》（下卷），405頁，福州，福建人民出版社，2005。

在地方層面，軍事系統與非軍事系統的關係，主要體現在省軍區的設置上。省軍區一般是軍隊按地方行政區劃分級設立的組織體系，包括省軍區（衛戍區、警備區）、軍分區（警備區）、縣（市、區）人民武裝部和預備役部隊。省軍區系統實行雙重領導制度，既堅持軍隊系統的垂直隸屬與領導體制，又堅持「黨管武裝」的原則，受同級或者上級黨的地方委員會領導，是同級黨的地方委員會的軍事工作部，負責所轄區內的軍事後備力量建設、平時兵員徵集和戰時兵員動員等，有的還擔負邊防、海防守備任務。例如，北京衛戍區在軍隊建制上，隸屬北京軍區建制，同時是中共北京市委員會的軍事部門和北京市人民政府的兵役工作機構，受北京軍區和中共北京市委、市政府雙重領導（北京衛戍區黨委第一書記一般由中共北京市委書記兼任），負責北京地區的軍事警衛、守備勤務，開展民兵、兵役和動員工作，維護首都軍容風紀，協助地方維護社會治安等。

從橫向上看，軍事系統與非軍事系統的關係主要表現在以下幾個方面：

以黨管幹部原則的實施來說，在黨政系統是由黨委（在中央是政治局）領導下的組織部門按「下管一級」的原則負責幹部的考核、升降與任免，但各級黨的組織部門並不負責軍隊幹部的管理。軍隊幹部的考核與任免等人事權屬於總政治部系統的幹部部門（高級將領則由中央軍委決定），而軍隊內黨的組織部門僅負責黨務工作。

軍隊與黨務部門及政府部門的工作關係體現在諸多方面。首先，共產黨領導下的軍隊必須執行黨的政策路線，遵守黨的紀律。黨中央各部門，如宣傳部、組織部、紀委等制定的相關政策、發布的相關文件，對軍隊也有約束力，並通過軍隊中黨的系統得以貫徹。軍隊還會選出黨代表，按規定參加各級黨的代表大會。其次，軍隊的審判、檢察機關雖屬於專設，但軍事法院院長、軍事檢察院檢察長的任免必須分別由最高人民法院院長、最高人民檢察院檢察長提名，並提請全國人大常委會審議任免。軍事法院院長和軍事檢察院檢察長之外的法官或檢察官的任免按照軍隊幹部任免程序進行[14]。最後，軍隊選舉人大代表，按規定參加各級人民代表大會[15]。這是軍隊參與國家政治建設，進行利益綜合與表達的重要制度

---

[14] 相比之下，非軍事性法院法官和檢察院檢察官，一般是由同級法院院長和檢察院檢察長提名，並提請同級人民代表大會常委會任免。

[15] 需要注意的是，軍隊代表並不是按其占全國人口比例確定的，現役軍隊員額約為230萬人，占全國人口的比例約為0.17%，而由軍隊選出的全國人大代表（265名）約占代表總數（3,000名）的9%，而且解放軍代表團是全國人大所有代表團中人數最多的團。

化管道。軍隊的這種政治參與也具有雙重性。例如，軍隊系統的人大代表呼籲改善軍人生活條件，增加國防經費，對於加快發展軍隊建設起了應有的作用；與此同時，這種政治參與也易使軍隊本身受到地方政治的影響，如2012年底到2013年初，發生在湖南衡陽的賄選省人大代表案件中，衡陽當地駐軍選出的13名市人大代表中有11名涉案，這些代表都是部隊領導，他們捲入賄選案對軍隊的穩定與形象顯然是不利的。

8.3　軍事體系的組織指揮、國防動員和兵役體制

中央軍事委員會是全國武裝力量的最高統率機構。在中央軍事委員會的領導下，中國軍隊設有總部、軍種、兵種、軍區等領導機關，人民武裝員警部隊設有總隊機關。總參謀部、總政治部、總後勤部、總裝備部是中央軍委的具體指揮機構。中國現役部隊按基本組織結構分為總部體制、軍區體制和軍兵種體制。

8.3.1　指揮體制

當代中國軍事指揮體制主要包括四總部體制、軍區體制和軍兵制體制。

1. 四總部體制

中國人民解放軍的總部體制，由中央軍事委員會領導下的總參謀部、總政治部、總後勤部和總裝備部構成。中央軍事委員會通過「四總部」對各軍區、各軍兵種實施領導和指揮。總參謀部是全國武裝力量軍事工作的領導機關，負責組織領導全國武裝力量的軍事建設和組織指揮全國武裝力量的軍事行動，設有作戰、情報、訓練、軍務、動員等業務部門。總政治部是全軍政治工作的領導機關，負責管理全軍黨的工作，進行政治工作，設有組織、幹部、宣傳、保衛等部門。總後勤部負責組織領導全軍的後勤建設和後勤保障工作，設有財務、軍需、衛生、軍事交通運輸、物資油料、基建營房、審計等部門。總裝備部負責組織領導全軍的武器裝備建設工作，設有綜合計畫、軍兵種裝備、陸軍裝備、科研訂購、通用裝備保障、電子資訊基礎、裝備技術合作等部門。

2. 軍區體制

中國軍隊的軍區（戰區）是根據國家的行政區劃、地理位置和戰略戰役方

向、作戰任務等設置的軍事組織。目前設有瀋陽、北京、蘭州、濟南、南京、廣州、成都七個軍區，其主要職能是組織協調本區內陸軍、海軍、空軍部隊的聯合作戰行動和演習，直接領導所屬陸軍部隊的組織建設、軍事訓練、行政管理、政治工作、後勤和裝備保障等，領導本區的民兵、兵役、動員、人民防空和戰場建設等工作。每個軍區下轄若干陸軍集團軍、各兵種部隊、後勤保障部隊和省軍區（衛戍區、警備區）。

3. 軍兵種體制

中國軍隊由陸軍、海軍、空軍三個軍種和第二炮兵一個獨立兵種組成。中國軍隊現役兵力約230萬人。

目前，中國軍隊組織的指揮體制正在經歷改革。需要解決的問題包括：軍官編制占部隊員額比例較大，消耗了較多的軍費，而作戰部隊比例小，不利於軍隊戰鬥力的提高；軍區、集團軍、軍兵種構成的指揮體制，相互之間形成了明顯的條塊分割；中間環節過多，特別是大軍區一級，只是陸軍指揮機構，其下雖設有軍種司令部，卻並不直接指揮和訓練海、空和二炮部隊，無論是現代資訊化戰爭對作戰部隊的扁平化要求，還是作戰指揮體制多軍種協同合成要求，都無法滿足；陸、海、空和二炮部隊各軍兵種自成指揮體系，相互之間的協同作戰指揮體制不暢等等。

8.3.2　國防動員組織領導體制

根據《憲法》以及《國防法》的有關規定，中華人民共和國的國防職權由中共中央、全國人大及其常委會、國家主席、國務院、中華人民共和國中央軍事委員會共同行使。國家的主權、統一、領土完整和安全遭受威脅時，全國人大常委會決定全國總動員或者局部動員。國家主席根據全國人大常委會的決定，發布動員令。國務院、中央軍委共同領導全國的國防動員工作，制定國防動員的方針、政策和法規，向全國人大常委會提出實施全國總動員或者局部動員的議案，根據全國人大常委會的決定和國家主席發布的動員令，組織國防動員的實施[16]。

16　國家的主權、統一、領土完整和安全遭受直接威脅必須立即採取應對措施時，國務院、中央軍委可以根據應急處置的需要，採取必要的國防動員措施，同時向全國人大常委會報告。

從制度上看，國防部是國務院領導和管理國防建設事務的職能部門，部長通常由中央軍委委員擔任，但其國防組織與動員方面的具體工作，由解放軍「四總部」分別辦理。這一點上節已有所涉及，此處不贅言。

由於國防動員涉及諸多黨政軍部門，1994年11月，國務院、中央軍委決定成立國家國防動員委員會。國家國防動員委員會在國務院、中央軍委的領導下，負責組織、指導、協調全國的國防動員工作。主任、副主任由國務院、中央軍委領導兼任[17]，委員由國務院有關部委和軍隊各總部有關領導組成。它的主要任務是貫徹積極防禦軍事戰略方針，組織實施國家國防動員工作；協調國防動員工作中經濟與軍事、軍隊與政府、人力與物力之間的關係。各軍區和縣級以上地方人民政府國防動員委員會，負責組織、指導、協調本區域的國防動員工作。國防動員委員會設有辦事機構，承擔本級國防動員委員會的日常工作。目前，國家國防動員委員會設有人民武裝動員、國民經濟動員、人民防空、交通戰備和國防教育等辦事機構，軍區和地方各級國防動員委員會設立相應辦事機構。縣級以上人民政府有關部門和軍隊有關部門在各自的職責範圍內，負責有關的國防動員工作，按照職責落實國防動員計畫和國防動員實施預案。

國防動員組織體制的制度安排，體現了「黨指揮槍」的基本原則。國防動員的實際決策者是中共中央和各級黨委，國防動員的關鍵是「黨管動員」。作為國防動員領導機構的中央軍委，既是國家機構也是黨的軍事機關，國防動員的主要執行機構——省軍區、軍分區、人武部，既是一級軍事機關和同級政府的兵役機關，也是同級黨委的軍事部門。這種體制能夠依靠黨的高度、集中、統一的領導，迅速實現國家體制的平戰轉換。

8.3.3　兵役制度

兵員是軍隊組成和運作的基本主體。為了保持軍隊的活力與戰鬥力，軍隊必須不斷地補充新兵員，同時復員達到法定服役年限的老兵。軍隊兵員的新陳代謝，是由兵役制度來保障的。兵役制度是國家關於公民參加武裝組織或在武裝組織之外承擔軍事任務、接受軍事訓練的制度[18]。現行《兵役法》規定，中國實行

17　國家國防動員委員會現任主任李克強，副主任楊晶、常萬全。

18　參見胡光正主編：《中國軍事百科全書・軍制》，437頁，中國大百科全書出版社，2007。

義務兵與志願兵相結合、民兵與預備役相結合的兵役制度。這一制度既保持了義務兵役制的優點，又彌補了其在保留技術骨幹、保持部隊戰鬥力等方面的不足。

《兵役法》規定：「全國的兵役工作，在國務院、中央軍事委員會領導下，由國防部負責。各軍區按照國防部賦予的任務，負責辦理本區域的兵役工作。省軍區（衛戍區、警備區）、軍分區（警備區）和縣、自治縣、市、市轄區的人民武裝部，兼各級人民政府的兵役機關，在上級軍事機關和同級人民政府領導下，負責辦理本區域的兵役工作。機關、團體、企事業單位和鄉、民族鄉、鎮的人民政府，依照本法的規定完成兵役工作任務。兵役工作業務，在設有人民武裝部的單位，由人民武裝部辦理；不設人民武裝部的單位，確定一個部門辦理。」

民兵是不脫產的群眾武裝組織，是中國人民解放軍的助手和後備力量。《兵役法》規定，鄉、民族鄉、鎮、街道和企業事業單位建立民兵組織。凡18～35週歲符合服兵役條件的男性公民，經所在地人民政府兵役機關確定編入民兵組織的，應當參加民兵組織。民兵擔負參加社會主義現代化建設、執行戰備勤務、參加防衛作戰、協助維護社會秩序和參加搶險救災等任務。在資訊化條件下，調整規模結構，改善武器裝備，推進訓練改革，成為民兵建設的重要任務，以提高完成多樣化軍事任務的能力。

實踐表明，兵役制度是保持軍隊活力與戰鬥力的制度化機制。它不僅使國家在和平時期保持一支精幹的常備軍，減輕了國家和人民的負擔，促進了國防建設、經濟建設的協調發展，而且通過大量儲蓄後備兵員，建立起了寓兵於民的強大力量，以滿足戰爭對兵員補充的需要。

本章小結

當代中國黨政體制的基本框架是在革命年代的戰火中鑄就的，其中軍隊扮演了關鍵的、決定性的角色。新中國成立後，通過各種不同的制度安排和管道，軍隊依然發揮著非常重要的政治作用。

堅持中國共產黨「對軍隊的絕對領導」是理解中國軍事的一條根本原則。當代中國軍事系統及其相關制度都是圍繞這一原則建構起來的。在中央層面，黨和國家通過設立「一套人馬、兩塊牌子」的中央軍委統一領導全國武裝力量；在地方層面，設立了雙重領導體制的省軍區制度，將地方黨政領導的軍事權力限定在國防動員範圍之內。通過在軍隊等武裝力量內部建立黨的組織、政治委員和政治工作系統，黨實現了對武裝力量的全面滲透與控制，駕馭了軍隊這一最具暴力和強制性的組織，使之成為黨政體制中的重要政治力量。

關鍵術語

武裝力量、黨指揮槍、黨對軍隊的絕對領導、支部建在連上、中央軍事委員會、政治委員制度、民兵

複習思考題

1. 當代中國軍事制度的核心原則是什麼？
2. 為什麼要在中共對軍隊的「領導」前面，添加「絕對」兩字？
3. 中國軍隊的政治功能表現在哪些方面？
4. 試從中央與地方關係的角度，分析當代中國軍事制度的特徵。

第九章　中央與地方關係

　　中央與地方關係涉及國家權力縱向劃分的問題。新中國成立以來，中國確立的是有中國特色的單一制國家體制。在這套體制下，中央與地方關係的變遷受兩條基本原則的指導，即「全黨服從中央」與「發揮中央和地方兩個積極性」。改革開放三十多年來，央地關係出現了諸多新的現象，如政策執行差異屢見不鮮，地方保護、市場分割、土地財政亂象屢禁不止等等。對這些現象的解讀是本章的題中應有之義。具體而言，我們將著重討論以下問題：黨政體制下中央與地方關係的基本架構是什麼？改革開放以來，中央與地方關係在人、財、事各方面是如何發展與演化的？中央與地方關係的演進將如何影響政黨政體制的改革進程？

9.1　黨政體制下的中央與地方關係

9.1.1　有中國特色的單一制國家體制

　　一般而言，中央與地方關係是國家體制中縱向權力與資源配置的基本關係。中國憲法規定了中央與地方關係的單一制框架，即通常所謂的中央集權，主權權力為單一國家機構掌握，地方政府需要遵照中央意志行事。中國《憲法》第3條規定，中央和地方的國家機構職權的劃分，遵循在中央的統一領導下，充分發揮地方的主動性、積極性的原則。

　　在一般地方行政區域之外，還有民族自治地方和實行特別行政區制度的地方，它們既是中國地方行政區域的一部分，又享有一般地方行政區域所不享有的民族地方的自治權或特別行政區的高度自治。中國在香港、澳門實施一國兩制，即在中華人民共和國內，內地堅持社會主義制度作為整個國家的主體，同時允許香港、澳門保留資本主義制度。特別行政區可以享有除國防和外交外，其他事務的高度自治以及參與國際事務的權利。本章所探討的中央與地方關係主要是指中

央與一般行政地方的關係。

　　根據中國憲法，中國的行政區劃在中央以下分爲省級（省、自治區、直轄市）、縣市級（自治州、縣、自治縣、市），以及鄉鎮（鄉、民族鄉、鎮）三級。但在實際操作中，地方分爲省、市、縣、鄉鎮四級。例如在1994年頒行的《預算法》中，中國實行一級政府一級預算，設立中央、省、市、縣、鄉鎮五級預算。因此，從政府架構上而言，中國是獨特的五級政府架構。

9.1.2　黨政體制下的央地關係架構

1. 充分發揮中央和地方兩個積極性

　　中國單一制結構的特色還表現在這是在黨政體制的框架下建構的，處理中央與地方關係的基本原則是充分發揮中央和地方兩個積極性。毛澤東在1956年的《論十大關係》中指出：「應當在鞏固中央統一領導的前提下，擴大一點地方的權力，給地方更多的獨立性，讓地方辦更多的事情。」「有中央和地方兩個積極性，比只有一個積極性好得多。」[1]充分發揮中央和地方兩個積極性也受到了中國憲法的確認，可以說是處理中央與地方關係的憲法性原則。要在維護中央權威和尊重地方利益的前提下，合理建構中央與地方關係。

　　兩個積極性的第一原則，是中央的統一領導。這種領導超越了憲法條文中所談及的中央和地方國家機構職權的劃分，還包括了在中國特有的黨政體制下，中共的一元化領導以及由此衍生出的全黨服從中央的基本原則。具體來說，中央對地方的制約以及地方對中央的遵從，在中國首先體現爲地方黨委對黨中央的服從關係。在此基礎上，兩個積極性原則也強調充分發揮地方的主動性與積極性。改革開放以來，發揮地方的積極性也逐漸從強調地方的特殊性，到尊重並照顧地方的利益與特殊性[2]。

2. 條塊關係

　　這一原則的制度體現，以及蘊含在其中的集權與分權的辯證，構成了中國中央與地方關係中特殊的矩陣式結構：「條塊關係」。中國的央地關係並不是簡

---

[1]　《毛澤東文集》，第7卷，31頁。
[2]　參見朱光磊：《當代中國政府過程》，天津，天津人民出版社，2008。

單的縱向權力與資源配置關係，而是兼顧橫向與縱向權力分割的條塊關係。所謂「條」，是指從中央到地方的縱向的、以部門爲依據的管理體系；所謂「塊」，則是指以行政區劃爲準的黨委領導下的政治關係。「條塊結合」又稱雙重領導體制，這種領導體制中最常見的表述是「條塊結合，以塊爲主」，在具體事務的領導中，地方職能部門既接受地方政府的領導，也受上級對口部門的業務指導或領導。此外，又有「條塊結合，以條爲主」的垂直管理的不同形式（見圖9-1）[3]。

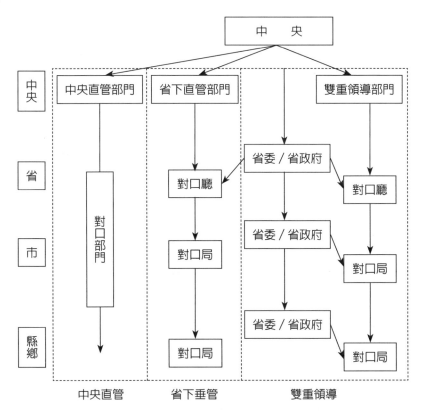

圖9-1　中國的「條塊」關係類型

---

[3] 在周振超的論述中，「條塊結合，以條爲主」只是雙重領導關係的一種少見的類型，適用於「專業性較強」的非垂直管理部門，如地方審計部門、地方監察部門與安全部門等。參見周振超：《當代中國政府「條塊關係」研究》，42-43頁，天津，天津人民出版社，2009。

　　條塊關係的領導架構開始於武裝奪權時期，但其成為基本領導體制是在新中國成立後的國家政權建設時期。在「高饒事件」後，1954年中央人民政府撤銷了大行政區委員會，在全國範圍內增設和加強中央與政府的各職能部門，以「部門管理」為中央領導地方的基本線索。1958年6月，毛澤東決定成立中央財經、政法、外事、科學、文教五個小組，進一步將各部門整合為「系統」，歸口管理，將決定權收歸黨中央。這一變動在地方的映射是進一步加強了權力的分割，一竿子插到底的「條條」有力地分割了「塊塊」，表面上與中央政府「職責同構」的地方黨政系統以條條切割開來，每一根條條都是中央約束地方的線索。

　　條塊關係的特殊架構也賦予了中央在央地關係運作中的靈活性。在這種架構中，「中央精神」在地方上有「塊」和「條」兩個代理人，條條和塊塊都分別掌握中央精神，並通過自己的領導系統傳達、貫徹到地方。中央可以靈活地調節條與塊的側重點：要發揮中央的積極性，就更偏重條；要強調地方的積極性，就更偏重塊。這突出體現在1990年代末以來垂直管理強化的趨勢。在條條關係中堅持黨的統一領導，主要依靠的是縱向的部門或系統中的黨組，通過黨組對相應黨委或黨中央的服從來貫徹全黨服從中央的原則。

　　條塊關係帶來的另一個制度性後果是條塊矛盾的頻發，以及由此帶來的權威的碎片化狀態。這種分化的狀態實際上強化了黨的協調功能，但總的來說，靠「協商辦事」而非尋求問題的制度化解決方式必然帶來一定程度的「人治」色彩，克服分散化、取得共識的過程未免不夠透明、缺乏效率，有失規則性[4]。

9.1.3　央地關係的歷史發展

　　中國歷史上有分久必合、合久必分的傳統，即使是在大一統時期，也同樣有「弱幹強枝」與「強幹弱枝」模式，西周、西漢前期的弱幹強枝削弱中央，導致諸侯割據；而北宋時期的強幹弱枝則造成效率低下的中央與缺乏活力的地方。中央與地方關係始終是傳統帝制中國的核心要素之一。近代以來，中國更是陷入了

---

[4]　參見Kenneth Lieberthal, Governing China: From Revolution through Reform, New York: W. W. North & Company, 2004；楊光斌：《當代中國政治制度導論》，北京，中國人民大學出版社，2007；朱光磊：《當代中國政府過程》；周振超：《當代中國政府「條塊關係」研究》；周振超、李安增：《政府管理中的雙重領導研究——兼論當代中國的「條塊關係」》，載《東嶽論叢》，2009年第3期。

混亂與分散的狀態，而中國共產黨取得政權的特定路徑，也正是利用了帝國主義分割中國、軍閥混戰所造成的割據局面，利用了自給自足的農業經濟所帶來的鄉村相對於城市的獨立性，走上了農村包圍城市、武裝奪取政權的道路。中國共產黨的組織歷史，從一大至今，也走上了逐漸包容與吸納地方武裝、各根據地與大軍統率的道路。無論是封建帝制時期分合的大歷史，還是共產黨武裝奪權的革命歷史，都決定了新中國成立初期政權建設首先要加強中央集權[5]。

　　新中國成立初期的《共同綱領》和《中央人民政府組織法》規定，中央政府集中統一管理國家的政治、經濟、人事等各項事務，在此前提下發揮地方的積極性與主動性。但此時的央地關係帶有明顯的地方分權特色。全國劃分為東北、華北、華東、中南、西南、西北六大行政區，各大區設大區行政機構。大行政區的人民政府委員會負責主管範圍內的重要工作，可以先斬後奏，處理後告知政務院。

　　此時的中央政策的主線是收權。在經濟管理領域，1949年底，全國稅務工作會議決定今後凡有關全國性的稅務及專門法令條例，均由中央人民政府統一制定公布實施。此後鐵路、海關等先後實施統收統支、統一調度。文教、社會管理等方面的職權也向中央集中，基本改變了戰時根據地分散經營的傳統。1952年，為進行大規模經濟建設，增設國家計委，並在「一五」計畫中，通過國家計畫把全國的工業建設、生產資料納入中央統一的計畫中，實行統購統銷；農產品的生產和流通也納入中央的直接控制。中央掌握了農業、工業及社會生活其他方面的配置權，地方要依照中央的計畫辦事。在政治行政領域，1952年，各大行政區的主要領導人上調到中央，即所謂的「五馬進京」。1954年，由於「高饒事件」的影響，中央撤銷了各大行政區委員會，令各省對中央負責，以「眾建諸侯」的方式進一步削弱地方割據的風險。同時，在全國範圍內確立「部門管理」的體制，正式確立了條塊分割、條塊結合的中央領導地方的基本體制，這一體制至今沒有發生根本性變化[6]。

---

[5]　參見蘇力：《當代中國的中央與地方分權 —— 重讀毛澤東〈論十大關係〉第五節》，載《中國社會科學》，2004年第2期。

[6]　參見蘇力：《當代中國的中央與地方分權 —— 重讀毛澤東〈論十大關係〉第五節》，載《中國社會科學》，2004年第2期。

　　1956年，毛澤東提出「兩個積極性原則」，中央曾於1958年和「文化大革命」初期兩次大規模放權，擴大了地方政府的一些管理許可權，將一些中央企業下放給地方。但是，1950年代末的分權由於出現「大躍進」運動和全國範圍的饑荒而終止，而1970年代的分權則出現了地方過度投資行為，引起全國性的經濟不平衡。中央很快又把下放的權力上收，由此引發了集權和分權的收放迴圈，進入「一統就死，一死就放，一放就亂，一亂就收」的怪圈。李芝蘭指出，在這一時期，由於收放權力的時斷時續，省級黨政部門規模大幅膨脹。而隨著時間的推移，由於再集權的收益逐漸遞減，每一輪再集權回收的只是上一輪分權的部分權力，省級政府通過累積每次集權時未能收回的權力和資源，變成了行政性分權的淨贏家。改革前的收放怪圈與省級政府的隱性擴權，是理解改革期間央地關係變遷的前提[7]。

　　改革開放以來，中央與地方關係仍然經歷了放權與收權的反覆。1990年代以前，在兩個積極性的總原則下，實行的是以「下放權力」為基本特徵的向地方傾斜的政策。行政性分權與經濟性分權同步進行。在這一時期，地方獲得了地方立法權，在幹部人事制度上地方因素對重要幹部任免影響權重加大，地方的財力、物力也顯著增強。地方政府在推動中國改革、發展地方經濟方面取得了令人矚目的成就。與此相對應，楊瑞龍、溫格斯特等人也提出了「中間推動型」發展模式，甚至以「財政聯邦制」描述改革初期的央地關係[8]。

　　同時，地方主義、市場分割等負面影響開始顯現，地方學會了與中央政府「討價還價」，中央財力下降，宏觀調控能力受限。為應對這些問題，以1990年代中期的分稅制改革為標誌，央地關係向中央傾斜，重新進入中央集權階段。分稅制在增強中央財力之餘，也加劇了地方經濟發展的不均衡，甚至引發了土地財政等地方亂象，腐敗滋生。作為應對，中央相繼加強了垂直管理制度，以條塊分

7　參見李芝蘭：《當代中國的中央與地方關係：趨勢、過程及其對政策執行的影響》，載《國外理論動態》，2013年第4期。

8　參見楊瑞龍：《我國制度變遷方式轉換的三階段論——兼論地方政府的制度創新行為》，載《經濟研究》，1998年第1期。「財政聯邦制」在很長一段時間內是描述中國中央與地方關係的主流框架，這種描述始自Montinola, Gabriella, Yingyi Qian and Barry R. Weingast, "Federalism, Chinese Style: The Political Basis for Economic Success in China," World Politics, 1995(1)。

割強化對地方的控制，並於近年強化了巡視制度，集權化傾向愈發明顯。但是，再度加強的集權化措施在一定程度上加劇了改革過程中財權與事權的不匹配，減弱了中央在基層的權威。央地關係的規則化、法治化以及更爲合理的事權分配體制將是今後一個時期央地關係調整的主流。

9.2　中央與地方關係的重要維度

本節細緻地描述了改革期間，央地關係在立法、財稅、人事以及事權等方面的發展路徑。在此，本節雖然是分段敘述，但這四個方面，尤其是人、財、事制度相互交織，共同定義了央地關係的發展。其中，分稅制改革被認爲是改革開放以來深刻影響央地關係的標誌性事件，而對黨管幹部原則的堅持則被認爲是中央在央地關係中保持權威的首要因素。央地之間更爲明晰而合理的事權劃分是進一步改革的走向。

9.2.1　中央與地方的立法關係

1954年《憲法》規定了一級立法體制，全國人大是行使國家立法權的唯一機關。這一體制在1979年變更爲二級立法體制，地方首次獲得一定許可權內的立法權。1979年五屆二次人大會議通過的《地方各級人民代表大會和地方各級人民政府組織法》規定：「省、自治區、直轄市的人民代表大會根據本行政區域的具體情況和實際需要，在和國家憲法、法律、政策、法令不牴觸的前提下，可以制訂和頒布地方性法規，並報全國人民代表大會常務委員會和國務院備案。」1982年《憲法》再次確認了這一規定，二級立法體制正式形成。

二級立法體制分爲國家立法和地方立法。在國家層面，主要是全國人大及其常委會所進行的立法活動，創立憲法、基本法律以及其他法律。此外，國務院及其所屬部門根據授權可以進行行政立法活動，制定行政法規和部門規章。在地方層面，根據地方立法主體的不同，可以在其許可權範圍內制定和發布規範性法律文件。在省、自治區、直轄市，以及省、自治區的人民政府所在地的市和經國務院批准的較大的市的人民代表大會，可以根據地方具體情況和實際需要，制定地方性法規，同級別的人民政府可以制定地方規章。民族自治地方的人民代表大會可以制定自治條例和單行條例。十八屆四中全會提出要「依法賦予設區的市地方

立法權」，大幅擴張了地方立法範圍。

　　地方立法工作在以下幾個方面受到中央的控制：首先，中央與地方之間的立法權限一般是按照「各自所管轄事項的範圍」來劃分的。中央決定一切大政方針，地方政府根據本地特點制定具體辦法。中央制定基本法和主導性的立法，而地方制定次要的、從屬的立法。地方立法的範圍嚴格控制在全國人大及其常委會所授權或明文規定的事項以內[9]。其次，地方立法權的行使不得與國家立法權相牴觸，地方一切立法和行政規章都必須與憲法、法律和行政法規相一致，否則，全國人大常委會或國務院有權撤銷相應的地方法規或規章。最後，地方性法規要向全國人大常委會和國務院備案。

　　目前，中國地方立法的差異性很大。在有些地方，地方立法的主要工作是制定國家法律的實施性細則，而在個別地方，地方立法則相當活躍，進行了大量創新性立法，其步伐甚至超過全國人大。一個不容忽視的問題是，由於目前全國人大主持的法規備案審查工作仍不健全，多樣化的地方立法實踐難以及時得到全國人大的規範與監督。

9.2.2　中央與地方的財稅關係

1.分灶吃飯與財政包乾

　　中國在1950年代早期建立了高度集中的財政管理體制，多年實行「統收統支」，地方財政基本上是中央財政的延伸。地方政府所遵循的各種財稅政策，均由中央政府制定，地方絕大部分財政收入要上繳中央金庫；地方的固定資產投資、技術更新改造所需資金，以及城鄉基礎建設資金等都要經中央或上一級政府在國家計畫的範圍內進行審批，專款專用。

　　「分灶吃飯」的財政體制從1980年正式實施，其間經歷了多次變革，總的趨勢是越來越分權。1980年，國務院下發了《關於實行「劃分收支、分級包乾」財政管理體制的通知》，在中央財政和地方財政之間實行「分灶吃飯」。1982年，在「利改稅」的基礎上，重新確定了包乾範圍和包乾基數。1988年，實行的「劃

9　例如2003年通過的《行政許可法》第14條和第15條對地方性法規、地方政府規章做了大幅限縮性規定：地方性法規職能對尚未制定法律、行政法規的事項設定行政許可；地方政府只有省一級政府可以設定臨時性行政許可。

分稅種、核定收支、分級包乾」的財政包乾體制，其主要精神就是包死上解基數，超收多留。1989年後，又針對東、中、西三個不同地區的特點採取了六種不同的包乾辦法。

財政包乾制的特點之一，是中央和地方單位需要對包乾基數和指標根據年度間的情況變動不斷談判，這導致財政體制繁瑣複雜到了極點；另一個特點則是沿用了1949年以來傳統的稅收劃分辦法，按照企業的隸屬關係劃分企業所得稅，按照屬地徵收的原則劃分流轉稅，把工商企業稅和地方財政的收入緊緊地結合在一起。這在很大程度上刺激了地方政府發展地方企業尤其是鄉鎮企業的積極性。鄉鎮企業通過稅收縮水、增加向地方政府繳納「企業上繳利潤」的方式，為地方政府創造不受預算約束的預算外收入。主張地方統合主義的學者因此將鄉鎮企業以及部分地方工業的興起與財政包乾體制聯繫起來。經濟學家也通過實證研究驗證了財政包乾制加劇了地方政府間的競爭，從而顯著促進了地方經濟發展[10]。

此外，財政包乾制也造成了地方政府大肆投資，大辦地方企業，這帶來了重複建設、地區封鎖、市場分割等問題[11]。同時，中央財力大幅下降，財政收入在國內生產總值中的比重在1993年僅為12.6%，中央財政收入在財政總收入中的比重中從1979年的46.8%下降為1993年的31.6%。中央財政不僅要靠地方財政的收入上解維持平衡，甚至還在1980年代兩次通過設立基金向地方政府「借錢」[12]。這些因素直接導致了1994年財稅體制改革的實施。

---

[10] 關於財政聯邦制與統合主義的論證，參見Jean Oi, "The Role of the Local State in China's Transitional Economy," The China Quarterly, 1995(Dec.); Jean Oi, "The Evolution of Local State Corporatism," In Zouping in Transition: The Process of Reform in Rural North China, Cambridge: Harvard University Press,1998; Jean C. Oi, "Fiscal Reform and the Economic Foundations of Local State Corporatism in China," World Politics, 1992(1)；馮興元：《地方政府競爭：理論範式、分析框架與實證研究》，南京，譯林出版社，2010；張軍、周黎安編：《為增長而競爭：中國增長的政治經濟學》，上海，上海人民出版社，2008；張維迎、粟樹和：《地區間競爭與中國國有企業的民營化》，載《經濟研究》，1998年第12期；傅強、朱浩：《中央政府主導下的地方政府競爭機制——解釋中國經濟增長的制度視角》，載《公共管理學報》，2013年第1期。

[11] 參見朱長存：《地方分權、晉升激勵與經濟增長：基於文獻的思考》，載《社會科學戰線》，2009年第4期。

[12] 參見周飛舟：《分稅制十年：制度及其影響》，載《中國社會科學》，2006年第6期。

2. 分稅制及其調整

　　1993年12月，國務院正式決定從1994年起對省、自治區、直轄市和計畫單列市試行分稅制財政管理體制。迄今，分稅制已經成為財政管理的主要模式。

　　分稅制最核心的內容在於採用相對固定的分稅種的辦法來劃分中央和地方的收入。分稅制將稅種劃分為中央稅、地方稅和共用稅三大類。稅源穩定、份額較大的稅收收歸中央，與經濟發展直接相關的增值稅、營業稅為分享稅，與地方關係密切的農牧業稅、地方國企所得稅歸地方。2002年實行的所得稅分享改革將企業所得稅和個人所得稅由地方稅變為共用稅種，2002年按中央、地方各50%的比例分享，2003年則按中央60%、地方40%的比例分享。分稅制分設了中央、地方兩套稅務系統，分別徵稅。此外，分稅制還規定了稅收返還機制。稅收返還以1993年為基數，將增值稅和消費稅按分稅制後地方淨上劃中央的數額，全額返還地方，保證地方既得利益。為調動地方積極性，還按特定係數給予增量返還。

　　分稅制實施當年，中央財政收入在財政總收入中的比重增長到了55%，此後一直保持在這個水準。中央宏觀調控能力大幅增強。同時，分稅制也造成了地方財力吃緊。雖然分稅制只是對中央和省級財政的劃分做了規定，而省以下的收入劃分則由省政府決定，但是分稅制造成的收入上收的效應會在各級政府間層層傳遞，造成所謂財權層層上收的效應。有學者按分稅制前後縣鄉財政收入構成測算，分稅制所劃定的中央與省之間的關係幾乎被完整地傳遞到縣鄉基層財政[13]。這造成了「中央財政高速增長，省級財政喜氣洋洋，地州財政勉勉強強，縣鄉財政哭爹喊娘」的局面。

13　關於分稅制所造成的財政收入層層上收的效應，參見閻坤、張立承：《中國縣鄉財政困境分析與對策研究》，載《經濟研究參考》，2003年第90期；李煒光：《分稅制的完善在於財權與事權的統一》，載《稅務研究》，2008年第4期。賈康指出，財政收入上收並非分稅制之過，而恰是因為分稅制施行十幾年，省以下並沒有進入真正的分稅制狀態。周飛舟則指出，從總量上看，分稅制所劃定的中央與省之間的關係幾乎被完整地傳遞到縣鄉基層財政，但中央已通過轉移支付等再分配手段，幾乎完全彌補了因改革帶來的縣鄉財力減少部分。單從轉移支付的地區分布來看，中部等人口稠密地區轉移支付水準最低，未達到均等化效果。參見賈康：《財政的扁平化改革和政府間事權劃分——改革的反思與路徑探討》，載《財政與發展》，2008年第8期；周飛舟：《分稅制十年：制度及其影響》，載《中國社會科學》，2006年第6期。

3. 分稅制之後：轉移支付與土地財政

（1）**轉移支付**。分稅制改革以來，中央對地方開始實施大量的轉移支付補助以彌補地方的支出缺口。這些補助包括稅收返還、體制補助、專項補助、過渡期轉移支付補助等多種。2002年，轉移支付的總規模達到7351.8億元。周飛舟指出，通過再分配過程，財政的轉移支付幾乎完全彌補了因改革帶來的縣鄉財力減少部分，維持了與改革前相同的相對收支水準[14]。

但從地區均等化的角度看，轉移支付存在嚴重的地區不均衡現象。轉移支付往往更有利於發達省市，不利於縮小地區差異或貧富差距。此外，轉移支付的大部分是數百種對應性的轉移支付，而非一般性的均等化的轉移支付。在中央和地方之間的實質財政安排通常建立在政治談判而非既定的規章制度上，這使得中央在轉移支付的決定上顯得比較隨意，也在一定程度上扭曲了地方政府的激勵，地方政府從而熱衷於「形象工程」，「跑部錢進」等。

（2）**土地財政**。分稅制後非預算資金尤其是土地出讓收入開始成為地方政府所倚重的財政增長方式。根據周飛舟的測算，地方政府在新的財稅制度下損失越多，就越有動力通過土地財政來彌補[15]。這形成了普遍的土地亂政、地方政府腐敗、官民矛盾衝突等諸多問題。

稅制改革一方面增強了中央財力，增加了中央的宏觀調控能力，特別是通過不確定的轉移支付制度增加了中央對地方的討價還價能力；另一方面對央地財稅關係的調整未與事權分配相匹配，財權層層上收，事權層層下放，造成了一系列意外的後果。事權分配改革因此成為央地關係調整的新方向。

十八大以來，中央發出了繼續深化財稅體制改革的信號，財稅體制改革將作為總體改革的重要突破口，先打一場「牽一發動全身的硬仗」。新一輪財稅體制改革將以預算管理制度改革為基礎，完善稅收制度，以六大稅種引領財稅改革，建立事權與支出責任相適應的制度，這必將引發新一輪財稅體制上央地的博弈。

14　參見周飛舟：《分稅制十年：制度及其影響》，載《中國社會科學》，2006年第6期。

15　參見周飛舟：《大興土木：土地財政與地方政府行為》，載《經濟社會體制比較》，2010年第3期。

9.2.3　中央與地方的人事關係

「財政聯邦制」概念的提出拷問了中國中央與地方關係變遷的核心問題：如果說在改革初期，中央賦予了地方更多的經濟自主權與部分行政權力，分權的程度從財政角度看甚至超過了一般意義上的聯邦國家，那麼在這個過程中，是怎樣的機制始終維持了現行的中央集權體制？1994年分稅制改革以來，中央顯著加強了財政能力，且在隨後的幾次調整中進一步增加了集權的程度。為什麼中央始終能夠保證在必要時加強集權？對此，學界近乎一致的回答是，黨政體制下的黨管幹部原則保障了中央「再集權」的進程[16]。

本節將從央地關係的維度探討幹部管理體制，分析黨管幹部原則的由來，以及幹部管理體制改革以來的發展與變遷。改革三十餘年，雖然幹部管理體制經過了諸多調整，並逐步走向了制度化，但黨管幹部的基本原則始終如一。

1. 黨管幹部

所謂黨管幹部就是黨對幹部管理工作的領導，這種領導既包括黨對幹部管理體制的大政方針與總體走向的領導，也包括對重要幹部的管理。黨的宏觀領導包括黨制定幹部工作的方針、政策，指導幹部人事制度改革，對幹部人事工作進行宏觀管理和監督。黨對重要幹部的管理是指黨推薦和管理重要幹部。幹部的考察、考核、培養、教育、提拔、任免、審查等工作均由各級黨委按照幹部管理許可權負責[17]。

黨管幹部的原則早在建黨初期就成為黨建工作的重要內容，並始終是中共的核心制度之一。在革命時期，黨實行高度集中的一元化領導體制，中央及各級黨委組織部門統一任命、調配所有的幹部，對黨、軍、地方政權、群眾團體的幹部實行「一攬子」管理模式。1938年組織部成立後，逐漸實行了軍隊幹部與黨政幹部分管的局面。新中國成立初期一度延續了革命期間高度統一的幹部管理體制，黨中央下管三級幹部，對幹部進行分部分級管理。改革初期，為了配合經濟體制

---

[16] Barry J. Naughton and Dali L. Yang, *Holding China Together: Diversity and National Integration in the Post-Deng Era*, Cambridge: Cambridge University Press, 2004.

[17] 參見林學啓：《演變·成就·趨勢——黨管幹部原則六十年的嬗變》，載《中國延安幹部學院學報》，2009年第2期。

改革，發揮地方積極性，幹部管理體制改為下管一級，地方黨委被賦予更多的幹部管理許可權，後來，分部分級的體制也向分類分級的體制轉換。

改革開放以來，在黨管幹部基本原則不變的前提下，幹部管理的具體制度不斷調整，總體的趨勢是幹部管理的逐漸制度化，這又具體體現為幹部管理制度的科學化、民主化：建立了幹部任期制，明確了幹部選用標準，2000年以來，更推行了一系列幹部推選的措施，如公開選拔、民主測評、考試面試、討論票決等[18]。

2. 下管一級

從中央與地方關係的角度來看，在幹部管理體制的改革中，分級制度改革影響深遠，特別是1984年下管一級的改革。1953年，中央建立了分部分級管理幹部的基本制度。所謂分部分級管理，是指按照幹部所擔任的職務和幹部的級別，由不同層次的黨委、企事業黨委、部門黨組管理。新中國成立初期，在分級制度中，實施的是在黨中央統一領導下，由黨委組織部集中下管三級的制度。1984年，中組部發出《關於修訂中共中央管理的幹部職務名稱表的通知》，遵照中央原則上只管下一級領導幹部的精神修訂了中管幹部的職務名稱表，幹部管理方式改為分級管理、層層負責的辦法。中央負責管理中央國家機關部委級的領導幹部，地方負責管理省、市、自治區一級的領導幹部；省、市、自治區黨委負責管理省級局、廳級領導幹部，地方負責管理地、市、州、盟的領導幹部。之後，中管幹部的職務名稱表雖經數次修訂，但下管一級的基本制度保持不變。

下管一級的制度改革擴大了地方的幹部管理許可權，增強了在幹部任用方面地方的自主性。特別是在幹部公選制度逐漸興起後，地方、基層和群眾對地方主要幹部任用的實際影響明顯增強，甚至出現了幹部任用過程中的地方主義現象。為了遏制地方化傾向，中央在2000年前後建立了幹部交流與迴避制度。

3. 幹部交流制度

幹部交流制度是在幹部任用層面上的一種制度性修正，是指各級黨委（黨組）及其組織（人事）部門按照幹部管理許可權，通過調任、轉任對黨政領導幹

---

[18] 參見陳家喜：《幹部公選》，見景躍進、張小勁、余遜達主編：《理解中國政治：關鍵字的方法》，101-113頁，北京，中國社會科學出版社，2012。

部的工作崗位進行調整。幹部交流制度的定型始於1999年中組部發布的《黨政領導幹部交流工作暫行規定》。這一文件在2006年8月被《黨政領導幹部交流工作規定》取代，成為黨「幹部人事工作法規體系」的重要一環。

參與幹部交流的對象從《黨政領導幹部交流工作暫行規定》要求的縣以上黨政領導班子和職能部門負責人，擴展到《黨政領導幹部交流工作規定》要求的從中央到地方的黨、人大、政府、政協的領導班子及職能部門負責人，以及紀委、法院、檢察院的領導成員。十七大以來，全國幹部交流力度不斷加大。交流任職的趨勢也同樣傳遞到了縣市一級，在目前一般9～11人的縣市級地方黨委班子中，有6～7人是外地交流幹部，只有宣傳部部長、黨委秘書長、常務副市長是本地幹部。在地方的四套領導班子中，一般只有政協主席是本地幹部[19]。

繼續推進黨政領導幹部交流是幹部管理制度改革的既定方向之一。2009年制定的兩項相關綱要都強調要加強並積極推進幹部交流工作，將交流範圍擴展到「鄉鎮黨政一把手」，並特別指出要加大權力部門、關鍵崗位、新提任幹部的交流力度。十八屆三中全會也提出要加強幹部的跨條塊、跨領域的交流。

幹部交流制度是否發揮了其應有的作用？根據1999年與2006年的相關規定，實施幹部交流的目的是優化領導班子結構，提高幹部素質和能力，加強黨風廉政建設，促進經濟社會發展以及加強黨的統一領導[20]。不同層級的幹部交流承載著不同的功能，對青年幹部、後備幹部的交流更多的是偏向提高幹部素質和能力，以及促進經濟社會發展，這一點在相關的實證研究中也得到了驗證[21]。對黨政一把手、權力機關、關鍵部門領導的交流則主要是為了加強黨風廉政建設，加強黨的統一領導。交流制度是否有效地加強了廉政建設，目前學界尚無定論。

就幹部交流制度目前的實施狀況而言，最直接的效果是對地方政治的影響。首先，幹部交流在一定程度上刺激了地方政策的短期化。從理論上講，幹部交流是在制衡腐敗與幹部專業化、地方化之間的權衡，以犧牲幹部專業化為代價來減

19　參見範義：《幹部交流的負面影響及其控制》，載《中國黨政幹部論壇》，2007年第1期。

20　「加強黨的統一領導」的提法僅出現在1999年的《關於黨政領導幹部交流工作暫行規定》中。

21　參見張軍、高遠：《官員任期、異地交流與經濟增長——來自省級經驗的證據》，載《經濟研究》，2007年第11期。

少幹部被地方擄獲的可能，這也意味著地方政策的穩定性與連續性受到影響。交流幹部任期短、晉升壓力大，可能以犧牲長期效益爲代價追求政績工程。其次，交流幹部與本土幹部的競爭關係將深刻影響地方政治生態。來自上級或外地的交流幹部與本地幹部之間存在一定的競爭關係。一般而言，空降的交流幹部會擠壓本地幹部的上升空間，交流幹部與本土幹部的磨合將影響上令下行的通暢度。本土幹部可能會借幹部公選的機會，以不瞭解交流幹部的情況爲藉口阻擊交流幹部[22]。

4. 幹部選任

　　黨政領導幹部的選拔任用是黨管幹部的核心主題。近年來，學界對幹部選任進行了系統研究，爭論的焦點是幹部選任的標準問題：幹部選任究竟是以經濟績效爲基礎的尺規競爭，還是基於關係網絡的政治選拔？

　　支援「晉升錦標賽」模型的學者認爲地方官員之間的晉升是圍繞著經濟績效（地方經濟發展或地方財政收入增長）的尺規競爭。周黎安等人指出，省級幹部晉升的機率隨著其所在地經濟增長率的增加而提高，而其離崗的可能性也隨著經濟績效下降而增加。帶來更高增長率的省級幹部的提拔機率也會提高[23]。諸多學者的研究爲「晉升錦標賽」模型提供了進一步支援[24]。他們認爲，上下級之間的這種強力的激勵合同設計，爲省級地方官員積極推動地方經濟增長奠定了重要的制度基礎。但對經濟增長指標的單一追求，也會帶來諸多負面影響，如地方保護主義、分割市場、削減公共服務、土地財政等一系列經濟、社會問題。對此，學界也提出了完善官員考核機制，引入大眾評論和媒體監督等改革建議[25]。

　　近年來，「晉升錦標賽」模型受到廣泛挑戰，「政治網絡」變數受到重視。

22　參見範義：《幹部交流的負面影響及其控制》，載《中國黨政幹部論壇》，2007年第1期；《解析央地幹部交流：避免地方存在裙帶關係》，見大公網，2013/8/26。

23　參見Hongbin Li and Li-An Zhou, "Political Turnover and Economic Performance: The Incentive Role of Personnel Control in China," Journal of Public Economics, 2005(9); 周黎安：《中國地方官員的晉升錦標賽模式研究》，載《經濟研究》，2007年第7期。

24　參見王賢彬、徐現祥：《地方官員來源、去向、任期與經濟增長——來自中國省長省委書記的證據》，載《管理世界》，2008年第3期。

25　參見朱長存：《地方分權、晉升激勵與經濟增長：基於文獻的思考》，載《社會科學戰線》，2009年第4期。

崔（Choi）等人發現省長的晉升主要受經濟績效的影響，而省委書記的晉升受經濟績效與政治網絡的雙重影響。史（Shih）等人在控制選擇性偏差的前提下，將研究延伸到了中央委員層面，同時驗證了經濟績效與政治網絡對官員晉升的影響[26]。

　　在一定程度上，「晉升錦標賽」模型與「政治網絡」研究爭鋒回應的是黨管幹部制度的目標問題：我們的幹部管理制度隱含著兩種競爭性的制度目標。其一，如果我們把單一制下的中央與地方關係看作一種委託—代理關係，黨管幹部作爲中央控制地方的核心機制，需要確保地方能聽從中央的指示，鼓勵地方的遵從，懲罰地方的偏離行爲。其二，正如「德才兼備」這一幹部管理基本原則所體現的，黨管幹部還要選出人才，選出能人。幹部管理制度肩負著爲黨輸送人才的基本任務。在經濟體制改革啓動初期，黨要求地方能夠完成經濟發展、財政收入增長等基本要求；在改革進入深水區後，這一要求複雜化爲「綠色GDP」、「和諧發展」等更爲複雜、多元的標準。從這個角度看，經濟績效論與政治網絡論反映了黨管幹部在不同時間、地區、領域、層級上要回應的不同目標。

　　其他研究地方官員的學者也提出了地方官員的「不出事」邏輯、達標模型、地方政府共謀等，以地方官員行爲的多樣化挑戰「晉升錦標賽」模型中晉升激勵假設的現實性[27]。從另一個角度來說，地方官員行爲的多樣化也反映了近年來幹部管理方式的一個基本變化：從選任到規訓。隨著改革的推進，中央對地方幹部的獎勵力度在不斷下降，政企分開等改革使得中央逐漸失去了對某些經濟資源的壟斷，而地方經濟的發展增加了官員在地方上獲益的可能，地方性收益爲地方官員提供了競爭性的獲益機制。同時，在人事關係方面，中央的獎勵總量也在下降。近年來，中央逐步推行的下管一級、省管縣、大部制、扁平化等措施，雖然

---

[26]　Eun Kyong Choi, "Patronage and Performance: Factors in the Political Mobility of Provincial Leaders in Post-Deng China," The China Quarterly, 2012(4); Victor Shih, "Getting Ahead in the Communist Party: Explaining the Advancement of Central Committee Members in China, " American Political Science Review, 2012(1).

[27]　參見鐘偉軍：《地方政府在社會管理中的「不出事」邏輯：一個分析框架》，載《浙江社會科學》，2011年第9期；Xueguang Zhou, Hong Lian, Leonard Ortolano, and Yinyu Ye, "A Behavioral Model of " Muddling through "in the Chinese Bureaucracy: The Case of Environmental Protection, " The China Journal, 2013(70); 周雪光：《基層政府間的「共謀現象」》，載《社會學研究》，2008年第6期。

是爲了減少不必要的行政層級，提高行政效率，但客觀上造成的結果是官員晉升職位的銳減，而本節所探討的交流制度，特別是中央與地方之間的幹部交流制度，也造成了基層幹部上行空間的進一步受阻。地方幹部將有更強的偏離中央領導的傾向，選任機制在幹部管理制度中的核心地位也因此被削弱，這也是十八大前後中國在幹部管理方面明顯轉向對地方幹部的監督與規訓的制度性因素。

9.2.4　中央與地方的事權關係

在學界的討論中，對事權的概念有廣義、狹義的理解。廣義的事權，與國家權力、政府權力類似。在這個意義上，事權的劃分，可視爲在不同主體（國家、社會、市場）之間的權力分割。縱向的事權劃分也就是縱向的政府間權力分割，與本章所探討的中央與地方關係並無區別。狹義的事權概念更多地在經濟學、財政學中應用，是與財權概念相對應的交易處理權，與「支出責任」類似。探討事權與財權相匹配，是對事權的狹義理解。

中國長期以來在事權方面形成的基本局面是各級政府在職責同構的制度框架下「齊抓共管」。除少數事權如外交、國防等屬於中央外，各級政府的職責並沒有明顯區別，高度重疊交叉，地方政府的職能僅是中央政府職能的延伸或細化。政府間的分工不是具體職能的不同，而是體現在對同一職能或事務的具體劃分與相應的支出責任方面。在職責同構的框架下，配合上、下級政府之間的領導關係，特別是上級政府對下級政府財政收入以及人事任免的控制，上級政府可以憑藉其優勢地位，通過績效考核甚至「一票否決」的方式，將本身的事權推給下級政府，上、下級政府對各項事權「齊抓共管」。

就央地關係的維度而言，事權改革是迄今仍未完成的硬核。自1970年代末改革起步以來，配合著財稅體制改革步伐，在事權方面有過「行政性分權」與「經濟性分權」之說。行政性分權是指1994年分稅制改革之前，上、下級政府之間就經濟管理的分配權進行的調整。中央強調擴大企業的經營自主權，要求企業自主、獨立發展。在不同政府層級中根據企業的行政隸屬關係重新調整了經濟管理權。國務院負責管理關係國計民生、國家經濟命脈的骨幹企業、大型企業的生產經營活動和重要事業單位的活動，而地方則負責其他企事業單位的領導。

1994年的分稅制改革被諸多學者認定爲「經濟性分權」，通過劃分中央與地方的稅種建立新型財政體制。但在事權分配方面，分稅制僅僅對央地事權做了

一個粗線條劃分，中央財政主要承擔國家安全、外交和中央國家機關運轉所需經費，調整國家經濟結構、協調地區發展、實施宏觀調控所必需的支出，以及由中央直接管理的事業發展支出。地方財政主要承擔本地區政權機關運轉所需支出，以及本地區經濟、事業發展所需支出。這種籠統規定實際上只是保留了1993年中央和地方各自行使事權的狀態。賈康等人將分稅制在事權方面規定的模糊性稱作「知難而退」，特別是分稅制在投資權方面的沉默，刺激了各地政府爲追求收入最大化而爭搶好稅基、好稅源，積極舉辦各種投資專案[28]。

　　分稅制在財權、財力方面造成的集權後果，也同樣投射到事權分配方面，財權與事權的不匹配成爲央地關係中的顯性問題。具體說來，一些原本應當由中央承擔的支出責任，部分交給了地方，如國防、武警、氣象及地震等管理職能，最基本的公共服務的法定支出主要由縣鄉政府提供，縣鄉支出責任偏大。一些應當屬於地方支出的責任卻由中央承擔，如地方行政事業單位人員工資和一些企業虧損補貼等，地方基礎設施建設中央也有包攬過多之嫌[29]。省以下各級地方政府之間的支出責任劃分更爲模糊，在公共服務提供等方面的地方性差異增強。在這種體制下，原本是爲財政體制「拾遺補缺」的修正性機制——轉移支付卻逐漸演變爲政府間財力配置的主角，而轉移支付的非規範化，特別是專項轉移支付省以下分配存在的巨大地區性差異，也加劇了事權與財權分配上的衝突[30]。

　　2006年，「十一五」規劃明確提出要建立健全與事權相匹配的財稅體制。十七大報告也提出要健全中央和地方財力與事權相匹配的體制。2013年，十八屆三中全會詳細描述了理順事權關係的圖景：國防、外交、國家安全、關係全國統一市場規則和管理等作爲中央事權，部分社會保障、跨區域重大專案建設維護等作爲中央和地方共同事權，區域性公共服務作爲地方事權。在這種事權關係框架

28　參見賈康、白景明：《縣鄉財政解困與財政體制創新》，載《經濟研究》，2002年第2期。

29　參見馬海濤：《政府間事權與財力、財權劃分的研究》，載《理論視野》，2009年第10期；劉軍民：《完善財政體制重點是上劃事權而非下移財權》，載《中國財政》，2013年第19期。

30　參見李齊雲、馬萬里：《中國式財政分權體制下政府間財力與事權匹配研究》，載《理論學刊》，2012年第11期；劉軍民：《完善財政體制重點是上劃事權而非下移財權》，載《中國財政》，2013年第19期；宋立：《各級政府事權及支出責任劃分存在的問題與深化改革的思路及措施》，載《經濟與管理研究》，2007年第4期。

下，中央和地方按照事權劃分相應承擔和分擔支出責任，中央可以通過安排轉移
支付將部分事權支出責任委託地方承擔，對跨區域且對其他地區影響較大的公共
服務，中央通過轉移支付承擔一部分地方事權支出責任。這種描述實際上爲修正
央地事權、財權不匹配明確了路徑：在下放事權並相應下放財權與進一步上收財
權與事權兩條路徑選擇中，未來改革將選擇適度加強中央事權與支出責任，並以
轉移支付作爲委託、共用事權的基礎。

　　中國的改革始自十一屆三中全會以來的經濟體制改革，首先要應對的是「文
化大革命」期間，國家政權癱瘓與計畫經濟體制下「統得過多、管得過死」的基
本問題。因此，在1994年分稅制改革之前，中國改革帶著明顯的「分權性」特
徵。1994年的分稅制改革啓動了中央政府加強集權的過程，在此後二十年的改
革中，在財稅、人事、事權各方面，中央都進行了加強中央權威的單方面調整，
2002年所得稅改革，目前正推行的「營改增」都進一步強化了中央財力；意在加
強地方財力的房地產稅等制度尚在徘徊。更爲重要的是，稅收立法權、開政權、
聽證權、政策管理權、地方稅收的解釋權、稅目稅率調整權、減免稅權等均屬中
央，由中央單方面把握並調整。人事制度改革方面，幹部交流、監督與規訓，乃
至十八大以來對「裸官」的新規定等各方面的調整也是中央主動的表現。這種集
權趨勢還進一步體現在行政管理體制的調整，以及紀檢體系對幹部的規訓方面。
從分權到集權的大趨勢的變換，特別是過去二十年不斷增強的集權傾向，一方面
體現對中共一元化領導的堅持；另一方面也說明地方性行爲仍然存在，中央與地
方的博弈將繼續進行。

9.3　中央與地方關係的變與常

　　本章的前兩節分別描述了中國中央與地方關係的總體框架，以及央地關係在
立法、財稅、人事、事權上的變革與演進。改革三十餘年，在央地關係方面存在
一個從分權到重新集權的過程。要理解這一基本性轉變，必須理解地方在央地博
弈中的角色與地位。爲了有效遏制地方，近年來在重新集權方面我們觀測到兩個
新變化：一個是以垂直管理爲標誌的軟集權化，另一個則是以巡視與紀檢體制爲
核心的幹部監督與規訓的強化。最後，我們將展望全面深化改革期間中央與地方
關係發展的前景與路徑。

9.3.1 央地博弈：地方的興起

在中國的研究中，「地方」始終是一個核心概念，楊瑞龍提出中國的制度變遷模式是中間擴散型，擁有獨立利益目標和資源配置權的地方政府在中國市場經濟體制轉型中具有特殊作用。鄭永年也認為，改革的動力首先來自地方，中國不同於普通的單一制，而是一種有限的地方自治，亦即「事實上的聯邦制」。在近期政策創新的研究中，韓博天（Sebastian Heilmann）等人也指出地方創新在政策制定過程中的重要作用，及其對整個國家政策更新乃至政權穩定的貢獻[31]。

從新中國的歷史來講，「地方」因素在中央層面的重大決策中始終或隱或現，在個別時間點甚至成為推動整體政策轉向的關鍵。「大躍進」運動與「文化大革命」時期，毛澤東發動了兩次大規模的分權運動，其背後的政治策略是動員地方力量和地方聯盟來克服中央官僚體制的阻力。改革初期，安徽鳳陽的「家庭聯產承包責任制」推動了國家政策的整體轉型。1992年，鄧小平的「南方講話」也是為了在地方聚集改革力量，繼續推動改革的前行與發展。但同時，改革期間，地方對中央「陽奉陰違」、「政令不出中南海」、土地出讓金規模居高不下等仍是常見的對地方行為的描述。

為什麼在強調「全黨服從中央」的單一制國家體制中，地方能夠在改革前後均表現出驚人的自主性，甚至能在必要時偏離中央政策指向？中國改革的過程，也是中央與地方博弈的過程，而改革從分權到集權的轉向，也從一個側面說明地方在這場央地博弈中的地位不可忽視。那麼，在這些體制中，地方的優勢究竟何在？在改革過程中，央地博弈中哪些因素變動了、哪些因素保持不變？在這一過程中，地方力量的消長如何？

單一制下的中央與地方關係，通常可以看作一種委託—代理關係，中央作為委託人，要確保代理人——地方遵從中央的指示，而地方則要在可能的範圍內最大化其自身利益。中國改革的過程深刻改變了央地之間的偏好、資訊與獎勵機制，這是央地博弈中地方興起的制度性原因。

---

[31] 參見楊瑞龍：《我國制度變遷方式轉換的三階段論——兼論地方政府的制度創新行為》，載《經濟研究》，1998年第1期；Sebastian Heilmann, "Policy Experimentation in China's Economic Rise," Studies in Comparative International Development, 2008(1); 鄭永年：《中國的「行為聯邦制」：中央—地方關係的變革與動力》，北京，東方出版社，2013。

　　首先，改革過程強化了央地之間偏好的差異。偏好差異是央地博弈的基本前提，中國改革的過程，特別是其中意識形態控制的減弱，進一步加劇了央地之間在偏好上的差異。在意識形態控制較強的時期，中央與地方在認識上傾向一致，則央地之間的博弈較弱，主要表現爲地方遵從中央，這也符合地方自身的偏好。隨著改革的推進，社會意識形態逐漸多元化。1988年，中共提出「中央仍將尊重和照顧地方的利益」，意味著地方的特殊利益得到承認。央地之間偏好的差異，刺激了博弈過程的持續與激烈[32]。

　　其次，在改革過程中，地方的資訊優勢有所增強。無論是聯邦制國家還是單一制國家，只要是建構在等級制基礎上的組織結構，下級都掌握了相對於上級而言的私有資訊，這種資訊主要來源於地方自身的特殊性。在中國，地方的資訊優勢本來就很強。一方面，獨特的五級政府設置使得資訊傳遞機制進一步複雜化；另一方面，在黨政體制的框架下，資訊的傳遞首先是依靠體制內的傳遞，新聞、民眾等外部資訊機制受到限制，難以構成對體制內資訊傳遞的有效監督或補充。在改革進程中，社會、經濟、文化等各個領域的複雜化、多元化增長，地方相對於中央而言的資訊優勢也有所增強。早在財政包乾時期，地方政府就可以採取「打埋伏」和「拉上補下」的辦法，將超額部分隱瞞不上報或留作下一年彌補增長不足部分[33]。分稅制改革之後，中央對土地財政也是屢禁不止，土地出讓金的總規模難以說清。地方的恣意得益於其資訊優勢。

　　最後，如本章第二節中所提到的，中國改革所引致的諸般變化，使得中央對地方的獎勵機制趨弱。從經濟體制改革開始，隨著企業自主權的逐步增強，中央對社會、經濟資源的控制不斷減弱，而同時隨著地方經濟的增長，地方政府從本地經濟發展中可以獲得相當的經濟資源，地方上的資源補充構成了對中央資源的替代。在人事制度上，雖然黨管幹部的基本原則始終不變，但「下管一級」、「幹部交流」、「省直管縣」一系列改革的推行，造成的客觀後果是中央可資獎勵的職位總量的下降。

　　三十多年改革所帶來的地方政府在偏好、資訊與獎勵機制上的變動，對央地

32　參見朱光磊：《當代中國政府過程》。

33　參見孔善廣：《分稅制後地方政府財事權非對稱性及約束激勵機制變化研究》，載《經濟社會體制比較》，2007年第1期。

博弈造成了複雜而深遠的影響。其一，地方逐漸興起，地方對中央討價還價的能力不斷增強。這具體表現在地方政府行為進一步多樣化，雖然在體制上中央加強了對地方和官員的績效考核，維持了「壓力型體制」，但地方間的共謀、對上級政策的選擇性執行等屢見不鮮。官員不出事，但求達標的行為模式甚至在一定程度上超過了官員間基於晉升的競爭。其二，面對地方的逐漸興起，中央應對的形式也進一步多樣化。一方面是通過加強條條對塊塊的制約，通過垂直管理來進一步制約自利的地方黨政；另一方面則是通過加強巡視制度、紀檢系統，加大對地方官員的監督與規訓。目前看來，這兩方面的趨勢將成為未來一段時間央地博弈的主流。

9.3.2　垂直管理

如本章第一節中所討論的，中國通行的管理體制是雙重管理和垂直管理，亦即「條塊結合，以塊為主」，或「條塊結合，以條為主」。在雙重管理體制下，地方黨政主管相關職能部門的人、財、物，而上級職能部門則主管相關業務。在垂直管理體制中，人、財、事的權力都垂直到上級主管部門。

條塊領導體制主要是在新中國成立後為了確保黨的一元化領導而發展的，也賦予了中央在央地互動中的靈活性。在側重向地方分權的時期，中央可以選擇加強雙重領導體制；在側重向中央收權的時期，中央可以加強垂直管理體制。從新中國成立初期到改革早期，多個職能部門的領導體制從垂直領導調整到了雙重領導，如港口管理、民兵、武警、工會、檢察等部門。這個趨勢在1990年代中後期的「再集權化」期間發生了變動，從稅務部門起，銀行、工商、煙草、鹽業等部門相繼從地方政府序列中退出，改為中央或省以下的垂直管理。有報導稱，到2009年，這種垂直管理部門已占到行政權力部門的50%左右，而且這一比例還有繼續上升的趨勢[34]。這些垂直管理模式在許可權方面上收比較徹底，多數部門不僅在幹部管理、人員編制、機構設置方面，而且在財政與經費、黨組織關係、紀檢監察方面都由上級統一管理。

---

[34]　參見李松：《吹向垂直管理的冷風》，載《瞭望》，2009年第27期；周振超、李安增：《政府管理中的雙重領導研究——兼論當代中國的「條塊關係」》，載《東嶽論叢》，2009年第3期。

　　近年來，垂直管理體制逐漸從傳統的經濟管理領域相關部門轉向權力監督部門。十八屆三中全會提出的司法機關人、財、物省以下統管，推動黨的紀律監察工作雙重領導體制的具體化、程序化、制度化，強化上級紀委對下級紀委的領導，都是在新形勢下通過加強「條」的管理，對抗地方化的措施。

　　強化垂直管理與分稅制改革基本同步，都是中央加強集權的表現。在分稅制下，國稅、地稅系統分別實行了中央直管與省下直管。隨後不斷加強的其他部門的垂直管理也同樣劍指地方化傾向。但垂直管理改革二十多年來，是否達到了遏制地方化的目的？對這個問題，學界尚欠缺系統性梳理。有學者認為，垂直管理抵禦了地方保護主義的干擾，也增強了執法效果。也有學者認為，垂直管理並沒有完全解決問題，例如在質監、工商、稅務等部門，原本存在的摻雜使假現象、假冒偽劣商品、偷稅漏稅問題等並沒有得到根本性的改變，反而越加突顯。甚至，由於垂直管理中缺乏來自「塊」的監督，反而容易滋生腐敗[35]。

　　進一步強化垂直管理造成了兩種制度性後果。其一是地方治理的新危機，由於中央陸續上收「有錢有權」的部門，中央在地方的權威急劇下降，中央失去了基層的信任與認同，基層政府與上級政府之間的矛盾空前尖銳[36]。其二則是部門擴權。前面提到的工商等部門出現的腐敗就是缺乏監督的部門擴權造成的。從這個角度上講，在垂直管理與雙重領導之間的權衡，是中央在遏制地方主義與部門分權之間的一種微妙的權衡。2009年以來，工商等部門逐漸恢復了雙重領導體制；十八大以來司法、紀檢加強統管或垂直領導的改革說明了中央正在兩種體制中做細微的調節[37]。

9.3.3　巡視與監察

　　近十年來，我國幹部管理體系從選任到監督的基本轉向突出體現在巡視制度的建立與發展，以及紀委監察體制的改革上。1996年，中紀委啟動巡視制度，選

35　參見李松：《吹向垂直管理的冷風》，載《瞭望》，2009年第27期；周振超、李安增：《政府管理中的雙重領導研究——兼論當代中國的「條塊關係」》，載《東嶽論叢》，2009年第3期。

36　參見趙樹凱：《縣鄉政府治理的危機與變革——事權分配和互動模式的結構性調整》，載《人民論壇》，2013年第21期。

37　參見高擴：《工商質監重新下放地方管理》，載《齊魯晚報》，2013/10/26。

派部級幹部到地方和部門巡視。十八大以來，巡視制度大力發展，還發生了兩個制度性的變化。一是巡視改為任務制，中央建立巡視組組長庫，由巡視工作領導小組根據每次巡視任務提出組長人選，一次一授權，以預防巡視組本身的行政化和可能出現的巡視腐敗。二是將中央巡視工作領導小組對省、區、市巡視工作的「指導」關係轉變為「領導」關係，並將探索建立對省、市、區巡視工作檢查考核辦法[38]。

此外，紀委監察體制也進一步改革。在有收有放的策略下，中紀委在2013年、2014年先後進行了兩次機構改革，負責查辦案件的紀檢監察室擴充到12個，設立了幹部監督室、組建組織部和宣傳部。目前，在中央紀律檢查體制改革專項小組的安排下，各省紀委相繼跟進，進行了省級紀委機構的改革[39]。同時，紀委的領導體制也從雙重領導轉換為偏向以上級紀委為主的體制。紀委最初是作為黨委組成部門由同級黨委直接領導的，在1980年代是以同級黨委領導為主的雙重領導體制。自2003年起，中紀委首先對派駐到中央各部委的紀檢組試行統一管理，並於2004年對派駐紀檢組實行全面的垂直管理。在地方紀委與同級黨委的「塊塊」關係中，近年來，也加強了上級紀委的領導。十八屆三中全會提出，各級紀委書記與副書記的提名和考察以上級紀委會同組織部門為主，而在事權方面，查辦腐敗案件要以上級紀委領導為主。十八大以來的反腐風暴效果斐然。此次反腐風暴中，中紀委以前所未見的深度與廣度加大了對黨政領導幹部的監督與規訓，呈現出「蒼蠅老虎一起打」的高壓態勢。

9.3.4　中央與地方關係變遷前瞻：央地關係的法治化

1994年分稅制改革是中央與地方關係「再集權化」的分水嶺。黨的十八屆三中全會的相關規定也印證了在可預見的未來，中央仍傾向於以集權的方式來掃除改革障礙，全面深化改革。綜合來看，分稅制以來的再集權化有三個基本特徵。

首先，分稅制以來的再集權化是一種軟集權化[40]。在人事制度方面，中央的

38　參見王社民、白廣磊：《訪中央巡視辦主任黎曉宏：明確新定位 貫徹新要求》，見http://www.ccdi.gov.cn/xwyw/201404/t20140429_22363.html，2014/5/7。

39　參見李克誠：《紀委變革進入「新週期」》，載《南風窗》，2013年第25期；王爾德、劉一萱：《紀檢改革專項小組亮相 提七項改革任務》，載《21世紀經濟報導》，2014/7/9。

40　Andrew Mertha, "China's Soft Centralization: Shifting Tiao/Kuai Authority Relations," The China Quarterly, 2005(184).

再集權並未改變幹部管理下管一級的制度，地方仍然掌握著下級政府的人事管理權。在財稅方面，中央財權雖然進一步上收，但對地方預算外、制度外資金始終「網開一面」[41]。在垂直管理改革中，權力上收的方式也分為中央直管和省內直管。銀行、外匯、海關、國稅等部門是中央垂直管理，而地稅、土地管理等是省以下垂直管理，十八大後正在試點的司法機關人、財、物改革也同樣選擇了省內統管的方式。

其次，在再集權化過程中，中央始終把握著規則制定的主導權。收權還是放權、何時收放基本由中央單方面決定，地方在此過程中僅能對集權的具體方式進行一定程度的修訂。這突出體現在財稅體制的多次調整中[42]。2002年的所得稅改革，近期的「營改增」改革，以及十八屆三中全會確立的事權改革原則，都體現了中央在適當照顧地方利益的前提下，單方面變動財稅體制的能力與決心。在人事制度方面，中央大力推行的幹部交流制度增強了中央對重要地方幹部選任的決定權。在領導體制方面，垂直管理趨勢依然持續，雖然在經濟管理領域有所收縮，但卻逐步擴展到權力監督部門，在司法、紀委監察等領域都不同程度地強化了「條條」的影響。

最後，中央再集權的過程始終存在著地方的自主甚至恣意：央地政策執行差異、地方保護主義、地方政府共謀、土地財政亂象、地方債臺高築等現象是整個過程持續的背景音。中央的強勢與地方的崛起在一定程度上互為因果，並實際上推動了深化改革過程中繼續集權化的傾向。

如何把握中央與地方在「集權」與「分權」中的平衡將是未來改革的核心問題之一。「分權」的底線是保證國家統一以及黨的一元化領導，而「集權」的底線則是要充分發揮地方的積極性，追求資源配置的效率。分稅制以來再集權化的改革過程中，中央掌握了實際的規則制定權，但這種單方面的掌握長期看來有可能會影響到對資源配置的效率的追求。此外，中央獨自掌握規則制定權的後果是改革過程中存在大量的不確定性，而過度的不確定性推高了改革的成本。從長遠來看，中央與地方關係的處理需要進一步法治化與規則化，削減央地互動中的不確定性，減少這一博弈過程中的無謂損耗。央地關係的法治化，配合正在進行的

41　參見劉劍文：《地方財源制度建設的財稅法審思》，載《法學評論》，2014年第2期。
42　參見鄭猛：《財稅改革再闖大關》，載《財經》，2014/7/14。

國家、市場、社會三方之間權力的重新梳理與配置，將在深化改革的進程中更好地描述權力的邊界，達成權力與資源在國家與社會、政府與市場、政府與政府之間的合理、高效配置，建構現代化的國家治理體系。

本章小結

本章探討了中國黨政體制下的中央與地方關係。首先討論了中國處理央地關係的基本原則：充分發揮中央和地方兩個積極性。其制度體現是中國央地關係中特有的矩陣式結構：條塊關係。條塊關係賦予了中央在央地關係運作中的靈活性。其次從歷史、央地關係的基本維度（立法、人事、財稅、事權）等多個角度探討新中國成立以來，中央與地方關係發展的基本脈絡。最後以「央地博弈」爲核心概念，探討改革開放以來地方的崛起以及近期中央多元化的再集權化傾向，這突出表現在垂直管理與巡視制度的加強。央地關係的法治化，以及深化改革期間如何在國家、市場、社會之間更好地描述權力的邊界，將成爲國家治理體系現代化建設的關鍵。

關鍵術語

兩個積極性、央地博弈、條塊關係、財權與事權的匹配、垂直管理

複習思考題

1. 請描述中國中央與地方關係中特有的矩陣式結構，並解釋其對央地關係演進的影響。
2. 中國的幹部管理制度是怎樣的，爲什麼幹部管理制度的改革與變遷是理解中國央地關係變遷的核心要素？
3. 請結合十八大以來的改革進程探討中國財權與事權的匹配問題。

第十章　地方政府

　　廣義的地方政府是指中國的黨政體制在地方上的體現，包括從省級到鄉鎮的地方黨委、人大、政府等領導班子與國家機關；狹義上的地方政府則是指從省級到鄉鎮的行政機關，即地方各級的人民政府[1]。本章主要探討廣義的地方政府在中國黨政體制中的地位、功能、作用及運作。具體說來，本章探討的主要問題有：中國的地方政府體系是如何建構的，新中國成立以來又經歷了哪些演變與調整？地方政府的權力結構及功能與作用如何？地方政府間的關係是怎樣的？地方政府如何創新，其創新行為與中國改革的總體實踐又有怎樣的聯繫？

10.1　地方政府的沿革與行政管理的多樣化

　　1949年後，新中國的地方政府組織體系逐步建立，其後，經歷了大行政區的撤銷、地級市的發展、副省級市和開發區的建立，以及特別行政區的成立等演變，使得地方政府組織體系更加多樣化。

　　第一，大行政區的建立和撤銷。大行政區制度，即將全國劃分為若干行政區域，代表中央，領導數省。新中國成立後，初設五大行政區，即東北、華東、中南、西北、西南，1952年11月，中央人民政府增設「華北行政委員會」，正式劃華北為第六大行政區。各大行政區最初設立軍政委員會作為過渡性機構，不經各地區人民代表會議選舉，由中央人民政府任命產生。同時，在軍事行動已經結

---

[1]　在法律意義上，鄉鎮一級的政權設置屬於廣義的地方政府範疇。由於中國幅員遼闊、基層面廣，因此在政治話語中有「基層政權建設」的說法。在這一脈絡內，鄉鎮一級的政權設置通常被歸入基層的範疇，與地方政府相區別。與此相應，黨章規定，鄉鎮一級黨組織屬於「黨的基層組織」，縣及縣以上的黨組織則屬於「黨的地方組織」。基層與地方的這一區分，在中國政治中是非常重要的。故本書專設第十二章討論中國的基層治理議題。

束、土地改革已經徹底實現、各界人民已有充分組織的大行政區，則成立大行政
區人民政府委員會。在大行政區人民政府委員會成立後，軍政委員會即宣告結
束。不過，大行政區的層級架構很快就發生了變化。1952年底，中央人民政府將
各大區人民政府委員會或軍政委員會一律改爲中央人民政府行政委員會，爲代表
中央人民政府在各地區進行領導與監督地方政府的機關，大行政區從此不再是地
方最高一級政權機構，而是只作爲中央人民政府的派出機關，對地方行使督導之
責。新設大區的政權機關也由實級變爲虛級。1954年6月，中央人民政府正式撤
銷各行政委員會，大行政區制度結束[2]。

　　第二，自治區和直轄市的建立。在民族區域自治制度中，自治區相當於省
級行政單位，自治州是介於自治區與自治縣之間的民族區域，自治縣相當於縣級
行政單位。目前爲止，中國有5個少數民族自治區，即內蒙古自治區（1947年5月
1日）、新疆維吾爾自治區（1955年10月1日）、廣西壯族自治區（1958年3月5
日）、寧夏回族自治區（1958年10月25日）和西藏自治區（1965年9月9日）。直
轄市也屬於省級行政單位。1949年，中國共設有12個直轄市，分別爲：南京、上
海、重慶、漢口、鞍山、撫順、瀋陽、本溪、西安、北平、天津、廣州，除北平
及天津外，皆爲大行政區代管。經過多次調整，直至1997年3月14日，重慶恢復
直轄市建制，中國至今共有4個直轄市：北京市、上海市、天津市、重慶市。

　　第三，地級市的發展和省管縣的試點。1952年，大行政區改爲中央人民政
府的派出機關後，全國地方層級統一變爲「三實三虛」，即省、縣、鄉三個實
級，大行政區、專區、區三個虛級。所謂「實級」，是指該區域通過召開人民
代表大會產生人民政府；「虛級」則是上級政府的派出單位，直接委任組成。
1954年《憲法》繼續確認了省、縣、鄉的三級地方政府層級架構。不過，雖然
憲法對省、縣、鄉三級地方行政架構有明確的規定，但是，在地方政府實際運作
過程中，市級地方政府卻逐漸成爲在三級地方政府之外的一級政府。1959年9月
17日，全國人大常委會通過了《關於直轄市和較大的市可以領導縣、自治縣的決
定》，以法律的形式肯定了市領導縣體制。改革開放以後，地方政府的主要趨勢
依然是不斷撤銷以前的地區（專區）和縣，而不斷建立地級市。1982年，中共中

2　參見李格：《當代中國地方政府制度的沿革和確立》，載《當代中國史研究》，2007年第
　4期。

央發布《改革地區體制，實行市領導縣體制的通知》，向全國發出了改革地區體制、實行市管縣體制的指示。當年先在江蘇試點，1983年開始在全國試行。此後，地級市的數量呈現不斷上升的趨勢，市轄區的數量也不斷上升。與此形成對比的是，縣和地區的數量不斷減少。這種地方政府行政架構的演變，對於地方資源的分配具有重要的影響。

2005年6月，時任國務院總理溫家寶在全國農村稅費改革試點工作會議上首次提出：具備條件的地方，可以推進省直管縣的改革試點。此後，省直管縣（區）的試點在多個地方鋪開。比如，從2014年1月1日起，河南省鞏義市、蘭考縣、汝州市、滑縣、長垣縣、鄧州市、永城市、固始縣、鹿邑縣、新蔡縣10個縣（市）將全面實行「省直管」。直管縣黨委直接接受省委領導，向省委負責並報告工作。直管縣的法院、檢察院體制，也相應進行調整。

第四，計畫單列市、副省級市和新疆生產建設兵團的確立。副省級市的前身是「計畫單列市」，即在行政建制不變的情況下，省轄市在國家計畫中列入戶頭並賦予這些城市相當於省一級的經濟管理許可權。改革開放後經過多次調整，截至1994年，中國共有計畫單列市14個，即重慶、武漢、瀋陽、大連、哈爾濱、廣州、西安、青島、寧波、廈門、深圳、南京、成都、長春。1994年2月，這14個計畫單列市和杭州市、濟南市共16個市的政府機構行政級別定為副省級。1995年，中央機構編制委員會印發《關於副省級市若干問題的意見》，明確將前述16個市定為「副省級市」。1997年3月，重慶市升格為中央直轄市後，副省級市減少為15個。副省級市的市委書記、市人大常委會主任、市長、市政協主席均為副部級，由中央組織部直接任命。這4個職務的副職為正廳級幹部。此外，市委副書記、市委常委、市紀委書記、市人大常委會副主任、副市長、市政協副主席、市中級人民法院院長、市中級人民檢察院檢察長的職務任免報中央組織部備案。市委組織部部長的職務任免，須事先徵得中央組織部同意。其他幹部管理範圍的確定，由省委根據本省實際情況研究決定。副省級市市委、市紀委、市人大、市政府、市政協領導班子換屆選舉時，省委須將人事安排方案報中央組織部審核。市直工作部門為副廳級，內設機構為處級。市轄區及其工作部門的級別，可比照市直機關相對應的關係確定；市轄縣和代管的縣級市的級別仍為處級，其工作部門仍為科級。

類似地，新疆生產建設兵團則屬於國務院計畫單列的省（部）級單位，自行

管理內部行政事務；司法事務受新疆的高法、高檢領導管理，由新疆維吾爾自治區人大常委會任免兵團各級法檢的組成人員；行政業務受國務院和自治區人民政府的雙重領導。它是中國現存的最後一個生產建設兵團，也是中國最大的兼具戍邊屯墾、實行「軍、政、企合一」的特殊行政區劃單位。

第五，經濟特區和開發區的相繼建立。這三種地方政府類型都與國家實行特定的經濟發展和扶持政策密切相關。經濟特區最早建立，1979年4月鄧小平首次提出要開辦「出口特區」，並在深圳加以實施，以減免關稅等優惠措施為手段，通過創造良好的投資環境，鼓勵外商投資。1979年7月，中共中央、國務院同意在廣東省的深圳、珠海、汕頭三市和福建省的廈門市試辦出口特區。1980年5月，中共中央和國務院決定將深圳、珠海、汕頭和廈門這四個出口特區改稱為經濟特區。1988年5月，海南經濟特區建立。與同級地方政府相比，經濟特區有獨特的經濟特區立法權。

開發區包括不同形式的高新技術產業開發區和經濟技術開發區等，它有兩方面的獨特性。一方面，它們有獨特的組織架構。部分開發區以「管委會」的形式組織，而不具有一級地方政府的「四套班子」架構。比如，目前中國已設立上海浦東新區、天津濱海新區、重慶兩江新區、浙江舟山群島新區、蘭州新區以及廣州南沙新區共六個國家級新區。其中，上海浦東新區和天津濱海新區是行政區，設立區委、區政府，由於其依託於直轄市，區委書記由市委常委兼任，區長、人大常委會主任、政協主席均為副部級，而其他新區則設立新區黨工委管委會，沒有人大和政協。另一方面，與計畫單列市類似，它們的行政級別和管理許可權也有特殊的規定。比如，《國家經濟技術開發區管理機構職責》規定：「國家經濟技術開發區由所在市人民政府領導，實行中國經濟特區的某些政策和新型管理體制，市人民政府在開發區設立管理委員會，作為市政府派出機構，代表市人民政府對開發區的工作實行統一領導和管理，協調市各部門、各單位與開發區有關的工作。」省級和市級等經濟開發區同樣為所在地人民政府的派出機構，擁有同級人民政府的審批許可權。同時，在六個國家級新區中，天津濱海新區和上海浦東新區是經由國務院批准的副省級行政區，其餘國家級新區級別為正廳級，並且新區往往還被賦予了副省級或者省級社會經濟管理許可權。比如，2011年6月，國務院就批准賦予浙江舟山群島新區省級經濟社會管理許可權。廣州南沙新區籌建後，廣東省逐步下放46項省級管理許可權，其中下放類14項、委託類4項、綠色

通道類28項，基本涵蓋了當前廣州南沙新區開發建設所急需的省級管理許可權。

第六，特別行政區的建立。1990年4月和1993年3月，全國人大分別通過了《香港特別行政區基本法》和《澳門特別行政區基本法》，並分別做出了建立香港特別行政區和澳門特別行政區的決定。據此，1997年7月1日，香港特別行政區成立；1999年12月20日，澳門特別行政區成立。全國人民代表大會授權特別行政區依照基本法的規定實行高度自治，享有行政管理權、立法權、獨立的司法權和終審權；中央人民政府負責管理與特別行政區有關的外交事務和負責管理特別行政區的防務。因此，特別行政區構成了不同於中央集權制的地方政府架構。同時，《香港特別行政區基本法》第23條規定，香港特別行政區應自行立法禁止任何叛國、分裂國家、煽動叛亂、顛覆中央人民政府及竊取國家機密的行為，禁止外國的政治性組織或團體在香港特別行政區進行政治活動，禁止香港特別行政區的政治性組織或團體與外國的政治性組織或團體建立聯繫。

10.2 地方政府的結構、功能與運行

10.2.1 地方政府的權力結構

在包含了地方黨委、人大、政府等各大領導班子在內的地方黨政體制中，地方黨委是領導核心，「總攬全域、協調各方」。在組織上，這種領導核心作用是通過地方黨委常委兼任地方各國家機關領導，從而使地方黨委成為黨政生活各大領域重要事務的實際決策場所。地方黨委常委會的構成及內部排位是地方各國家機關（或「系統」）在地方黨政體制中實際地位的體現。

1.地方黨委的構成

黨章規定，黨的地方各級委員會負責選舉常務委員會和書記、副書記，全委會在黨的代表大會閉會期間是同級黨組織的領導機關，執行上級黨組織的批示和同級黨代會的決議，對領導本地區的工作，負有重大責任。在實際工作中，受限於開會次數以及相關決策制度尚未配套，黨代會、全委會閉會後，權力更多地集中在常委會。在民主集中制下，「一把手」往往在常委會中擁有支配性的權力。近年來，在一些地方實行黨代會常任制試點改革，但要切實發揮黨代會的作用，在領導體制和機制上還有很大的改革空間。

　　除民族地區外，地方黨委書記、副書記基本上都按照「一正兩副或三副」（部分省、市級黨委班子保留了3名副書記）的要求配備。2006年換屆後的全國31個省級黨委除西藏、新疆保留4位副書記、內蒙古保留3位副書記外，其餘各省、區、市黨委副書記職數均為2名，其中一人兼任行政首長，另一人為專職副書記，「一正兩副」模式成為地方黨委領導機構的主要形式。同時，省級黨委常委基本都處於11～13名的範圍內。比如，省委常委一般由黨委書記、省長、專職省委副書記、省委政法委書記、省委紀委書記、省委組織部部長、省委宣傳部部長、省委秘書長、省軍分區政委和省會城市的市委書記等組成。2010年10月29日，中組部下發了《關於認真做好市、縣、鄉黨委換屆工作的通知》，明確提出了要限制黨委常委職數，市級黨委常委職數一般為9～11名，縣級黨委常委職數一般為7～9名。但是，在實際中，許多地方黨委常委仍然超過了平均職數。此外，一個較新的發展是紀委書記排名的提升。2009年中紀委等聯合發布的《關於加強地方縣級紀檢監察機關建設的若干意見》規定，在黨委中任職的紀委書記，其常委職務排序，可按同級領導職務時間，排在資歷相同的常委前面[3]。2014年6月5日，湖北省委制定的《關於紀委書記（紀檢組長）在領導班子中的排序意見》規定，紀委書記（紀檢組長）在黨委（黨組）中的排位，不論資歷先後，都排在副書記之後、其他常委（黨組成員）之前。將縣市級紀委書記在黨委（黨組）班子中的排名，固定在第四位。這被稱為「在全國範圍內首例打破『論資排輩』慣例」[4]。

　　十八大以來，中國過半的省級地方黨委建立了「五人小組」，把巡視工作和幹部人事醞釀工作的責任和負責對象明確集中到五名主要黨委領導身上。據公開報導，黨委「五人小組」是指中國共產黨各級地方黨委中由五人組成的會議小組，在省級黨委中，其成員包括省委書記、省長、省委副書記、省委紀委書記、省委組織部部長，涵蓋了省委主要負責人、行政首長、紀檢監察部門和組織部門主要負責人。一方面，各省份巡視情況的彙報程式已明確為：首先由省級黨委巡視工作領導小組、「五人小組」聽取「專項彙報」，再由黨委常委會聽取巡視情

3　參見向郢：《縣級紀委擴權擴編震懾基層腐敗》，載《政府法制》，2009年第21期。
4　參見《湖北紀委書記排名：副書記之後、其他常委之前》，見http://news.xinmin.cn/domestic/2014/06/06/24483686.html，2014/6/6。

況「綜合彙報」；另一方面，地方黨委「五人小組」的另一項重要職責是醞釀提名幹部人選。一般認為，黨委「五人小組」並非決策機構，僅是黨委常委會的前置程序[5]。

2. 地方黨委的領導

與中央政府相似，地方黨委通過黨組和人事權等手段來實現對地方人大、行政機關和司法機關的領導。此外，在地方層面上，地方黨政體制還有一個重要特徵，即地方黨委常委的兼任現象。

除了地方黨委的副書記兼任地方行政機關首長之外，過去十多年的一個新現象是，地方黨委書記兼任人大常委會主任。1992年中共中央在有關省（市、自治區）換屆選舉的文件中提出，可以提名當地省委書記作為省人大常委會主任的候選人，此後，多地出現省委書記兼任人大常委會主任。在2002年開始的各省、直轄市、自治區換屆選舉中，中央則統一要求，省委書記除非兼任中央政治局委員，一般應被推薦為本省人大常委會主任的候選人。於是，地方黨委書記兼任人大常委會主任的政治模式開始逐步推廣和普及。在2008年和2013年兩屆省級人大中，有24個省（自治區）的人大常委會主任由當地的省（自治區）的黨委書記兼任，只有中共中央政治局委員兼任省（直轄市、自治區）的黨委書記的地方（北京、天津、上海、重慶、廣東和新疆）和西藏自治區沒有實行這種模式。全國各地的縣市和鄉鎮一級也廣泛實行了黨委書記兼任人大常委會主任的新模式。

另外，在地方黨委「一正兩副」格局確立後，專職省委副書記兼任省政協主席在2008年的地方「兩會」換屆中就已出現。2010年底到2011年初的各省市「兩會」後，更是一度有多達9個省份出現省委副書記兼任政協主席的模式。同時，人事換屆中還出現了政協主席轉任行政首長的新現象。如北京市政協主席王安順2013年換屆當選為北京市市長；2011年巴音朝魯兼任吉林省政協主席，2013年任吉林省省長，2014年8月以來任吉林省黨委書記。不過，從2013年開始出現的另一個重要變化是，省一級的新任政協主席逐漸退出省委常委會班子。

在相當一段時間內，地方政法委書記兼任公安廳（局）長是一個普遍現象。

5　參見盧夢君：《過半省級黨委設立「五人小組」》，見http://www.dfdaily.com/html/8757/2014/8/25/1179536.shtml,2014-08-25；景玥：《解密「五人小組」：非一級決策機構會是常委會好幫手》，見http://cpc.people.com.cn/n/2014/0929/c164113-25757903.html，2014/9/29。

2003年11月18日，中央發布《關於進一步加強和改進公安機關工作的決定》，明確提出各級公安局局長「進班子」。該決定提出，各級黨委可根據實際情況和幹部任職條件，在領導班子職數範圍內，有條件的地方逐步實行由同級黨委常委或政府副職兼任省、市、縣三級公安機關主要領導。此後，各地公安廳（局）長往往「高配」，由同級黨委政法委書記兼任。到2008年10月，全國有23個省、直轄市、自治區的公安廳（局）長已經「高配」為副省級。其中11名由省委常委、政法委書記兼任，占比將近一半。2010年4月，中組部下發文件，要求省委政法委書記不兼任公安廳（局）長。十八大後，全國14個省份的政法委「一把手」進行了調整。在31個省份中，省委政法委書記依舊兼任其他職務的有12人，其中兼任公安廳廳長的僅2人。

10.2.2　地方政府的功能

1. 職責同構與行政發包

　　地方政府是中央政府具體的法律和政策執行者，承擔了廣泛的社會、經濟管理事務。各級地方政府縱向的職責配置上高度一致，具有「職責同構」的特點。在這一模式下，政府縱向的職責配置和機構設置表現為典型的「上下對口，左右對齊」，也即五級政府管理的工作大致一樣，機構設置大致一樣，並由一個個條條「串」起來，形成條塊交叉結構。中央政府往往主要是「出政策」，而地方政府，特別是省級以下地方政府，則是政策的執行者[6]。

　　改革以來，特別是1994年分稅制改革後，省級以下地方政府的財權層層上收，事權層層下放。上級政府通過「屬地化行政發包制」，將行政和經濟管理事務由中央逐級發包到基層。基層作為最終的承包方，具體實施政府管理的各項事務。每一次「轉包」既是中央政令的向下傳遞，也是具體政府職責和事權的轉移，中央以下每一級「發包方」都向上一級發包方負責，而上級則有挑選和監督下一級承包方的責任，每一級承包方都有籌集預算經費的義務。同時，行政發包制與屬地管理是一個互補的結構。屬地管理強調一切事務的管理完全按照行政隸屬關係進行，地方官員的行政責任便於界定，實施「誰主管，誰負責」的原則，

6　參見朱光磊、張志紅：《「職責同構」批判》，載《北京大學學報（哲學社會科學版）》，2005年第1期。

方便了行政事務的逐級發包,兩者相互強化。行政發包完全按照「塊塊」管理,而非「條條」管理[7]。

2. 地方政府的功能與類型

地方政府承擔了發展地方經濟、提供公共服務、維護社會穩定等多重功能。由於地區間經濟發展水準、經濟結構、資源稟賦、地方社會結構等多重因素影響,地方政府又發展出不同的類型,如企業型、發展型、掠奪型等。

戴慕珍等人最早提出地方政府研究中的「地方統合主義」範式,又稱「企業型地方政府」或「地方政府公司化」。試圖解釋的是改革開放之後中國經濟的增長,特別是鄉鎮經濟的發展。在經濟改革的最初階段,鄉鎮企業成為一支重要的經濟力量,它們的發展令世人矚目,成為在公有制經濟之外最先成長的新興經濟力量。由於西方產權難以解釋沒有私有產權的情況下企業管理者如何能夠獲取足夠的激勵,「企業型地方政府」提供了替代的解釋方案。它指的是,政府通過從企業抽取利潤、選擇企業管理人員、控制稀缺生產投入、提供服務以及控制投資和信貸等方式,積極地推動企業發展和壯大[8]。當然,我們可以看到,地方政府並不僅僅推動鄉鎮經濟的發展,GDP增長和財政稅收增長也都是地方政府重要的功能目標。

「發展型地方政府」範式是對「地方統合主義」的修正。研究者通過實證研究指出,某些地方政府更具發展性而非企業性。區別在於,地方官員的意圖是通過提供良好的硬體環境、資金以及與外部市場或重要機構的聯繫等方式,促進地方經濟的發展。地方官員並沒有直接干預經濟行為,而是更關注創造良好的環境[9]。

需要注意的是,地方政府有推動經濟發展的強烈動力,但是它們並非就一定能夠推動經濟的發展,有時它們甚至被稱為「掠奪性地方政府」。有的研究者提

[7] 參見周黎安:《轉型中的地方政府:官員激勵與治理》,上海,格致出版社、上海人民出版社,2008。

[8] Jean C. Oi, Rural China Takes Off: Institutional Foundations of Economic Reform, Berkeley: University of California Press, 1999.

[9] Marc Blecher, Vivienne Shue, Tethered Deer: Government and Economy in a Chinese County, Stanford: Stanford University Press, 1996.

出了「逆向軟預算約束」來形容這種地方政府自上而下的資源索取和擴張行為。
這一概念指的是，硬化地方政府預算的制度安排可能反而誘發或者強化了自上而
下攫取資源的傾向。對於追求經濟發展和財稅收入增長的組織目標，地方政府並
不一定通過實際上的經濟發展來達到這個目標，相反，它們可能通過強化不斷自
上而下索取資源來達到這個目標。「逆向軟預算約束」塑造和誘導了與組織設計
相違背的政府行為，特別是在現行的官員晉升體制下，地方政府往往不是長遠地
制定產業政策、引導產業發展，相反，它們總是被動地應付各種資源壓力，難以
實行長期計畫，難以實現專業化和保持穩定性。為了在晉升體制中勝出，政府官
員受到短期利益的驅使，需要自上而下的資源動員來把政績工程做大；同時上
級政府與下級政府的同構性，使得它們面臨類似的制度環境和考核制度，它們受
到同樣的激勵機制支配，追求短期目標的政績工程[10]。截至2010年底，中國省、
市、縣三級地方政府性債務已經超過了10萬億。雖然造成這種情況的原因很多，
不過地方政府橫向問責的缺失和短期政績衝動的需要無疑是重要的影響因素。

　　在很長的時間內，雖然公共物品投入和公共服務均等化等對於長期經濟增長
和居民福利意義重大，但對地方官員任期內的經濟績效卻少有助益，這往往導致
對基礎設施建設投入的無限熱忱以及保持低度的公共物品供給的投入。地方政府
所承擔的公共物品供給的職能往往讓步於經濟發展，造成了環境污染的惡化、社
會監管和經濟監管的弱化、社會保障支出比例的停滯不前。最近幾年，在中央政
策的不斷引導下，地方政府也開始逐步重視教育、衛生和社會保障等公共物品，
政府開始招商引資，推動社會管理創新。

10.2.3　地方政府的運作機制

　　在我們的黨政體制中，地方政府運作有兩個重要的具體機制。其一，權力的
向上集中導致了地方政府處於自上而下的壓力型體制之下，上級政府不斷加強對
下級政府的監控和資訊獲取；其二，作為一種應對，不同層級的地方政府之間形
成共謀，選擇性地執行中央政策，造成了「上有政策，下有對策」、「政令不出
中南海」等現象。

10　參見周雪光：《「逆向軟預算約束」：一個政府行為的組織分析》，載《中國社會科
　　學》，2005年第2期。

1. 壓力型體制

在自上而下的政策執行監控體系下，上級政府經常通過績效考核、目標責任制、巡視、督辦、運動性治理、專項整治等來加大監控力度，不斷向下級政府施加壓力，實現其政策目標。有的學者將這種體制稱爲「壓力型體制」，亦即一級政治組織爲了實現經濟趕超，完成上級下達的各種指標而採取的數量化任務分解的管理方式和物質化的評價體系。政府層級間壓力的傳遞具體體現在「責任狀」上：上級把具體量化的指標和任務分解與落實到每個下級部門或機構，責成後者必須在規定時間內完成，並給予相應的物質獎勵和行政晉升[11]。

在這個過程中，爲了便於考核，上級部門盡可能把下級的工作任務數量化，把不易量化的指標也強行地變成數位目標。比如，民政局的職責包括救災救濟、優撫安置、社會事務、區劃地名、農保等。這些工作職責往往轉化爲數量化的指標，以便上級部門的考核，比如匹配救災救濟的數額、農村最低生活保障戶數、退役軍人安置率、儲備糧的總量、籌集的社會保障金總額、年內解決住房難的戶數等。

如圖10-1所示，自上而下壓力的施加只是壓力型體制的一部分，在任務分配和監控過程中，下級政府往往也會採取修改統計資料和「找關係」等「解壓」方式來規避上級政府的監控。因此，如何獲取眞實、可靠的資訊成了壓力型體制有效運作的重要基礎。由於中國的政府資訊溝通機制還不完善，政策執行者可以將對自己不利的資訊隱瞞不報，而上達至決策者處的、受到過濾的資訊可能導致決策者的錯誤決策，從而導致了「資訊失眞」。「大躍進」運動可以說是資訊失眞最典型的代表。在改革開放前，因爲常常需要「算政治賬」而不算「經濟賬」，作爲政府重要經濟資訊來源的統計工作也常常難以提供準確的經濟指標資訊。直到現在，許多地方的GDP也總是出現浮誇的問題。近年提出的「克強指數」正是爲了壓縮統計水分、獲取眞實的經濟資料[12]。

11　參見榮敬本等：《從壓力型體制向民主合作體制的轉變》，北京，中央編譯出版社，1998。

12　「克強指數」是英國著名政經雜誌《經濟學家》在2010年推出的用於評估中國GDP增長量的指標，源於李克強總理2007年任職遼寧省省委書記時，喜歡通過耗電量、鐵路貨運量和貸款發放量三個指標分析當時遼寧省經濟狀況。該指數是三種經濟指標，即工業用電量新增、鐵路貨運量新增和銀行中長期貸款新增的結合。自推出後，受到花旗銀行在內的眾多國際機構認可。

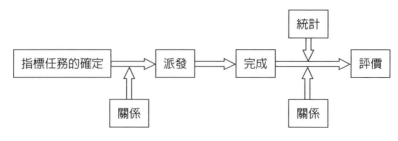

圖10-1　壓力型體制的運作

2. 選擇性執行

　　地方政策執行可以簡單地分為四種類型，即順從、變通、扭曲和拒絕執行，當然，現實政治生活的政策執行不限於這四種形式。第一，順從。政策執行者按照政策原初的要求保證政策的落實，並實現政策原本的意圖。第二，變通。政策執行者按照政策的初衷和要求，通過政策變通來使得政策更加適用於地方具體的情況，「具體問題具體分析」，使得政策具備較高的可操作性。第三，扭曲。政策扭曲基本違背了政策制定者的初衷，官員在扭曲政策的過程中實際上擔任了政策制定者的角色，只不過制定出的新政策仍然打著原有政策的旗號。第四，拒絕執行。拒絕執行某項政策使得政策制定者和執行者之間的對抗公開化。政策執行者拒絕執行政策，不再像扭曲政策那樣陽奉陰違，而是明顯地對政策本身提出抗議。

　　在地方政府政策執行過程中出現的一個矛盾現象是：一方面，地方政府的政策執行存在被稱為「追風政治」的現象，許多政策被誇大地執行，下級政府過度追求超量和超速地完成上級政府制定的指標任務，比如「大躍進」運動中的「浮誇風」，經濟發展過程中的GDP趕超等；另一方面，下級政府對於上級政府制定的許多政策、提出的許多要求，並不積極地去執行。為什麼出現這種情況？歐博文教授和李連江教授用「選擇性政策執行」來描述這種矛盾情況，在他們看來，中國許多的政策執行並非所有政策都不執行，也不是所有政策都得到很好的執行，相反，政策執行具有選擇性。這種選擇性正是根源於自上而下監控的加強和社會監控的減弱。在幹部目標管理考核責任制之下，政策執行監控具有無法克服的資訊難題，進一步強化了「數位化管理」，從而導致可以量化的「硬指標」層

層加碼，而無法量化的「軟指標」難以得到執行[13]。

可見，這種選擇性政策執行並不僅是因為行政發包制下地方官員的自由裁量權，它還根源於中央集權和黨政體制的權力架構本身。在這種權力架構之下，中國的政策執行監控大部分還是依靠自上而下的監督，從而面對著無法克服的多重委託—代理關係。在基層政府、上級政府和更上級政府之間存在著多重委託—代理關係，即基層政府（代理方）、其直接上級政府（監督方）和更上級政府（委託方）。由於政府之間所具有的同構性，即它們面臨著類似的制度環境和考核制度，因此身處其中的政府官員也表現出類似的目標追求和行為方式。這意味著上級政府和部門與基層政府受到同樣的激勵機制支配，因此往往與基層政府形成「共謀」。基層政府出現問題而遊說直接上級部門為之掩蓋保護；或者是直接上級部門要求下級部門掩蓋問題，以應付來自更上一級政府的要求和檢查。在上級政府與下級政府的「共謀」之下，「政策執行的堰塞湖」也因而成為難治之症[14]。

因此，在政策執行過程中，一方面，確保政策執行需要加強自上而下的監控，強化上級政府的監控能力，通過制度化和資訊化等方式解決資訊不對稱的問題；另一方面，政策執行的改善也需要自下而上監控體系的建立和完善，依靠公民參與、社會問責、政務公開以及政策聽證等諸多方式來強化政策執行監控。

10.2.4　地方政府間關係

在地方政府間的橫向關係上，由於上級黨委和政府制定遊戲規則，承擔了具體社會、經濟事務管理職責的地方政府之間展開了激烈的「晉升錦標賽」，同時，地方政府間合作也呈現出其自身特點。

1. 地方政府間競爭

在實際的運作過程中，地方政府除了要面對自上而下的壓力之外，往往還要面對地方政府之間的競爭。這種政府間競爭最大的激勵機制並非來源於居民的

---

[13] Kevin J.O'Brien and Lianjiang Li, "Selective Policy Implementation in Rural China," Comparative Politics, 1999(2).

[14] 參見周雪光：《基層政府間的「共謀現象」》，載《社會學研究》，2008年第6期。

「用腳投票」，而是來源於權力指針向上的地方官員之間的「晉升錦標賽」，它構成地方政府運作的重要機制。與壓力型體制一樣，這種「晉升錦標賽」同樣根源於中央集權和黨政體制的權力架構，它也加強了上級政權對於下級政權的權力支配，構成了地方政府運作的重要機制。作爲一種強力激勵，它較爲有效地構成了中央集權體制下國家實現治理目標的重要政治手段，推動了國家治理目標的實現。

當然，雖然官員「晉升錦標賽」是地方政府及其官員行爲的重要機制，然而，它也並非隨時發揮作用。一方面，相對於「晉升錦標賽」而言，官員的晉升並非完全基於上級政府制定的晉升標準完成的績效，相反，人脈關係和派系政治可能會深刻地影響地方政府行爲。政府層級越高，基於經濟增長的競爭影響會越弱。另一方面，當官員有能力並且經濟結構允許他去追求財政收入增長的時候，官員晉升與官員追求地方財政創收之間往往呈現倒U型關係，即當晉升機會非常大或者非常小之時，下級官員推動財政創收的動力都很弱。

2.地方政府間合作

同時，地方政府之間並不僅僅是競爭的關係，爲了處理跨域的社會、經濟問題，地方政府之間往往還有合作的關係。地方政府間合作可大致劃分爲四種策略：第一，共用型合作，它基於資源整合而形成雙向互賴關係；第二，互補型合作，它基於利益交換而形成雙向互賴關係；第三，吸納型合作，它基於資源整合而形成單向依賴關係；第四，補償型合作，它基於利益交換而形成單向依賴關係[15]。不過，有的地方政府合作往往仍然只是圍繞區域內各地方政府的短期政績目標而展開，在合作內容上，熱衷於對短期政績的追求，從而削弱了地方政府合作的績效。而且，合作的內容容易受到地方政府主要官員個人偏好的影響，還往往會因地方政府主要官員的職務變動而缺乏穩定性和連續性，更容易使這種地方政府主導的區域合作偏離區域一體化的主要目標[16]。

15　參見麻寶斌、李輝：《中國地方政府間合作的動因、策略及其實現》，載《行政管理改革》，2010年第9期。

16　參見張緊跟：《當代中國地方政府間關係：研究與反思》，載《武漢大學學報（哲學社會科學版）》，2009年第4期。

10.3　地方政府創新

　　「地方政府創新」是中國改革進程中的一大現象，是指在相關的中央政策發布之前，地方政府先行先試，率先對某一特定領域的制度、政策進行創新性改革。1970年代的家庭聯產承包責任制，1980年代廣西宜山的村委會制度，歷時數十年的國有企業改革，老農保與新農合改革，正在試點的土地流轉與房產稅改革等，這些曾經或者正在重塑中國改革進程的重大舉措背後，都有地方政府「敢為天下先」的身影。「摸著石頭過河」、「抓典型、樹標杆」、「由點到面、點面結合」這些中國政治中的習語，也都不同程度地指代改革過程中跌宕起伏的地方政府創新。

　　縱觀三十多年的中國改革，一方面，地方政府創新風光無限，地方不斷推陳出新，各類試點、創新層出不窮，在個別省、市，「政府創新」甚至成為考核官員績效的指標之一；另一方面，地方政府創新前景各異，有些可以被中央認可並在全國推廣，成為改革史上的豐碑，而有些則曇花一現，出現「翻燒餅」、「孤島」現象等。有時，失敗的地方創新甚至還伴隨著對主創者的秋後算帳[17]。改革進程中的地方政府創新似乎呈現出一種亂而無序的狀態。

10.3.1　地方政府創新：概況與趨勢

　　地方先行先試是中國的革命傳統之一，早在土地革命時期，鄧子恢等人已經提出調控式政策試驗的六大方法，強調典型試驗，由點到面。1943年，毛澤東將地方試點試驗的方法總結為「突破一點，取得經驗，然後利用這種經驗去指導其他單位」。改革開放初期，鄧小平一再把改革開放描述為一場大規模的試驗，需要「大膽地試，大膽地闖」[18]。

　　然而學界通用的「地方政府創新」並不完全等同於「地方先行先試」這一基

---

[17]　參見聶輝華：《中國改革：從摸石頭過河到架橋樑過河》，載《炎黃春秋》，2011年第11期；吳敬璉、馬國川：《重啟改革議程：中國經濟改革二十講》，北京，生活·讀書·新知三聯書店，2013。

[18]　參見Sebastian Heilmann, "From Local Experiments to National Policy: The Origins of China's Distinctive Policy Process," The China Journal, 2008(59)；周望：《中國「政策試點」研究》，天津，天津人民出版社，2013。

本改革經驗。從語詞的發展而言，這一詞彙在實踐乃至學界的使用與全球範圍內的「新公共管理」、「政府創新」趨勢有關，並因中共中央編譯局發起的「中國地方政府創新獎」評選而影響深遠，在一定意義上是一種對地方改革的脫敏性處理。也因此，在地方政府創新的研究中，存在兩個脈絡：一個是基於歷屆地方政府創新獎參選項目的研究，這是學界的主流；另一個是基於改革以來的地方先行先試經驗的研究。這兩個脈絡之間尚有待對接。

「中國地方政府創新獎」評選自2002年起至今已有七屆，先後有逾2,000個創新專案參與，形成了難得的解讀地方創新現象的案例集合。來自中共中央編譯局的研究團隊將地方政府創新定義為「地方各級公共權力機關為了提高行政效率和增進公共利益而進行的創造性改革」。根據這一定義，依創新內容的不同又可將地方政府創新分為三類，分別是政治改革、行政改革和公共服務創新。政治改革主要涉及民主選舉、立法、政治參與、政務公開、權力監督等，其核心在於政治權力的有效監督與公民權利的合理利用。行政改革關注行政程序簡化、行政成本降低、行政公開透明等，焦點在於機構的高效運轉。公共服務創新則包括公益事業、社會保障、社區服務、就業扶持等方面，意在改善現有服務並提供新的服務[19]。

這一分類被廣泛用於分析歷年來地方政府創新在類別、地域等方面的發展趨勢。一般而言，中國東部地區的行政改革與公共服務創新最多，政治改革相對較少，中西部地區主要開展的是公共服務創新。在創新的過程中，地方政府選擇了對它們最有優勢的層面進行創新。在經濟發達地區（如浙江、江蘇等），地方政府創新更多地集中在如何為經濟發展、企業發展提供便利條件，以及如何滿足公民參政議政需求上；而在經濟落後地區（如四川、廣西等），則多選擇在政治參與、公共服務層面來進行創新。這種情況可能是由經濟、社會發展水準的不同導致不同地區的公民對各方面的訴求不同所致[20]。也有學者提出「規定動作」與「自選動作」的解釋：如果我們將經濟增長比作「規定動作」，那麼，包括地方

19　參見俞可平：《中國地方政府的改革與創新》，載《經濟社會體制比較》，2003年第4期。

20　參見吳建南、馬亮、楊宇謙：《中國地方政府創新的動因、特徵與績效——基於「中國地方政府創新獎」的多案例文本分析》，載《管理世界》，2007年第8期。

政府創新等在內的其他政績則是「自選動作」。地方政府面臨微妙的抉擇，一方面那些經濟發達地區的官員，更願意也有實力在「規定動作」比賽中爭先；那些貧弱地區的官員，則需要另闢蹊徑，在「自選動作」比賽中多動腦筋。另一方面，那些已經在經濟競爭中大幅領先的發達地區，又被高層賦予更多探索新路的壓力；那些尚在低經濟水準掙扎的地方政府，則有強烈的致富衝動[21]。

　　近年來地方政府創新的動力與影響有所減弱。近十年來，公共服務類和社會管理類政府創新數量增加，但政治改革類和行政改革類地方政府創新都出現了衰減的趨勢[22]。更有人慨歎以四川步雲鄉長直選、雲南紅河鄉鎮長直選為標誌的選舉改革黃金時代已逝，2004年後選舉改革已湮沒無聞[23]。

　　此外，十八大以來的多個重要文件都一再強調頂層設計的重要性，強調「重大改革於法有據」，鼓勵地方先行先試的上層空間略有縮減。2015年3月15日公布的《全國人民代表大會關於修改〈中華人民共和國立法法〉的決定》，增補了第13條，特別規定「全國人民代表大會及其常務委員會可以根據改革發展的需要，決定就行政管理等領域的特定事項授權在一定期限內在部分地方暫時調整或者暫時停止適用法律的部分規定」，正式將「法無授權不可為」的理念與機制寫入國家法律。在中央總體精神有所收縮的局面下，「地方先行先試」的模式將如何調試，尚有待觀察。

10.3.2　試驗型創新：自上而下的政策試驗

1. 政策試驗

　　自上而下的政策試驗，又稱試驗型創新，是指中央主導的政策試驗。政策試驗主要通過兩種形式進行：「試點」與「試驗區」[24]。

---

[21]　參見李永剛、管玥：《地方官員競爭的政治錦標賽模型及其優化》，載《江蘇行政學院學報》，2011年第2期。

[22]　參見何增科：《地方政府創新》，見景躍進、張小勁、余遜達主編：《理解中國政治：關鍵字的方法》。

[23]　參見楊敏：《地方政府創新的發生機制》，載《決策》，2013年第10期。

[24]　Sebastian Heilmann, "Policy Experimentation in China's Economic Rise," Studies in Comparative International Development, 2008(1). 韓博天在文中還提到了第三種政策試驗方式——試驗性法規，即為政策試行而制定的暫行法規，但這種方式與試點，特別是試驗區的實踐交織進行，難以區分，故本書只討論試點與試驗區的方式。

　　試點是一種由點到面的工作方法，中央政府制定新制度或新政策前，在籌備、測試和調整階段，選擇有限的試點單位嘗試新制度或新政策，然後才在全國推開。根據統計，2003-2006年，中國31個國務院部級機構共進行了138項「試點」工作，內容涉及農村經濟和社會政策、財經管理、社會保險、醫療衛生和教育等諸多方面[25]。

　　試驗區是經中央政府批准的，賦予廣泛自主權的，特定的地域性的行政規劃單位。與試點相較，試驗區的地域更寬廣，任務也更多元。典型的試驗區即改革初期建立的經濟特區，以及之後建立的各種「試驗區」。這些試驗區通常是改革的先鋒，如深圳特區就是土地拍賣、外商獨資公司、勞動力市場開放等突破性政策的發端地。近期建立的特區都有綜合配套性質，如2005年和2006年，中央分別批准上海和天津成立「綜合配套改革試驗區」，探索建立經濟、社會和行政機構之間的制度互補機制。2013年成立的上海自由貿易試驗區，則承擔了貿易自由化、投資便利化、金融國際化以及行政精簡化的使命。2015年3月，中央審議通過了廣東、天津、福建自貿區方案，正式擴大了自貿區建設。

2. 政策試驗的過程

　　首先，在政策試驗的啟動階段，中央發出改革動議，地方摸索典型經驗。一般而言，試點專案既有中央層面的支持，也不乏地方的主動性。這一階段可能有中央的特殊授權或相關的優惠政策。其次，試驗進入正式的試點階段，這一階段可能出現試點專案之間的競爭，多個地方正式成為專案試點，獲得補貼或優惠政策，並定期向上級彙報工作進度。再次，試驗進入上級評估巡視階段，受到肯定的試點專案被樹立為典型，這通常會引發地區之間相互學習的熱潮。最後，試驗進入推廣階段，由點到面，以正式文件乃至法律法規的形式在全國範圍內推廣執行[26]。

---

[25] Sebastian Heilmann, "Policy Experimentation in China's Economic Rise," Studies in Comparative International Development, 2008(1).

[26] Sebastian Heilmann, "Policy Experimentation in China's Economic Rise," Studies in Comparative International Development, 2008(1); Sebastian Heilmann, Lea Shih and Andreas Hofem, "National Planning and Local Technology Zones: Experimental Governance in China's Torch Program," China Quarterly, 2013(216).

　　韓博天將這種分散試驗與中央干預相結合的政策過程稱爲「有遠見的反覆試驗」。在中央獨享議程設定權力的前提下，地方的分散試驗並不威脅黨政體制的基本原則，相反，分散試驗可以降低中央推行新政策的風險與成本，規避中央層面可能存在的政治僵局，是一種兼顧穩定與靈活的政策過程，提高了整個決策機制的適應力。同時，地方先行先試的經驗增加了政策選擇的多樣性，縱貫整個體制的考察、評估、學習的機制也是決策者集體學習的過程，整個體制得以保持開放性。此外，在專案啓動，特別是競爭試點的過程中，由於存在一個中央篩選地方經驗、地方分別遊說中央的環節，也強化了中央對地方的權威[27]。

10.3.3　自發型創新：自下而上的改革嘗試

1. 自發型創新

　　自發型創新是指地方政府自下而上主動地推動改革的創新。中央或上級政府並不直接提供制度安排，只是通過反覆觀察和評估，再以默許、鼓勵、追認、批准的方式接納創新專案，或者以限制、干涉和禁止的方式來阻滯或取締創新專案。自發型創新因此與試驗型創新在發生、存續、擴散機制方面都有不同：自發型創新的動力來自地方，通常並沒有中央或上級的特殊政策或直接補貼；自發型創新的存續與擴散機制也更爲艱難，需要取得上級政府乃至中央政府的認可，或其他地方政府的認可方能擴散。有些自發型創新可以從地方經驗上升到全國性政策並推廣到全國，而有些自發型創新可以通過地方政府之間的學習與模仿機制進行中間層面或平行的擴散，然而更多的自發型創新可能人走政息，無聲湮滅或者成爲政策孤島。從數量上講，地方政府的自發型創新要遠超試驗型創新[28]。就其發展前景而言，地方創新「失敗」的概率也更高。曾有人統計，即使是曾經獲得「中國地方政府創新獎」的專案，仍有大約三分之一名存實亡；而另一項對112個地方政府創新案例的分析發現，大約只有33.9%的案例具有一定的可持續性[29]。

---

[27]　Sebastian Heilmann, "Maximum Tinkering under Uncertainty: Unorthodox Lessons from China," Modern China, 2009(4).

[28]　參見陳雪蓮、楊雪冬：《地方政府創新的驅動模式——地方政府幹部視角的考察》，載《公共管理學報》，2009年第7期。

[29]　參見包國憲、孫斐：《演化範式下中國地方政府創新可持續性研究》，載《公共管理學報》，2011年第1期。

2. 地方政府創新的「成功」：發生、存續與擴散

　　研究地方政府創新的「成功」因素，是學界關注的焦點[30]。具體說來，諸多研究者又將創新的「成功」分解爲創新的發生、存續與擴散問題。在發起機制方面，可將地方政府創新的發生動力區分爲發展型、競爭型和壓力型。發展型動力主要是指地方政府對創新所帶來的預期淨收益的訴求；競爭型動力主要是指地方政府間的「晉升錦標賽」促使地方政府創新；壓力型動力則是指地方創新是爲了解決實際工作中遇到的問題[31]。也有學者將地方創新的影響因素另行歸納爲結構性動力、個人化動力和事件性動力。官員的評價考核和提拔任用制度，官員自身的職業操守、價值追求和事業規劃，以及地方官員所面對的緊迫問題，特別是突發事件等因素都會影響到地方政府創新的啓動[32]。

　　地方創新的持續與擴散可以看成是地方創新一旦啓動後在「時間」和「空間」上的發展。有學者以地方創新「制度化」與否爲標準來衡量其持續力，即地方創新是否上升爲地方性法律、法規或固化爲當地政府標準的操作程式或業務程序，並提出地方創新的持續力與地方創新的類型相關，試驗型創新、戰略型創新可持續力強，探索型創新可持續力中等，問題型創新和功利型創新可持續力弱，甚至無可持續性[33]。

　　地方創新的推廣是指創新舉措在空間上的擴散，這種擴散既可以是向上的擴散，也可以是平行的擴散。創新擴散研究是近年來學界關注的重點，在案例分析與統計分析的基礎上，學者們歸納出諸多影響因素。有研究者認爲，地方創新只有具備概念簡單、短期效果明顯、採納成本低廉等特點方可擴散。又有學者歸納了影響擴散的五個要素：財政資源、上級壓力、地級行政單位試點、下級政府誘

30　嚴格來講，這些研究是對地方政府創新的研究，並不特別區分自上而下或自下而上的創新。

31　參見陳國權、黃振威：《地方政府創新研究的熱點主題與理論前瞻》，載《浙江大學學報（人文社會科學版）》，2010年第6期。

32　參見楊雪冬：《簡論中國地方政府創新研究的十大問題》，載《公共管理學報》，2008年第1期。

33　參見王煥祥、黃美花：《中國地方政府創新的可持續性問題研究》，載《上海行政學院學報》，2007年第6期；韓福國、瞿帥偉、呂曉健：《中國地方政府創新持續力研究》，載《公共行政評論》，2009年第2期。

致和臨近效應[34]。當然，並不是所有的地方創新都適用擴散，要綜合考慮創新的
目標、要求和結果的普遍性，以及創新的成本[35]。

3. 一個簡約的「創新擴散」模型

這些對地方政府創新的研究可謂精彩紛呈，然則卻都存在理論碎片化問題，
缺乏必要的整合。究其原因，正在於割裂理解創新的發生、存續機制。地方創新
的不同發展階段實際上源於行為者自洽的行為邏輯。我們可以用一個「地方政府
創新擴散鏈」來說明，地方政府創新的四種結果實際上對應了創新者（下級政
府）與認同者（上級政府）之間不同的互動方式。在下級政府創新的情況下，上
級政府對創新的叫停、默許與推廣將分別導致地方政府創新的湮滅、存續與擴
散。中央政府對地方政府創新的推廣將造成創新的全國性擴散。地方創新得以擴
散的關鍵在於下級政府能否說服上級政府認可其創新舉措，因此，地方政府創新
的擴散成為上、下級政府之間出於某種共同追求的共謀（見圖10-2）。

由此，通過建構一個地方政府創新擴散的博弈模型，我們發現，地方政府創
新的擴散前景實際上取決於創新風險和創新收益兩個因素：地方政府創新的政治
風險越低，該創新存續或擴散的可能越大；地方政府創新的效果越高，即其創新
收益與創新成本之間的差距越大，該創新存續或擴散的可能越大。風險較高的創
新只有在產生明顯的正向效益（i-c > R > 2P）的情況下，才能原地存續。原地存
續的地方創新只能等待來自上層的政策鬆動才有機會進一步擴散。在創新風險過
高或產生明顯的負面效益時，不創新才是地方政府的理性選擇。現實中大量曇花
一現的地方政府創新，特別是諸多急功近利的政績工程的失敗正體現了地方政府
的非理性選擇（見圖10-3）[36]。

34　參見吳建南、張攀：《創新特徵與擴散：一個多案例比較研究》，載《行政論壇》，2014
　　年第1期；楊代福、董利紅：《我國城市社區網格化管理創新擴散的事件史分析》，載
　　《重慶行政》，2014年第4期。

35　參見郁建興、黃飆：《地方政府創新擴散的適用性》，載《經濟社會體制比較》，2015年
　　第1期。

36　參見於曉虹：《地方創新的局域性擴散——基於山東新泰「平安協會」實踐的考察》，載
　　《國家行政學院學報》，2013年第6期。

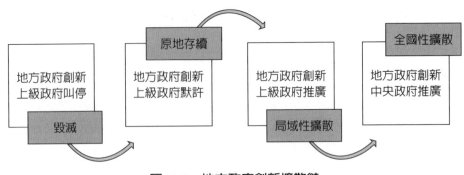

圖10-2   地方政府創新擴散鏈

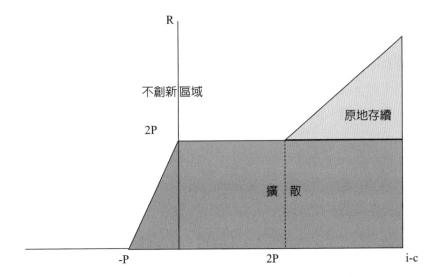

R：創新風險
P：創新的間接收益
i：創新所帶來的議題性收益
c：創新的直接成本

圖10-3   地方政府創新擴散的博弈模型

10.3.4   地方政府創新的宏觀意義

零散與看似碎片化的地方政府創新現象與中國改革的總體進程之間的關係如何？對此，學界存有爭論。有學者提出「增量改革」理論，認為大量的地方政府

創新爲提高宏觀改革措施的有效性積累了經驗[37]。這種理論得到了部分經驗觀察的支援。一般而言，弱勢部門通常更積極地參與地方政府創新，以尋求權勢的轉化，利用其合法性的優勢將潛在的制度性權力轉化爲實在的制度權力[38]。此外，地方政府創新的首要特點是回應中央在文件中體現出的價值理念，並做一些創造性的改善[39]。也有學者認爲地方政府創新本是無奈之舉，因爲中國行政和政治體制改革暫時難以實現結構性突破，不得不繞開體制的核心，轉而從體制的周邊和邊緣入手[40]。隨著改革進入深水區，利益集團的阻礙越來越大，也有人主張中國已經陷入了漸進陷阱，面臨著「摸著石頭過不了河」的窘境。有些地方創新甚至已經成爲對中央政策「陽奉陰違」的手段，是導致中央政令不暢的原因之一。

韓博天認爲，分散試驗直接導致了中國黨政體制「異乎尋常的適應性」。例如，分散試驗的政策生成機制，可以不斷推進制度與政策創新，中國政治體制由此獲得了非同尋常的適應能力，得以破除一些長期困擾經濟發展的障礙，適應不斷變化的內外政治經濟形勢，及時抓住轉瞬即逝的機遇，爲中國經濟的崛起創造制度條件。在這套有遠見的反覆試驗的體系中，中央得以降低政策變更的風險與成本，規避政策僵局，增加政策選擇的多樣性，保持整個體制的開放性。其中，地方遊說中央的環節更進一步增強了中央的權威。在這一過程中，高不確定性作爲交易成本被欣然接納。

地方政府創新擴散模型認爲，地方政府創新在總體上生成了對改革漸進路徑的鎖定效應。地方政府創新要達到最起碼的局域性擴散，必須尋求「效果與穩妥」的平衡。這在總體上起到了「掐頭去尾」的過濾效應：效果不足的創新，會迅速湮沒——通常伴隨著主創人員的離職；不夠「妥當」的創新，即與中央主導的制度、政策有一定違和感的舉措，則或者湮沒或者被「圈養」在一定範圍內。四川步雲的鄉長直選、浙江溫嶺的「民主懇談」，都算是此類典型。在經過「掐

37　參見俞可平：《增量民主與善治》。

38　參見楊雪冬：《簡論中國地方政府創新研究的十大問題》，載《公共管理學報》，2008年第1期。

39　參見蘆垚：《地方政府創新陷入尷尬　多數改革停滯》，見http://news.sina.com.cn/c/sd/2010-10-12/092921257680.shtml，2010/10/12。

40　參見何顯明：《順勢而爲：浙江地方政府創新實踐的演進邏輯》，杭州，浙江大學出版社，2008。

頭去尾」之後，最終能夠得到局域性甚至全國性擴散，從而在更大範圍內生成制度或政策更新效應的創新，都是既能創新性地解決實際問題，又能與中央改革總的指向相融合的，從而在更深層次上「鎖定」了中國改革進程的「漸進性」。同時，該模型也對政策多樣性提供了支持，對於某些風險與效果均十分顯著的創新，上、下級政府之間可以達成共識，維持創新在原地的存續，這又成為深度改革的「蓄水池」：在中央政策鬆動時，這些創新可以伺機而動，得到更高層級甚至中央的認可。經由上述方式，地方政府層面的創新體現了宏觀層面的意義。

本章小結

廣義的地方政府是黨政體制在地方上的體現。新中國成立以來，中國的地方政府組織體系幾經調整，具有多樣化的鮮明特色。地方黨委是地方的領導核心，要「總攬全域、協調各方」，這在組織上主要體現爲地方黨委在地方決策中的核心作用。縱向來看，地方政府是中央政府具體的法律和政策執行者，但由於職責同構、行政發包等結構特點與運作體制，改革以來，地方政府承擔了大量事權。在官員績效考核的壓力下，長期以來地方官員以極大熱忱投入地方經濟建設，併發展出不同的地方政府類型，但卻忽視了地方公共物品的供給，造成環境污染等嚴重後果。在縱向的運作體制上，一方面，在地方政府各層級之間權力向上集中，形成典型的壓力型體制；另一方面，不同層級的地方政府之間形成共謀，選擇性地執行中央政策。此外，在橫向關係方面，地方政府間既有競爭又有合作。

同時，地方政府又是中國的改革先鋒，近年來跌宕起伏的地方政府創新更成爲中國改革進程中的一大現象。自上而下的政策試驗與自下而上的自發型創新共同促進了中國黨政體制「異乎尋常的適應性」，而上、下級政府間主導的地方政府創新的擴散，又在更深層次上鎖定了中國改革的漸進性道路。從這個角度講，地方政府遠非簡單的中央政策執行者，更是中國改革進程中不可或缺的「試驗田」。地方政府未來發展的方向，一方面在於進一步強化自上而下的監控，推動國家監控能力的發展；另一方面也需要切實地釐清地方政府的自主權，推動地方政府向本級人大和本地居民的問責，加強自下而上的權力約束力。

關鍵術語

地方政府、職責同構、壓力型體制、選擇性政策執行、晉升錦標賽、地方政府創新

複習思考題

1. 地方政府的權力結構是怎樣的？如何保證地方黨委的領導？
2. 什麼是選擇性政策執行？根據你的理解，爲何會出現選擇性政策執行？
3. 你認爲應該通過什麼方式來加強對於地方政府行爲的監督？
4. 在全面深化改革期間，如何理解頂層設計與地方政府創新的關係？

第十一章 民族區域自治制度

協調民族關係、處理民族矛盾、解決民族問題是現代中國政治現代化的一個重要環節。民族問題涉及歷史、意識形態、國家建構、政權建設、經濟制度、社會結構與文化觀念等諸多因素。1949年新中國成立後，確立了以民族區域自治制度為核心的一整套民族政策；國家承認少數民族的政治身分，為少數民族和民族地區提供系統性的優惠政策，並由此形成一個專門的民族工作系統，即作為國務院組成部門的國家民族事務委員會。改革開放後，隨著經濟市場化與社會變遷，包括民族區域自治制度在內的中國民族政策體系開始面臨一些新的挑戰。

本章探討的主要問題是：作為一個多民族統一國家，中國的政治體制如何對國內的民族問題做出制度性回應？作為黨政體制中一種特殊的制度安排，民族區域自治制度的理論來源與實踐經驗是什麼？在市場經濟和全球化的條件下面臨哪些挑戰，發展的前景又如何？本章試圖勾勒出一條簡約的線索，幫助讀者瞭解和掌握關於民族區域自治制度的基本知識，從而理解在現代中國的黨政體制中，民族區域自治制度的理論原理、運行機制與實踐後果。

11.1　民族區域自治制度的起源與發展

11.1.1　中國的民族問題與民族區域自治

1949年新中國成立後，國家通過民族識別，正式認定的民族有56個，除漢族外，共有55個少數民族。根據2010年第六次全國人口普查的資料，漢族占中國總人口的91.51%，少數民族占8.49%。

自古以來，中國一直是一個文明延續的實體國家，內部包含著豐富的文化多樣性。然而，對於中國來說，「民族」的概念、民族主義思想和「民族—國家」體制都是政治上和文化上的舶來品，而非內生之物。

　　中華文明傳統的世界觀是「天下觀」。儒家學說的「天下」，是只有中心而沒有邊界的全部世界。「君權天授」的「天子」，在「天下秩序」中占據唯一且至高無上的地位。因此，在歷史上，儘管歷朝歷代的情形有所不同，但總的來說，帝國體制下的中央與地方關係主要有兩種，一種是對於「內部地區」（如元、明、清三代的行省）的直接統治，另一種則是對納入朝貢體系的「外部地區」（藩屬）的間接統治，兩者共同構成了「天下秩序」[1]。實際上，今日之「內地」與「邊疆」之分，在觀念上仍有相通之處。

　　「天下秩序」的神聖性在19世紀中期之後漸行瓦解，「君權天授」的帝國想像，最終被「主權在民」的現代政治哲學觀念所替代。帝國內部與外部模糊且可相互轉化的分界，也變成由國際條約規定的清晰的邊境線。

　　現代中國的國家起源，既包含了歷史傳統的延續性，同時也是這種傳統斷裂的產物。近代以來，歐洲殖民主義和帝國主義勢力進入中國，中華文明受到西方現代性文明的強烈衝擊。從晚清到民國，伴隨著西學東漸以及日本明治維新後國家崛起的強烈刺激，一大批中國知識分子受到民族—國家觀念的影響，激烈批判文明傳統，激進投身於革命運動，將源起歐洲的民族—國家體制視為中國「救亡圖存」不二的制度選擇。但是，在建立現代國家制度的政治實踐中，民族國家體制始終與中國的文明傳統和社會文化底色有種「水土不服」的疏離。

　　1911年辛亥革命之後，中國在政體上成為亞洲歷史上第一個共和國。在後帝國時代，作為一個多民族統一國家，中國不得不在歷史基礎和現實條件的種種約束之下，不斷探索如何建設自身的民族國家體制，並在這種體制下保持承襲自帝國的疆域和包容內部的多樣性。從民國時期開始，在民族與邊疆問題上，現代中國需要完成的首要政治目標，是實現國家的政治現代化。在制度安排上，中國的政治現代化需要在「內」與「外」兩個維度上實現：對內需要完成國家內部治理結構的轉型。基於確定的領土疆域和國民身分的意義範疇，國家需要從文明帝國時代多樣化的、通常是羈縻式的邊疆治理體制，轉向以科層制行政體系為中心的規則一致的現代國家治理。對外則需要融入以民族國家為基礎的國際秩序，從傳

1　關於這一點的討論，可參見〔美〕費正清編：《中國的世界秩序：傳統中國的對外關係》，北京，中國社會科學出版社，2010；John K. Fairbank, The Chinese World Order, Traditional China's Foreign Relations, New York: Harward University Press, 1968.

統的朝貢體系轉向主權平等的現代國際關係。從民國初期的「五族共和」到1927年之後國民黨政權的「三民主義」（民族主義），這一努力直到新中國成立才初步宣告成功。20世紀中葉，中國共產黨重建了國家政治「大一統」格局，最終形成了以民族區域自治制度為核心的一整套民族政策。

顯然，國家制定民族政策是為了解決民族問題。對於「民族問題」的理解，狹義上是指民族之間的矛盾，而廣義上，「民族問題既包括民族自身的發展，又包括民族之間，民族與階級、國家之間等方面的關係」[2]。為此，1949年之後，在少數民族相對聚居的地方，新中國實行民族區域自治制度。

民族區域自治是指在國家統一的規劃與領導之下，以少數民族相對聚居的區域為基礎，建立相應的自治地方，設立自治機關，行使自治權，由實行區域自治的民族自主地管理本民族、本地區的內部事務的制度。《憲法》規定：「各少數民族聚居的地方實行區域自治，設立自治機關，行使自治權。」《民族區域自治法》規定：「實行民族區域自治，體現了國家充分尊重和保障各少數民族管理本民族內部事務權利的精神。」

在新中國建立的政治體制中，民族區域自治是一項特殊的制度安排。作為由憲法規定的基本政治制度之一，民族區域自治制度是馬克思列寧主義民族理論與中國實際相結合的產物，是中國共產黨為解決民族問題而做出的國家治理戰略選擇。基於對少數民族和民族地區社會與文化特殊性的考慮與承認，民族區域自治制度整合了民族因素與區域因素、政治因素與經濟因素，以實現國家內部的經濟與社會發展均衡化，協調民族關係，鞏固中華人民共和國作為一個多民族統一國家的疆域完整與社會團結。

11.1.2　民族區域自治制度的起源

1. 歷代王朝的邊疆治理

「羈縻制度」是中國獨特的治理邊疆的歷史經驗。「羈縻」是一種非常形象的說法，「羈」是馬的籠頭，「縻」是繫牛的繩子，正所謂「言制四夷，如牛

---

[2]　江澤民：《加強各民族大團結，為建設有中國特色的社會主義攜手前進》，見國家民族事務委員會、中共中央文獻研究室編：《民族工作文獻選編（1990-2002年）》，29頁，北京，中央文獻出版社，2003。

馬之受羈縻」，就是以邊疆傳統政治權威實際控制的勢力範圍劃分地域，設立特殊的行政單位，冊封當地的首領或頭人為地方官，除在政治上隸屬中央王朝，履行朝貢義務之外，其餘一切事務均由其自行管理。此即所謂「懷柔遠人，義在羈縻」。羈縻制度的本質是中央王朝籠絡、牽制邊疆的一種制度安排，以實現中央對邊疆的間接統治。

元朝對西南邊疆地區開始實行土司制度。與羈縻制度相比，在土司制度下，中央對土司的控制力有所增強。土司由中央政府批准任命，職務世襲，在領地內擁有高度的自治權力，但必須朝貢納賦，同時必須進京受職。明清兩代，面對土司動輒興兵動武，彼此兼併，對中央號令陽奉陰違的情況，中央王朝開始實行「改土歸流」，對邊疆實行政治體制改革。

「改土歸流」中的「土」是「土司」，「流」是「流官」。「改土歸流」，顧名思義，就是把土司改為流官，即取消土司的地方自治，實行直接統治。明朝對土司制度的改革是漸進式的，實行「土流兼治」，兩種體制並存。朝廷派布政使到雲貴，在布政使之下，因地制宜，酌情土司制度變與不變。一般在經濟比較發達或漢人較多的地區，裁撤土司，州府縣由中央派員任職；遠僻荒蠻之所，則保留土司制度。

清康熙朝平定「三藩」之後，開始在西南地區大規模「改土歸流」。鄂爾泰在給雍正的摺子中寫道：「雲、貴大患無如苗、蠻。欲安民必制夷，欲制夷必改土歸流。」清朝的改土歸流運動至乾隆初期，平定川西藏區的大小金川土司叛亂之後基本告一段落。但土司制度的遺存，直到新中國成立才徹底消亡。

在歷史上，從「羈縻制度」到「改土歸流」，中華文明帝國治理邊疆的政治取向是從間接統治向直接統治的緩慢轉向。但總體來看，在前現代的中國，王朝國家的政治力量從未真正進入基層社會，不僅對邊疆地區如此，對內地也是一樣的。

2. 民族自決權理論

現代民族國家體制源起西方，其圭臬是歐洲的《威斯特伐利亞和約》體系。由於缺乏中國皇帝式的「天下共主」，為解決封建時期歐洲不同諸侯政權之間連綿不斷的爭端與戰爭，1648年，哈布斯堡王室和法國、瑞典以及神聖羅馬帝國內的勃蘭登堡、薩克森、巴伐利亞等諸侯邦國簽訂了《威斯特伐利亞和約》。這

個條約確立的原則，是國家不論大小一律平等，擁有獨立主權和神聖不可侵犯的領土，互不干涉內政。隨後伴隨著歐洲殖民主義的勢力擴張，《威斯特伐利亞和約》體系逐漸成爲世界性的國際關係規範。

《威斯特伐利亞和約》開啓了歐洲進入民族國家時代的大門，也爲民族主義思潮在歐洲的興起奠定了基礎，因爲在由地域、人口與主權連結成一體而形成的國家內，人民開始把自己視爲一個「民族」。「民族主義首先是一條政治原則，它認爲政治和民族的單位應該是一致的。」[3]這在法國大革命期間表現得淋漓盡致，基於盧梭的「人民主權說」，革命者不僅在「君主制最繁榮的時期」[4]將國王送上了斷頭臺，而且使「雅各賓民族主義」成爲法蘭西的「新民族宗教」[5]。簡而言之，與歐洲封建時代慣以種族名稱標示地域的傳統一樣，將「民族」與「國家」聯繫起來，是「19世紀初產生於歐洲的一種學說。它自稱要爲適當的人口單位作出獨立享有一個自己的政府的決定、爲在國家中合法地行使權力、爲國際社會中的權利組織等，提供一個標準」[6]。近代以來，在反殖民主義運動和民族解放運動中新成立的國家，都遵循了民族自決權的理論原則。

第一次世界大戰期間，列寧最先提出民族自決權的概念，指出世界各民族均應享有決定自身命運的權利，被壓迫民族應從帝國主義和殖民主義中解放出來。1918年，美國總統威爾遜也發表宣言，同樣提出民族自決權概念，稱「民族自決」應是重新劃分第一次世界大戰戰敗國領土的依據。然而，包括列寧的民族自決權和史達林的民族定義在內，源自歐洲的「民族」劃分的各種理論，實際上都在暗示某種「威斯特伐利亞原則」，即作爲整體的「民族」，似乎「理所當然地」擁有某種類似國家主權的群體權利，這也是「民族自決權」最基本的理論邏輯。

迄今爲止，「民族自決權」是爭議最大的現代政治理論之一。即使列寧本人，對民族自決權也曾有過不同的解釋。一方面，列寧認爲，「對我們綱領中關於民族自決的那一條，除了從政治自決，即從分離和成立獨立國家的權利這個意

3　〔英〕厄內斯特·蓋爾納：《民族與民族主義》，1頁，北京，中央編譯出版社，2002。
4　〔法〕托克維爾：《舊制度與大革命》，209頁，北京，商務印書館，2013。
5　〔美〕海斯：《現代民族主義演進史》，31-63頁，上海，華東師範大學出版社，2005。
6　〔英〕埃里·凱杜里：《民族主義》，1頁，北京，中央編譯出版社，2002。

義上來解釋以外，我們決不能作別的解釋」[7]。另一方面，列寧也指出，「不允許把民族自決權問題（即受國家憲法保障用完全自由和民主的方式解決分離的問題）同某一民族實行分離是否適宜的問題混淆起來。對於後者，社會民主黨應當從整個社會發展的利益和無產階級爭取社會主義的階級鬥爭的利益出發，完全獨立地逐個加以解決」[8]。對於列寧主義民族自決權理論的內在張力，當代英國哲學家凱杜里解釋爲「列寧和史達林的檢驗標準是那些（民族主義）運動是促進還是阻止革命事業」[9]。

民族自決權不僅爲「民族」提供了脫離帝國或擺脫宗主國殖民統治的理論基礎，也爲主權國家內部的少數民族行使民族區域自治權提供了依據。第一次世界大戰以後，從主權歸屬芬蘭的奧蘭島到蘇聯，民族區域自治作爲一種地方政權組織形式開始出現，自治權成爲僅次於國家主權的一種政治權力[10]。

然而，民族主義終究是一柄意識形態雙刃劍，它既能爲反抗壓迫的殖民地人民提供正當的思想武器，也能生成邪惡的法西斯主義，一如凱杜里所言，「企圖依照民族方法來改變世界的廣大面貌的做法並未帶來更加持久的和平與穩定。相反，它導致了新的衝突，惡化了緊張局勢，爲無數對政治一無所知的人帶來了巨大災難」[11]。在西方，即使民族自決權最堅定的理論支持者也認爲，「一些民族（nations）——例如那些在地理上與其他群體混居的民族——將不得不滿足於某種低於全面自治（full self-government）的安排」[12]。

事實上，在民族區域自治問題上，「威斯特伐利亞原則」使主權國家時常陷入某種難以自拔的「內外不分」的困境，因爲一旦國內某個自治體不滿足於有限的自治權而要求全面的民族自決權，國家就會面臨分裂的危險。西方社會同樣被這種困境困擾，典型者如加拿大的魁北克和英國的蘇格蘭。

7　《列寧全集》，中文2版，第23卷，329頁，北京，人民出版社，1990。

8　《列寧全集》，中文2版，第24卷，62頁，北京，人民出版社，1990。

9　〔英〕埃里·凱杜里：《民族主義》，85頁。

10　參見關凱：《族群政治》，155-176頁，北京，中央民族大學出版社，2007。

11　〔英〕埃里·凱杜里：《民族主義》，132頁。

12　D. Miller, On Nationality. Oxford: Clarendon Press, 1995, p. 81.

3. 革命經驗的影響

　　新中國是中國共產黨在物質條件一窮二白、社會結構一盤散沙的基礎上創立的。那時，作爲一個浴血奮戰多年的革命型、軍事型政黨，中國共產黨必須向外部世界學習建設民族國家的經驗。由於政治原因，新中國國家制度的模仿物件鎖定爲蘇聯。然而，新中國對蘇聯國家制度的學習和借鑑，並非全面照搬，而是「形似而神不似」，具有鮮明的中國特色。

　　在民族問題上，馬克思主義的平等原則、列寧主義民族自決權理論、史達林的民族定義、蘇聯的民族區域自治理論，成爲新中國民族政策的理論基石之一，並深刻塑造了延續至今的民族理論話語風格。但這並不意味著蘇聯的民族理論就是中國民族政策的真正指標，中國共產黨的革命經驗與毛澤東思想，才是新中國建設民族區域自治制度的直接理論來源。在實踐上，中國共產黨對民族問題的認識和理解，經歷了一個變化的過程。這一過程大致可分爲四個階段。

　　第一階段：1921-1930年，中國共產黨在其幼年階段，對於國內的民族問題尚缺乏自身的獨立見解，受蘇聯理論與制度的影響頗重。中共當時的基本主張是聯邦制和民族自決[13]。

　　第二階段：在長征時期，中國共產黨對民族問題的看法發生了轉變。爲了規避國民黨政權的軍事打擊，中國工農紅軍長征的北上路線實際是沿著漢與非漢（少數民族）社會的地理邊界行進的。在長征途中，紅軍走過了藏族、彝族等西南少數民族地區，之後到達陝北根據地，其地理位置與蒙古族和回族聚居區接近。這也使得中國共產黨最早處理民族問題的經驗，主要基於與蒙古族和回族打交道的經驗。1931-1937年，在歷經了瑞金政權和長征之後，有了在民族地區和少數民族切身交往及建立政權的實際經驗，中共深入理解了中國的民族多樣性、國情複雜性以及民族問題的重要性，逐漸將聯邦制、民族自決和自治並提，並於

---

[13] 黨的二大宣言論述爲「蒙古、西藏、回疆三部實行自治，成爲民族自治邦……用自由聯邦制，統一中國本部、蒙古、西藏、回疆，建立中華聯邦共和國」。這種看法一直延續到中華蘇維埃政權時期，《中華蘇維埃共和國憲法大綱》規定：「中國蘇維埃政權承認中國境內少數民族的民族自決權，一直承認到各弱小民族有同中國脫離，自己成立獨立的國家的權利。蒙古、回、藏、苗、黎、高麗人等，凡是居住在中國地域內，他們有完全自決權：加入或脫離中國蘇維埃聯邦，或建立自己的自治區域。」參見江平主編：《中國民族問題的理論與實踐》，165-168頁，北京，中共中央黨校出版社，1994。

1936年成立了第一個民族區域自治政權——「陝甘寧省豫海縣回民自治政府」。

　　第三階段：1938-1945年，中國共產黨逐步放棄了聯邦制和民族自決的提法，在政治綱領上提出建立抗日民族統一戰線，以民族區域自治作爲解決民族問題的基本政策[14]。1941年，陝甘寧邊區政府頒布《陝甘寧邊區綱領》，其中規定建立蒙、回民族的自治區。

　　第四階段：1947年5月1日，在以烏蘭夫爲代表的中國共產黨人的主導下，內蒙古自治區政府成立，這是中國現代史上的第一個省級民族區域自治地方。內蒙古自治區的成立背景是抗日戰爭後東北失土的收復，儘管中國共產黨當時尙未取得全國政權，但直接領導了內蒙古東西部統一組成自治政權的事業。1949年，在籌建新的國家政權時，毛澤東就是否實行聯邦制的問題徵詢了黨內民族問題專家李維漢。經過研究，李維漢認爲中國同蘇聯的歷史發展和具體特點不同，不宜實行聯邦制，建議在統一的（單一制的）國家內，實行自治地方制。黨中央和毛澤東接受了李維漢的建議[15]。1949年9月，中國人民政治協商會議批准通過了具有臨時憲法性質的《共同綱領》，其中規定在少數民族聚居的地方，實行民族區域自治。

　　在理論上，毛澤東思想對民族問題的看法爲：首先，按照馬克思主義原理，認爲民族問題的實質是階級問題。這個問題同時具有兩個面向：一是反對帝國主義、封建主義和官僚資本主義對中國各族人民的壓迫；二是反對各民族內部的剝削階級對廣大人民群衆的統治、剝削和壓迫。其次，毛澤東思想強調獨立自主、自力更生的方針，從中國實際出發，反對教條主義，「使馬克思主義在中國具體化」[16]。最後，毛澤東思想將民族問題定義爲人民內部矛盾，既反對大漢族主義，也反對地方民族主義。這些思想爲新中國設立民族區域自治制度提供了價值座標。

4. 條件準備

　　實行民族區域自治，首先需要回答三個關鍵問題：誰是「民族」？哪裡是

14　參見江平主編：《中國民族問題的理論與實踐》，168頁。

15　江平主編：《中國民族問題的理論與實踐》，170-171頁。

16　江平主編：《中國民族問題的理論與實踐》，168頁。

「民族地區」？誰能代表「民族」？新中國政府對這些問題的回答，具有高度的實踐性。

實行民族區域自治的前提條件之一是民族識別。自1951年開始，國家開展了大規模的民族識別。中國的民族識別是世界上迄今爲止規模最大的、由國家主導的民族身分界定工程，最終55個族群被正式認定爲「中國少數民族」。儘管中國的民族識別在名義上依據的是史達林民族定義及蘇聯民族理論，但在實際操作中，卻整合了西方的社會學、民族學和人類學知識，由以費孝通、吳文藻、潘光旦、林耀華等爲代表的一批留學西方的學者擔任學術指導[17]，同時放棄了蘇聯民族理論中基於經濟、社會發展水準做出的對「民族」、「部族」和「部落」等群體性質的政治化區分。

實行民族區域自治的另一個前提是對「民族地區」的劃分。在行政區劃上，新中國政府以「世居」爲原則，而不以少數民族人口占當地人口的絕對多數爲原則重新劃分行政區，設立不同行政層級的自治單位。這個做法包含了三種考慮：一是對歷史的尊重，將少數民族世居的地區規定爲自治單位。二是對現實民族人口分布「大雜居、小聚居」格局的尊重。中國民族人口分布格局的特點是「大雜居、小聚居」，在全國絕大多數地區，都有漢族和少數民族雜居，這種民族人口分布格局是歷史形成的。三是出於有利於自治單位經濟與社會發展的考慮。國家在設立民族區域自治單位時，將一些漢族占人口多數的地區併入民族自治單位。從總體上看，儘管目前中國實行民族區域自治的地區占國土總面積的64%，但在絕大多數自治單位中，少數民族人口並不占當地人口多數，只有極少數自治單位（藏族最典型）例外。

實行民族區域自治的第三個前提是，以少數民族幹部作爲本民族的代表，在民族區域自治機關內行使自治權。從長征途中吸收一批少數民族青年參加紅軍開始，中國共產黨長期有意識地、系統地培養少數民族幹部，早期的民族幹部不僅來源於黨內，也來源於在統一戰線工作中與中國共產黨合作的黨外民族上層人士。1941年，延安民族學院（今日中央民族大學前身）創辦，這是中國共產黨建立專門培養民族幹部的高等教育機構的開端，如今全國已有15所民族院校。

---

[17] Thomas S. Mullaney, Coming to Terms with the Nation: Ethnic Classification in Modern China, Berkeley: University of California Press, 2011.

11.1.3　民族區域自治制度的演進與發展

　　1947-1965年，是中國共產黨確立實行民族區域自治制度，並在新中國成立後付諸實踐的階段。中國民族區域自治制度的實踐始於1947年內蒙古自治政府的成立，當時中國共產黨尚未取得全國政權。新中國成立後，除內蒙古自治區外，還成立了四個省級自治區。

　　在新疆，哈薩克、蒙古、回族、柯爾克孜族、錫伯族、塔吉克族自治州、自治縣在1954年先後成立。之後按照《民族區域自治實施綱要》，新疆維吾爾白治區於1955年10月1日宣布成立，賽福鼎‧艾則孜任自治區政府主席。

　　1956年2月，中共中央決定在甘肅境內的回族聚居地區成立省一級的回族自治區。根據《關於成立寧夏回族自治區的決議》，於1958年10月25日決定劃出甘肅的19個縣市成立寧夏回族自治區，劉格平任自治區主席。為建設寧夏回族自治區，從全國調派了數萬名回族幹部、知識分子、產業工人等赴寧夏工作。

　　1958年3月5日，中共中央決定將原來的廣西省改建為壯族自治區，合併壯族聚居的西部地區和漢族聚居的東部地區，韋國清任自治區主席。

　　1951年西藏和平解放後，成立了西藏自治區籌備委員會。1959年，西藏發生武裝叛亂，達賴集團出逃印度。叛亂平息之後，西藏自治區於1965年9月1日成立，阿沛‧阿旺晉美任主席。

　　以西藏自治區成立為標誌，中國的民族區域自治制度最終得以在全國範圍內確立。從1950年代末期開始，中國社會政治運動頻發，民族區域自治制度的實踐也一波三折。1966-1976年的「文化大革命」期間，與全國各地地方黨政機構受到嚴重衝擊一樣，民族區域自治制度雖未正式取消，但事實上被「懸掛」起來，幾乎不再發揮任何實際作用。1970年，國家民族事務委員會被撤銷。1975年，內蒙古自治區的行政區劃被調整，東部的呼倫貝爾盟、興安盟、哲里木盟和昭烏達盟分別劃歸黑龍江省、吉林省和遼寧省管轄。

　　1975年1月，四屆全國人大一次會議通過了新的《憲法》，刪除了1954年《憲法》規定的「各少數民族聚居的地方實行區域自治」的總原則和關於自治機關自治權的具體規定，只在「總綱」中保留了「中華人民共和國是統一的多民族的國家。實行民族區域自治的地方，都是中華人民共和國不可分離的部分。各民族一律平等。反對大民族主義和地方民族主義。各民族都有使用自己的語言文字

的自由」，以及在「民族自治地方的自治機關」一節中做了抽象的原則性規定。

「文化大革命」期間，和全國其他地區一樣，民族地區的社會生活被激進的狂熱政治運動湮沒，包括烏蘭夫在內的一大批少數民族幹部被打倒。但那個時候，民族身分在政治生活中不具有顯著的重要性，民族問題也並未成為突出的社會問題。其主要原因在於，頻繁發生的各種政治運動既製造了社會混亂，也促進了邊疆社會政治生活的國家化，在「以階級鬥爭為綱」的主導下，族群政治在相當大的程度上被抑制了。

改革開放之後，民族區域自治制度得到恢復並進一步強化。1978年初春，五屆全國人大一次會議決定恢復國家民族事務委員會。新恢復的國家民委的主要工作職責，首先是「撥亂反正」，恢復此前遭到破壞的民族政策體系。這一時期民族政策體系重建的工作主要從五個方面展開：（1）恢復民族識別並宣告其完成。1979年，國家確認基諾族為單一的少數民族，這是迄今為止中國政府識別的最後一個單一民族。（2）進一步將民族區域自治制度化，1980年代初，烏蘭夫、阿沛·阿旺晉美領導制定了《民族區域自治法》。同時，國家恢復、新建了一些民族區域自治單位（比較典型的是新建了13個滿族自治縣），並將這一制度推進到鄉一級。（3）針對重大現實問題進行政策調整。比較典型的例子是1980年3月，中共中央召開了第一次西藏工作座談會，隨後在1984年召開了第二次座談會。此後，民族工作座談會成為一種制度化的工作機制。（4）恢復、加強民族幹部培養機制，建立新的民族院校（如大連民族學院、西北第二民族學院等）。（5）重新強調貫徹執行民族政策，大力改善少數民族的生活、生產和文化設施，恢復、重建大量的宗教設施等。

民族工作的「撥亂反正」，將1950年代初期定型的民族政策「重新安裝」進國家政治的制度體系之中。1982年《憲法》和1984年《民族區域自治法》先後頒行，民族區域自治的法制化建設進一步加強，民族區域自治在國家政治制度體系中的地位得以進一步確認。

1987年4月，中共中央、國務院批轉了中共中央統戰部和國家民委《關於民族工作幾個重要問題的報告》，民族工作的重心從「撥亂反正」正式開始轉向以經濟建設為中心。此後至今，民族區域自治制度進入常規化的運行狀態。

11.2　民族區域自治制度的內容與特點

11.2.1　制度安排的基本內容

1949年新中國成立前夕，在北京召開的中國人民政治協商會議，正式確定中國實行民族區域自治制度。《中國人民政治協商會議共同綱領》規定：「各少數民族聚居的地區，應實行民族的區域自治，按照民族聚居的人口多少和區域大小，分別建立各種民族自治機關。」

1954年，民族區域自治制度被寫入中華人民共和國的第一部憲法，正式成為新中國的基本政治制度之一。此後，民族區域自治制度載入歷次憲法，成為中國的一項重要政治制度。

1952年，中華人民共和國發布《民族區域自治實施綱要》，這是中國關於民族區域自治的第一部專門性法規。《綱要》頒布實施後，中央民委（國家民委前身）於1953年9月9日經政務院批准，發布了《關於推行民族區域自治經驗的基本總結》，提出五點要求：一是必須在一切工作中充分地估計少數民族的特點和具體情況，不應把適用於漢族地區的一套經驗和辦法，機械地搬用於各少數民族地區，也不應把某些少數民族和民族自治區中可行的經驗辦法，搬用於其他少數民族和民族自治區。二是必須加強鞏固民族間和民族內部的團結。這既是實行民族區域自治所必需的一項基本條件，又是實行民族區域自治所要達到的一個重要目的。三是必須逐步使自治機關民族化。四是必須幫助自治區逐步地行使其自治權。五是必須在可能的條件下盡力發展政治、經濟、文化事業，把它作為解決民族問題的基本環節之一[18]。這些要求基本表達了當時民族區域自治制度的主要內容。

1984年，六屆全國人大二次會議通過了《民族區域自治法》，自同年10月1日起正式實施。2001年，九屆全國人大常委會二十次會議對《民族區域自治法》做出修訂並頒布實施。《民族區域自治法》具有基本法性質，對民族區域自治進行了整體性的法律規定，包括民族自治地方的建立、民族自治地方自治機關及其

18　參見《中央人民政府民族事務委員會第三次（擴大）會議關於推行民族區域自治經驗的基本總結》，見《民族政策文件彙編》（第一編），103-112頁，北京，人民出版社，1958。

組成、民族自治地方的自治機關的自治權、上級國家機關對民族自治地方的職責和民族自治地方自治機關處理民族自治地方內民族關係的原則等。

根據《民族區域自治法》的規定，國家作為實施民族區域自治制度的行為主體，按照一種整體上的一致標準做出基本制度安排，民族自治單位有權在《民族區域自治法》框架下對本地的自治制度進行更細分、更具體的規定，但這種規定的法律前提是不能與國家憲法和基本法相牴觸。

目前，中國共建立了155個民族自治地方，其中包括5個省級自治區、30個自治州、120個自治縣（旗）、1,173個民族鄉。

自治區、自治州、自治縣（旗）是不同層級的自治實體。民族自治地方的行政地位，原則上是依據各自治地方的地域大小和人口多少決定的。自治區與省同級，自治州與地級市同級，自治縣與縣同級。鑑於部分少數民族聚居地域較小、人口規模較少且分布分散，不宜建立自治地方體，根據《憲法》規定，通過設立民族鄉的辦法，實行民族區域自治。

民族自治地方的自治機關是自治區、自治州、自治縣的人民代表大會和人民政府。民族自治地方的自治機關實行人民代表大會制。自治機關屬於地方政府，為政權機關。民族自治地方的自治機關的組織和工作，根據憲法和法律，由民族自治地方的自治條例或者單行條例規定。

民族自治地方的名稱，除特殊情況外，按照地方名稱、民族名稱、行政地位的順序組成。

自治區主席、自治州州長、自治縣縣長由實行區域自治民族的公民擔任。民族自治地方人民政府的組成人員以及政府所屬工作機構中，優先配備少數民族幹部。

民族自治地方人民代表大會常務委員會，由實行區域自治的民族的公民擔任主任或者副主任。民族自治地方的人民代表大會，除實行區域自治的民族的代表外，其他居住在本行政區內的民族特別是少數民族也有適當名額的代表，而且對人口較少民族的代表名額和比例分配給予適當的照顧，增加其名額和比例，一般高於本民族人口在當地總人口中所占的比例。民族自治地方自治機關的自治權主要包括以下幾種：

（1）**民族立法權**。民族自治地方的人民代表大會有權依照當地的政治、經濟和文化的特點，制定自治條例和單行條例。自治條例、單行條例可以對國家法

律和政策做出變通性規定。

（2）變通執行權。上級國家機關的決議、決定、命令和指標，如果不適合民族自治地方實際情況，自治機關可以報經上級國家機關批准，變通執行或者停止執行。

（3）財政經濟自主權。民族自治地方的自治機關具有較大程度的財政經濟自主權，並可以享受國家的照顧和優待。民族自治地方在財政上，享受上級國家機關提供的各種優惠政策。

（4）文化、語言文字自主權。民族自治地方的自治機關享有一定程度的文化自主權，依照本地方自治條例的規定，可以使用當地通用的一種或者幾種語言文字執行公務。

11.2.2 制度安排的特點

中國的民族區域自治制度是一種自上而下的制度安排，既強調黨和國家的統一領導，又強調少數民族在本民族聚居地方在自治機關內行使自治權。民族區域自治體現出中國共產黨和中國政府對少數民族的特殊尊重，國家將絕大多數「少數民族世居地區」設定為民族自治地方，同時明確規定國家政府自身的責任，即幫助發展水準相對落後的民族地區實現跨越式發展。基於國家的特殊照顧，少數民族和民族地區能夠享受一整套優惠政策。中國的民族區域自治制度具有比較鮮明的中國特色，其主要特點如下所述。

1. 國家指導下的自治

中國的民族區域自治，是國家統一領導下的自治，各民族自治地方都是中國不可分離的一部分。民族自治機關是中央人民政府領導下的不同層級的地方政權，都必須服從中央的統一領導。因此，中國民族區域自治制度具有比較強的「國家指導性」，更多地體現了國家意志與國家意願。

與蘇聯的民族區域自治制度不同的是，中國的民族區域自治制度從一開始就脫離了某種聯邦制的國家組織形式，不僅憲法中沒有像蘇聯那樣依據民族自決原則給予民族自治地方脫離國家的權利，而且在中央與自治地方的分權制度安排上也確立了「自上而下、中央主導」的結構。因此，中國的民族區域自治制度並非一種簡單的中央與地方分權制度，而是以國家為中心，在強化邊疆地區對中央政

權的隸屬關係的前提下，由國家主導做出各種特殊化的制度安排，以協調主體民族與少數民族之間、不同少數民族群體之間以及中央與地方之間的利益關係，提高少數民族的政治地位和在國家與地方事務中的政治參與。

2. 非多數人口原則

據2010年中國人口普查的統計，漢族占全國人口的91.51%。事實上，中國少數民族在全國人口中的占比，自新中國成立以來，特別是1980年代以後，一直在不斷上升。但從絕對數量上看，少數民族始終是絕對的「少數」。因此，從人口統計學的意義上說，中國幾乎是一個「單一民族國家」。但如果從文化地理的角度看，中國無疑是一個文化多樣性顯著的國家。在中國的地理中心線——蘭州—成都一線以西，主要是少數民族傳統聚居區。

同時，中國的民族人口分布格局是「大雜居、小聚居」，各民族長期交往的歷史，造成在多數地區，不同民族社區犬牙交錯、彼此相鄰。因此，儘管目前中國實行民族區域自治的地區占國土總面積的64%，但在這些不同行政層級的自治單位中，僅在極少數自治單位內，少數民族人口占當地人口的絕對多數。

因此，中國的民族區域自治單位並不是以少數民族人口占多數為原則建立起來的，在大多數自治單位中，少數民族人口大約占當地人口總數的30%。

3. 民族因素與區域因素相結合

在中國的民族區域自治制度中，民族因素與區域因素都是相對的、從屬的，任何一個因素都不能獨立成為自治制度的決定性因素。民族區域自治並不是單純的「民族自治」，自治單位並不是一種「民族化」的地方政權；同時，民族區域自治也不是單純的「地域自治」，儘管自治單位在法律上擁有變通中央政策的權力，但自治地方與國家之間的關係，在實際運行層面更接近於一般的中央政府與地方政府之間的關係，只是國家對於民族區域自治單位承擔了更多的說明發展的責任，予以特殊扶持。

民族與區域因素的結合，在實際操作層面，客觀上形成了一種有限的自治權制度，即在宏觀層面，自治單位需尊重國家大的方針、政策；在中觀與微觀層面，特別是一般性的社會政策上，如生育政策、民俗性文化政策（如公共節假日的設置）等方面，自治單位擁有比同級別的一般行政單位更大的決策權力。

4. 經濟因素與政治因素相結合

　　民族區域自治制度對於促進自治地方經濟與社會發展的強調，以及對中央政府相關責任細緻入微的規定[19]所體現出來的制度邏輯，是以民族區域自治制度為依託，以促進經濟建設為手段，達到民族平等與民族團結的政治目標。當然，這種做法造成的一個客觀後果是，在實際運行層面，民族區域自治制度更像是一種經濟制度，而不是政治制度。同時，中央政府和自治單位也都有一種傾向，將這一制度「行政化」，使其在技術與操作層面成為國家行政管理體系的一部分，而不是在這個體系之外擴張自治單位的政治權力。

　　與一般的地方行政單位相比，中央政府向民族自治地方提供更多的經濟優惠政策，包括財政、稅收、工業發展優惠政策等。在資金投入方面，近年來中央政府持續加大對民族區域自治地方的財政轉移支付力度，包括一般性財政轉移支付、專項財政轉移支付、民族優惠政策財政轉移支付以及國家確定的其他方式。此外，中央政府還設立各種專項資金和臨時性的補助，扶助民族區域自治地方發展社會、經濟和文化建設事業。

　　從整體上說，中央政府對民族區域自治地方的財政淨補貼規模多年來呈不斷擴大的趨勢[20]。同時，中央政府採取對口支援的形式，用行政命令的方式讓相對發達的漢族地區對口支援民族地區。西藏自治區和新疆維吾爾自治區是這種對口支援工程的最大受益單位。

5. 基於民族身分的群體優惠政策

　　與民族區域自治政策相配合，國家在社會生活諸多領域向少數民族提供優惠政策，在少數民族身分與優惠待遇之間建立起直接的聯繫。基於民族身分的群體優惠政策，一方面表現為民族區域自治單位本身作為受益主體，另一方面則表現為少數民族群體的成員個體作為受益主體。這些優惠政策基本上是普惠型的，就個體而言，只要擁有少數民族身分，就可能在許多方面，特別是一些涉及重大個人利益的方面，如計畫生育和升學考試，擁有比漢族更多的機會。

19　參見《國務院關於進一步貫徹落實中華人民共和國民族區域自治法若干問題的通知》，見國家民委辦公廳、政法司、政策研究室編：《中華人民共和國民族政策法規選編》，72-75頁，北京，中國民航出版社，1997。

20　參見《〈中國的民族區域自治〉白皮書（全文）》，見人民網，2005/2/28。

11.3　民族區域自治面臨的挑戰與前景

11.3.1　現實的挑戰

2004年，北京大學馬戎教授提出了「少數族群問題的『去政治化』」的觀點，在學術界引起了激烈的爭論。馬戎認爲，在族群關係演變發展的過程中，政府政策的引導作用是一個關鍵因素。政府在如何引導族群關係方面大致體現出兩種不同的政策導向：一種把族群看作政治集團，強調其整體性、政治權力和「領土」疆域；另一種把族群主要視爲文化群體，既承認其成員之間具有某些共性，但更願意從分散個體的角度來處理族群關係，在強調少數族群的文化特點的同時，淡化其政治利益，並在人口自然流動的進程中淡化少數族群與其傳統居住地之間的歷史聯繫。馬戎將這兩種不同的政策導向分別稱爲族群政策的「政治化」導向和「文化化」（「去政治化」）導向，而他宣導後者的理論觀點[21]。

馬戎實際上對1949年以後中國政府實施的民族政策提出了明確的批評。他認爲，1949年新中國成立後，出於當時的國際政治形勢，中國政府在社會和經濟制度上參照蘇聯的做法。在民族問題上也像蘇聯一樣採取一整套把族群問題政治化的措施，諸如組織大規模的「民族識別」、實行「民族區域自治」、對少數民族實行優惠政策等。這些措施對強化人們的民族意識、固化人們的民族身分、使族群問題政治化起到了重要作用。馬戎認爲，應當強化國民意識，逐步淡化族群意識，在堅持文化多元的條件下建構政治一體的現代公民國家。

對馬戎觀點的批評，主要是民族問題「涉及政治、經濟、文化和社會生活的各個方面，難以對其作出抽象的『政治化』或『文化化』認定」[22]，實際上就是一個政治問題，它不可避免地要通過政治制度和公共政策來解決[23]。旨在解決這些具有政治性的民族和族群問題的政策與制度，是由國家所制定和實施的政治行爲。這些政策即便是想把民族和族群問題限制在文化的範疇之內，最終也是爲了

21　參見馬戎：《族群、民族與國家構建》，北京，社會科學文獻出版社，2012。

22　郝時遠：《構建社會主義和諧社會與民族關係》，見謝立中主編：《理解民族關係的新思路——少數族群問題的去政治化》，43頁，北京，社會科學文獻出版社，2010。

23　參見陳建樾：《多民族國家和諧社會的構建與民族問題的解決》，見謝立中主編：《理解民族關係的新思路——少數族群問題的去政治化》，64、76、77、82頁。

政治穩定這一目的[24]。「雖然族群主要是以文化進行彼此區別的人群集團，是一個具有文化傳統與歷史淵源的群體，但由於許多族群與其居住地之間歷史地形成的那種千絲萬縷的關係，也使我們不能輕易地去否定或漠視族群潛在的政治主體性質。」[25]關於中國民族政策的爭論，目前學術界仍未達成共識。

無論如何，基於1950年代政治與社會環境而產生的民族區域自治制度，在改革開放的年代漸漸開始面對來自現實的挑戰。1980年代中期之後，無論是在新疆、西藏出現的暴力衝突，還是族群意識（包括漢族）的普遍復興，民族問題的社會重要性提升了，而民族區域自治似乎對消解，至少是緩解這些問題並未發揮出本應具有的功能與作用。同時，面對市場經濟、人口流動與城市化、族群衝突以及國家外部行動者的挑戰等諸多方面，中國的民族區域自治在事實上出現一些理論與實踐困境，主要表現在以下幾個方面：

（1）**在實踐上制度功能有限。**儘管民族區域自治制度的法律地位很高，但在政府行政管理的實際運作中，自治單位並未與非自治單位表現出顯著的差異性，相反，各級自治單位的運行機制及政策產出與同級地方政府高度相似。

（2）**自治權規範性不足。**《民族區域自治法》規定，民族區域自治是要「充分尊重和保障各少數民族管理本民族內部事務權利」，但自治機關是地方政府，其權力行使對象是全體本地居民，而不僅僅是「自治民族」，由其管理的事務也不可能完全是「本民族內部事務」。因此，事實上自治權的行使物件在相當大的程度上是缺失的。

（3）**自治權與中央集權之間存在制度張力。**自治制度作為一種分權制度，不僅本身與黨政體制的集權邏輯存在一種內在的緊張，也與「條塊結構」的中央與地方分權模式有衝突，二者皆表現為自治地方必須服從中央根據現實情況不斷做出調整的路線、方針和政策，不能因民族區域自治制度而不遵從中央的號令。

（4）**法治建設不完善。**儘管《民族區域自治法》是憲法性法律，但由於法律本身缺乏相關的「法律責任」配置，事實上對違反《民族區域自治法》的行為

24　參見王希恩：《也談在我國民族問題上的「反思」和「實事求是」》，見謝立中主編：《理解民族關係的新思路——少數族群問題的去政治化》，139-140頁。

25　周大鳴：《從族群視角評價民族政策需要兩個準則》，見謝立中主編：《理解民族關係的新思路——少數族群問題的去政治化》，60-61頁。

缺少制裁與補償機制。

（5）民族幹部的代表性弱化。中國共產黨早期的民族幹部主要有三個來源：一是黨的中、高級幹部群體中的少數民族，如烏蘭夫（蒙古族）、韋國清（壯族）等；二是戰爭時期軍隊出身的民族幹部，如天寶（藏族）、桑喜旺徐（藏族）、朱德海（朝鮮族）、賽福鼎·艾則孜（維吾爾族）等；三是黨在統一戰線工作中開展合作的民族上層人士，如班禪額爾德尼·確吉堅贊（藏族）、阿沛·阿旺晉美（藏族）等。或基於傳統權威資源，或基於革命經歷，這些幹部都具有比較強的政治代表性。但隨著時代的變化，由教育制度和科層制行政體系本身產生的少數民族幹部，其代表性客觀上正在衰減。

（6）城市化和人口流動對民族區域自治構成的挑戰。迅猛的城市化與大規模的人口流動，造成自治地方人口與社會結構發生巨大的變化，改變了民族區域自治制度的實施條件。比較典型的例子是，由於1992年中韓建交之後中國朝鮮族出現大規模的人口遷移，延邊朝鮮族自治州如今已成「空巢農村」，而在青島等地，則出現了新的朝鮮族城市聚居區[26]。

11.3.2　黨政體制與民族區域自治

在本質上，民族區域自治是中國的黨政體制在民族地區的具體化形式。黨政體制的特點是以黨的一元化領導為核心的黨政一體化，並由此形成全能主義國家，因此黨和國家領導下的自治，始終受到黨政權力分配機制與自治權要求之間內在張力的結構性制約。這種制約一方面體現於中央與地方關係上，地方決策的政治權力實際上掌握在代表黨中央的地方黨委書記手裡，自治地方行政首長並非地方真正的最高決策者；另一方面，這種制約也體現於國家與社會關係上，作為一種「強國家、弱社會」體系，自治的功能在地方政治層面發揮不足，社會自我表達與自我發育的政治空間有限。

民族區域自治與黨政體制的內在緊張關係，在改革開放前並不明顯。在新

26　參見〔韓〕樸勝鎮：《中韓建交對朝鮮族人口流動的影響》，載《黑龍江民族叢刊》，2013年第2期；〔日〕櫻井龍彥：《關於中國朝鮮族人口遷移的研究》，見http://www.mzb.com.cn/html/Home/report/400942-1.htm，2014/9/12；樸光星：《少數民族流入人口的權益訴求與城市民族工作——基於對青島市朝鮮族流入群體的實地調查》，載《黑龍江民族叢刊》，2012年第2期。

中國成立初期的歷史條件下，中國共產黨具有高度的道德自覺和政治權威，因此國家在進入少數民族社區時，儘管徹底顛覆了這些社區的傳統權威，卻沒有造成社會失序。相反，新的社會秩序依託於政黨和政權組織的領導機制迅速地重建起來。當時，黨和國家用階級政治理論解釋民族問題，用階級鬥爭策略分化民族內部，團結大多數群眾，打擊極少數傳統權威和上層階級，得到了少數民族基層社會的強烈支持。但在改革開放後，歷史環境與社會條件發生重大變化，民族區域自治與黨政體制的中央集權之間固有的結構性衝突也漸漸深化。

民族區域自治是一個複雜的系統工程，其影響具有超越這個制度本身的更多含義。與一般的條塊體系中的「條狀」政府部門系統不同的是，「民族工作」並不能脫離其他部門而單獨運作，相反，在幾乎所有的條塊體系中，都有直接或間接涉及民族工作的內容。當黨政體制從動員型政治與整合型政治向治理—控制型政治轉變時，民族區域自治制度的初始功能漸漸消失。

改革開放前，中國是一個全能主義國家，個體的社會存在嚴重依賴於家庭、宗族、「工作單位」或者政黨本身，參與社會競爭的基本單位實際上只可能是「群體」而非「個體」。在民族問題上，這一點至今仍然是問題的核心。如果說1950年代和現在一樣，國家是以對待群體的、而不是以對待個體的眼光看待「民族」，把民族視為一個利益一致的個體成員的集合群體，那麼此時和彼時最大的不同在於，曾經在1950年代超越「民族」之上的各種高度組織化的社會網絡，如今大多已經失效或正在失去效用。

改革開放後，基於個人本位的利益結構在中國開始出現，人們的權利觀念發生變化，權利政治成為社會生活的重要內容。在這種情況下，民族群體的利益一致性受到質疑。當下人們的個體權利意識更強，因而對民族區域自治制度所強調的民族群體權利感到陌生和疏離，而自治制度除了在個體層面提供基於民族身分的一些優惠政策外，並不能提供系統性的公民權利保障機制。這反映出民族區域自治制度與公民制度在客觀上的相互隔膜。正因為如此，自治制度流於形式，無法真正激發普通公民的政治參與熱情。

與此同時，理論環境的變化也對民族區域自治制度產生了影響。在一般的認識中，特定的少數民族作為特定自治單位的自治主體，似乎是明確的。這種身分的明確性通過國家實施的民族識別予以制度化——每個中國公民身分證上的「民族」標注成為這種制度的外在符號表徵。然而，隨著社會變遷和社會科學知識的

深化，關於「民族」的定義出現各種競爭性理論。原本作爲民族區域自治理論基礎之一的史達林主義原生論民族理論，受到1980年代後興起的建構論理論的強烈質疑。原生論「民族」定義的客觀性、確定性受到建構論定義的主觀性、不確定性的挑戰。「民族」成爲個人公民身分選擇的一種，而不是唯一的選項。而且，「民族」被認爲不過是民族主義的社會衍生物，其意義恰在於一些社會成員基於自身在語言、族裔特徵、宗教或其他方面上的特殊性，在某種程度上表現出與主流社會不一致的身分認同，而這種認同可能與國家認同發生衝突。在這種情況下，民族區域自治本應成爲協調「認同衝突」的一種制度裝置。因爲，從理論邏輯方面說，自治的制度選擇應該是國家與其內部特殊的地方單位兩個行爲主體之間博弈的結果。但實際的情況卻並非如此，黨政體制下的中央政府仍然是民族區域自治制度唯一的設計者和供應者。

在黨政體制下，民族區域自治制度的關鍵是民族幹部，亦即「民族代表人士」的產生機制。因爲隨著傳統權威在階級政治時代的徹底消失，幹部和知識分子成爲民族政治精英的主要組成部分。民族幹部的產生機制，在革命時期是「先鋒隊化」，共產黨員具有代表性權威，因爲他們代表了歷史發展的方向和必然性，並引領群眾實現共產主義理想。但在後革命時期，民族幹部的產生機制日趨官僚化、精英階層化，其代表性顯著流失。這樣，民族幹部群體在兩個維度上出現代表性危機：一是作爲國家代理人的角色弱化，他們的行爲取向更趨理性化、官僚化，甚至成爲國家與社會之間的利益掮客；二是作爲少數民族社群代理人的角色弱化，他們往往脫離群眾，高高在上，甚至以某種「貴族階層」的型態自居，不被基層群眾信任。「民族代表人士」的代表性危機，直接造成民族區域自治制度的代表性危機。

總而言之，對於中國這樣一個多民族國家來說，民族區域自治制度同時具有歷史合理性和歷史侷限性——前者使中國的民族—國家體制建設進程承認、容納和適應了民族與文化多樣性的現實，而後者，也固化了族群邊界並使這個制度逐漸脫離現實環境，無法有效發揮實際效能。當然，就保障少數民族權利本身而言，民族區域自治並不是唯一的路徑與方法。

就現實而言，民族區域自治同時具有積極和消極兩個方面的影響，積極的方面是它在制度上重新架構了國家的組織結構，使之能夠更鮮明地包容文化和族群的多樣性（這種理念實際上也包含這樣一種假設：國家可以通過分權制度避免或

調解族群衝突）。但自治本身也不可避免地帶來一些消極的影響，比如可能招致生活在自治單位內的非自治民族群體（在大多自治單位內是人口多數）的反對，他們會認爲特定民族的區域自治會威脅到他們自身的利益，並在一些具體情形下可能對其構成「制度性歧視」，從而破壞了公民權意義上的個體平等。

中國的民族區域自治制度從一開始，就一邊強調對群體權利的保護，同時一邊謹慎地避免對群體權利給予過度的承認，以保持黨和國家在社會生活中所處的不可動搖的權威地位，以及避免潛在的民族分裂主義。因此，這種制度設計原則顯示出一種相當強的兩面性與妥協性，並導致自治制度在實際運行層面具有明顯的侷限性。與其他曾經在計畫經濟條件下運行有效而在市場經濟條件下逐漸失效的制度安排一樣，在城市單位制和農村公社制瓦解之後，國家對於社會領域利益分配的主導權減弱，強調國家責任的民族區域自治制度也隨之發生意義轉換。在許多情境下，其意義已從「以國家爲中心」被置換爲「以民族爲中心」。如何化解客觀上存在的民族區域自治制度與公民權責之間的相互隔膜，是目前民族區域自治制度和理論需要解答的關鍵問題。

民族區域自治制度是嵌入中國民族國家建設歷史進程和黨政體制中的一個特殊的制度裝置。從理論上說，設立民族區域自治制度出於兩個同等重要的政治目標：一是爲了完善國家建構，切實保障國家統一與民族團結；二是爲了實現民族平等，切實保障少數民族的正當權益。基於這樣一種雙重目標，國家試圖通過實踐民族區域自治制度，將內部特殊地區和特殊人群的利益訴求整合進國家的政治體制。但是，自治制度的設立顯著地改變了國家政權的性質和組織方式，並提升了「民族」身分的政治與社會重要性。

正是在這樣一種複雜局面之中，後階級政治時代的民族區域自治開始引發社會焦慮。對於國家建構和政治現代化而言，民族區域自治制度的發展方向是什麼？爲了應對所面臨的各種問題和挑戰，這一制度應當作出哪些調整？這種調整的幅度應當多大？是邊際性的修正，還是結構性的大動？在理論和實踐兩個方面，目前都處於探索之中，尚未得到具有共識性的解決。在這個意義上，中國的民族區域自治制度的演變前景是開放的。

本章小結

中國的民族區域自治，是以國家爲中心，在維護國家統一和尊重少數民族特殊性之間採取的一種妥協性制度，是現代中國民族—國家體制建設進程的產物。基於民族區域自治，文明帝國的「藩屬」成爲民族—國家內部的「邊疆地區」。國家優待少數民族的民族政策，將邊疆地區和少數民族人口整合進現代語境下的國家「大一統」政治格局。中國的民族區域自治同時具有歷史合理性和歷史侷限性，既承認、容納和適應了文化多樣性的現實，也固化了族群邊界，並受到國家政治、文化傳統與社會結構等多種因素的制約，在實際運行機制上制度效能有限。特別是改革開放後，由於中國的民族—國家建設所面臨的內部和外部條件都已經發生了結構性變化，民族區域自治制度正在遭遇一系列的挑戰。

關鍵術語

民族區域自治、民族問題、民族工作、天下觀、民族—國家體制、民族自決權、族群問題「去政治化」

複習思考題

1. 爲什麼說中國實行民族區域自治制度具有歷史合理性？
2. 民族自治地方自治機關的自治權主要包括哪些內容？
3. 中國的民族區域自治制度主要有哪些特點？
4. 在黨政體制的實際運作中，民族區域自治發揮了什麼樣的作用？
5. 改革開放後，民族區域自治面臨哪些現實的挑戰？

第十二章 基層治理

　　中國是一個幅員遼闊、人口眾多、區域差別顯著、發展不平衡的大國。如何對基層社會實施有效的治理，一直是歷代王朝治國理政面臨的難題。近代以來，在急劇的現代化轉型過程中，城鄉基層治理的組織建制、治理體系、運行機制及價值取向都在發生深刻的變化。中華人民共和國成立後，以政黨權力為軸心的國家與社會高度同構的政治體制給基層治理打上了深刻的烙印，並突出地體現於政黨領導、黨政一體、政經不分和政社融合的基本型態之中。

　　本章旨在介紹中國城鄉基層治理體制的基本結構和特徵，並分析其生成演化的邏輯及其發展方向。所謂「基層」，包括鄉鎮與城市農村社區。第一節介紹帝國時代和近現代以來基層治理的變遷；第二節探討新中國成立後尤其是改革開放以來，城市和農村基層治理的發展；第三節的主題是當前城鄉基層治理的改革與創新實踐及未來發展走向。

12.1　中國基層治理的現代化變革

　　在漫長的中國歷史中，帝國時代的基層治理主要呈現出中央集權、君主專制、「官督紳辦」的特點。隨著現代化的發展，傳統帝國時代的基層治理陷入危機，開始走向變革。

12.1.1　帝國時代的基層治理及其特徵

　　自夏商至清王朝，「中國歷史上的地方政治可以分為前、後兩大時期：前期即夏商西周春秋時代，是以分封制為核心的地方政治；後期即戰國至明清時代，

是以郡縣制爲核心的地方政治」[1]。郡縣制時期，王權只達於縣，郡縣既是代表「王權」直接處理基層民眾和社會事務的機構，也是基層政權組織和法定治理單元。

　　儘管帝國時代王權只達於縣，但這僅僅表明王朝正式的行政機構止於縣而已。事實上，歷代縣以下都存有不同類型、多層次的治理組織，如鄉、亭、里、黨、閭、鄰、族、牌、都、圖、村、團、社、區、保、甲、什、伍等。多數朝代實行「三級制」，如北魏的三長制，北齊的「黨、閭、鄰里」，北周的「黨、閭、里」，隋初的「族、閭、保」，宋代的「牌、甲、保」，以及明清兩代的「鄉、都、圖」（或鄉、都、里，或鄉、都、村等）[2]。這些組織層層節制，直至村落、家戶。由此形成完整的基層治理組織體系。

　　從基層組織建制與功能來看，秦漢以降至清末，基層的鄉里組織並非自然形成，其組建和運行受制於王權，它們是根據官府的意圖按照人口和地域來劃分組建的。鄉里組織需獲得縣府衙門的認可，本質上既是一種超越家庭血緣的地域性組織，也是基層社會分區治理的一種方式。唐代「大唐令：諸戶以百戶爲里，五里爲鄉，四家爲鄰，五家爲保。每裡置正一人……掌按比戶口，課植農桑，檢察非違，催驅賦役」[3]。鄉里組織承擔著爲國家獲取資源、維持秩序、勸課農桑等基本職責。

　　雖然鄉里組織主要基於地域劃分，但與家族組織存在難解難分的關係。「中國的社會單元是家庭而不是個人……每個農家既是經濟單位，又是社會單位。村子裡的中國人直到最近，主要還是按家族組織起來的，其次才組成同一地區的鄉里社會。」[4]馬克斯·韋伯也把中國形容爲「家族結構式的國家」[5]。中國社會是基於家庭和家族網絡而組織起來的，國家通過家族體系而運用權力進而實現對基層社會的組織、控制和管理。

　　如果說家族是傳統帝國時代基層治理的組織依託，鄉紳則是帝國時代基層

1　賈豔紅：《漢代民間信仰與地方政治研究》，「總序」1頁，濟南，山東大學出版社，2011。

2　參見趙秀玲：《中國鄉里制度》，8頁，北京，社會科學文獻出版社，1998。

3　（元）馬端臨：《文獻通考》，第13卷，127頁，杭州，浙江古籍出版社，1988。

4　〔美〕費正清：《美國與中國》，22-28頁，北京，世界知識出版社，2000。

5　〔美〕費正清：《美國與中國》，24頁，北京，世界知識出版社，2000。

治理的組織精英和中堅力量。「中華帝國的紳士是一個獨特的社會集團。他們具有人們所公認的政治、經濟和社會特權以及各種權力……紳士們高踞於無數的平民以及所謂『賤民』之上，支配著中國民間的社會和經濟生活。」「政府官吏也均出自這一階層。」「紳士充當了政府官員和當地百姓之間的仲介人。」「國家依賴紳士來控制和管理社會，並依賴於他們提供行政官員」，譬如幕友、幕賓或師爺，他們雖然「不是官僚體制中的常設人員，但卻是地方官僱用的行政管理專家。他們主要從有文化的人中招募。他們享有較高的社會地位，一部分原因是職位本身的聲望，另一部分是由於他們學者的身分」[6]。與此同時，國家也通過科舉制度來對社會成員加入這個統治集團進行控制。由此形成了紳士與國家之間相互依賴、相互合作的關係[7]。

　　由此看來，帝國時代基層治理是以州縣官府爲核心、鄉里組織爲載體、家族宗族爲依託、鄉紳精英爲主持者的治理模式。基層治理體制既不是完全的自治體制，也非完全的官治或吏治制度，而是一種「官督紳辦」或「官督紳治」治理體制，王權及官府通過亦官亦民的鄉里組織和鄉土士紳對基層社會實行控制。一方面，鄉里組織本身並不是正式的政府機構，鄉官、鄉紳、里長等通常無俸祿，且常常由民間推舉產生，保持了一定程度上的「自治」；另一方面，鄉、里保、甲等組織的建制和運行受制於官府，協助官府從事鄉村社會的組織與管理，承擔王朝稅賦徵繳、維持治安及社會教化等責任。在帝國時代漫長的官民互動和政治磨合中，「官府與鄉紳在長期的交往之中已達成一種默契，即鄉紳有配合官府治理鄉村的義務和責任」[8]。官督紳治的合作治理已經內化爲一種政治傳統，這種傳統也成爲基層治理較爲穩定的制度化安排。

12.1.2　近現代基層治理的危機與變革

　　19世紀中後期至20世紀初，既是中華帝國趨於沒落、民主共和興起的時代，也是中國社會、經濟、政治及文化觀念急劇變革的時代。這一時期中國基層治理

6　瞿同祖：《清代地方政府》，143、164頁，北京，法律出版社，2011。

7　參見張仲禮：《中國紳士——關於其在19世紀中國社會中作用的研究》，1-5、67頁，上海，上海社會科學院出版社，1991；Joswph W. Esherick and Mary Backus Rankin, Chinese Local Elites and Patterns of Dominance, Berkeley: University of California Press, 1990。

8　從翰香主編：《近代冀魯豫鄉村》，36頁，北京，中國社會科學出版社，1995。

也發生了重大的變革，最為突出的是國家權力向基層社會滲透，基層治理日益國家化、行政化、官僚化。同時，近現代自治民主觀念不斷傳播，地方自治興起，基層治理的組織與運行方式也開始向現代轉型。

從歷史角度看，帝國時代王權就一直在努力向地方和基層延伸。清末時期，鄉鎮自治開始實施，這意味國家正式的政權組織向縣下鄉鎮延伸。民國6年（西元1917年），山西宣導「村本政治」，試行以村為自治單位。村下編閭、鄰。五家為鄰，設鄰長；五鄰為閭，設閭長。民國11年（西元1922年），又行區村制，縣下設區、村、閭和鄰。區為區公所，作為縣政府的派出機關。國家正式的權力也定位於區鄉（鎮）一級。同時，為了加強對鄉村組織的控制，1931年，南京國民政府在江西、鄂豫皖以及福建、陝西、四川和貴州等地推行保甲制度，改閭、鄉為保、甲，後又行區、聯保、保和甲。基層社會和民眾被納入嚴密的監控之中。

有趣的是，20世紀初期，國家權力向基層延伸不僅表現為直接的保甲監控，而且也是以推行「民主」和「自治」的方式實現的。光緒34年（西元1908年），清政府頒布《城鎮鄉地方自治章程》，規定人口滿5萬以上者為鎮，不滿5萬者為鄉。在城鎮設立議事會和董事會，鄉設議事會和鄉董，兩者相互合作、互相監督。鄉鎮自治開始引入中國。

民國初年（西元1912年），北方各省鄉村制度曾沿襲清末舊制，縣下為城、鎮和鄉，城、鎮和鄉地位同等；南方則自定新制，縣下設市和鄉。縣下的城、鎮、市或鄉均是自治組織，均有議決機關、執行機關和監督機關，辦理本地方的教育、衛生、道路、工程、農業、商務、慈善以及公共營業等。民國10年（西元1921年），北洋政府公布《市自治制》和《鄉自治制》，縣下統一為市和鄉，實行市鄉自治。1928年9月15日，南京國民政府公布《縣組織法》，縣下實行四級制：縣下劃區，區下設村里，村裡下編閭，閭內編鄰。1929年3月16日，南京國民政府公布《各縣劃區辦法》，後又公布修訂的《縣組織法》，並制定《鄉鎮自治施行法》等一系列法規，縣下村里改為鄉鎮。顯然，帝國晚期，鄉鎮自治、民主選舉、分權制衡、公務員制度等現代治理觀念和制度逐漸引入中國，並成為基層治理建設的發展指向。在推進基層自治的過程中，國家權力成功地實現了向基層迅速、「合理」和「合法」地擴張，鄉鎮基層組織逐漸被納入國家權力體系，其建制、組織、運行及功能由國家權力來規範。從此，國家權力不再是止於縣，

而是達於鄉鎮。

在鄉鎮基層組織國家化、行政化和權力化的同時，傳統基層治理精英也被納入國家行政體系之中，日益「官僚化」。區鄉（鎮）長已經不再是由鄉紳承擔的無薪俸的責任，而是由選舉或任命產生的官吏負責且有薪俸的崗位。科舉制度的廢除割斷了鄉紳入仕的前途，鄉紳的地位受到很大的衝擊。國家權力不斷向基層擴張，行政的、軍事的以及財政的需求和壓力不斷加大。一般鄉紳視鄉保爲畏途，少數「公正人士持潔身自好姿態，對保甲長人選避而遠之」[9]。部分鄉紳則從傳統的「社會精英」蛻變爲土豪劣紳，橫行鄉里。鄉紳的「劣紳化」不僅大大降低了基層治理的合法性和權威，而且加劇了基層治理的混亂與專橫。

在近現代傳統治理組織和精英沉淪的更替過程中，一種新的組織和力量迅速成長，並成爲現代中國政治和治理的主角——這就是新式政黨。隨著國民黨和共產黨的成長並獲得國家政權，政黨在現代中國政治和治理中擁有主控能力，發揮著核心甚至支配作用。1928年後，隨著國民黨一黨獨掌全國政權，在訓政時期實行「以黨統政」、「黨政合一」和「黨國一體」的體制，政黨成爲政權的組織者和領導者。

當然，自孫中山之始，國民黨也曾嘗試地方和基層黨政分工，實行「黨政分工」、「黨政分治」，防止政黨包攬一切。民國初年（西元1912年），地方勢力強大，此後又連年戰爭，軍人強悍，地方黨務「空」、「窮」、「散」、「弱」比較突出，「黨機器到基層運轉不靈」。整個抗戰時期地方黨政關係「貌合神離」，黨在政府中未能盡「發動機」的作用，政府在黨中也未能扮演「工作機」的角色。下層工作的不足、基層無組織，這一直被視爲國民黨黨國體制的重大弱點，同時也反映出國民黨對基層控制的有限性[10]。

家族組織在帝國時代的基層社會組織和治理中發揮著重要作用。19世紀末，家族組織在鄉村不同地區依然存在，有的甚至保有相當完整的組織型態，族譜、族祠、族規、族產及族長等一應俱全。在不少地區，國家仍依靠家族對社會進行

9　朱德新：《二十世紀三四十年代河南冀東保甲制度研究》，112頁，北京，中國社會科學出版社，1994。

10　國民黨時期的黨政關係可參見王奇生：《黨政關係：國民黨黨治在地方層級的運作（1927-1937）》，載《中國社會科學》，2001年第3期；呂芳上：《政治轉型的挑戰——近代中國「黨國」體制的發展與省思》，見共識網，2013/6/17。

治理。

　　從20世紀初開始，中國的家族組織就受到多方面的衝擊而陷入解體之中，家族與國家政權的關係也發生了裂變。近現代家族組織在鄉村社會治理中作用的衰退與現代社會及現代國家的成長直接相關。家族組織本質上是一種特殊取向的身分團體或血緣組織，隨著現代社會的發展，家族自身的血緣性、等級性、封閉性日益受到現代社會的契約性、開放性、流動性和民主性的衝擊，喪失其合理性及生存能力。尤其是20世紀初開始，國家正式的權力機構逐漸從縣下延至鄉村。1929年之後，國民政府統一北方後對鄉村重新進行分區編鄉，使村莊（或村莊聯合）成為最基層的行政單位，從而打破了封閉的村落社會，也取代了家族血緣組織的部分功能，家族也隨之喪失了鄉村組織與管理的合法地位。

　　當然，20世紀家族及家族制度遭受的最沉重的打擊無疑是中國革命的衝擊。在中國革命中，中國共產黨人早在大革命時期就將剷除封建族權、沒收公共族產、打擊土豪劣紳、批判封建道德等列為革命的重要內容。族權同政權、神權和夫權等一起成為革命的對象。傳統家族組織隨著共產黨革命根據地的不斷擴張被迅速掃蕩而瓦解。這一過程一直延續到中國革命的勝利。

　　顯然，19世紀末到20世紀上半葉，在急劇的現代化轉型過程中，中國基層治理的組織建制、治理體系、運行機制、治理精英以及價值取向都在發生深刻的變化，民主、自治、政黨等現代性因素迅速成長，從傳統帝國治理開始向現代民主共和、政黨－國家治理轉變。這無疑是中國兩千多年來最大的治道之變。

12.2　當代基層治理的重建及特徵

12.2.1　新中國基層治理的改造與重建

1.農村基層治理的改造與重建

　　新中國成立初期，農村基層組織與管理主要有兩種體制。一種是實行區、村兩級政府體制，即在縣以下設立區政權和村政權，分別召開區、村人民代表大會，選舉產生區政府和村政府，對本地區實施行政管理。這種體制在北方地區比較普遍。在這種情況下，村是一級政府，為農村基層政權。另一種是區鄉建制，即在縣以下設立區公所，作為縣政府的派出機構，在區公所之下設立鄉政權，召開鄉人民代表大會，選舉產生鄉人民政府，而在村一級不再設立村政權。1954年

9月頒布的憲法，取消了過去的區村制和區鄉制兩種體制並存的制度，對全國農村基層政權進行了統一的規範，規定實行鄉鎮人民代表大會制度，鄉鎮爲農村基層政權。

　　1950年代中後期，隨著「大躍進」運動和人民公社化運動，農村基層治理體制也發生了重大變化。在合作化和集體化過程中，國家廢止了原有的村鄉制度，實行人民公社體制。1958年7月初，全國第一個人民公社「嵖岈山衛星人民公社」在河南誕生。同年8月底，中共中央政治局擴大會議正式通過了《關於在農村建立人民公社問題的決議》，人民公社運動很快推向高潮。

　　這一體制具有鮮明的特徵：其一，「政社合一」，國家基層政權組織與人民公社組織合爲一體。公社管理機構爲公社管理委員會（「文化大革命」時期又稱爲公社革命委員會），受縣政府及其派出機關的領導。作爲經濟組織，公社要負責本行政區域內的生產經營活動，組織、領導各級農業生產活動；作爲行政組織，它必須接受上級政府的領導，對本行政區域內的行政事務實施管理。

　　其二，「三級所有，隊爲基礎」，形成公社、生產大隊、生產隊三級組織架構。公社集體生產資料由公社、生產大隊和生產隊三級共同占有，生產隊爲組織生產、勞動和收益分配的基本單位。土地、牲畜、農具、山林、水面等歸生產隊所有，勞動力歸生產隊支配，生產隊獨立核算，自負盈虧，是基本的核算單位。

　　其三，「黨政不分」，實行黨的一元化領導。公社一級設黨委、生產大隊一般設黨支部、生產隊則設黨小組。公社黨委和生產大隊支部是各自區域的領導和決策機關，一切重大事務，包括生產和分配，招工、招幹和參軍，救濟糧款的發放等，都由黨組織決定。

　　其四，集體化和集中化。人民公社及生產隊建立在集體經濟、集體所有、集中經營的基礎上，並以集體勞動、集體分配和集體生活爲典型特徵，一度還實行「組織軍事化、行動戰鬥化、生活集體化」。人們的生產和生活都高度集中化。

　　其五，封閉性和二元化。在人民公社時期，生產隊和農村社區是以集體產權爲邊界，共同體的地域邊界、經濟活動邊界以及人員構成邊界基本上是同一的，具有強烈的封閉性和排他性，只有擁有生產隊集體產權的人才可能享有相應的權利。

2. 城市基層治理的改造與重建

　　新中國成立後，對城市基層治理體制也進行了根本性改造，其核心是廢除民國時期的保甲制度，在基層建立街、閭兩級行政組織，將原來的保改爲街，甲改爲閭，街設正副街長，閭設正副閭長。1950年，各城市成立了居民組織以取代閭組織，但其名稱不一，天津、常熟是居民小組，武漢是治安保衛委員會，上海是多防隊，有的直接取名爲居民委員會。1954年12月31日，一屆全國人大四次會議通過了《城市街道辦事處組織條例》、《城市居民委員會組織條例》，據此全國城市設立街道辦事處，作爲政府的派出機關，辦理市、市轄區人民委員會有關居民工作的交辦事項，指導居民委員會的工作，反映居民的意見和要求。《城市居民委員會組織條例》同時以法律的形式確認了城市居民委員會的名稱爲「城市居民委員會」，其性質是「群眾自治性居民組織」，任務是辦理居民的公共福利事項，向當地人民委員會或者它的派出機構反映居民的意見和要求，動員居民響應政府號召並遵守法律，領導群眾性的治安保衛工作，調解居民間的糾紛。居民委員會按照居住地區設立，一般規模爲100～600戶，「居民委員會設委員七人至十七人，由居民小組各選委員一人組成；並且由委員互推主任一人、副主任一人至三人」。

　　1958年前後，各地居民區黨支部（上海爲「里弄黨支部」）普遍成立，基層治理的核心是黨支部，支部書記兼任居委會主任，居委會主任、副主任皆由上級黨委直接任命，其政治職能占據主導地位，從事由行政指令所攤派的各項任務。在農村實行人民公社體制的同時，城市基層政權和組織也逐漸被「黨政合一、政社合一、工農商學兵五位一體」的城市人民公社體制取代。1962年，城市又逐步實行有限度的政社分開。一方面，將公社改爲領導廠礦、企業、醫院等定型的行政組織，其管轄範圍相當於原來或當時恢復的2～3個街道辦事處的管轄範圍；另一方面，恢復人民公社化前的街道辦事處和居民委員會組織來負責服務和管理居民生活、興辦基層公益事業等工作。然而，在「文化大革命」中「政治建街」的口號下，城市基層政權組織也迅速「革命化」，街道組織實行軍事編制，下設連、排、班。連設正、副連長，代替居委會主任、副主任，其規模相當於原來1～2個居民委員會管轄的範圍；排設正、副排長，是一支由一些「居民積極分子」組成的直接聽從連長指揮的基本骨幹隊伍，因而有「基幹排」之稱；班設班長一人，它是由原來的居民小組改變而來的，隨著基層居民組織結構的變化，其

組織與功能也發生了變化。居民委員會也成爲革命居委會，日益政治化。

　　當然，新中國在城市實行街居制、人民公社制、革命委員會制的同時，一直並行著另一套專門針對有工作單位的職工的管理體制——單位制。通過單位制的推行，政府實現了對職工的全面控制，建立起了「政府—單位—個人」的自上而下、等級森嚴的三層治理模式。

12.2.2　改革開放以來基層治理的變革及特徵

1.農村基層治理的變革及特徵

　　1970年代末，中國農村實行家庭聯產承包責任制的改革，農民獲得了生產經營自主權，改變了人民公社時期的單一集體、集中經營、集中勞動、統一分配的經營管理方式，從根本上動搖了農村人民公社體制，人民公社治理體系迅速崩塌和解體。1982年底，中央決定廢除人民公社，重建鄉鎮政權，實行村民自治制度。1983年10月，中共中央、國務院發出《關於實行政社分開，建立鄉政府的通知》，全國性「政社分開，建立鄉政府」的工作陸續展開。1985年春，建鄉工作全部完成，全國5.6萬多個人民公社、鎮，改建爲9.2萬多個鄉（包括民族鄉）、鎮人民政府。同時按照憲法規定，取消了原有的生產大隊和生產隊，建立了82萬多個村民委員會。1987年11月，全國人大常委會通過的《村民委員會組織法（試行）》從法律上對村民委員會體制進行了規範，規定「村民委員會是村民自我管理、自我教育、自我服務的基層群眾性自治組織」。「鄉、民族鄉、鎮的人民政府對村民委員會的工作給予指導、支援和幫助。」1998年通過的新的《村民委員會組織法》對此再次予以確認。由此確立了「鄉政村治」或「鄉村分治」的新的治理體系。

　　第一，統合性基層組織體系開始分離，實行政社分開。各地在建鄉鎮政府的同時都設立「鄉鎮經濟聯合社」、「鄉鎮經濟發展（總）公司」等鄉鎮集體經濟組織，行使鄉鎮集體經濟經營管理權。鄉鎮政府管理經濟，主要是運用經濟的、法律的和行政的手段，爲發展商品生產服務。在村級組織建設中，組建村級經濟合作組織，承擔集體經濟組織的產權及經營管理功能。從而實現鄉鎮和村級組織的「政經分開」和「政社分開」。

　　第二，集中化的經營方式開始分散。人民公社體制是建立在對土地等生產資料集體所有並集中經營的基礎上。家庭聯產承包責任制是以「集體所有、承包經

營」爲基本方式的生產經營方式。通過家庭聯產承包，農民獲得了生產經營自主權，改變了人民公社時期的集中經營、集中勞動、統一分配的經營管理方式。由於農民和農戶獲得了經濟自主權和獨立性，農民的流動性增大，傳統管理中所依賴的種種經濟上的制裁和強制手段隨之失效。

第三，單一的產權結構開始多元化。在「承包經營」過程中，農民對「發家致富」煥發出極大的熱情，私人財產也迅速積累。同時，隨著農村「四荒」拍賣、多種經營及經營權的長期化，農村的個體和私營經濟迅速發展，農村產權結構日益多樣化和多元化。

第四，國家與社會的關係開始調整。按照「鄉政村治」治理體系的設計，鄉鎮作爲國家農村基層政權，依法行政；村民委員會作爲村民自治組織，依法自治。鄉（鎮）村之間在法律上不再是行政上的上下級和直接的「領導關係」，而是「指導關係」。「鄉政村治」體制不僅重新構造了農村基層的行政組織與管理體系，而且力圖重新劃定國家權力與社會權力、農村基層政府與農村基層自治組織的權力邊界。

顯然，從人民公社體制到村民自治體制，農村基層治理的組織體系、權力配置、資源控制及管理方式發生了重大改變，傳統的高度集中的單位化治理方式也開始發生變化。不過，從實踐來看，改革初期有的目標並沒有完全達到，人民公社體制的一些核心制度安排並沒有完全改變。

其一，一體化的組織型態。雖然中央一再要求實行農村基層「政經分開」、「政社分開」、「黨政分開」，但在實踐中，絕大多數村社區合作經濟組織與村民委員會實行「一套人馬、兩塊牌子、交叉任職」。改革後，農村基層黨、政（村）、經以及群團組織事實上依然維持融合和一體化狀態。

其二，一元化的黨的領導。黨組織的一元化領導不僅體現在重大決策由基層黨委和支部決定，而且也表現爲鄉鎮幹部的選拔由黨委決定，並指導村委會幹部的選舉，從而實現黨管幹部。在日常工作中，基層黨委、政府以及村兩委班幹部常常是「分工不分家」，相互協助、「齊抓共管」。

其三，全能式的基層管理。直到21世紀初的農村稅費改革之前，各地普遍依然保有廣泛的職責。稅費改革以後，特別是隨著市場經濟的推進，鄉鎮政府和村委會組織的錢糧徵收職能大幅度減少。但農村社會保障、醫療衛生、道路建設、改水改電、環境整治以及生態文明、社區建設等任務日益繁重。

其四，壓力型的行政方式。無論是在法律上還是在政策上，中央都明確鄉鎮政府與村民委員會之間是「指導關係」，而不是「領導關係」。但農村稅費改革前後，政府對村民自治組織的控制強化，「村賬鄉管」日益普遍化、合法化，農村基層組織進一步喪失了經濟上的獨立性和自主權。

其五，條塊分割的管治權。無論是在農村還是在城鎮，縣市及上級部門在城鄉基層設置的「七站八所」，一直被稱爲上級主管部門「伸」到基層的一條「腿」，眾多的「條條」使鄉鎮、街道和村居不堪重負。

其六，二元化的城鄉分治。迄今城鄉有別的政策和制度並沒有完全消除，城鄉之間在戶籍、居住、就業、社保、教育、醫療、稅收等方面的二元制度在相當程度上依然存在，農民仍受到諸多政策上的歧視和制度上的束縛。這些歧視性的規定及管理方式是造成城鄉分割的制度性原因。

2. 城市基層治理的變革及特徵

改革開放以前，國家不僅通過身分劃分將社會成員納入難以流動的等級結構之中，而且對所有社會個體進行社會整合、全面管控，城市的單位制和街居制、滲透基層的黨委系統、行政權力系統和工青婦等群團組織一起構成了一套嚴密的社會管理體制。這種黨政不分的基層社會管理體制直到十一屆三中全會召開後才被打破。1978年改革開放以後，隨著計畫經濟向市場經濟的轉型以及城市化進程的加快，城市社會發生了深刻的結構性變化。一方面，作爲社會整合機制要件之一的單位制開始解體，「單位人」逐步演變爲「社會人」；另一方面，城市流動人口大量增加。這是城市基層管理結構向治理結構轉變的基本背景和主要動力。

在這一時期，上千萬知識青年返回城市，1960年代中期出生的嬰兒也陸續進入就業年齡，原有的單位體制根本無法將龐大的就業人口全部容納。面對巨大的就業壓力，國家不得不放棄和部分放棄對社會資源的獨占與直接支配，因而體制外的「自由流動資源」產生和發展了起來[11]，這不僅直接推動了單位自主性的增強，而且客觀上爲個人的自由流動創造了條件。不過，更爲關鍵的是，隨著市場化改革的深化，住房進一步商品化，這在很大程度上加速了單位制的解體。

隨著「以經濟建設爲中心」的口號取代「以階級鬥爭爲綱」的口號，城市

---

[11]　參見丁超：《全能主義架構中的城市社區與單位》，載《中國方域》，2001年第4期。

基層社會管理的街居兩級管理體制又得到了恢復和發展。1980年，國家連續重新頒布了與街居制相關的四個法律法規，1989年專門制定《城市居民委員會組織法》，規定「居民委員會是居民自我管理、自我教育、自我服務的基層群眾性自治組織」[12]。各社區以居委會為組織化載體進行民主選舉、民主決策、民主管理與民主監督。

隨著單位制的解體，不僅城市個體有了相當的自由流動與自主選擇的空間，而且大量脫離了單位制約束的零散的、原子化的「社會人」紛紛湧現，其中主要包括三部分人。一是下崗和失業人員。根據官方登記，1995年，中國城鎮登記失業人數為520萬[13]。二是退休職工。隨著人口老齡化，退休老年人口脫離了單位，截至1999年，中國離退休及退職人數為3,699萬[14]。三是一開始就屬於非單位人員的城鎮個體和私營經濟的從業人員，截至1999年，城鎮個體和私營經濟的從業人員達3,467萬人[15]。雖然還有不少職工依然留在單位體制內，但他們與工作單位的關係更多只是經濟契約（契約制、聘任制等）關係，個人可以自由選擇工作，在單位之間自由流動[16]。街居兩級管理體制在1980、1990年代在全國得到了比較好的貫徹，收效甚大。

單位制解體帶來了「社會人」的湧現，隨著城市化進程的推進，中國的流動人口規模在改革開放後的三十多年中持續增加，尤其是1990年代中後期放開勞動力市場管制後，流動人口的數量大大增加。國家統計資料顯示，截至2013年末，全國流動人口達2.45億，超過總人口的六分之一[17]。流動人口的流動性、隱蔽性和複雜性給城市管理帶來巨大的挑戰，尤其在流動人口中，相當一部分人無有效證件、無固定職業、無固定住所，從業和居住地變動頻繁，這就極大地增加了城市管理的難度。「社會人」和流動人口的大量出現表明，改革開放前的社會整

12　《中華人民共和國城市居民委員會組織法》，9頁，北京，中國法制出版社，1998。

13　參見國家統計局編：《中國統計摘要（2000）》，36頁，北京，中國統計出版社，2000。

14　參見國家統計局編：《中國統計摘要（2000）》，36頁，北京，中國統計出版社，2000。

15　參見國家統計局編：《中國統計摘要（2000）》，37頁，北京，中國統計出版社，2000。

16　參見徐勇：《論城市社區建設中的社區居民自治》，載《華中師範大學學報（人文社會科學版）》，2001年第3期。

17　參見國家衛生和計畫生育委員會流動人口司編：《中國流動人口發展報告（2014）》，北京，中國人口出版社，2014。

合結構和運行機制逐漸失去效用：一方面，大量「社會人」游離於國家的掌控之外，出現了社會控制的眞空，不斷增加的流動人口也對國家的社會管控提出了嚴峻挑戰；另一方面，一些國家之外的社會團體開始爲個人提供社會參與的重要平臺，尤其是通過市場購買住房的有房階層催生了業主委員會等新興的基層自治組織。

在此背景下，社區建設成爲國家應對這一挑戰的新選擇：國家試圖通過社區建設，一方面把脫離於國家控制之外的社會人和流動人群重新組織起來，使之納入有效的控制框架之中；另一方面在黨委領導、政府負責的前提下，協同基層自治組織，有序擴大民眾參與，以實現社區有效治理，爲社區居民提供優質的公共服務。前者是基層社會秩序的管控，後者是社區治理績效的實現。1990年代末到21世紀初，社區製作爲一種新的城市基層社會管理體制開始被推行。

「社區」概念是外來品，社區制的推行其根源在於經濟社會的高速發展，人們對高品質生活的追求，對國家提供高水準社會服務的需要。當時的民政部爲改進社會福利，鼓勵吸納更多的社會力量參與社會服務與管理，決意改革基層社會的管理理念與管理模式，引入了社區理念與社區治理模式。2000年，城市社區建設在全國推行。社區制的特徵在於：其管理理念是以民爲本，從原來的管理居民轉變爲服務居民，強調服務意識；其管理形式是去行政色彩，在社區（居委會）內再組建自治組織進行自治，強調居民參與治理，發揮居民自我管理的主體作用；其管理目標是通過政府與社會力量的協作，既減輕政府負擔，又發動社區力量，達到社區善治。社區制的具體實踐模式雖因地區情況不同也有所不同，主要有上海模式、瀋陽模式和江漢模式，但實質上差不多，都是力求區政府、街道辦權力下放的同時組建有效的社區組織，實現對本社區居民與事務的自治，力圖建立一種行政調控機制與社區自治機制結合、行政功能與自治功能互補、行政資源與社會資源整合、政府力量與社會力量互動的基層治理模式。

12.3　基層治理的創新與未來

隨著中國的改革開放，特別是隨著市場化、工業化、城市化、資訊化及全球化的深入發展，經濟、社會結構及人們的思想觀念和行爲方式正發生深刻的改變，現行的基層治理體制和治理方式日益不能適應社會的需要，迫切需要進一步

的改革和創新，構建新型治理體系，提升基層治理能力。

12.3.1 城鄉基層治理面臨的挑戰

1.農村基層治理面臨的挑戰

當前，中國城鄉基層治理面臨諸多的挑戰和深刻的矛盾。首先，開放社會與封閉治理的矛盾。迄今為止，作為基層治理組織的村民委員會是以集體土地所有為基礎建立起來的，城鎮居民委員會也受城鄉戶籍等二元化體制的制約，具有強烈的封閉性和排他性。然而，農村及整個國家的改革開放已經打破了村社區的封閉性，尤其是隨著經濟和社會流動、村社區的多種所有制的發展，社區的地權關係、居民關係日益多元化和複雜化。在此背景下，傳統的鄉村集體經濟組織及以此建立起來的基層組織和治理體系如何維繫、運作以及生存？如何處理原居民與移居民的權利關係？「外來人員」是否有權參與居地村莊的自治事務？如何才能保障這些「外來人員」的經濟、社會及政治權益？外來居民如何承擔相應的義務和責任？等等，這些都是現行體制的難題。

其次，經社不分造成的政經難題。迄今村民委員會和村社區集體經濟組織普遍實行「一套人馬、兩塊牌子、交叉任職」，事實上仍維繫人民公社時期經社不分的狀態。這不僅不利於集體經濟獨立、自主經營做大、做強，而且不利於農村實施有效的社會管理和社區融合。

最後，城鄉融合與城鄉分治的錯位。迄今為止，城鄉之間的二元化並沒有完全消除。城鄉之間在戶籍、居住、就業、社保、教育、醫療、稅收等方面的二元制度在相當程度上依然存在。這種城鄉分割和二元化體制不僅成為阻礙中國經濟發展的重大障礙，而且成為引發社會矛盾、影響社會穩定、阻礙社會融合的重大障礙。

2.城市基層治理面臨的挑戰

在實現有效治理目標的驅動下，政府在城市社區進行了大量的投入與有益的探索，但畢竟社區建設從起步至今歷程仍相對較短，社區治理目前面臨許多難題，其中最為突出的是社區組織的資源短缺、任務過重與公共服務提供能力不足等問題。隨著城鎮單位制的解體，大量的人口進入城鎮社區，由於現行的城鄉二元化體制並沒有完全打破，大量農民工進入城市後無法享受平等的待遇，在勞動

安全、社會保障、培訓就業、子女上學、疾病預防、司法保障、生活居住等方面仍存在諸多困難，難以眞正融入當地社會，這給城鎭基層社會管理造成困難。如何有效容納外來人口，使之平等地參與社區事務、享受社會和社區福利，也是城市基層治理必須解決的難題。

從城市社區層面看，社區組織在財力、人力與權力資源方面的短缺問題十分明顯。首先是經費不足。社區組織在財政上高度依賴政府撥款，但是政府撥款有限，而社區組織的職責過多，導致經費非常緊張。雖然很多社區服務專案的初期投入由政府來承擔，但是項目實施後各項開支則完全由社區組織自己承擔，而通常當地社區組織實際上無經費來源可供支撐這些額外的項目開支。經常會出現這樣的現象：政府有關部門的建設標準很高，設想得很好，但由於能夠撥付的經費太少，導致最後建設水準大打折扣；許多場所、設施因爲沒有經費維持，建設之後閒置荒廢[18]。

其次是人力資源短缺。廣州市目前社區居委會人員配備標準是，每200～300人配備一名居委會成員，一般居委會少則幾人，多則十幾人[19]，如此少的人員配備卻要完成紛繁複雜的工作，常常讓社區組織工作人員苦不堪言。

最後是權力資源短缺。社區組織在法理上只是基層群眾性自治組織而非公共組織，因此在日常的公共事務管理中沒有實際的執法權和仲裁權，這就導致社區自治組織有責無權，責任與權力嚴重不匹配。

但是，簡單的「去行政化」眞的能解決社區治理的困境嗎？社區中存在多元化的「社會人」和大量必須面對與處理的公共事務，在此條件下，且不說能否存在完全自治的社區組織，即使存在這樣的自治組織，在社會的利益共同體基礎不明顯與自治組織普遍缺乏資源的背景下，完全自治的社區組織是否能提供優質的基層服務和實現社區基層治理，也是讓人懷疑的。基層工作的繁重與複雜更多是由基層社會性質所決定的，而社區組織在運行上的難題更多是由於權、財、人等資源配置失調引起的，因此不能簡單地將所有問題都歸結到「行政化」這一點

18　參見鄭奕庭：《居委會社區服務：困境、原因與對策》，見http://www.dachaowang.com/dcxk/show_dcxk.asp?id=222，2012/2/23。

19　參見楊愛平：《選擇性應付：社區居委會行動邏輯的組織分析——以G市L社區爲例》，載《社會學研究》，2012年第4期。

上。從這個角度看，社區組織與其說是政府的一條「腿」，倒不如說是社區黨組織的一根「拐棍」。因此，優化基層組織的權、財、人等資源配置，對實現城市基層治理有著非常重要的意義。

3. 城鄉基層治理中的共性問題

從整體上看，在黨領導的國家體制下，城鄉基層治理面臨著共同的矛盾與衝突：政府行政與基層自治的衝突。雖然目前中國城鄉不同地區的基層政府與自治組織關係的實際狀況呈現出不同的型態，但是，從總體上看，無論是鄉鎮與村委會之間，還是街道與居委會之間，總體上依然保持著明顯而強烈的上下級行政命令關係，與法律規定的「指導關係」相去甚遠。在農村地區，不少地方基層政府一方面通過選配和干預村支部、村委會和居委會的幹部選舉，控制基層組織；另一方面通過審計村委會和居委會收支及決定村居幹部工資等「村財鄉管」方式控制村委會和居委會的財務；同時，通過下達各種指令性計畫、指標、任務和命令決定村委會與居委會的工作內容和方向。由此在人事安排、經濟財務及工作內容方面保持對基層自治組織直接與間接的干預和控制。而在一定程度上，造成城市社區建設資源短缺的重要根源在於基層社區組織的「行政化」：基層政府將行政職能轉移到社區組織，使之成為政府的一條「腿」。這樣，基層社區組織通過「去行政化」轉換自己的角色被視為化解社區治理困境的根本出路。

基層政府對基層自治組織的直接干預和控制是國家對城鄉基層社會及民眾深度干預的表現，反映了國家與社會、政府與城鄉居民的關係不順，政府與村務和居務不清。直接的深度干預不僅制約了基層自治權，而且違反了《村民委員會組織法》和《城市居民委員會組織法》，損害了鄉鎮政府權力行使的正當性和合法性，以及基層自治民主的發展。如何妥善處理政府與社會的關係，實現政府行政與基層自治的有效銜接，是當前未能解決的問題。

此外，城鄉基層黨的組織與領導方式有待創新。中國共產黨和政府努力重新整合變革後的基層組織，保持對社會的深度干預，盡力維持對基層社會的領導和管控能力，在實踐中重新確立「以支部為核心」的一體化的城鄉基層組織體系和黨的一元化領導體制。

在城市基層，長期以來，黨組織主要是按照單位和組織建立，具有顯著的單位化和部門化特徵。但是，隨著改革開放，國有企業和集體企業改制，越來越

多的「單位人」轉爲「社會人」，大量的黨員也流動起來，一些黨員脫離了原單位，便失去了與黨組織的聯繫，黨員的作用也難以發揮；隨著各類組織不斷增多、非公企業迅速發展，以單位爲基礎、條條主導爲主的黨的組織體制也出現了協調困難等問題。如何適應開放、流動的社會構建新的城鄉基層黨組織體系，使黨的組織更有開放性、包容性和適應性，是首先必須解決的問題。

在農村地區，基層黨組織被賦予領導地位，鄉鎮黨委「領導鄉鎮政權機關及群眾組織，討論決定本鄉鎮經濟建設和社會發展中的重大問題」。村支部也「討論決定本村經濟建設和社會發展中的重要問題」。然而，依照有關法律，鄉鎮人民代表大會和村民大會分別是鄉（鎮）村的權力機關，依法行使重大事項的決定權，也因此被視爲各自的「權力中心」。村民委員會和居民委員會是城鄉居民自治組織，實行自我決策、自我管理和自我監督。如何劃分鄉鎮黨委與鄉鎮人大以及村支部與村委會之間在重大問題上的決定權，是迫切需要解決的問題。

簡言之，如何處理城鄉基層的「核心」與「中心」的關係？這一直是懸而未決的問題。特別是在實行村（居）民自治和基層民主選舉後，由於村（居）委會及村（居）委會主任是由全體村（居）民選舉產生的，而村（居）黨支部及支部書記只是黨支部內部若干黨員選舉產生的，村（居）務管理上誰的權力和地位更有合法性？在村（居）務大事的處理上誰說了算？隨著基層民主的推進，黨員幹部及人民群眾的民主意識不斷增強，如何進一步擴大黨內民主也是迫切需要解決的問題。

12.3.2 基層治理的探索與創新

1. 農村基層治理的探索與創新

改革開放三十多年，是中國農村基層改革創新的三十多年，其中，影響最大的創新表現在如下幾個方面：

其一，農村政經和經社組織的分離。爲了實行政社分開、政經分開，中央鼓勵並支持探索集體經濟有效的實現形式，推進集體產權的改革。其中，溫州實施「三分三改」（即政經分開、資地分開、戶產分開和股改、地改、戶改），重建村集體經濟組織、村經濟合作社和土地股份合作社，實現了政經分開、資地分開、戶產分開，理順了村民自治組織與村集體經濟組織的關係。村作爲經濟合作社和土地股份合作社的主體，不再成爲一級自治組織，社區成爲基礎性的農村社

會管理和服務平臺。在此基礎上，進一步明晰村民和集體的產權，剝離村民集體產權與村籍身分，打破傳統村級組織的家族、宗族、血緣封閉性，推動農民轉變為市民、農村轉變為社區、傳統集體經濟轉變為現代合作經濟，為農民的自由流動以及社區融合創造了條件。

其二，鄉村基層民主的拓展。1980年代以來，中國鄉村基層民主建設一直向縱深推進。從縱向來看，鄉村民主正從村級民主向鄉鎮民主推進。一些地方在村級選舉的實踐中創造了不少新的民主選舉方式，如候選人競選演說（1988年，遼寧省鐵嶺市）、秘密劃票（1995年，四川省樂山市等地）、選民個人獨立提名「海選」（1995年，吉林省梨樹縣），以及四川達川的「公推公選」等，村民委員會選舉的競爭性和民主性明顯增強。

同時，一些地方也探索改進黨支部的組織方式，尤其是加強支部自身的民主性。1991年山西河曲嘗試實行「兩票制」選舉村支部書記。據統計，截至2000年底，全國已有20多個省市實行「兩推一選」和「公示制」試點，四川省、重慶市推行面達95%以上。山東省在22,000個村實行「兩推一選」，公開選拔村黨支部成員31,700多人。

還有一些地方也開始探索加強和改進鄉鎮民主選舉的方式與方法，基層民主向鄉鎮民主發展。1998年12月、1999年初，四川步雲鄉、廣東大鵬鎮和山西卓理鎮等分別進行鄉鎮長直選的實踐。步雲鄉由鄉鎮居民直接投票選舉鄉鎮長，大鵬鎮和卓理鎮則分別採取「三票制」（村民、幹部村民代表和鎮人大代表分別投票）和「兩票制」（幹部村民代表和鎮人大代表分別投票）選舉鎮長。鄉鎮長候選人都通過一定的方式進行選舉宣傳和競選演說。農村基層民主已經開始從村級民主向鄉級民主擴展，從基層組織的民主向國家政權組織的民主推進，從一種社會自治民主向國家政治民主發展，這顯然是20世紀末中國鄉村治理體系發展的新動向。

2. 鄉鎮「七站八所」的改革

「七站八所」是指縣、市、區及上級部門在鄉鎮的派出機構。其中包括鄉鎮直屬事業站（所）、縣直部門與鄉鎮雙層管理的站（所）以及「條條管理」的機構。從歷史上看，「七站八所」的設立是對鄉村社會事務實行專業化、計畫化和集權化管理的產物。隨著經濟、社會發展，「條條」和部門不斷增加，在機構設

置上強調上下對口，層層節制，分區而治，其結果使各部門的業務工作被行政區
劃割裂開來，機構設置小而全，難以實現機構設置和業務管理的優化配置，政事
不分、組織臃腫、效率低下。隨著市場經濟的發展，這種體制的不經濟性及危害
性日益嚴重，它不僅造成持久的「條塊分割」的矛盾，而且違背了管理的統一、
精幹和效能的原則，同時也助長了鄉鎮機構和人員的膨脹，加重了農民的負擔，
需要進行根本性的調整和改革。

　　基於此，1986年，山東萊蕪在全國率先實行以「簡政放權，健全鄉鎮政府
職能」的改革，以解決鄉鎮機構臃腫和「條塊分割」問題。其將26個站所中的
23個下放到鄉鎮，下放幹部職工13,000多人，固定資產折款1,100萬元[20]。2003年
4月，湖北咸安再次嘗試對縣下派機構進行大幅度改革。此次改革按照「行政
職能整體轉移、經營職能走向市場、公益服務職能面向社會」的總體思路，「養
事不養人」，對「七站八所」鄉鎮事業單位職能進行分類改革。除派出所、法
庭、郵政所、供電所、信用社、工商所、國稅分局（所）等8個單位外，其他站
（所）整體轉制，走向市場，公共服務實行「政府採購，花錢買服務」。此次改
革不是單純的機構和人員的「精簡」，而是著眼於「轉制」。改革力圖改變傳統
的以鄉鎮為單位組織與提供公共服務與公益事業的分割性、封閉性和分散性，打
破行政區劃的界限，整合資源，按「需」設立相應的專業性公共管理和公共服務
機構，重新構建以縣域為基礎的新型公共服務體系。此次改革引入市場競爭機
制，著力實現服務主體社會化和多元化、服務方式多樣化和市場化、服務管理法
制化和規範化。從根本上說，此次改革不僅是「條塊關係」的重大調整，而且是
政府精簡機構、轉變職能，釐清政府與市場、國家與社會關係的大膽探索。

3. 城市基層治理的探索與創新

　　城市基層改革與創新在街道和社區兩個層面展開。一是街道體制層面的改
革。城市街道辦事處作為中國城市基層政府的派出機關，既是政府行政和社會
管理的末端，同時也是政府行政管理與社會自我管理的交會點，在城市基層治理

20　筆者所在的中國農村問題研究中心曾參與山東萊蕪的改革並進行專門調查。有關改革的情
　　況可參見山東省民政廳編：《健全鄉鎮政府職能 促進農村商品經濟發展——山東省萊蕪市
　　加強農村基層政權建設的經驗》，濟南，山東人民出版社，1989。

中發揮著中樞的作用。從實踐來看，一些地方進行了大膽探索，形成了不同的模式，如「銅陵模式」立足撤銷街道，成立居民大社區，按照「一委（社區黨組織）、一居（社區居委會）、一站（社區服務站）、多社團（各類社區社會組織）」的組織架構，提倡社區黨組織成員、社區居委會成員、社區服務站成員、業主委員會成員交叉任職或「一肩挑」。「青島模式」將街道社區化，街道設立「社區黨工委」作為中共市北區委的派出機構，是所轄區域內多種組織的領導核心。成立社區自治工作體系——「社區委員會」，組建「社區事務受理中心」作為行政事務工作體系，設立「社區服務中心」作為社區服務工作體系。北京在大街道層面建社區，同時致力於理順政府、社會和市場的關係，堅持政經、政事、政社分開，政府依法行政，社區依法自治。「實現兩個歸位」，即審批執法歸政府，社會事務管理歸社區、社團，強化社區自治管理，優化行政方式，精簡機構，提高工作效能，由此理順「政社關係」、「條塊關係」，實現「小政府、大社區，小機構、大服務」的目標。「成都模式」是以「還權、賦能、歸位元」為特徵，致力於整合機構，強化街道管理服務與經濟發展，推動行政管理許可權的下放，提升街道綜合管理效能，推進了基層綜合服務便利化。南京則歸併街道內設的40多個科室機構，成立民生服務、經濟服務、城市建設管理、政法綜治、區域黨建5個中心。實現「一上一下」，即將原來由社區承擔的各類行政事務剝離上收至中心，將中心的服務資源與力量下沉至社區，讓社區把主要精力放在自治建設上。這些不同的改革都涉及橫向的政府、市場與社會的關係問題，以及縱向的區、街道和社區的權責關係。不同的探索也為人們進一步理順政府、市場、社會三者之間的關係，實現政府行政與居民自治的有效銜接提供了啟示。

　　二是社區體制層面的建設。1980年代中期到2000年，社區體制建設的重點在於加強街居制。2000年後，社區體制改革試圖超越街道辦的運作邏輯，更加注重多元主體的參與與優質公共服務的提供，社區建設開始走向社區治理。與過去黨政體制對城市基層社會的統治與管理不同，社區治理指的是在社區範圍內的不同的公私行為主體（包括個人、組織、公私機構、權力機關、非權力機關、社會、市場等），通過協商談判、資源交換、協調互動，共同對涉及社區居民利益的公共事務進行有效管理，從而增強社區凝聚力、提高社區自治能力、增進社區成員

福利、推進社區經濟和社會進步的過程[21]。

社區治理概念包括以下幾層含義:第一,社區治理的行為主體構成一種由多元化、多樣性的行為主體共同參與的新格局;第二,社區治理注重社區基本要素的培育;第三,社區治理的行為指向是社區中的公共事務;第四,社區治理權力運行的方向是多向度的、上下互動的,主要通過合作、協商、夥伴關係、確立認同和共同的目標等方式來實施對公共事務的管理[22]。一言以蔽之,社區治理是通過社區內多方主體協商合作來實現對社區公共事務的有效管理。

議行分設、引入民間NGO、引入市場機制等是目前社區治理改革與創新模式的重點和亮點。以議行分設為特點的深圳市鹽田模式、以引入志願者機制為特點的廣州市逢源街道社區模式,以及以引入市場機制與網路資訊機制為特點的三明市梅列區模式是其中的典型代表。在廣州市逢源街道社區公共服務的提供模式中,該社區不僅引進了民間NGO的力量,而且建立了一支訓練有素的志願者隊伍,正是依靠民間慈善機構與志願者的力量,逢源街道不僅提高了社區公共服務的品質,而且實現了社會管理主體的多元化[23]。又如福建省的三明市梅列社區服務提供模式,其最大的特點在於引進了市場機制,政府、社區單位、社區組織和社區居民等基於市場原則與公共利益進行互動合作,共同參與管理社區公共事務,形成了政府、社區組織、社區單位、社區居民、物業公司等市場主體合作供給社區公共產品的共治格局[24]。

總之,隨著中國改革開放及經濟社會的發展,特別是隨著市場化、工業化、城市化、資訊化及全球化的發展,城鄉社區居民的獨立性、自主性、流動性日益增強,城鄉社會和社區不斷開放、分化、異質化和多元化。原有的基於「集體」和「單位」建立起來的組織體系、領導體制、管控機制和服務方式充滿矛盾,失去效能。如何構建與開放、流動、分化和多樣化相適應的新型城鄉基層治理體系,仍然是當前黨領導的國家體制建設和發展過程中亟待解決的重大問題。

---

21 參見史柏年主編:《社區治理》,62頁,北京,中央廣播電視大學出版社,2004。
22 參見史柏年主編:《社區治理》,62頁,北京,中央廣播電視大學出版社,2004。
23 參見袁政:《街道社區公共服務的多維評析——以廣州市逢源街為例》,載《中山大學學報(社會科學版)》,2007年第3期。
24 參見陳沈慧:《城市社區治理多元共治研究——以三明市梅列區為例》,載《福建行政學院學報》,2012年第6期。

本章小結

作為一個幅員遼闊、內部充滿多樣性的大國，基層社會的有效治理一直是中國政治的重大問題。在黨政體制下，對基層社會的深度干預不僅是近代以來現代化歷史的延續，而且是客觀情勢的需要。作為一個後發展國家，為了有效地動員一切社會資源，黨和政府將權力伸入社會的各個角落。改革開放以來，隨著工業化、市場化、城鎮化、資訊化和國際化的發展，中國的社會、經濟結構及人們的思想觀念發生了深刻變化，改革和完善基層治理體系，提升基層治理能力，成為一個非常緊迫的任務。

關鍵術語

基層治理、官督紳治、官僚化、基層政權、人民公社、居民委員會、單位制、鄉鎮街道、鄉政村治、村民自治、社區建設

複習思考題

1. 簡述當代中國基層治理的形成及其邏輯。
2. 簡述當前城鄉基層治理體制的基本特徵。
3. 簡述當前城鄉基層治理創新的動力及走向。
4. 如何推進城鄉基層治理體系和治理能力現代化？

第十三章　社會與公民

　　黨政體制不僅是一個以政黨爲中心、黨的一元化領導的政治統治型態，而且是一個政黨、國家和社會高度重疊的社會控制型態。黨政體制與社會及社會個體具有三種關係：一是黨與人民團體及群眾的關係；二是國家與社會的關係；三是國家與公民的關係。鑑於篇幅，本章主要討論後面兩種關係。

　　就國家與社會的關係而言，在改革開放以前，由於全能主義國家的支配，黨政體制之外不存在具有自主性和自治性的社會。改革開放以來，隨著計畫經濟向市場經濟的轉型，國家與社會開始出現結構性的分離，社會階層結構發生了巨大的變化，新興社會階層開始崛起，與此同時，社會組織也得到了迅速發展。從國家與公民的關係來看，改革開放以來，由於國家依法不斷強化對公民權利的保障和逐步推進法治建設，公民權利得到了極大的擴展。總之，社會階層結構的調整、社會組織的成長和公民權利的擴展，是改革開放後中國社會最爲顯著的三大變化。

　　本章將分別探討上述三大變化的歷史脈絡、現實狀況、未來走向和黨政體制的回應。具體說，第一節討論改革開放後中國社會階層結構的調整，第二節聚焦於社會組織的發展，第三節分析公民權利的擴展。

13.1　社會階層結構及其變遷

13.1.1　改革開放前後的社會階層結構

　　改革開放前，中國的社會階層結構是一個因身分劃分而形成的、流動性很弱的等級社會。社會成員生存和發展所需要的基本資源嚴重短缺，並且完全由國家掌握和統一分配。國家不得不爲每一個社會成員設定身分、區分等級，並以此確定資源配置的優先順序和數量多寡。這樣，改革開放前的中國社會結構實際由四

大身分系列構成：一是基於階級鬥爭需要而形成的政治身分系列，在農村有貧下中農和地主富農等，在城市則有革命幹部、工人、手工業者等。此外，在城鄉存在「反革命分子」、「壞分子」、「右派分子」等。政治身分把社會成員在政治地位上劃分爲上、中、下三等，這種政治地位的身分劃分對社會成員資源和機會的獲得具有極大的影響[1]。二是城鄉身分系列。1950年代逐步定型的戶籍制度，以戶口爲依據將城鄉居民劃分爲兩種截然不同的社會身分，由此，城鄉居民享有完全不同的經濟、社會待遇。三是「幹部」與「工人」的職業身分系列。這兩種身分劃分主要依靠「編制」：幹部編制屬於人事部門和組織部門管理，而工人編制則由勞動部門管理，兩種編制是不能彼此跨越的[2]。四是所有制身分系列。這是指因「全民所有制」和「集體所有制」的區別而形成的兩種社會身分，即「全民所有制工人」和「集體所有制工人」，二者之間的身分也是不能輕易變更的[3]。顯然，這種身分社會不僅等級森嚴，而且難以流動。

改革開放以後，隨著黨和國家的政策調整及經濟、政治社會本身的發展，中國的社會階層結構出現了許多新的變化。

首先，社會階層趨向多元化。目前中國社會分層標準已經從原來的以「社會身分」政治性指標區分社會地位轉向現在的以「非身分」經濟性指標區分社會地位[4]。具體來說，以職業爲基礎，以組織資源、經濟資源和文化資源占有狀況作爲社會分層的根據和指標，取代過去的政治身分、戶口身分和行政身分指標。按照這種分層標準，當下中國的社會結構大致可劃分爲十個階層[5]，包括國家與社會管理者階層、經理人員階層、私營企業主階層、專業技術人員階層、辦事人員階層、個體工商戶階層、商業服務人員階層、產業工人階層、農業勞動者階層，以及城鄉無業、失業、半失業階層。顯然，隨著社會的發展，中國將會出現更多的新興社會階層，社會階層結構將進一步趨向多元化。

其次，社會階層的流動性實現了從「無」到「有」的飛躍。改革開放前，

1　參見楊繼繩：《中國當代社會各階層分析》，18頁，蘭州，甘肅人民出版社，2006。
2　參見上書，21頁。
3　參見孫立平：《現代化與社會轉型》，134-135頁，北京，北京大學出版社，2005。
4　參見李強：《轉型時期中國社會分層》，14頁，瀋陽，遼寧教育出版社，2004。
5　參見陸學藝：《當代中國社會階層的分化與流動》，載《江蘇社會科學》，2003年第4期。

在「身分制」和等級結構下，不同的階層之間幾乎不具備流動性。城鄉分割戶籍制度使出生在農民家庭的人，註定從事農業，做農民；出生在城市的人，則成為工人和幹部的後備人力資源。農民想轉變為工人，或城市居民、工人想轉變為幹部，不存在開放性的制度管道。改革開放以來，隨著單位制的解體、城鄉分割的鬆動，市場的自由競爭機制開始滲入社會，與此同時，國家恢復高考，實行公務員制度，社會流動的管道越來越開放和多元，人們有了擇業自由，可以通過自己的努力實現向上流動[6]。

最後，私營企業主與個體戶階層的崛起。這是中國社會階層結構最顯著的一個變化。改革開放前，經過社會主義改造、「文化大革命」等的衝擊，中國的「民族資產階級」基本上被消滅殆盡。1978年的十一屆三中全會以後，隨著經濟改革從農村到城市的推進，私營企業主重新成長起來了[7]。私營企業主一般是指雇工在8人以上的企業主，1981年才有第一個私營企業主。到2000年底，私營企業已發展到176萬戶，投資者為395萬人。2001年私營企業發展到202.85萬戶，投資者為460.8萬人，從業人員為2,714萬人，已形成一支相當龐大的經濟力量[8]。

進入21世紀後，中國社會階層結構在經歷了快速變革之後，呈現出相對穩定的狀態，有學者稱之為「社會階層位序」的定型。所謂社會階層位序是指各個階層在社會地位分層等級中的排列次序。社會階層位元序取決於各個階層所擁有的組織資源、經濟資源和文化資源的數量及三者綜合實力。在現階段的中國社會階層位序中，一方面，國家與社會管理者階層、經理人員階層、私營企業主階層和專業技術人員階層，處於最高或較高的階層位序，而城鄉無業、失業、半失業階層則處於階層位序最低的位置[9]；另一方面，各階層之間的「位序」逐漸趨於定型，下層群體向上流動的機會減少、比例下降。這種社會階層位序的定型正是中國社會階層結構固化的集中體現。過度固化的社會階層結構有可能會引起社會的斷裂與失衡，引發各種社會問題，並最終對政治合法性構成巨大的挑戰。

---

6 參見陸學藝：《當代中國社會階層的分化與流動》，載《江蘇社會科學》，2003年第4期。
7　參見陸學藝：《中國私營經濟、私營企業主階層產生、發展的實踐和理論演變》，載《中國社會科學院研究生院學報》，2003年第1期。
8　參見陸學藝：《當代中國社會階層的分化與流動》，載《江蘇社會科學》，2003年第4期。
9　參見陸學藝：《當代中國社會階層的分化與流動》，載《江蘇社會科學》，2003年第4期。

13.1.2　對新興階層的政治整合

如上所言，改革開放後，中國社會階層結構最顯著的變化在於私營企業主與個體戶階層的崛起，這對黨政體制提出了很大的挑戰。面對這種挑戰，黨和國家的策略選擇有一個變化的過程，這就是從最初的「政治排斥」轉向現在的「積極整合」[10]。

1980年代，私營企業主階層與個體工商戶階層剛剛興起，尚處於發展的前期，國家對其主要採取經濟上「默許」和政治上「排斥」的策略。一方面，儘管私營經濟因其私有產權的性質在當時備受質疑，私營企業主階層與個體工商戶階層的出現引起了黨內外的激烈爭論，然而，在鄧小平的再「看一看」的方針下，私營經濟被默許了，正是這種默許為私營企業主階層和個體工商戶階層迅速發展壯大提供了條件。另一方面，十三大報告雖然確立了私營經濟的合法地位，但仍然將私營企業主視為「鼓勵、保護、引導、監督和管理」的物件[11]。1989年，中共中央組織部文件仍明確規定私營企業主不能加入共產黨[12]。這意味著他們在政治上仍然被視為排斥和監控的物件。

1990年代後，黨和國家不僅給予了私營企業主平等的經濟地位，而且開始積極轉變其政治身分，將這個群體視為政治上吸納的物件。1992年，鄧小平發表了著名的南方講話，此後召開的十四大及十四屆三中、四中全會確定了「國家對各類企業一視同仁」的政策。十五大則進一步將私營企業等提升為社會主義市場經濟的重要組成部分[13]。隨後，中央進一步指出：「非公有制經濟人士……是我國工人階級和農民階級的盟友。」[14]自此，黨和國家開始將這個群體視為政治吸納的物件。中共中央統戰部、全國工商聯和中國民（私）營經濟研究會進行的全

[10]　參見吳曉林：《從政治排斥到積極整合：新時期黨對私營企業主階層整合政策的變遷》，載《探索》，2012年第4期。

[11]　參見劉強：《中國民營經濟》，見http://news.xinhuanet.com/ziliao/2009-08/12/content_11870155.htm，2009/8/12。

[12]　參見王曉燕：《私營企業主的政治參與》，120頁，北京，社會科學文獻出版社，2007。

[13]　參見劉強：《中國民營經濟》，見http://news.xinhuanet.com/ziliao/2009-08/12/content_11870155.htm，2009/8/12。

[14]　張厚義、明立志：《中國私營企業發展報告（1978-1998）》，124頁，北京，社會科學文獻出版社，1999。

國私營企業抽樣調查的資料顯示：在被調查者中，中共黨員所占比例在1993年、1995年、1997年依次為：12.9%、16.9%和19.9%[15]。

進入21世紀後，隨著市場經濟改革的進一步深化，私營企業主階層已經成為社會上龐大的經濟力量，黨和國家對其主要採取積極政治整合的策略。以2004年「國家保護公民合法的私有財產」入憲和2007年全國人大通過的《中華人民共和國物權法》為標誌，私營企業主對生產資料的占有得到了國家法律的正式承認。自此，私營企業主階層被排在了中國十大社會階層中的第三位[16]，黨和國家也開始對私營企業主實施更加積極的政治整合。2001年，江澤民發表「七一」講話，指出私營企業主中的優秀分子可以加入共產黨[17]。2002年，十六大解決了私營企業主能否入黨的問題：十六大通過的新黨章明確規定，包括其他社會階層的先進分子只要「承認黨的綱領和章程，願意參加一個組織並在其中積極工作、執行黨的決議和按期交納黨費的，可以申請加入中國共產黨」。十六屆六中全會進一步明確要求推進新經濟組織的黨建工作，吸收適當數量的新經濟組織黨員代表。

總之，隨著私營經濟在中國經濟結構中發揮的作用越來越重要，私營企業主與個體戶階層的地位也逐漸上升，並逐步被整合到黨政體制之中。

13.1.3　優化社會階層結構的戰略選擇

如果說社會階層結構多元化，特別是私營企業主等社會階層的興起從橫向對黨政體制提出了挑戰，那麼，一定意義上，優化社會階層結構則從縱向上要求黨和國家作出新的戰略和策略選擇。

如上所述，改革開放以來，中國的社會階層結構雖然在橫向上開始分化，並趨向多元化，但從縱向看，卻存在社會階層結構斷裂的現象。

首先，離「橄欖型」的社會階層結構還有很大距離。一個良好的社會階層結構應該是「橄欖型」的，即有一個龐大的中間階層，而上層和下層所占的比例都比較小。然而，由於農業勞動者數量依然大而且弱，中間階層規模偏小、實力不

---

[15]　參見王曉燕：《私營企業主的政治參與》，125頁。

[16]　參見陸學藝主編：《當代中國社會階層研究報告》，9頁，北京，社會科學文獻出版社，2002。

[17]　參見王曉燕：《私營企業主的政治參與》，121頁。

強，中國的社會階層結構目前依然是「洋蔥頭型」[18]或倒過來的「丁字型」[19]，而非「橄欖型」。就此而言，中國社會階層結構確實如學者所言，「該大的階層沒有大起來，該小的階層沒有小下去」。

其次，從社會流動來看，雖然等級地位相近階層之間的短距離的相互流動增加，但等級地位較低階層與較高階層之間大跨度的上下流動減緩，而權力機制在社會階層結構變動中作用的強化進一步加重了這兩種情形。「社會上廣泛流傳的『富二代』、『貧二代』便是權力機制作用持續強化的結果和具體表現。」[20]

最後，隨著精英結盟日益加劇，精英和大眾之間的鴻溝在加深。隨著權力與資本的強勢擴張，權力與資本的結合形成了以政治精英與資本精英結合為主要標誌的精英聯盟，精英之間的結盟一方面強化了精英群體的固有優勢，使其獲得了更多的資源和機會；另一方面也壓縮了大眾獲得資源和機會的空間，加深了精英和大眾之間的斷裂[21]。

斷裂的社會階層結構不可避免地帶來巨大的社會矛盾和社會衝突，並引發各種群體性事件，它給黨和國家的社會治理提出了極大的挑戰。這就要求黨和國家消弭社會階層的斷裂，優化社會階層結構。為此，黨和國家的戰略選擇是促進社會公平正義、深化社會體制改革，在策略選擇上則是多管齊下、全面推進以下策略。

（1）化解城鄉二元結構。國家通過健全體制機制，形成以工促農、以城帶鄉、工農互惠、城鄉一體的新型工農城鄉關係，讓廣大農民平等參與現代化進程、共同分享現代化成果。為此，不僅要賦予農民更多的財產權利，而且要將加快戶籍制度改革，推進農業轉移人口市民化，把進城落戶農民完全納入城鎮住房和社會保障體系。

（2）縮小貧富差距。國家以形成合理、有序的收入分配格局為目標，一方面，著重保護勞動所得，努力實現勞動報酬增長和勞動生產率同步提高，提高勞動報酬在初次分配中的比重；另一方面，完善以稅收、社會保障、轉移支付為主

18　陸學藝：《中國社會結構的變化及發展趨勢》，載《雲南民族大學學報（哲學社會科學版）》，2006年第5期。

19　李強：《轉型時期中國社會分層》，86頁。

20　陸學藝主編：《當代中國社會建設》，286頁，北京，社會科學文獻出版社，2013。

21　陸學藝主編：《當代中國社會建設》，288頁，北京，社會科學文獻出版社，2013。

要手段的再分配調節機制，規範收入分配秩序，保護合法收入，調節過高收入，增加低收入者收入，擴大中等收入者比重，努力縮小城鄉、區域、行業收入分配差距，逐步形成「橄欖型」分配格局。

（3）改善流動機制。一方面，國家大力促進教育公平，例如，落實九年制義務教育、提高重點高校招收農村學生比例、健全家庭經濟困難學生資助體系等，使社會成員通過後天努力獲得的文憑、學歷、技術證書的作用越來越突出[22]；另一方面，努力完善黨政機關、企事業單位、社會各方面人才順暢流動的制度體系，讓各類人才都有施展才華的廣闊天地。

（4）疏通表達管道。一方面，在各層次、各領域擴大公民有序的政治參與，例如，完善人大工作機制、推進協商民主、發展基層民主，特別是實行民主懇談會等多種形式的基層協商民主制度；另一方面，完善群眾合理訴求機制，例如，積極改革信訪工作制度，把傳統的信訪制度與互聯網的發展相結合，實行網上受理信訪制度，健全及時就地解決群眾合理訴求機制。

隨著上述國家戰略和策略選擇的實施，社會階層結構無疑將得到逐步優化，從長遠來看，這將有助於緩解社會矛盾和衝突，擴大中國執政黨的合法性資源。

13.2　發展中的社會組織

13.2.1　社會組織的成長

社會組織的定義較為廣泛，以非營利性、非政府性與社會性為主要特徵。社會組織又可稱為「非政府組織」、「非營利組織」、「第三部門」等，泛指在社會轉型過程中由各個不同社會階層的公民自發成立的、在一定程度上具有非營利性、非政府性和社會性的各種組織形式及其網路型態[23]。因此，國內學者一般認為其具有三大基本特性：非營利性、非政府性與社會性[24]。中國民政部則把社會組織劃分為三種類型：社會團體、民辦非企業單位、基金會[25]。國家與社會組織

---

[22]　參見李強：《轉型時期中國社會分層》，18頁。

[23]　參見王名主編：《中國民間組織30年》，1-2頁，北京，社會科學文獻出版社，2008。

[24]　參見王名主編：《中國民間組織30年》，6頁，北京，社會科學文獻出版社，2008。

[25]　參見《社會組織專案管理研究（研究報告）》，見http://www.chinanpo.gov.cn/1831/32359/yjzlkindex.html，2009/1/4。

的關係往往被認為是國家與社會關係的重要縮影。

　　1949年以後，從中華民國留存下來的各種非政府組織，要麼自我解散，要麼被取締，要麼被重新改造，最後所剩無幾。據統計，1950年代全國性的社團只有44個，1960年代也不到100個，地方性社團大約為6,000個[26]。改革開放以後，隨著全能主義國家的解體，中國出現了相對獨立的社會空間，從前嚴重萎縮的社會組織得到了全面復興。不過，中國社會組織的發展歷程並非一帆風順，其間既有爆炸增長期，也有曲折發展期，其發展歷程可粗略地劃分為三個階段：1978年到1990年代初期為黃金復甦期；1990年代初期到2001年為曲折發展期；2001年以後，尤其是2008年汶川地震以後為發展高潮期。

　　1978年到1990年代初期是中國社會組織的黃金復甦期。在此期間，社會組織經歷了從無到有的爆炸式增長。1988年社會團體統一登記制度實行後，登記的社會組織數量急劇上升，其中學會和研究會占了很大的比重。1979年全國恢復成立的各類學會、研究會以及分科學會共249家[27]，到了1980年代，全國每年成立的學術類民間組織幾乎都在300家以上[28]。除了學會的蓬勃發展，基金會也迅猛發展，據1987年9月的不完全統計，當時全國性基金會有33個，地方性基金會有181個[29]。如圖13-1所示，1988年社會團體統一登記制度實行後，登記的組織從1988年的4,446家攀升到1992年底的15.45萬家。

　　不過，1990年代初期到2001年是中國社會組織的曲折發展期。1989年國務院通過的《社會團體登記管理條例》，正式確立了對社會組織的「雙重管理體制」與「歸口管理體制」，雖然這有利於社會組織的規範發展，但也加強了政府對社會組織的控制，變相地壓制了社會組織的生存空間。社會團體在全國範圍的復甦對國家管制提出了挑戰，為了配合經濟深化改革、維護社會穩定等相關政策，民政部於1997年對民間組織進行「清理整頓」[30]，從圖13-1中可以明顯看到，1997-1999年，登記的社會組織數量呈明顯的下降趨勢。

26　參見俞可平主編：《治理與善治》，329頁，北京，社會科學文獻出版社，2000。

27　參見王名主編：《中國民間組織30年》，12頁。

28　參見王名主編：《中國民間組織30年》，13頁。

29　參見民政部民間組織管理局等編著：《基金會指南》，40頁，北京，中國社會出版社，2004。

30　王名主編：《中國民間組織30年》，22頁。

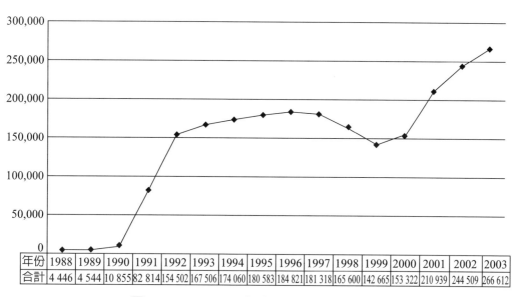

年份	1988	1989	1990	1991	1992	1993	1994	1995	1996	1997	1998	1999	2000	2001	2002	2003
合計	4 446	4 544	10 855	82 814	154 502	167 506	174 060	180 583	184 821	181 318	165 600	142 665	153 322	210 939	244 509	266 612

圖13-1　1988-2003年中國登記社會組織數量

資料來源：中國社會組織年鑑編委會編：《中國社會組織年鑑（2011）》，560頁，北京，中國社會出版社，
　　　2012。

　　進入21世紀以來，中國社會組織迎來了新的發展高潮。從1999年開始，社會
組織的數量大致以每年30%的增長率遞增[31]。除了傳統的社會團體，如民辦非企
業單位和基金會得到進一步發展，各類新型的組織也不斷湧現，如因互聯網發展
而壯大的網路社團、因居住環境變化而產生的業主委員會等。據中國民政部發布
的統計資料，截至2013年底，全國共有社會組織54.7萬個，其中社會團體28.9萬
個、民辦非企業單位25.5萬個、基金會3,549個，社會組織呈現出逐步發展的態勢
（見圖13-2）。

---

[31]　參見劉求實、王名：《改革開放以來我國民間組織的發展及其社會基礎》，載《公共行政
　　　評論》，2009年第3期。

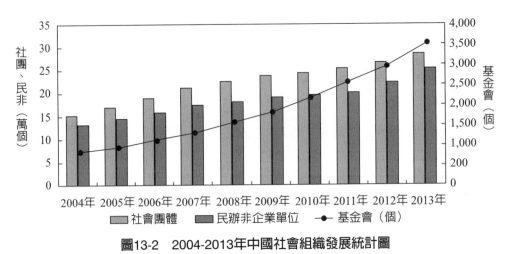

圖13-2　2004-2013年中國社會組織發展統計圖

資料來源：《民政部發布2013年社會服務發展統計公報（全文）》，見人民網，2013/6/18。

　　2008年的汶川地震中，中國的社會公益組織及其志願者以前所未有的態勢集體登場，在現場救援以及災後重建過程中發揮著相當重要的作用，因此，2008年被稱爲中國的「NGO元年」。五年後的蘆山地震，各類社會組織再次全面出動，其反應更爲迅速，參與規模與服務範圍都有所擴大，成了政府部門的得力助手。

　　總之，中國的社會組織不僅數量上穩步增長，而且也發揮著越來越重要的作用。

13.2.2　社會組織發展的動力機制

　　雖然社會組織的發展在1990年代遭遇過曲折，但總體的發展趨勢是擴展性的。在此需要討論的問題是，推動社會組織發展的動力是什麼？實際上，改革開放三十多年來，社會組織的發展是多種複雜因素交織互動的產物。據分析，這些動力因素至少包含國家的權力收縮、自我撤退與自我限制，以及社會主義市場經濟的發展、政府的職能轉型、公民權利意識和志願服務意識的覺醒、全球化和互聯網技術的應用。綜合而論，這些動力因素的交織互動、彼此拉動則構成了社會組織成長的動力機制。

　　國家的自我限制使社會獲得了自由的空間，爲社會組織的發展奠定了重要基礎。改革開放後，個人崇拜讓位於法制權威，個人的自由權利包括結社權得到了

重新認可，1987年的十三大更明確提出制定《結社法》的立法規劃[32]。雖然國家一直沒有放鬆對社團的監控，但總的來說，中國的社團革命之所以能存活，在於政黨和國家對其的主動讓位與接納。十七大報告首次提出了「社會組織」，不再沿用之前「民間組織」的叫法[33]。從「民間」到「社會」，意味著這些組織在名義上已成為社會建設與管理的重要主體，這是黨政體制在社會領域極具深意的撤退。「十二五」規劃提出加強社會組織建設，堅持培育發展和管理監督並重，推動社會組織健康、有序發展，發揮其提供服務、反映訴求、規範行為的作用[34]，進一步為社會組織的發展提供了必需的空間。

　　市場經濟的發展是社會組織發展的重要前提。首先，市場經濟能塑造自主意識、平等意識與契約精神，為自由結社創造了思想條件。其次，市場經濟意味著社會資源的自由流動，給予了社會組織賴以生存與活動的條件。最後，市場經濟的發展促使社會利益階層分化，產生如私營企業主、城市社區業主、外來人口等階層。其結果是雙重的：一方面，不同階層的人們傾向組成聯盟來抵抗風險[35]；另一方面，由於不同階層之間往往存在利益紛爭，社會組織能作為重要的協調仲介，在幫助弱勢群體、消除貧富差別、提供公共服務等方面發揮作用。總之，市場經濟的發展促進了社會階層的多元化，增強了人們的結社觀念，成為社會組織發展的重要動力。

　　在「小政府、大社會」的政府職能轉型目標下，政府給社會組織留下了補位元的空間。「黨政分工」後，中國進入了「行政社會」，政府成為國家管理的最重要主體，承擔著促進經濟發展、維護社會穩定、提供公共服務、確保外交和平等職能。在「行政社會」下，政府承擔了過重的任務，民眾容易對政府產生負面情緒。為解決這一問題，政府在1990年代確立了「小政府、大社會」的目標，開始了旨在轉變政府職能的機構改革。政府一方面將更多的職能轉移給社會組織，

32　參見《趙紫陽在中國共產黨第十三次全國代表大會上的報告》，見http://cpc.people.com.cn/GB/64162/64168/64566/65447/4526369.html，1987/10/25。

33　參見《李學舉在全國社會組織建設與管理工作經驗交流會上強調 全面發揮社會組織在和諧社會中的重要作用》，載《中國社會報》，2007/11/22。

34　參見《國民經濟和社會發展第十二個五年規劃綱要（全文）》，見http://www.gov.cn/2011lh/content_1825838.htm，2011/3/16。

35　參見胡兵：《探索民間組織最佳的生存環境》，載《學會》，2007年第9期。

另一方面為社會組織的發展提供了更多的制度支援與資源支援，這就為社會組織的成長提供了機會空間。

公民權利意識與志願服務意識的覺醒大大推動了社會組織的發展。這首先表現為各類權利聯盟的湧現：外來務工人員、同性戀、女性等相對弱勢的群體越來越熱衷於成立各種組織來為自身權利而抗爭；越來越多的「非當事人」也加入維權的隊伍，「免費午餐」、「微博打拐」、「大愛清塵」等均是由記者們組織發起的，「阿拉善SEE生態協會」是由企業家發動的，「壹基金」則是由明星成立的。除此以外，青年志願者也成了推動社會組織發展的一股巨大力量。截至2009年底，進行規範註冊的志願者人數達到3,047萬；累計已有4.03億多人次的青年和社會公眾為社會提供了超過83億小時的志願服務[36]。總之，隨著公民權利意識與志願服務意識的覺醒，越來越多的人活躍於社會組織這一重要的維權與志願服務的平臺上。

全球化進程促進了中國社會組織的發展，資訊化和網路化則為社會組織提供了強大的技術支援。進入21世紀，中國被捲入全球化的進程中，中國的社會組織受到了全球「新社會運動」熱潮的大力推動，其發展甚至被視為全球結社革命的一部分[37]。此外，國際社會組織給中國的社會組織提供了很大的援助，包括資金援助、新項目介紹以及經驗傳授等[38]。除了全球化效應，資訊化和網路化也為社會組織提供了強大的支援：隨著如微博、微信等新型網路社交工具的出現，各種形式的網路虛擬社團日益湧現，社會組織對資訊網路技術的創新性應用也層出不窮。

13.2.3　對社會組織的回應策略

對黨政體制而言，新興的社會組織無疑是一種挑戰：一方面，如上所言，隨著全能主義國家的自我撤退，國家已無法阻擋大量社會組織的出現；另一方面，

36　參見悅丹：《我國註冊志願者人數突破3000萬名》，見http://www.ccyl.org.cn/newscenter/ tendency/200912/t20091207_318001.htm，2009/12/6。

37　參見王紹光、何建宇：《中國的社團革命——中國人的結社版圖》，載《浙江學刊》， 2004年第6期。

38　參見馬秋莎：《全球化、國際非政府組織與中國民間組織的發展》，載《開放時代》， 2006年第2期。

如果不能將社會組織納入黨和國家管控的軌道，社會組織有可能成為其對立面，從而動搖其統治根基。因此，分析黨政體制如何回應這種挑戰，在一定程度上可以把握這一體制面對市場經濟條件下社會變革的適應性。經驗觀察表明，面對雨後春筍般出現的社會組織，黨和國家選擇與採取了三種行動策略——扶持培育、規範管理與嵌入滲透。我們不妨稱之為「三管齊下的行動策略選擇」。

1. 扶持培育

所謂「扶持培育」，是指政府通過放鬆註冊門檻、提供資金、稅收優惠、購買社會服務以及成立培育基地等一系列措施促進社會組織的發展。這一行動策略的選擇，表明黨和國家不僅正視社會組織的出現，而且以積極支援的態度促進其發展。

首先，政府逐步改革社會組織的登記制度，降低了社會組織成立的門檻。以往在「雙重管理體制」之下，社會組織的登記管理機關是各級民政部門，在登記之前，社會組織還需要先自行找到一個「業務主管單位」，但大多數相關單位往往為了規避風險而不願意接收新組織，導致了中國大量「非法」社會組織的存在。進入21世紀以來，國家鼓勵各省市試點改革「雙重管理體制」，出現了「深圳一元模式」、「北京新二元模式」、「上海三元模式」等有益嘗試[39]。2013年，國務院明確提出「對行業協會商會類、科技類、公益慈善類、城鄉社區服務類社會組織實行民政部門直接登記制度」[40]。這標誌著社會組織的「雙重管理體制」的改革正式在全國範圍內鋪開。此外，社會組織註冊登記所需要的資金、場地、人員等條件都得到了一定的放寬。

其次，政府以稅收優惠、專項資金等形式扶持社會組織。在稅收優惠方面，近幾年來，國家稅務總局連續發布了一系列公益性捐贈稅前扣除的優惠政策，鼓勵企業和個人的公益捐贈。2008年發布的《關於公益性捐贈稅前扣除有關問題的通知》和2010年發布的《關於公益性捐贈稅前扣除有關問題的補充通知》規定納稅人開展公益捐贈，可在納稅時按一定比例稅前扣除。以廣東省為例，2008年已

39　參見鄭琦：《社會組織登記管理體制改革：模式比較與路徑選擇》，載《理論與改革》，2011年第1期。

40　參見《國務院辦公廳關於實施〈國務院機構改革和職能轉變方案〉任務分工的通知》，見http://www.gov.cn/zwgk/2013-03/28/content_2364821.htm，2013/3/28。

獲得公益性捐贈稅前扣除資格的公益性社會團體為64個，2009年增加73個，2010年增加45個，2011年增加65個，2012年增加3個[41]。2012年全國範圍內增加了148個[42]。在專項資金扶持方面，廣東省走在了全國的前沿。根據《中共廣東省委廣東省人民政府關於加強社會建設的決定》，規定從2013年起省財政對成立三年內符合一定條件的公益服務類、行業協會類、學術聯誼類、公證仲裁類、群眾生活類、樞紐型社會組織等非營利性社會組織分類給予一次性補助[43]，並發布了《2013年度廣東省省級培育發展社會組織專項資金申報指南》和舉辦慈善推介會，為社會組織提供了更多的資金來源。

再者，政府向社會組織購買服務這一機制也在一定程度上促進了社會組織的發展。這一形式最初在上海施行，並延伸到北京等城市，主要在教育、養老、扶貧、殘疾人服務等領域向社會組織購買服務[44]。2012年3月，《中央財政支援社會組織參與社會服務專案公告》發布，決定以中央財政專項資金支援社會組織參與社會服務[45]。2013年9月《國務院辦公廳關於政府向社會力量購買服務的指導意見》發布，對政府購買服務作出了重要部署，並於2012年和2013年各撥出2億元來支援社會組織參與社會服務[46]。

最後，建立社會組織培育基地成為政府扶持社會組織的創新之舉。2006年，公益組織孵化器設計成型，2007年4月正式在上海浦東新區運行，旨在為初創的民間公益組織提供關鍵性支援。該專案應用「政府政策支持、社會力量興辦、專

41　參見《關於公布2012年廣東省獲得公益性捐贈稅前扣除資格公益性社會團體名單的通知》，見http://www.gdltax.gov.cn/km/jsp/search_new/policy_show.jsp?contentId=C4563WUJ18URDOZRD5VHN4P4TNIM1D2N，2012/6/7。

42　參見《關於公布獲得2012年度公益性捐贈稅前扣除資格的公益性社會團體名單的通知》，見http://szs.mof.gov.cn/zhengwuxinxi/zhengcefabu/201303/t20130319_782188.html，2013/3/8。

43　參見盧軼：《廣東省財政專項資金扶持社會組織》，見http://www.gd.xinhuanet.com/newscenter/2013-01/04/c_114239352.htm，2013/1/4。

44　參見胡薇：《政府購買社會組織服務的理論邏輯與制度現實》，載《經濟社會體制比較》，2012年第6期。

45　參見《中央財政支援社會組織參與社會服務專案公告》，見http://www.mca.gov.cn/article/zwgk/tzl/201203/20120300282768.shtml，2012/3/13。

46　參見張雪弦：《中央再投兩億元購買社會組織服務》，見http://www.gongyishibao.com/html/zhengcefagui/5711.html，2013/11/26。

業團隊管理、政府和公眾監督、公益組織受益」的孵化器模式，為初創的民間公益組織提供包括場地設備、能力建設、註冊協助和小額補貼等公益組織創業初期最急需的資源，以及專業的創業輔導。讓優秀的項目贏得時間和機會去成長，探索自己獨立發展的可持續道路[47]。2007年以來，成都、深圳、北京、廣州等地陸續建設公益組織孵化器，借鑑高新技術產業孵化器的方式，制定相應政策，調動政府、社會力量，對社會組織進行孵化，催生社會組織。

2. 規範管理

　　1989年的《社會團體登記管理條例》和1998年的新《社會團體登記管理條例》與《民辦非企業單位登記管理暫行條例》，共同構成了社會組織的「雙重管理」與「分級管理」體制。這些條例不僅明確規定了申請籌備社會團體的審批程序、政府不予批准籌備的權力、業務主管單位的監督管理職責等，而且還具體規定了社會團體資產來源、經費使用及捐贈、資助物品的接受和使用的許可權、社會對這些團體的資產的監督權以及各項處罰制度等。相比1990年代之前政府對社會組織「放任」的態度，1990年代的管理體制體現了政府對其管制的由分散到集中、由疏到密、由鬆到緊的過程。

　　不過，隨著社會組織「雙重管理體制」的改革，政府更加注重常規性的社會組織管理制度建設。一是在社會組織的評估層面，聘請專業評估機構，對社會組織進行分類評估，並將社會組織評估結果作為其承接政府職能轉移的資質條件[48]。二是在日常監管層面，健全社會組織內部管理制度、資訊披露制度與財務審計監督制度，建立社會組織淘汰機制，對部分機制不健全、作用發揮不明顯的社會組織進行整改，對非法的社會組織和擾亂社會組織正常運作的行為堅決予以打擊，優化社會組織布局結構。三是建立社會組織年檢制度，政府有關部門可以及時發現並依法查處社會組織違法、違規行為，依法取締未經登記或撤銷後繼續以社會組織名義開展活動的組織，以及超出登記範圍開展業務並拒不整改的社會組織。四是社會組織重大事項備案制，即社會團體召開的會員大會、會員代表大

---

[47]　參見《公益組織孵化器》，見http://gongyi.163.com/10/0820/14/6EHOJCM 5009363AO. html，2010/8/20。

[48]　參見《社會組織評估管理辦法》，見http://www.mca.gov.cn/article/zwgk/fvfg/ mjzzgl/201101/20110100129934.shtml，2011/1/13。

會、學術報告會等應及時告知登記管理機關：凡以社會組織名義外出考察學習、開展活動和在本活動領域內接待外地社會組織開展活動，以及本活動領域內舉辦的大型活動，必須向登記管理機關報告；凡以社會組織名義收取的各種費用的專案和標準，以社會組織名義成立從事經營活動組織，必須及時向登記管理機關報告。

3. 嵌入滲透

進入21世紀以來，執政黨針對社會組織的發展，一方面是扶持培育、規範管理；另一方面則是在社會組織中進行黨建團建，通過對社會組織的黨團滲透和組織嵌入來加強控制。

執政黨之所以將黨的組織網絡嵌入社會組織，不僅是其列寧式政黨擴張邏輯的產物，而且是其加強對社會組織管控的需要。從根本上說，執政黨對其組織之外的社會組織始終持有不信任的態度，更害怕國外敵對勢力會利用本土社會組織進行「顏色革命」。為了化解這些不確定的風險，將黨的組織滲透進社會組織就成了執政黨的必然選擇。通過黨組織的覆蓋和滲透，執政黨可以確保社會組織的政治正確性，減少社會組織對政黨—國家體制的挑戰。

社會組織的黨建工作近年來呈不斷加強的趨勢。中國共產黨對社會組織的黨建工作指導始於1994年。十四屆四中全會通過了《中共中央關於加強黨的建設幾個重大問題的決定》，其中提出，隨著新社會組織的日益增多，需要從實際出發建立黨組織，開展黨的實際活動[49]。1998年，中組部與民政部下發了《關於在社會團體中建立黨組織有關問題的通知》，其中規定：經社會團體登記管理機關核准登記的社會團體，其常設辦事機構專職人員中凡是有正式黨員三人以上的，應建立黨的基層組織[50]。隨後，面對社會組織黨建過程中執行不力的情況，中國共產黨分別在2002年的十六大報告、2007年的十七大報告中重點強調要加強社會組織黨建的力度。2009年的十七屆四中全會更是將社會組織黨建工作推到一個新高點，作出了《關於加強和改進新形勢下黨的建設若干重大問題的決定》，明確規

---

[49]　參見《中共中央關於加強黨的建設幾個重大問題的決定》，見http://news.xinhuanet.com/ziliao/2003-01/18/content_695401.htm，2003/1/18。

[50]　參見《中共中央組織部、民政部關於在社會團體中建立黨組織有關問題的通知》，見http://News.xinhuanet.com/ziliao/2005-10/18/content_3637783.htm，2005/10/18。

定了在社會組織中黨建的目標和具體做法[51]。通過黨建，共產黨引導著社會組織更好地按照黨的要求去運作，確保社會組織的價值目標與黨的意識形態和政治路線相一致。

13.3 公民權利的擴展

公民權是公民身分的主要構成部分。根據英國著名社會政治理論家馬歇爾（T. H. Marshall）的經典定義，公民身分是「共同體完全成員身分」以及與此相連的「龐大權利體系」[52]。作為公民身分的主要構成部分，公民權利可以劃分為公民的要素（民事權利）、政治的要素（政治權利）和社會的要素（社會權利）[53]。改革開放以前，「單位人」替代了「社會人」，「群眾成員」身分弱化了個人的公民身分。隨著改革開放以來市場經濟的發展、單位制的解體、獨立社會空間的出現以及公民身分意識的覺醒，不僅「單位人」逐漸成為「社會人」，而且個體的公民身分日益彰顯，中國的公民權利也隨著法治的建設和社會的發展得到實質性的擴展。

13.3.1 公民權利擴展的三個維度

1949年新中國成立之後，作為共和國第一部憲法的五四憲法，對中國的公民權利體系進行了較為詳細的規定。然而，隨著「反右鬥爭擴大化」、「文化大革命」等對憲法公民權的廢棄、七五憲法對公民權的扭曲，個體的公民權利受到了嚴重的踐踏。經過十一屆三中全會對法律秩序的重建，八二憲法重新確立了中華人民共和國公民的身分權利，如平等權、選舉權與被選舉權、政治自由、宗教信仰自由、人身自由、住宅安全、控訴權與獲賠權、通信自由權、勞動權、休息權、獲得物質幫助權以及受教育權、文化活動權、弱勢群體權利、批評建議權、人格尊嚴保護權等。隨後的四次修憲則進一步對中國公民權利體系進行了擴展與

---

51 參見《十七屆四中全會審議通過〈中共中央關於加強和改進新形勢下黨的建設若干重大問題的決定〉》，見新華網，2009/9/18。

52 參見〔英〕馬歇爾等：《公民身分與社會階級》，6-7頁，南京，江蘇人民出版社，2008。

53 參見〔英〕馬歇爾等：《公民身分與社會階級》，7頁，南京，江蘇人民出版社，2008。

完善[54]。同時，各種政策法規的制定大大促進了公民權利的實質性落實。概括而言，改革開放以來，中國的公民權利在民事權利、政治權利和社會權利三個方面都得到了不同程度的實質性擴展。

1. 民事權利的發展

所謂民事權利，主要是指個人自由所必需的權利，具體包括人身自由、言論自由、思想和信仰自由，擁有財產和訂立有效契約的權利[55]。改革開放以來，中國公民民事權利的發展集中表現爲公民個人自由的增強以及財產權的逐步明確。

在個人自由方面，國家擴展了個人的自主空間。首先，改革開放之後，隨著計畫經濟的消退、單位制的解體，人們獲得了自由勞動、自主經營的權利；其次，各類不利於公民人身自由的制度也相繼廢除，如收容遣送制度與勞教制度。以「孫志剛事件」爲導火索，國務院於2003年6月正式廢除延續了二十多年的收容遣送制度，同時頒布《城市生活無著的流浪乞討人員救助管理辦法》，規定「救助站工作人員應當自覺遵守國家的法律法規、政策和有關規章制度，不准拘禁或者變相拘禁受助人員」[56]；2013年的十八屆三中全會通過的《中共中央關於全面深化改革若干重大問題的決定》提出廢止勞動教養制度。廢除收容遣送制度與勞動教養制度對於保障中國公民的人身自由具有里程碑式的意義。

在個人財產權方面，國家加大了對其的保護力度。1986年的《土地管理法》確立了土地的使用權和宅基地使用權；1994年的《城市房地產管理法》明確了土地使用權的概念，爲公民利用國家所有或者集體所有的土地提供了條件。此外《著作權法》、《公司法》、《擔保法》以及《物權法》等法律的相繼頒布與實施，都在不同的層面對公民的財產權作出了相應的規定與保護，尤其是《物權法》在所有權部分確立了業主的建築物區分所有權，爲業主的基本權利提供了基本的保障框架[57]。

---

54 參見張繼良等：《公民權利與憲政歷程》，207-243、274-309頁，北京，中國社會科學出版社，2004。

55 參見〔英〕馬歇爾等：《公民身分與社會階級》，7頁。

56 《城市生活無著的流浪乞討人員救助管理辦法》，見http://www.gov.cn/zwgk/2005-05/23/content_156.htm，2005/5/23。

57 參見李君如主編：《中國人權事業發展報告（2011）》，141-142頁，北京，社會科學文獻出版社，2011。

2.政治權利的發展

改革開放後，隨著改革的深化，憲法賦予的公民政治權利得到進一步的落實和保障，這主要體現在基層民主選舉的推進、協商民主的興起等方面。

（1）基層民主選舉的推進。對普通的公民來說，中國的民主選舉主要包括基層領導幹部選舉與基層人大選舉。在基層領導幹部選舉中，一方面，城市社區居委會的直接選舉從試點走向了大規模的推進，並產生了許多創新性的嘗試，如寧波海曙區將候選人的提名權完全交給居民，南京白下區建立了選舉觀察員制度，武漢武昌柴東社區啓用了預選機制等[58]；另一方面，農村地區在《村民委員會組織法》頒布後也相繼推出了自己的選舉辦法，如浙江省寧海縣、吉林梨樹縣等縣的「海選」，浙江等省的「無候選人選舉」等[59]。十六大之後，鄉鎮和縣市公推直選呈不斷擴大之勢，到2011年，在全國31個省級行政單位中，只有9個未出現過公推直選，其他22個在此方面都有不同程度的推進和發展[60]。在基層人大選舉方面，相關選舉法的修正表明了人大代表的選舉日趨平等的走向：1982年的選舉法修正案對每個代表所代表的人口數作了有利於少數族群的調整；1986年的修正案對少數族群代表所代表的人口數作了進一步調整，實行了新的選民登記方法，並確定了相對靈活的選區劃分原則；1995年的修正案規定了地方各級人大代表的名額，表達了逐步提高婦女代表比例的設想，並將城鄉選民在選舉權上的差別縮小爲1：4；2010年，「四分之一條款」（即農民選舉權原則上只及城市居民四分之一的規定）正式廢除[61]。總之，基層民主選舉的改革與發展是中國公民政治權利發展的一個重要方面。

（2）協商民主的興起。改革開放以來，爲了保障公民對公共事務的知情權、決策權與監督權，各地政府發展出許多新的協商制度形式，作爲公民自下而上監督政府和政府自上而下瞭解民意的重要途徑。協商制度主要表現爲民情懇談會、民主懇談會、民主理財會、民情直通車、便民服務窗、居民論壇、鄉村論壇

58　參見張濤等：《中國城市基層直接選舉研究》，174-180頁，重慶，重慶出版社，2008。

59　參見詹成付主編：《全國村民委員會選舉工作進展報告（2005-2007年）》，31頁，北京，中國社會出版社，2008。

60　參見馬得勇、王正緒：《競爭與參與——中國鄉鎮民主發展評估》，載《政治學研究》，2012年第4期。

61　參見張千帆：《憲法學講義》，432頁，北京，北京大學出版社，2011。

和民主聽（議）證會等形式[62]。如杭州市實行「開放式決策」，政府的公共管理決策過程全程向市民與媒體開放，市民與媒體可以參與決策草案的提出、討論、表決、實施等環節；溫嶺的民主懇談會也與此類似，其主題覆蓋公共政策、衛生保健、鄰里安全、基礎設施投資及其他[63]，其中，溫嶺新河鎮的預算民主懇談更讓公民的監督權伸進了政府的「錢袋子」[64]。

　　近年來，由於互聯網與新媒體的發展，「網路問政」也成為公民政治權利得以實現的新型舞臺。「網路問政」是以網路為平臺，網民與政府開展互動交流，網民可以有序地參與社會公共事務。2008年，時任國家主席胡錦濤通過人民網的「強國論壇」與網民進行四分鐘的線上交流。時任國務院總理溫家寶則在2009年、2010年兩次與網友線上交流。目前各級黨政官員越來越多地通過網路與網友進行互動，各地在制度層面也開始搭建常規化的網路問政平臺與機制，開創了網路問政的多種地方模式。實踐經驗表明，網路問政拓展了現代民主的新形式，彰顯了公民權利意識的覺醒，有利於草根階層自下而上的輿論監督。

3. 社會權利的發展

　　社會權利與「民生」、「福利」等詞語緊密聯繫。1990年代隨著市場化改革的深入與單位制的解體，城市原有的福利水準大幅度下降。2003年後國家對「民生」越來越重視，2012年更制定一系列政策以加強「民生」，大大推動了中國公民社會權利的發展。中國公民社會權利的實質性進展集中體現在養老保險、基本醫療保障、最低生活保障、住房保障等方面。

　　（1）養老保險。2001年，遼寧省最先開始完善城鎮社會保障體系試點工作，2004年試點範圍擴大到吉林、黑龍江兩省。試點內容主要是完善企業職工基本養老保險制度，包括落實基本養老保險個人帳戶和改革基本養老金計發辦法

62　參見何包鋼：《中國協商民主制度》，載《浙江大學學報（人文社會科學版）》，2005年第3期。

63　參見何包鋼：《中國協商民主制度》，載《浙江大學學報（人文社會科學版）》，2005年第3期。

64　參見牛美麗：《預算民主懇談：民主治理的挑戰與機遇——新河鎮預算民主懇談案例研究》，載《華中師範大學學報（人文社會科學版）》，2007年第1期。

等。截至2005年，中國已實施兩輪基本養老金調整[65]。2009年國務院發布了《關於開展新型農村社會養老保險試點的指導意見》，新型農村社會養老保險的試點由此開始。截至2010年底，新型農村社會養老保險試點覆蓋面已達約24%[66]。

（2）**基本醫療保障**。無論是城鎮醫療保險，還是農村醫療保險，都得到了一定程度的發展。2007年國務院發布了《關於開展城鎮居民基本醫療保險試點的指導意見》，從參保範圍、籌資水準、繳費和補助、費用支付、服務管理和發揮社區組織等方面對城鎮居民的基本醫療作出了相關規定。在農村地區，2003年，《國務院辦公廳轉發衛生部等部門關於建立新型農村合作醫療制度意見的通知》發布後，中國開始探索建立新型農村合作醫療制度。2014年，財政部、國家衛生和計畫生育委員會、人力資源和社會保障部聯合發布《關於提高2014年新型農村合作醫療和城鎮居民基本醫療保險籌資標準的通知》，規定2014年各級財政對新型農村合作醫療和城鎮居民基本醫療保險人均補助標準比2013年提高40元，達到320元，同時農民和城鎮居民個人繳費標準在去年基礎上提高20元，全國平均個人繳費標準達到每人每年90元左右[67]。

（3）**最低生活保障**。1997年，《國務院關於在全國建立城市居民最低生活保障制度的通知》將城市最低生活保障制度上升為國務院的一項重要決策。從2003年起，完善城市低保制度的重點指向「配套措施」和「分類救助」。所謂「配套措施」，是指為解決低保對象在醫療、子女教育、住房及冬季取暖（北方）等方面所面臨的實際問題所採取的配套政策。所謂「分類救助」，是指對低保家庭中有特殊需要的家庭成員，如老人、未成年人、殘疾人、重病人等採取的特殊政策[68]。在2007年的「兩會」上，溫家寶總理在政府工作報告中提出，2007年在全國範圍內建立農村最低生活保障制度。截至2007年6月，全國31個省區市

65　參見李君如主編：《中國人權事業發展報告（2011）》，123頁。

66　參見《2010年全國社會保險情況》，見http://news.xinhuanet.com/politics/2012-04-24/c_123031212.htm，2012/4/24。

67　參見《關於提高2014年新型農村合作醫療和城鎮居民基本醫療保險籌資標準的通知》，見http://www.mof.gov.cn/mofhome/czzz/zhongguocaizhengzazhishe_daohanglanmu/zhongguocaizhengzazhishe_zhengcefagui/201405/t2014 0528_1085110.html，2014/5/28。

68　參見王勁松、吳妍：《中國城市居民最低生活保障制度的發展》，見http://www.chinacity.org.cn/cstj/fzbg/53188.html，2010/3/11。

均建立起農村最低生活保障制度[69]。

（4）住房保障。單位制時期中國實行福利化分房的住房制度，單位與住房脫鉤以後，中國進入了住房商品化時代。在此進程中，中國的房地產得到了全面發展。然而，一路高漲的商品房價格對於普通市民來講可謂「天價」，大多數市民買不起房成為嚴重的社會問題。2008年，保障性住房建設進入了政府議程，2011年，《國務院辦公廳關於保障性安居工程建設和管理的指導意見》提出，大力推進以公共租賃住房為重點的保障性安居工程建設，落實土地、財政等各項政策，提高規劃建設和工程品質水準，建立健全分配和運營監管機制，加強組織領導，進一步落實地方政府責任[70]。截至2011年底，2,650萬戶城鎮中低收入家庭陸續搬進了各類保障性住房，450多萬戶城鎮低收入住房困難家庭享受到了廉租房租賃補貼。截至2012年，中央給城鎮保障性安居工程的補助資金累計達到4,700多億元[71]。

13.3.2　公民權利的成長型態

改革開放以來，中國公民權利持續發展，但不是直線式的擴展和演進，而是在交叉並進、有先有後的次序中推進，呈現出一種獨特的成長型態。

馬歇爾基於英國的經驗發現，公民權利的三個要素是按照歷史的先後順序，線性地向前演化發展的，「民事權利歸於18世紀，政治權利歸於19世紀，社會權利則歸於20世紀」[72]。然而，改革開放三十多年來，中國公民權利發展的三個要素並不是相互獨立、線性發展的，而是以民事權利、政治權利和社會權利幾乎同時有所擴展的姿態前進，而且三種權利的發展並非互不交集，而是交叉式推進[73]。其典型例證就是，在城鄉一體化的實踐中，農民的民事權利、政治權利與

69　參見李亞傑、貫楠：《31個省區市已全部建立農村最低生活保障制度》，見http://news.
　　xinhuanet.com/newscenter/2007-07/31/content_6457347.htm，2007/7/31。

70　參見房甯等主編：《中國政治發展報告（2013）》，290頁，北京，社會科學文獻出版
　　社，2013。

71　參見《政治發展藍皮書：中國人權事業發展成績顯著》，見http://www.china.com.cn/news/
　　txt/2013-08/05/content_29628218.htm，2013/8/5。

72　〔英〕馬歇爾：《公民身分與社會階級》，9頁。

73　參見肖濱：《改革開放以來中國公民權利成長的歷史軌跡與結構型態》，載《廣東社會科
　　學》，2014年第1期。

社會權利同時在不同程度上得到發展：隨著各地戶籍制度的改革，農民遷徙自由的權利得到很大保障，這是農民作為共和國公民的民事權利不斷擴大的重要體現。在此過程中，不僅農民的政治權利得到突破性的發展，例如，「四分之一條款」的廢除實現了城鄉居民的平等選舉權，而且農民社會權利的發展也逐步邁向新的臺階，農村社會保障制度的逐步建立和完善是見證這一進展的標誌性事件。農民公民權利的發展從一個具體的側面印證了中國公民權利交叉式成長的歷史軌跡。

　　除了交叉式發展之外，中國公民權利的擴展也呈現出選擇性演進的特徵[74]。從發展的先後時間來看，民事權利的發展時間稍早一些，始於1980年代初期；政治權利緊隨其後，大約肇始於1980年代後期；社會權利發展則相對更晚，進入21世紀後才開始受到特別重視。就公民權利各要素中的具體內容而言，民事權利中涉及經濟自由的財產權利、職業選擇權、公司組織權等得到了優先大力發展[75]；基本實現經濟自由之後，社會權利中的受教育權、社會救濟、社會保障等權利得到很大重視；但是，相對於經濟自由與社會權利發展，公民政治權利的進展稍顯滯後。

　　交叉式成長和選擇性演進的權利擴展方式形成的是一種參差不齊的、非均衡的權利結構[76]。首先，民事權利持續發展，但殘缺不全。在民事權利中，經濟自由、財產權等成長較快，「國家尊重和保障人權」與「公民的合法的私有財產不受侵犯」等內容寫入《憲法》，對於民事權利的成長影響深遠[77]。比較而言，結社權的成長空間相對受限。其次，政治權利在不同領域冷熱不均，滯後很明顯。公民政治權利蓬勃發展主要集中在基層政治領域，中、高層政治領域的民主化程度與基層政治領域形成鮮明對比，縣級以上政府的決策民主化與透明度都比較欠

74　參見肖濱：《改革開放以來中國公民權利成長的歷史軌跡與結構型態》，載《廣東社會科學》，2014年第1期。

75　參見諸松燕：《權利發展與公民參與：我國公民資格權利發展與有序參與研究》，162頁，北京，中國法制出版社，2007。

76　參見肖濱：《改革開放以來中國公民權利成長的歷史軌跡與結構型態》，載《廣東社會科學》，2014年第1期。

77　參見《全國人大2004年熱點事件重播：通過憲法修正案》，見http://politics.people.com.cn/GB/1026/3117462.html，2005/1/13。

缺。最後，社會權利發展不均衡主要體現為不同人群享有差異性的社會權利。長期以來，國家保障城市市民社會權利所投入的資源遠遠超過農村地區，農民的社會保障權在比較長的時間內處於被忽視的狀態。進入21世紀以來，國家已經開始推行城鄉統籌發展、新型城市化發展戰略，致力於破解不平等的城鄉二元結構，在保障農民與市民在權利規則面前的平等性的同時，正致力於使社會權利在不同人群中均衡分布。

13.3.3　公民權利成長的動力機制

改革開放三十多年來，中國公民權利成長呈現出比較獨特的型態，其歷史的驅動力具有極為深刻的政治、經濟和社會根源。黨政體制主導、市場經濟推動和改革進程約束共同促成了中國公民權利交叉式擴展、選擇性演進與非均衡發展的成長型態[78]。

黨政體制主導是指中國公民權利發展始終在執政黨和國家的頂層設計與總體把控的戰略框架內。1978年的十一屆三中全會果斷放棄「以階級鬥爭為綱」，轉向以經濟建設為中心的發展戰略。圍繞經濟建設這一中心，國家著力推動公民民事權利中經濟自由方面的權利，以促進市場經濟發展；為了維護穩定的政治秩序，同時又適度開放一定的政治參與空間，國家選擇發展低度的政治權利，確保公民對於公共事務和公共政策的有序參與；為了緩和激烈的社會保護運動、化解經濟市場改革帶來的負面影響，國家加速推進公民的社會權利發展，建設一個有保障的社會。由此可見，中國公民權利發展存在著一個明顯的國家主導戰略，中國政府近年來連續制定的兩個《國家人權行動計畫》便是明證。

市場經濟的發展為公民權利的成長提供了巨大的動力和空前的機遇。首先，市場經濟內在地要求公民獲得自由流動、簽訂契約的自由以及合法的財產權等權利，這不僅直接帶動了公民的人身自由權、財產權等民事權利的發展，而且培植了推動公民權利成長的主體力量，如私營企業主就非常珍視自身合法的私人財產權利。其次，市場經濟蘊含著法治以及公共權力開放性等內在要求。在法治框架下的市場經濟發展對於政府封閉、專斷的權力運行機制提出了挑戰，這極大地有

78　參見肖濱：《改革開放以來中國公民權利成長的歷史軌跡與結構型態》，載《廣東社會科學》，2014年第1期。

利於公民的監督權、表達權、知情權以及參與權等政治權利的成長。最後，市場經濟的天然弊端催生了公民社會權利的快速發展。不斷深化的市場化不僅促成社會的多元分化，帶來社會階層斷裂的危機和社會衝突壓力，而且隨著蛋糕進一步做大，在一部分人和一部分地區先富起來之後，如何實現共同富裕、公平分配的問題也逐步顯露出來。面對弱勢群體處境艱難的社會現實，發展公民的社會權利，讓所有公民按照社會通行標準享受某種程度的文明生活及經濟福利，能夠有效地緩和風起雲湧的社會保護運動對於政治秩序的衝擊。總之，市場經濟是形成中國公民權利成長型態的重要推手。

三十多年來，中國公民權利成長的歷史與改革開放的進程是完全同步的。從中國公民權利發展的實踐來看，公民權利的擴展很大程度上是國家自我約束其權力的結果，是國家自上而下放權，向社會和公民還權、分權的產物。在此意義上，正是改革驅動了公民權利的成長。不過，中國的改革開放同樣是在黨政體制主導下進行的。在推動和主導改革開放的過程中，執政黨和國家的戰略選擇是，以保持黨政體制核心結構穩定為前提，不斷通過改革和開放來適應市場經濟發展的要求，由此增加了政權的開放度，提升了體制的調適能力。在一定程度上，執政黨和國家的上述戰略選擇決定了其發展公民權利的基本策略：在積極擴展公民人身自由與法律平等權利的同時，對於公民的結社自由權等適當限制；通過政治吸納、有序參與等政策措施將公民的政治權利發展限定在較低的層面上，選擇性地抑制或延遲某些政治權利；大力建設和完善社會保障制度以促進公民社會權利的實現，從而增強國家對於社會抗爭的制度化整合能力。

本章小結

改革開放以後，黨政體制的全能主義色彩逐漸消退，中國社會也隨之發生了三大轉變，即社會階層結構的調整、社會組織的成長和公民權利的擴展。針對這三大變化，本章分別討論其歷史脈絡、現實狀況、未來趨向以及黨政體制已有的或未來可能採取的回應策略。第一節分析改革開放後中國社會階層結構出現的變化，指出中國社會階層結構在橫向上趨向多元化，在縱向上存在結構斷裂的現象；第二節討論改革開放後社會組織的發展歷程，重點描述執政黨和國家對其採取的三種管控策略，即扶持培育、規範管理與嵌入滲透；第三節勾畫改革開放以來公民權利的發展軌跡，揭示中國公民權利發展型態呈現交叉式擴展、選擇性演進與非均衡發展的特點。上述三大變化向黨政體制提出了社會整合的挑戰。執政黨和國家極須積極地採取更為有效的手段來平衡社會階層結構、推動社會組織的有序發展和擴大公民權利的制度空間，這不僅有利於實現社會整合與政權鞏固，而且有助於推動中國社會的現代轉型。

關鍵術語

全能主義、等級社會、社會階層結構、政治整合、社會組織、公民權利、民事權利、政治權利、社會權利

複習思考題

1. 改革開放以來，中國社會階層結構的變化在橫向上和縱向上分別對黨政體制提出了哪些挑戰？這些挑戰對黨政體制的合法性會產生什麼影響？
2. 中國社會組織的發展動力是自下而上的還是自上而下的？
3. 改革開放以來，中國公民權利發展的順序是什麼？如何解釋這種發展順序？

參考文獻

馬克思恩格斯選集，3版，第1、4卷，北京：人民出版社，2012。

毛澤東選集，2版，第1～4卷，北京：人民出版社，1991。

鄧小平文選，第1～3卷，北京：人民出版社，1994、1993。

江澤民文選，第1～3卷，北京：人民出版社，2006。

中共中央文獻研究室編，建國以來重要文獻選編（第2～11冊），北京：中央
　　文獻出版社，1992-1995。

中共中央文獻研室編，十三大以來重要文獻選編（上），北京：人民出版
　　社，1991。

中國共產黨歷次黨章彙編（1921-2012），北京：中國方正出版社，2012。

金沖及，二十世紀中國史綱，第1～4卷，北京：社會科學文獻出版社，2009。

【匈】瑪麗亞‧約拿蒂，轉型：透視匈牙利政黨──國家體制，長春：吉林
　　人民出版社，2002。

【匈】瑪麗亞‧約拿蒂，自我耗竭式演進：政黨──國家體制的模型與驗
　　證，北京：中央編譯出版社，2008。

【意】薩托利，政黨與政黨體制，北京：商務印書館，2006。

【美】李侃如，治理中國：從革命到改革，北京：中國社會科學出版社，
　　2010。

【美】鄒讜，20世紀中國政治，香港：牛津大學出版社，1994。

【美】鄒讜，中國革命再闡釋，香港：牛津大學出版社，2002。

【美】沈大偉，中國共產黨：收縮與調適，北京：中央編譯出版社，2011。

林尚立等，政治建設與國家成長，北京：中國大百科全書出版社，2008。

林尚立，當代中國政治形態研究，天津：天津人民出版社，2000。

唐亮，當代中國政治，上海：復旦大學出版社，2014。

朱光磊，當代中國政府過程，天津：天津人民出版社，2008。

胡偉，政府過程，杭州：浙江人民出版社，1998。

楊光斌，中國政府與政治導論，北京：中國人民大學出版社，2003。

【美】詹姆斯‧湯森，【美】布蘭特利‧沃馬克，中國政治，南京：江蘇人民
　　出版社，2003。

景躍進，張小勁，余遜達主編，理解中國政治：關鍵字的方法，北京：中國
　　社會科學出版社，2012。

李忠傑主編，中國共產黨執政理論新體系，北京：人民出版社，2006。

蔡定劍，中國人民代表大會制度，2版，北京：法律出版社，1998。

周望，中國「小組機制」研究，天津：天津人民出版社，2010。

陳明明，何俊志主編，中國民主的制度結構，上海：上海人民出版社，2008。

何俊志，從蘇維埃到人民代表大會制，上海：復旦大學出版社，2011。

李鵬，立法與監督：李鵬人大日記，北京：新華出版社，2006。

劉政，程湘清，人民代表大會制度的理論和實踐，北京：中國民主法制出版
　　社，2003。

劉建軍，何俊志，楊建黨，新中國根本政治制度研究，上海：上海人民出版
　　社，2009。

浦興祖主編，權力與制約：地方人大法律監督實踐研究，北京：中國社會出
　　版社，2003。

人民代表大會制度研究所編，地方人大常委會30年，北京：人民日報出版社，
　　2010。

戴激濤，協商民主研究：憲政主義視角，北京：法律出版社，2012。

黃福壽，中國協商政治發生與演變邏輯，上海：上海人民出版社，2009。

胡筱秀，人民政協制度功能變遷研究，上海：上海人民出版社，2010。

林尚立主編，統一戰線與國家建設，上海：上海人民出版社，2008。

林尚立主編，中國共產黨與人民政協，上海：東方出版中心，2011。

李君如，協商民主在中國，北京：人民出版社，2014。

李允熙，從政治協商走向協商民主，北京：社會科學文獻出版社，2012。

肖存良，中國政治協商制度研究，上海：上海人民出版社，2013。

朱訓，鄭萬通主編，中國人民政協全書，北京：中國文史出版社，1999。

強世功，懲罰與法治：當代法治的興起（1976-1981），北京：法律出版社，2009。

何永軍，斷裂與延續：人民法院建設（1978-2005），北京：中國社會科學出版社，2008。

謝佑平等，中國檢察監督的政治性與司法性研究，北京：中國檢察出版社，2010。

蘇力，送法下鄉：中國基層司法制度研究，北京：中國政法大學出版社，2000。

徐勇，近代中國軍政關係與「軍閥」話語研究，北京：中華書局，2009。

【美】齊錫生，中國的軍閥政治，北京：中國人民大學出版社，2010。

陳志讓，軍紳政權，桂林：廣西師範大學出版社，2008。

樓繼偉，中國政府間財政關係再思考，北京：中國財政經濟出版社，2013。

鄭永年，中國的「行為聯邦制」：中央—地方關係的變革與動力，北京：東方出版社，2013。

榮敬本等，從壓力型體制向民主合作體制的轉變，北京：中央編譯出版社，1998。

周黎安，轉型中的地方政府：官員激勵與治理，上海：格致出版社，上海人民出版社，2008。

楊雪冬，賴海榕主編，地方的復興：地方治理改革30年，北京：社會科學文獻出版社，2009。

周雪光，基層政府間的「共謀現象」，社會學研究，2008年第6期。

王希恩主編，20世紀的中國民族問題，北京：中國社會科學出版社，2012。

宋蜀華，陳克進主編，中國民族概論，北京：中央民族大學出版社，2001。

吳仕民主編，中國民族理論新編，北京：中央民族大學出版社，2006。

馬戎，民族社會學：社會學的族群關係研究，北京：北京大學出版社，2004。

寧騷，民族與國家，北京：北京大學出版社，1995。

關凱，族群政治，北京：中央民族大學出版社，2007。

孫立平，現代化與社會轉型，北京：北京大學出版社，2005。

姜衛平，社會轉型期中國共產黨社會整合能力問題研究，北京：中國社會科

學出版社，2012。

陸學藝主編，當代中國社會建設，北京：社會科學文獻出版社，2013。

李培林等，社會衝突與階級意識，北京：社會科學文獻出版社，2005。

費孝通，鄉土中國 生育制度，北京：北京大學出版社，1998。

張靜，基層政權：鄉村制度諸問題，杭州：浙江人民出版社，2000。

吳理財，改革與重建─中國鄉鎮制度研究，北京：高等教育出版社，2010。

【英】馬歇爾等，公民身分與社會階級，南京：江蘇人民出版社，2008。

張仲禮，中國紳士：關於其在19世紀中國社會中作用的研究，上海：上海
　　社會科學院出版社，1991。

【美】弗里曼等，中國鄉村，社會主義國家，北京：社會科學文獻出版社，
　　2002。

劉建軍，單位中國：社會調控體系重構中的個人、組織與國家，天津：天
　　津人民出版社，2000。

黎熙元等，社區的轉型與重構，北京：商務印書館，2011。

俞可平主編，治理與善治，北京：社會科學文獻出版社，2000。

王名主編，中國民間組織30年，北京：社會科學文獻出版社，2008。

李永剛，我們的防火牆：網路時代的表達與監管，桂林：廣西師範大學出版
　　社，2009。

魏永征，新聞傳播法教程，北京：中國人民大學出版社，2013。

吳廷俊，中國新聞史新修，上海：復旦大學出版社，2008。

國家圖書館出版品預行編目資料

當代中國政府與政治／景躍進，陳明明，肖濱
主編. －－初版.－－臺北市：五南，2018.09
　面；　公分
ISBN 978-957-11-9928-3（平裝）
1.中國大陸研究　2.中國政治制度
574.1　　　　　　　　　　　107014806

1PS9

當代中國政府與政治

主　　　編 ― 景躍進　陳明明　肖濱

副 主 編 ― 談火生　于曉虹

審　　　閱 ― 蔡文軒

發 行 人 ― 楊榮川

總 經 理 ― 楊士清

副總編輯 ― 劉靜芬

責任編輯 ― 蔡琇雀　呂伊真　吳肇恩

封面設計 ― 姚孝慈

出 版 者 ― 五南圖書出版股份有限公司

地　　　址：106台北市大安區和平東路二段339號4樓

電　　　話：(02)2705-5066　　傳　真：(02)2706-6100

網　　　址：http://www.wunan.com.tw

電子郵件：wunan@wunan.com.tw

劃撥帳號：01068953

戶　　　名：五南圖書出版股份有限公司

法律顧問　林勝安律師事務所　林勝安律師

出版日期　2018年9月初版一刷

定　　　價　新臺幣480元

本書為中國人民大學出版社有限公司授權五南圖書出版股
份有限公司在台灣地區出版發行繁體字版本。